当代教育文丛

# 做精致教育 办伟大学校

Zuo Jingzhi Jiaoyu
Ban Weida Xuexiao

许安富 全玉书 ◎ 编著

四川教育出版社

图书在版编目（CIP）数据

做精致教育 办伟大学校/许安富，全玉书编著. —成都：四川教育出版社，2016.10
（当代教育文丛）
ISBN 978-7-5408-6687-7

Ⅰ.①做… Ⅱ.①许…②全… Ⅲ.①中小学－学校管理－研究 Ⅳ.①G637

中国版本图书馆CIP数据核字（2016）第238247号

## 做精致教育　办伟大学校

许安富　全玉书　编著

| | |
|---|---|
| 责任编辑 | 伍登富　郑　鸿 |
| 装帧设计 | 毕　生 |
| 责任印制 | 杨　军　陈　庆 |
| 出版发行 | 四川教育出版社 |
| 地　址 | 成都市槐树街2号 |
| 邮政编码 | 610031 |
| 网　址 | www.chuanjiaoshe.com |
| 印　刷 | 成都金龙印务有限责任公司 |
| 制　作 | 四川胜翔数码印务设计有限公司 |
| 版　次 | 2016年10月第1版 |
| 印　次 | 2016年10月第1次印刷 |
| 成品规格 | 168mm×240mm |
| 印　张 | 30.25 |
| 书　号 | ISBN 978-7-5408-6687-7 |
| 定　价 | 68.00元 |

如发现印装质量问题，请与本社联系调换。电话：（028）86259359
营销电话：（028）86259605　邮购电话：（028）86259694
编辑部电话：（028）86259381

# 前　言

## 一

我一直对教育是怀有崇敬之心的，因为教育是塑造灵魂，启迪智慧的事业。一个个纯真而懵懂的少年聚集在我们的身边，几年之后，他们将以怎样的姿态去搏击云天，我们能赋予他们什么样的人生智慧和强大的心灵？

我一直对教育是怀有敬畏之情的，因为教育是放飞梦想，奠基未来的事业。一双双信任而期待的眼神在注视着我们，每一个孩子的身后牵系着一个家庭几代人的希望，我们能给予他们什么样的人生梦想和家族的荣辱？

国运兴衰系于教育，个人的进步，民族的和谐，社会的公正，人类的福祉，系于是否有良好的教育。

生命质量系于教育，自由的思想，健全的人格，纯洁的情感，高贵的灵魂，系于是否有良好的教育。

教育的责任是传承，传承人类创造的灿烂文化；教育的责任是创造，创造未来美好的生活，让万物之灵的人类在浩瀚的宇宙生生不息。

教育的责任是发现，发现孩子身上的人性光辉；教育的责任是挖掘，挖掘孩子的生命潜能，让莘莘学子自信走向光明与真实的人生道路。

教育是有无穷魅力的，教育有诗歌一样的意境，散文一样的灵动，小说一样的宏大叙事，戏剧一样的波澜壮阔。

教育是有神奇魔力的，它让愚昧者聪明，沉沦者觉醒，心胸狭隘者乐观旷达，人性的光辉得以闪现，情感的天空更加明亮，干涸的心田充盈丰厚。

教育为孩子搭建起理想与现实的桥梁，为人们铺就尊重与信任的基石，为社会健康发展提供不竭动力，让人类对未来充满幸福的憧憬。

## 二

放眼中国，我们的教育热热闹闹，轰轰烈烈，形势喜人。前教育部长袁贵仁表示，2015年我国教育总体水平"进入世界中上行列"。中国教育取得的辉煌成就谁也不能否认。

当下，中国基础教育的浅表化、形式化却相当严重，教育功利思想盛行，浮躁之风遍布各地。难怪有识之士大声疾呼：我们的教育走得太快，灵魂已经跟不上了。

不少校长缺少教育情怀和追求，内心空虚，受世俗影响，极端庸俗化，整日忙于常规事务与应酬，无暇思考教育的本真、学校的发展，面对教育改革的浪潮，在新思想、新理念面前，茫然四顾，无所适从。

不少教师的教育信仰与责任正在丧失，多年的重复劳作，早已丧失了教育的激情，在琐碎繁复的事务中，逐渐失去了自我，逐渐消解了对教育的执着，只把教育当作谋生的手段，甚至走向自我异化的歧途。

不少学校缺少生机与活力，安于现状，不思进取，陷于绩效工资的分配、课时量的均衡等内部纷争之中。对于新课改，简单模仿，机械运用，迷失于新一轮教育改革中，在生存与发展的困境中苦苦挣扎。

## 三

本书不能算是真正的学术著作，因为作为中小学一线教师和校长的我们，更多的不是理论研究者，不是教育术语的编撰者，只是实践的操作者，经验的总结者。

在几十年的工作生涯中，我们也学习过不少的中外教育专著，聆听过不少教育专家的讲座，也曾到欧美、日本等教育发达国家进行过考察，也曾到国内众多名校进行过探访。在此，只想把几十年的思考进行一个小结，把到其他名校学到的经验进行传递，把在几所学校（含公办、民办）进行的探索进行梳理，只想用自己对教育的执着情怀去感染广大同人。

《做精致教育，办伟大学校》，题目确实有些大，甚至显得有些狂妄。因为还没有人同时把精致和伟大与教育联系起来，但放在教育信仰逐渐淡化的年代，放在教育缺少宏大的叙事，缺少对教育本真的追问，缺少对理想教育的追求，缺少对教育信念执着的今天，应该有振聋发聩之效。它显示的是一种追求，彰显的是一种气度，弘扬的是一种精神。

伟大，它不是一个抽象的形容词，它是一种高尚的思想境界，它是一种宽阔的博大胸襟，它是一种无私的教育情怀。体现的是一种豪情，担负的是一种责任。伟大，它不是一个虚拟的魔幻剂，它要求做有灵魂的教育，办有文化品位的学校。教师有人格魅力，管理团队有教育信仰，班级建设有生命活力，管理有人文关怀，学生有核心素养，教育提供多种选择，能给学生一个终身难忘的成长经历，诚如斯，这样的学校离伟大也不远了。

伟大，源于理想追求，有了理想，就如人有了信仰，有了目标，就能焕发出无比的生机与活力，就能把教育做到极致！精致教育，它是一种态度，一种严谨细致的教育态度；它是一种品质，一种追求高效的育人品质；它是一种工作方式，一种追求卓越的精益求精的教育方式。精致教育，是一种高尚的教育境界，是一种完美的教育追求，是一种关注细节的严谨，也是一种欣赏差异的开放，更是一个让学生生命个体得到更充分的尊重与发展，让教师的生命价值得到更充分的体现与提升，让学生与教师一道收获生命成长幸福的教育旅程。它要求制定卓越发展目标，开发精品课程，构建精致课堂，锻造精良师资，实施精细管理，设计精彩活动，提供高品质教育服务，成就学子精英人生。

教育是塑造灵魂的事业，是奠基未来的事业。作为教师，平庸就意味着戕害心灵；作为校长，平庸就意味着毁灭未来。教师之责在于悟道，悟为师之道；校长之责在于担当，担学校振兴之责。教师最大的幸福莫过于成就一批有思想、有建树的学生；校长最大的成就莫过于办好一所学校，让万千学子因为我们的存在而改变命运，国家因教育的卓越而兴旺发达。

# 目 录

**第一篇　卓越孕育伟大** …………………………………………（001）
　第一章　教育因有思想灵魂而伟大 ………………………………（003）
　第二章　学校因文化品位而伟大 …………………………………（014）
　第三章　校长因有教育情怀而伟大 ………………………………（053）
　第四章　团队因有教育信仰而伟大 ………………………………（075）
　第五章　教师因有人格魅力而伟大 ………………………………（084）
　第六章　学生因有核心素养而伟大 ………………………………（100）
　第七章　班级因有生机活力而伟大 ………………………………（121）
　第八章　德育因有生命体验而伟大 ………………………………（136）
　第九章　管理因有人文关怀而伟大 ………………………………（160）
　第十章　师生因能阅读充盈而伟大 ………………………………（177）
　第十一章　教育因收获幸福而伟大 ………………………………（200）
　第十二章　学生因能经历成长而伟大 ……………………………（215）
　第十三章　教育因有多种选择而伟大 ……………………………（250）

**第二篇　精致成就教育** …………………………………………（297）
　第一章　实施精致教育，追求卓越发展目标 ……………………（299）
　第二章　锻造精良队伍，促进教师华丽嬗变 ……………………（325）
　第三章　推行精细管理，全面提升办学效益 ……………………（343）

第四章　开发精品课程，培养学生个性特长 …………………（355）

第五章　构筑精致课堂，点燃学生智慧火花 …………………（370）

第六章　设计精彩活动，深刻体验成长快乐 …………………（405）

第七章　做好衔接教育，确保持续发展能力 …………………（414）

第八章　打造精美校园，发挥环境育人功能 …………………（423）

第九章　开展家校共育，营造健康成长氛围 …………………（429）

第十章　提供优质服务，提升学校教育品质 …………………（447）

第十一章　融合中西文化，努力培养国际精英 ………………（461）

**参考文献** ………………………………………………………（475）

第一篇

# 卓越孕育伟大

# 第一章
# 教育因有思想灵魂而伟大

## 一、教育走得太快，灵魂跟不上

有这样一个关于两位老船工的故事。两位老船工都是同一条河上相距不远的两个渡口的船工，他们驾船的技术也是同样的有名，他们也同样都有两个儿子。船工甲为了让两个儿子驾船技术和水里的功夫，都超过船工乙的两个儿子，就一点一点非常认真地手把手地教两个儿子，并且也对儿子进行了非常严格的训练。而船工乙只是把驾船的技术、水里的功夫和要领教给两个儿子，然后让他们自己去摸索，去体会，去发现，船工乙则只是给予必要的指导和更多的激励；船工乙还经常告诉两个儿子：顺着这条河而下，就可到达更宽阔的长江，再顺长江而下，就可到达辽阔无边的大海，将来你们应该到那里去闯荡，只有到更广阔的水域里，你们才能真正成为一条能翻江倒海的蛟龙，你们才能发现自己生命中更伟大的一面。船工乙还常常讲一些成功者的故事，以此来不断地激励两个儿子。在儿子们还小的时候，两个船工经常让儿子们在一起比赛水上水下的功夫，船工甲的两个儿子常常获胜，所以，他脸上总是挂着笑容；而船工乙并不在乎输赢，他只在乎两个儿子是否具备进取精神和坚忍不拔的意志，因为未来的梦想更需要这两对翅膀……

后来，两个船工都老了。船工甲的两个儿子成了两个渡口的年轻的船工，他们依然像自己的父亲一样是个船工，依然在这条河里捕鱼捉虾，完全重复着父辈的命运。而船工乙的儿子则驾船驶向了他们梦想的远方，驶向了蔚蓝的海洋，兄弟俩以超乎常人的意志和勇于探索的精神，渐渐成了大海的征服者……

船工甲的两个儿子，之所以在重复着父辈的命运，是因为他们从父亲那里获得的只是单纯的技术和知识，而船工乙的两个儿子，之所以能获得人生的成功，是因为他们从父亲那里获得了思想的灵感从而产生了追求远大的人生理想，获得了人生的智慧从而滋生了勇于探索的精神。

重庆市第71中学校长张克运最近的一篇文章《教育走得太快，灵魂跟不上了》很火爆，文章一经发表，众人转载，也引起教育界人士的思考。他提出："教育的问题出在哪里？教育的核心问题不是出在我们的技术，不是出在我们学生的能力，不是出在改革，不是出在技术层面——我们的教育缺乏的是灵魂的东西！中国的教育技术层面已经走得太快了，灵魂跟不上了。"

这就需要我们深刻认识教育本真，淡化教育的功利色彩。放眼我们目前的教育，制度被异化，评价被简化，唯分数论，只重视知识的传授而忽视素养的提高，只重视智慧的启迪而忽视灵魂的塑造，单纯追求高分数而忽视学生能力的培养，严重违背教育规律，扭曲教育本真，忽视师生的幸福成长。

教育的本真是什么？美国著名哲学家、教育家杜威提出"教育即生活，生长和经验改造""学校即社会""儿童中心论"，让现代教育变革找到了新的进步使命。巴西教育家弗莱雷进一步提出"教育是为了人的解放"，指出了教育的目的是使人觉悟，具有批判意识，学会学习，学会思考，从而在改造现实、创造新世界的过程中获得自身的解放。因此，教育就是遵循人的本性及发展规律，促进人的多方面发展乃至全面发展的活动。教育的终极目的，是为了人，为了人的发展，为了让人活出尊严、个性、情趣、幸福,并且通过个体的人的发展推动人类和社会的进步,使人类不断走向崇高,生活更加美好。

教育的本真,即回归教育的本源,皈依教育的本质,把解放人的智慧,提升人适应未来、创造未来的能力,推动人全面发展作为教育唯一的过程和归属。做本真的教育,就是承认学生个性差异的客观存在,学生各具禀赋,各具个性,各有爱好,有多元的发展趋势。

尽管,我们正在实施的新课程改革的灵魂就是以人为本,其核心内容主要有两点:一是强调教育教学要向学生的生活世界回归,强调学生对学习过程的体验;二是强调在教育教学中要注重学生动手实践能力和创新精神的培养,要在学习过程中有机渗透情感、态度、价值观教育,尊重学生成长规律,关注学生个性发展。

然而,放眼现实,我们许多学校依然在狂热地追求教育的功利化,依然以"时间+汗水"的方式在拼搏,中考、高考成绩依然成为评判一所学校教育质量高低的唯一标准。我们提倡教育灵魂的回归,就是要去功利化,回归到一切为了学生的发展,一切为了学生的幸福。教育灵魂的回归就是对人的幸福的关注,让学生学会如何幸福地生活,幸福地学习,在接受教育的过程中不断提升自己,向着更高的精神境界奋进。

回归教育本真,做有思想灵魂的教育。教育要回归本真,首先是教育要回归本位;其次是学校要回归本位;然后是教师要回归本位。教育、学校、教师的回归,才能实现真正的教育理想,才能真正让师生收获幸福。

## 二、 有灵魂的教育才是真正的教育

教育学告诉我们:教育是人类社会特有的一种社会现象,是人类社会特有的一种有意识的活动,是人类社会特有的传递经验的形式,是有意识地以影响人的身心发展为目标的社会活动。

《大学》云:"大学之道,在明明德,在亲民,在止于至善。"蔡元培说："教育是帮助被教育的人发展自己的能力，完善他的人格，于人类文化上能尽一分子的责任，不是把被教育的人造成一种特别器具。"鲁迅说："教育是要立人。"陶行知说："教育是依据生活、为了生活的'生活教育'，培养有行动能力、思考能力和创造能力的人。"秦文君说："教育应是一扇门，推开它，满是阳光和鲜花，它能给小孩子带来自信、快乐。"古罗马哲学家西塞罗说："教育的目的是让学生摆脱现实的奴役，而非适应现实。"

2015年，联合国教科文组织发布研究报告《反思教育：向"全球共同利益"的理念转变》："教育应该以人文主义为基础，以尊重生命和人类尊严、权利平等、社会正义、文化多样性、国际团结和为可持续的未来承担共同责任。在教育和学习方面，要超越狭隘的功利主义和经济主义，将人类生存的多个方面融合起来，采取开放的灵活的全方位的学习方法，为所有人提供发挥自身潜能的机会，以实现可持续的未来，过上有尊严的生活。"

教育的三大价值功能是发展、建构和引领。即发展人的生命、生存、生活；建构民主、平等、自由、人权、博爱、诚信、和谐、正义、法制、幸福的人类共同生存和发展的价值；引领人类文明进步。

生命的意义在于自我价值能否得以实现。因此树立正确的价值观极为重要。一个人如果价值观错了，那么他越是奋发努力，就越背道而驰，走向深渊。教育的目的就是使人们树立起正确的价值观，塑造学生的灵魂，朝正确的方向前进。

德国哲学家卡尔·雅斯贝尔说："教育是人的灵魂的教育，而非理智知识和认识的堆砌"。"教育本身就意味着一棵树摇动另一棵树，一朵云推动另一朵云，一个灵魂唤醒另一个灵魂。如果一种教育未能触及人的灵魂，未能引起人的灵魂深处的变革，它就不成其为教育"。原北大校长蒋梦麟先生说："教育如果不能启发一个人的理想、希望和意志，单单强调学生的兴趣，那是舍本逐末的办法。"由此可见，塑造出高尚的灵魂才是教育的真谛。

教育是慢的艺术，每个孩子的花期不同，我们要做的是静待花开，要回归到教育的本质，尊重教育的规律，慢慢地、静静地，不要浮躁、不要功利，最终会得到我们期待的结果。到那个时候，我们的孩子不管是分数还是能力，不论是身体还是心理都会很好，他们的灵魂也会很丰满和高尚。

蒋士铨是我国清代著名的文学家，其母望子成才心切，在他还只有四岁的时候，便每天让他认字，日日不辍，即使在病中，亦不得免，接着便让他读《礼记》《周易》《大学》《中庸》等书，其母一心只想让儿子金榜题名，光宗耀祖。其父蒋坚对儿子的教育自有一番见解，在蒋士铨十岁那年，蒋坚对妻子说："儿今十岁，虽能识字三千，但在膝下如此读书，恐怕将来终不免为常儿，纵能应对如流，不过书中文字，于事何益？我想带他一起去游历于燕赵之间，令其浮洞庭，涉黄河，置身太行，一览齐梁之壮。然后，再带他去攀崤函、登泰岱，让其胸怀天下，志在高远，才可成就他与天地浑然一体的雄魂浩气，成为一个伟岸丈夫。只有这样，他日作诗为文，举事创业，待人接物，立身处世，方可脱书生之迂气、立千秋之伟业。"蒋士铨之所以能成为著名文学家，与其父高远的教育见解密切相关。我们是让孩子在所接受的教育中成为"常儿"，还是让他成为顶天立地的"伟岸丈夫"，这其实正是有关"教育的灵魂和灵魂的教育"的一个根本性的大问题。因此，蒋士铨现象，也并非只是一个家庭教育的问题，其实质所提出的应是整个教育界所关注的大教育。蒋士铨的母亲对教育的理解应该说是比较狭隘和功利的，而蒋坚对教育的理解则是抓住了教育的灵魂和本质：就是对孩子的灵魂和心智的培养！

## 三、 幸福是教育追求的终极目标

2012年中秋、国庆双节前夕，中央电视台推出了《走基层百姓心声》特别调查节目"幸福是什么？"央视走基层的记者们分赴各地采访包括城市白领、乡村农民、科研专家、企业工人在内的几千名各行各业的工作者，一时间,"幸福"成为媒体的热门词汇。"你幸福吗?"这个简单的问句背后蕴含着一个个普通中国人对于所处时代的政治、经济、自然环境等方方面面的感受和体会,引发当代中国人对幸福的深入思考。

对于"什么是幸福"这一问题,不同的人总是有不同的回答,以至于到底"什么是幸福""如何获得幸福"等问题成为一个人人都懂,却也是人人都迷茫的问题。就连德国哲学家康德也不得不遗憾地说:"幸福的概念是如此模糊,以至于虽然人人都是想得到它,但是,却谁也不能对自己所决意追求或选择的东西说得清楚明白,条理一贯。"尽管如此,这并没有阻碍人们探讨幸福的含义,追求幸福的脚步。

人类追求幸福的历史与人类的发展史一样悠久。西方历史上有三种不同的幸福观:感性主义的幸福观,认为幸福主要在于感性欲望的满足与快乐;理性主义的幸福观,认为追求道德上和精神上的完善才是真正的幸福;神学幸福观,认为幸福存在于宗教德性中,存在于对上帝的热爱和追求中。

不管人们怎样理解幸福,幸福亦是需要一定的客观与主观条件的。古希腊哲学家亚里士多德提出幸福的基本条件是:"中等财产、健康体魄和灵魂安宁。"幸福既是客观的,但更是主观的,而且具有很强的主观性。幸福尽管有其客观来源,但幸福终归还是一种主观感受,因为幸福是人的一种体验,属于主观意识范畴。伊格内休斯·戈茨曾经说过:"断定'我是幸福的'不会错,正如断定'我在想'或'我头疼'不会错一样。"在心理学上,幸福是指人类个体认识自己的需要得到满足时产生的一种情绪状态,是由需要(包括动机、欲望和兴趣)、认知、情感等心理因素与外部诱惑的交互作用而形成的一种复杂的、多层次的心理状态。

幸福是个体的主观心理体验,就意味着,幸福与不幸存在于每个人的独特体验中,在人的心理体验之外,无所谓幸福不幸福。如《论语》:"贤哉!回也。一箪食,一瓢饮,在陋巷。人不堪其忧,回也不改其乐。"这让我们看到了外在的物质生活条件与个人幸福并没有太大关系。如果不是这样,那今人不知要比古人幸福多少倍。

对幸福是人的需求得到满足时的快乐感受和体验这一点，是得到人类思想家共识的。人的需求不一样，幸福和快乐的感受也就不同。因此，幸福就是人各方面需要得到满足时的一种愉悦的主观心理体验。快乐的心理体验是幸福的主观形式。而人生需要、欲望、目的得到实现乃是幸福的客观内容。

黎巴嫩著名诗人纪伯伦有这样的诗句："我们已经走得太远，以至于我们忘记了为什么而出发。"教育的目的是为了人的幸福，为了学生的幸福，也要为了老师的幸福。唯有幸福才能被确定为教育的终极目的。以幸福作为教育的终极目的，符合人的本性。所谓人的本性，是与人一同来到世上的，是人与生俱来的天性，与人的生命存在相始终。而实现生命存续是人的天性。只有使生命得以延续，人才能实现自身的价值并丰富人生的意义。英国著名的分析法学家哈特也说"人类活动的固有目的是生存"。更重要的是，人不仅要生存，还要生活，希望生活得更好，人总是不满足于现状，总是在追求，希望获得更多的福利，而不是祸害。趋乐避苦是人的基本适应性。但是，在现实的世界里，可以满足人的生存和持续生存的资源又是相对有限的，这就决定了人必须不断对客观世界进行改造才能不断满足自己的需求，而这种需求的满足就是一种幸福。人不断改造客观世界的过程就是对幸福不断追求的过程。通过以上分析，不难看出，世界上的每一个人都在为生存和持续生存而努力，而努力的结果就是导致人与人之间的竞争，这种竞争在一定程度上也是人类自然本能的体现。而竞争的结果依赖于人自身的实力。因此，为了在竞争中获胜，赢得有限的生存资源，人类不断地在实践中积累生活经验，不断地突破自身限制，实现其对自然本能的超越。可以说，人类发展的每一步，都是自我超越的成果。而人对其自然本能的超越和改造客观世界的能力的提高不是天生的，是需要后天培养的。而教育正是培养人自我超越的最佳途径。教育作为培养和塑造人的社会活动，其本质就是培养人，是把人与生俱来的各种可能性变为现实性。在最大程度上提升人的自然本性，实现人的全面和谐发展，是教育对人的价值的体现。因此，以幸福作为教育的终极目的，就是要使教育通过促进人的本性的超越和自身能力的提高，使人得以生存并生活得很幸福。

从教育的功能来看，应该以幸福作为教育的终极目的。人生观、幸福观是一个人对人生、对幸福的基本态度和根本看法，从一定意义上来讲，正是人生观与幸福观的不同，决定人们对人对事做出不同的行为选择，在生活中产生各种各样的不同追求。教育是控制和塑造人生观和幸福观的最有效的手段。因为每一个人在最初都是纯自然状态，是在社会中接受了各种各样的教育影响之后才逐渐形成某种特定的人生观、幸福观，是教育帮助个体在其发展的每一步明确自己的现实境遇，进而选择自然的未来走向。教育教会人们根据现实需要，随时调整人生方向，向更美好的生活迈进。同时幸福需要幸福能力，而幸福能力的提升需要教育。真正的教育可以丰富人的知识，提升人的智慧，促进人的思考，增进人对外界事物的洞察力和分析能力，进而加强其对现实问题的解决能力以及对未来的预测能力。因此，可以说，教育是提升人幸福能力的有效手段。此外，需要指出的是，教育作为培养人的社会活动，与人和社会都有着天然不可分割的联系。人与社会构成了教育活动得以存在的两个客观依据。在教育的发展进程中一直存在着个人本位论和社会本位论的激烈争论。个人本位论主张教育目的应以个人为本位，以个人自身完善和发展的需要为依据来制定教育目的和设计教育活动；而社会本位论则主张教育目的应以社会为本位，依据社会发展需要来制定教育目的和建构教育活动。两种观点各不相让，曾一度使教育进入了两难境地。而幸福是个体性与社会性的统一，因此，以幸福作为教育的终极目的，有利于缓解个人本位论与社会本位论的矛盾，使二者走向融合统一。

教育是现实性与超越性的统一，幸福是现实性与未来性的统一。教育的现实性关涉现实生活，教育的超越性关涉未来生活，我国著名学者赵汀阳将其称为"可能生活"。他认为，社会只是生活的必要手段，生活本身的质量才是人的行为的目的，"超越性是人的生命的本质，超越就意味着应然不断地代替实然，可能不断代替现实，在这个否定过程中，意味着人的生命的自我生成和自我实现，意味人的价值生命的不断跃进和提升。"所以对人来说，现实生活只是通向可能生活的一个"驿站"，而不是"终点"。因此，教育关涉的不是现时性，而是未来性。教育对可能生活的追求，反映了人的一种理想，是合目的的生活，是教育超越性的体现。幸福是现实性与未来性的统一。幸福的超越性依赖于人的超越性。人之所以是人，在于他生存并生活着，不断实践着、体验着，精神也在不断地成长着，这一过程也是人自然生命不断超越的过程。正是人的超越性使人不断奋斗，不断追寻更新、更高、更美好的生活，即幸福生活。未来的可能生活是教育的终极追求，而幸福也具有超越性、终极性，因此，幸福理应成为教育的终极目的。

幸福作为教育的终极目的，是与人类历史相伴而生的，有了人类，就有了教育，同时产生了教育需求，将幸福作为教育的终极目的，既符合人的本性，又符合教育功能、教育超越性。

幸福不仅是教育追求的终极目标，也是教育追求的终极价值。美国哲学家威廉·詹姆斯说："如果要问，人最主要关心什么？其中一个回答就是幸福。"追求幸福是人的天性，这源于人趋利避害的本能，幸福也永远是人类社会追求的永恒的、终极目的。一个人一生追求的东西多种多样，不同人一生追求的东西千差万别：金钱、名利、事业、爱情、自由、真理、奉献……但归根到底，所有人追求的莫过于一样东西，那就是幸福。金钱、名利、事业、爱情、自由、真理、奉献，看起来是人行为的动机和目标，但实际上是不同的人对幸福的不同理解罢了。

人们都愿意获得幸福，但"幸福不是毛毛雨，不会自己从天上掉下来。"幸福需要人去感受、去发现、去创造，因而幸福也是一种能力，一种素养。赵汀阳说："是否能够获得幸福很大程度上取决于能够敏感察觉到幸福之所在，在这种意义上，幸福是一种能力。这一点是残酷的，如果不能知道如何获得幸福，那么无论怎么好的条件也是白费的。"罗素说："人生的幸福与艰辛,并不取决于我们的际遇,而在于我们如何对付它,在于感受它的性质和程度。"在我们今天的生活中,往往并不缺乏导致人产生幸福感的外在的物质条件和精神条件,然而许多人却缺乏幸福的感受,不能感知自己所处的幸福情境,"身在福中不知福"。个中原因极其复杂,但最主要的原因是人们感知幸福的能力低下。有学者认为,东亚人与西方人的众多不同之一,就是东亚人比较倾向于放大生活中的痛苦,而西方人则喜欢放大生活中的幸福。如果这种生活态度不改变,即使哪一天中国人比西方人更有钱了,也不会比西方人更幸福。日本人和新加坡人今天不正是如此吗?

既然幸福是一种能力、一种素养,那幸福就一定与教育有关。因为无论是人发现和感受幸福的能力和素养,还是人创造和享受幸福的能力和素养,都可以通过教育来得到培育。与幸福密切相关的人的主观条件,如正确的价值观念、阳光的生活态度、善良纯洁的心灵、自由奔放的思想等等,都不是与生俱来的,需要教育的培育和文化的滋养,因而,教育可以培养幸福的人,尽管我们不可以夸大教育对人生幸福的作用。

但是,并不是什么教育都可以培养出幸福的人,只有非功利的教育才可能培养出幸福的人,只有有思想灵魂的教育才能让人深刻感受到幸福。非功利的教育不仅可以帮助学生树立正确的价值观念、养成阳光的生活态度、修炼善良纯洁的心灵……而且能够营造出幸福的教育生活和教育环境,使教育充盈着幸福的元素,从而使学生有幸福可感,有幸福可创,有幸福可享。只有这样的教育,才能促进学生形成与幸福相应的态度和能力。

幸福并不玄虚,并不神秘,并非高不可攀。许多人以为,幸福离自己很遥远,但殊不知,幸福就在我们的日常生活中,就在我们的举手投足间,甚至就在不经意中,稍纵即逝。生活本身往往并不缺少幸福,往往缺少的是人发现、捕捉、感受、享用幸福的能力。

也许会有人说,现在在教育中谈幸福是不是太浪漫、太矫情、太脱离现实?因为现实的教育是那么的不幸,那么的严酷,学生和教师是那么的

"肉体受折磨、精神遭摧残"。不错，现实的教育离真正的幸福的确还很有距离，但教育却不能因此放弃对幸福的向往和追求，无论我们离它有多远，都必须向着它、接近它，对此，我们并非无所作为，何况现实的教育中并非无幸福可感，无幸福可掘，无幸福可造、无幸福可享，恰恰可能是我们缺乏相应的态度和能力。

教育是现实的，但也应该是浪漫的。教育虽然不可能总是幸福的，也不可能全是幸福的，但追求幸福应是教育需秉承的信仰。幸福是教育永远追求而永无止境的一个目标，它既在理想中，又在现实中，它是终极意义的，是教育价值的灵魂所在。

教育因为有思想而崇高，教育因为有灵魂而伟大。我们需要关注所有学生的个体生命的发展，关注每一名教师的精神需求，关注教育过程的和谐与幸福。

# 第二章
# 学校因文化品位而伟大

## 一、文化为学子塑造灵魂

台湾作家龙应台有一段关于文化的形象描述:"文化?它是随便一个人迎面走来,他的举手投足,他的一颦一笑,他的整体气质。他走过一棵树,树枝低垂,他是随手把枝折断丢弃,还是弯身而过?一只满身是癣的流浪狗走近他,他是怜悯地避开,还是一脚踢过去?电梯门打开,他是谦恭地让人,还是霸道地把别人挤开?一个盲人和他并肩于路口,绿灯亮了,他会搀那盲者一把吗?他与别人如何擦身而过?他如何低头系上自己松了的鞋带?他怎么从卖菜的小贩手里接过找来的零钱?如果他在会议、教室、电视屏幕的公共领域里大谈民主人权和劳工权益,在自己家的私人领域里,他尊重自己的妻子和孩子吗?他对家里的保姆和工人以礼相待吗?独处时,他,如何与自己相处?所有的教养、原则、规范,在没人看见的地方,他怎么样?"

"文化其实体现在一个人如何对待他人、对待自己、如何对待自己所处的自然环境。在一个文化厚实深沉的社会里,人懂得尊重自己——他不苟且,因为不苟且所以有品位;人懂得尊重别人——他不霸道,因为不霸道所以有道德;人懂得尊重自然——他不掠夺,因为不掠夺所以有永续的智能。"

"品位、道德、智能,是文化积累的总和。"

由此可以看出,文化就是指通过人的行为表现出来的习惯、信念等精神气质。文化构成了一个人的基本风貌、基本特质,是一个人有别于其他个体的特点。

有人说,北京大学的学生和清华大学的学生有着明显的不同。北大的学生热情奔放、个性张扬、喜欢交际、善于沟通,怪才、奇才较多。清华的学生含蓄稳重、勤奋严谨,团结协作精神强,不达目标不罢休。

为什么来自全国各地的学霸,到了北大清华,他们的个性会出现了这么大的差异?这与学校的文化息息相关。北大的校训是"思想自由、兼容并包"。蔡元培先生提出的"思想自由、兼容并包",成为一代代北大人高度认可的校训,并对所有北大人一辈子影响最深刻的校训,也是最能够代表北大精神的。蔡元培对北大的改造,是从根本改变教育思想、明确大学性质入手的。他在就任演说中坚定地宣布:"大学者,研究高深学问者也","诸君须抱定宗旨,为求学而来。入法科者,非为做官;入商科者,非为致富";同时又建立评议会,实行教授治校。这就从观念与组织上,根本摆脱了对国家官僚机构与官僚政治的依附,实现了学术、思想、文化的真正独立,也就是知识分子自身的独立。蔡元培提出"思想自由,兼容并包"的办学方针,其目的正是要为知识分子提供自由而广阔的精神空间,将北大改造成为民间知识分子的自由集合体。"教育指导社会,而非随逐社会者也",在自由、宽松的人文环境中,创造新的校园文化,并以此影响社会。创造了以"科学的思想与方法""民主与个体精神自由""'重新估定价值'的怀疑主义精神"与"兼容并包的宽容精神"等为核心的新世界观,新思维,新伦理,新方法,新的人际关系与交流方式,从而创造了新的想象力与新的创造力,创造新的学术规范,以为文学革命、思想启蒙提供理论、学术根据与思想资源。北京大学也因此成了"五四新文化运动"的发源地,而以北京大学为中心的五四运动,又进一步把由思想文化领域开始的变革推向全面的政治、社会的变革。在这样文化氛围熏陶下，北大的学生的人文素养深厚，思想自然开放。

清华的校训是："自强不息、厚德载物。"清华的校训最初是1911年清华学堂初创时期，《清华学堂章程》中提出"以进德修业、自强不息为教育之方针"。1914年，梁启超应邀在清华大学作题为《君子》的演讲，其中提到："乾象曰：'天行健，君子以自强不息。'坤象曰：'地势坤，君子以厚德载物。'推本乎此，君子之条件庶几近之矣。"以此来激励清华学子。"自强不息"，即要求清华学生具有奋发图强、勇往直前、争创一流的品格；"厚德载物"，即要求清华学子具有团结协作、严于律己、无私奉献的胸怀。短短八个字的校训激励、感染了一代代的清华人，成为清华的学子精神坐标。

校训是一所学校的办学思想、管理精神的浓缩。校训是一种精神，一种追求，一种理念，一种无形的管理制度，一种内在的学校文化。也正是在这个意义上，康德、怀特等哲学家认为，文化是一种精神性的符号体系。也正是在这个意义上，我们认为，文化其实就是指一个群体、组织在长久的共同生活中形成的生活方式，包括他们的思想、理念、行为、习俗、禁忌、传说、建筑、制度、一切作品……这个群体整体的一切活动，都将是这个方式的某种体现。

八百年来，剑桥大学独特的文化氛围培养了13位英国首相、88位诺贝尔奖得主和众多一流的哲学家、诗人与科学家，他们的思想与研究荣耀了剑桥的历史，更改变了整个世界。剑桥学子遵循优良的学校文化学术传统，在美丽的建筑中热忱求学，梦境般的校园激发他们灵魂深处的浪漫因子，形成了缤纷灿烂的剑桥文化。置身这个世界上最得天独厚的校园中，学子们卓越的潜力得到激发。

温莎堡对面的英国最古老的贵族学校——伊顿公学，校园内沿袭着浓厚的中世纪欧洲文化的传统。古老的建筑物，庄重的黑色燕尾校服，各项传统的英式体育活动以及优秀的专业师资队伍和良好的教学制度，无一不体现出伊顿公学深厚的文化底蕴。伊顿公学"独立""个性""友爱""忠诚""尊严""勇敢""传统""绅士"的精神素质深入了伊顿学子的骨髓。初入伊顿的学生只是 13 岁的小男孩,离开伊顿时已是 18 岁的谦谦君子。他们在伊顿的 5 年得到的是生理、心理、知识、体能、思想和社会责任感的全面成长。在这样优良环境下培养出来的杰出学生,自然成了英国、美国等国家的各大高等学府招生的首选对象,而这些学府也以招收伊顿学生为荣。比如剑桥和牛津就提供了让伊顿毕业生直接进入他们大学深造的机会。

学校文化体现的是一所学校的品位,张扬的是一所学校的个性,蕴含的是一所学校的精神,展示的是一所学校的魅力。学校是文明的摇篮,是育人的圣地,校园文化建设能提升一所学校师生员工的精气神。

## 二、 文化彰显学校育人价值

校园文化是学校文化底蕴、文化积淀和文化品位的集中体现。它在很大程度上限制和约束着学校的行为,影响着师生员工的行为规范,还彰显着学校的育人价值。

(一)校训,不是苍白的口号,而是理念特色的彰显

一提到百年名校,人们很自然就会想起它的校训,如清华的"自强不息,厚德载物",北师大的"学为人师,行为世范",北大的"思想自由、兼容并包",浙江大学的"求是",天津大学的"实事求是",中山大学的"博学,审问,慎思,明辨,笃行",复旦大学的"博学而笃志,切问而近思",南开大学的"允公允能,日新月异",厦门大学的"自强不息,止于至善",哈佛大学的"此刻打盹,你将做梦;而此刻学习,你将圆梦",南洋理工大学的"珍惜现在,别在毫无意义的事情上浪费时间",达特茅斯学院的"如果你不能很好地珍惜时间,那么就看看对手那在不停地翻动书页

的手吧",南安普顿大学的"世界上那些最容易的事情中,浪费时间最不费力",哥伦比亚大学的"伟大不是凭空而来的,而是赢得的",加州理工学院的"不要抱怨不公平,一切只因努力还不够",曼切斯特大学的"成功之路只有一条,那就是准备,准备,再准备",首尔大学的"人生是一种实验,越多的实验,让你变成更好的人",阿姆斯特丹大学的"胆怯者当不了命运的捕手",卡内基梅隆大学的"敢于超越自我,胆量与成功成正比",耶鲁大学的"在我的平凡世界里,我就是不平凡",剑桥大学的"我与世界相遇,我自与世界相识,我自不辱使命,使我与众生相聚"等等,校训恰恰反映了这些名校发展的历史渊源,独特的理念以及办学的特色。

因此,校园文化以其独特魅力贯穿于一所学校的发展始终,它体现了一所学校所具有的特定的精神环境、文化氛围和品味格调,特别是提高全体师生的凝聚力,营造优良的校风学风环境,陶冶学生的情操、启迪学生心智,促进学生的全面发展,培育优秀人才,促进学校全面、协调、可持续发展都具有重要的意义。

## (二) 教育,不是知识的灌输,而是文化的浸润

在改革与发展,文化推动文明进步的进程中,所有的成就不应自满,也不足以成为学校教育与发展进步的桎梏,它应该成为推动教育大发展的一种积淀。"文化是一个民族的精神和灵魂",所以,以文化育人,替代唯智教育,已成趋势。一切只有承大势而起,顺大势而为,才能长足发展,顺应时代潮流。

经过几十年的应试教育唯分数论,教育培养出了很多高分低能、有知识没文化的单维度人,他们要么死读书,读死书,不懂得学以致用;要么干脆与教育脱节,直接被分数淘汰出局;要么就没有树立良好的思想道德品质。不但品性不和,身心健康也得不到保障。这样的教育,即使是通过一些"天才学生"生源的"高分"作为标本赢得短暂的辉煌,但在历史发展的规律下,仍注定会是失败的。

把文化融入教育中，作为精神指引教育的发展与文明的进步，那是因为文化是重要的，是积极的，是有推动力的。文化的进步，是历史的规律，文化融通万象，它不但能开启对美的感知，更能开启生命的智慧，高扬起一所学校乃至民族传承核心价值理念的旗帜，从源头上代表了全人类的存在与意义。

文化育人是人文教育的需要。高尔基曾说过："人是文化的创造者，也是文化的宗旨。"由此可见，文化是人创造出来而又为人所服务的人本化的思想和知识体系，它满足和适应人的发展。而唯智教育的知识灌输，则被卡在了喉咙，将物本化的知识都以分数的方式，不管有用没用，一股脑儿灌入了学生的脑袋里，使人们忘记了，教育的主体是人，而不是一堆学过都不一定能记住的所谓知识。离开了人，知识只不过是摆放在天地之间，不动不变的一些死物而已。

文化育人是多元化的，文化育人融通万物包罗万象。它包括知识、素质、道德、体育、美育教育等所有的教育之中能推动人类进步的方面，它海纳百川，不但是物化的知识体系，也是身心的愉悦，精神的昂扬。而唯智教育是片面的，只追求分数，是平面知识体系的生硬灌输。

文化育人是可持续性发展的，它满足智慧生命的需要，同时体现人类存在的价值，它以人为本，以人为主体，它跟随人的进步而发展，又以发展带动人类社会的传承与进步。因此它有自我调控的能力，也有可持续发展的动力，因为它是有灵魂的，是活着的思想，也是物化的基础。而唯智教育，是以物本为基础的，不能学以致用，所以，它是有局限性的，是必然被历史淘汰的。

文化人的价值是教育的承载力量，也是继承先圣匡国，浩然正气的济世爱国之情。文化育人既是民族立身立世的物质基础，也是渗透入心灵深处刚健人格的精神力量。文化育人使人崇德益智尚美，使真善美的情感蓬勃生长，使雅趣的理念贯彻到人的言行举止，形成生命的智慧和灵魂的力量。

文化育人的视野宽广，文化育人有伟大的激情，追求和美与光明。学校文化发展战略的构建是对完美的研究和追求。

## 三、文化是提升办学内涵的有效途径

学校文化是学校本身形成和发展的物质文化和精神文化的总和。即学校成员在学校共同发展过程中，逐步形成的包括学校最高目标、价值观、校风、校训、传统习惯、行为规范和规章制度在内的精神文化，以及校园建筑、校园景观、绿化美化等物质文化，因此，学校文化是师生精神风貌、思维方式、价值取向和行为规范的综合体现。它在一定程度上彰显了学校发展的独特理念与发展特色，可以说，学校文化是一所学校可持续发展的品牌，也是提升学校办学内涵的主要途径。

学校文化包括精神文化、制度文化、行为文化、物质文化。校园文化，是一种特殊的文化，它既有人文特征，又有教育特征，它是一所学校长期传承下来的思想观念、学术精神、价值观、思维习惯、人文传统、制度建设等精神素质和校园各项物质建设素质的总和。所以学校的教风、学风、科学风气、生活和工作环境，无不是学校校园文化的体现。学校文化大致包含两部分，一是物质文化；二是非物质文化（精神文化、制度文化、行为文化）。物质文化承载着非物质文化的内涵，是非物质文化的载体，非物质文化通过物质文化表现出来。非物质文化的核心是精神文化，精神文化通过校园环境、学校的规章制度、师生的日常言行举止、管理和教育教学活动体现出来。

学校物质文化。物质文化层也可以叫载体文化层，是学校文化最基本的物质载体和外在标志。包括校园所处的地理位置、自然环境，规划格局以及校园建筑、活动场所、雕塑、绿化和文化传媒设施等校园校貌各个方面所形成的文化环境。物质文化尽管是学校文化的表层，却是一所学校师生员工价值观和精神风貌的具体体现。集中体现着的文化内涵，是一所学校校园形象和精神风貌的物质依托，对学生陶冶情操，享受美感、营造良好心态的氛围，促进全面素质提高有重要作用。同时它也是学校对社会外在的形象展示，因此，是社会对学校给出第一印象和做出总体评价的起点。

学校行为文化。浅层的行为文化，是由校园活动中发生和进行的人际交往而产生的文化。主要是通过师生员工外在的言谈举止，来表现内在的校园人际关系等心理环境。比如积极热情、乐观向上、和睦融洽、文明礼貌等。校园人际关系实质上是校园内部的心理环境，这种环境对人的影响是巨大的。重视并不断优化这一环境，就能在学校内部形成强大的凝聚力，促进学生身心健康发展，激发师生高度的学习工作的热情，从而促使学校各项工作取得最佳效果。

学校制度文化。制度文化是学校在法令、行政、道德层面上建立起来的，与学校价值观念、管理理念相适应的学校规章制度、公约守则、道德约束等规章规范和行为准则的总和。这是学校教育教学育人工作得以正常有序进行的重要保证。制度文化作为规范人们行为的手段，无论他律还是自律，都带有一定的强制性，但是它所体现出的精神文化，却有重要的教育感化和约束功能，客观上发挥着管理育人的积极作用。通过奖惩等手段进行政策导向和教育引导，对促进良好校风的形成也是非常必要的。

学校精神文化。深层的精神文化是校园文化的核心和灵魂。它是学校理想追求、价值观念。培养目标、道德情感和行为准则在师生身上的具体体现。精神文化集个人、集体和学校意识于一体，集中体现师生员工的思想政治倾向、人生价值追求、人才培养观念、职业道德教育和科学民主精神。精神文化是校园文化内在的和最本质的东西，是学生内心的理想家园和精神依托。这种精神的积淀具有承上启下的意义，对学生的作用和影响也是非常深远的。

学校文化的以上层面，由表及里，层层深入。物质文化看得见摸得着，最为具体实在，构成校园文化的硬外壳；行为文化作为一种浅层文化，成为校园文化的软外壳；制度文化是学校观念形态的转化，成为校园文化软硬外壳之间的联系和支撑；而精神文化则是观念形态和文化心理的总和，是校园文化的内在表现及其相互联系方面的渊源，是校园文化的核心和精髓。

## 四、 凸显学校文化的显著特征

在进行学校文化建设设计时，要凸显学校文化的显著特征，要建设高雅的、可持续发展的、独具特色的文化，其他学校可以学习但不可以移植。

**高雅性。**校园是人才会聚的场所，由于创造校园文化的主体是具有较高文化层次、较好人文修养的师生，他们的知识结构和文化修养决定了在价值取向等精神领域的追求上比普通大众的品位高。而且校园是知识汇集的场所，具有国际先进水平、丰富知识的校园人能够运用知识，以理性的头脑更灵活地思考问题，能够更准确地在校园文化中的取舍、鉴别等方面做出决断，而不是如大众文化一般盲目追随；丰富的知识也使校园人能够积极主动地对校园文化进行改造和更新，因此相对于一般社会而言，校园文化在价值取向上的格调会更高雅。

**载体多样性。**校园文化的精神层面是校园文化的核心和灵魂，但是这些思想观念、价值取向、精神风貌并不能孤立存在，他们要通过一定的载体，以物质的、制度的、行为方式的形式表现出来：既有反映教育思想、治学态度的各种教学设施、科研仪器、实验设备，又有规范、约束人的各种规章制度、行为准则；既有蕴含着校园人文思想、情感的花草树木、亭台轩榭，又有体现校园精神和风格的各式建筑和人文雕塑；既有传播校园文化的广播、网络、报纸杂志、宣传橱窗等媒介设施，又有创新校园文化的各种学生社团等场所和组织。这些都体现了校园文化载体的多样性。

**艺术性。**校园文化必须通过一定的形式表现出来，也就是说要通过塑造物化的形象，来展现校园文化的内容，比如通过建筑物的形状、布局，文字材料，音像图片，雕塑景观，园林设计等等，用一些形象具体的物体作为文化符号，赋予其文化意义。蕴含有一定校园文化意义的艺术形象，要有观赏价值，体现出高品位，既要意境深远，又要能引起观者展开联想和想象的翅膀，从而达到睹物知意，触景生情的效果。

独特性。校园文化建设最忌千校一面，互相抄袭，照搬雷同。一花一世界，一叶一菩提。一所学校有自己的历史传统、办学背景条件、地方文化、师资结构状况、生源素质情况，就决定了不可能有相同的校园文化内容。所以每一所学校必须从自己的实际出发，确定有自己特色的校园文化内容和形式，有自己的个性和风格，有自己的根和魂，才有可持续发展的生命之源，才有存在于世界的价值。

系统性。任何一种文化都不是孤立单一存在的，一鳞半爪不是文化，文化是一个体系和序列。在进行校园文化系统建设时，要把精神文化、制度文化、行为文化、物质文化进行系统建构，形成系列，相互补充，相互映衬。

长期性。学校文化建设是一个长期的积累沉淀过程。历史名校，当然有深厚的文化积淀，需要认真总结，深入挖掘和提炼，形成自己独具特色的学校文化；新建学校校园文化建设也不要指望一蹴而就，不能由校长随便提几句口号，张贴几张标语，悬挂几个条幅就行了，而需要组织全校师生认真思考，充分论证，通过日常教育教学管理一点一滴的细节磨炼，长期的教育教学实践，有意识的总结提炼升华，又加以反复的实践，最后形成一种稳定的习惯、风格、个性、特征，全体师生一致认同的规则规范、传统价值观、独有的精神风貌和理想追求以及办学思想。

渗透性。校园文化对师生的影响和教育作用是无形的，如春风化雨，润物细无声。师生每天看到本校的一草一木，一景一物，在师生互相的一言一行，在每一节课，在每一次活动中都在进行着文化的传递传承，通过各种各样的方式建设着校园文化，渗透着校园文化，接受着校园文化的熏染，渗透进自己的灵魂并内化为自己的习惯，改变着自己的思维和行为方式。校园文化，像和煦的春风一样，渗透在校园的各个角落，渗透在教师、学生、员工的观念、言行、举止之中，渗透在他们的教学、科研、读书、做事的态度和情感中。

传承性。一所学校的发展历史就是一所学校的学校文化发展史，社会和时代不断发展变化，学校内部各种元素也在不断发展变化，学校文化必然要随着发展变化，在继承中发展，在发展中创新，是社会发展规律。所以学校文化建设必须紧跟时代步伐，不断更新内容和形式，与时俱进，开拓创新，把历史传统文化和现代文化有机地结合起来，使自己的学校文化建设永远走在时代的前列，充满旺盛的生命力。校风、教风、学风、学术传统、思维方式的形成，不是一代人，而是几代人或数代人自觉不自觉地积淀的，而且代代相传，相沿成俗。似乎有一种遗传因子。任何一种校园文化，一经形成之后，必然传承下去，不因时代、社会制度不同而消失，当然会有所损益。然而其精神实质却是永续的，永生的。

丰富性。学校文化包含有丰富的的内容并呈现出多样的形式，隐性显性，有形无形；动态静态；古今中外，人文自然，科学艺术，人类社会一切有益的知识，先进的技能，辉煌的成就。世界的民族的，国家的地方的校本的，断代的通史的，集体的个体的等等，只要能够契合本校的实际，都可以为我所用，融为一体，发扬光大，继承发展。

实践性。校园文化重在建设，建设就是实践，建设就是要让全体师生都参与进来，通过各种各样的教育教学活动，让师生亲自动手，学习文化，理解文化，掌握文化，运用文化，在体验文化中接受文化的熏陶，在运用文化中创新文化，使学校文化建设真正落到实处，充分发挥学校文化在学校发展中原动力作用。学校文化是学校教师与学生共同创造的。领导者的办学理念、办学意识和行为对师生员工的影响不可低估，对学校文化建设的作用是巨大的。

创新性。学校文化与其他亚文化相比，功利性的干扰最少，而且拥有较多的对人类社会与命运的关怀。在学校文化的价值观与行为规范方面，学校文化的根本使命是批判与创新。在校园里，新的观念、新的思想最容易产生，旧的观念更容易在批判中更新。在这种文化的产生与更新之中，学校文化的批判性和创造性的特点得到充分展现。学校文化的继承性表现为学校文化的连续性，它是对既有的学校文化的批判性继承，不可能完全脱离原有的文化传统。这种学校文化传统往往会形成一所学校的文化特色。

封闭性。学校文化以其独特的文化特质区别于社会的其他文化而成一体：从空间上讲，学校文化是以学校成员为其群体基础，以"校园"为其空间范围的；从时间层面上讲，学校文化自产生之日起所形成的文化特质以及每所学校自建校时所独特的文化精髓就被世世代代稳固的传承下来；从心理层面上讲，学校文化在自我认同的基础上具有强烈的群体性和排他性。因此，学校文化具有相对的封闭性特征。

多元性。当今社会进入了经济一体化的时代，信息、交通、通信技术的发展，拉近了国家之间和民族之间的距离，文化上的交流和融合已经成为时代的重要特点。学校成了外来文化最主要的"集散地"。国内外的许多新思想、新理论、新科技，大多首先传到学校，再通过学校的辐射和人才的流动注入社会。这主要是由于学校具有接收外来文化的条件和转化、融合外来文化的能力。日益频繁的学术交流和相对宽松的社会环境也是学校文化多元性的成因。

学校文化的这些特性，要求我们在进行学校文化建设时，要充分把握其特征，真正发挥学校文化的育人功能。

## 五、充分发挥文化的强大功能

学校文化的功能，不是直接可以触摸到的，然而生活在校园之中的人时时、处处可以感受得到。学校文化是学校的一种"教育场"，它不仅能陶冶师生的情操，规范师生的行为，而且能够激发全校师生对学校目标、准则的认同感和作为学校一员的使命感、归属感，形成巨大的向心力、凝聚力和群体意识，同时还能对学生起到潜移默化的教育作用。作为一种高层次的文化，学校文化是学校教育的重要组成部分，有着多种积极功效，是其他教育难以替代的。

导向人生。时代所需要的人才,不仅要掌握现代科学技术文化知识和具有健康体魄,更应是具有先进的思想意识、价值观念、法制意识和道德情操的社会主义新人。其作用,就是根据学校教育方针和教育任务的要求,激发学生内在的学习动力,坚持集体主义的价值取向,弘扬爱国主义的高尚品德,培养爱校如家的深厚情感,自觉维护学校的安全稳定。这一目标导向不仅对学生个人的德智体美等方面的健康成长和全面素质的提高起到重要作用,还要引导学生把个人理想抱负与实现我国现代化的大业紧密联系起来。这种导向作用不是靠行政命令,而更多的是靠学校文化对学生的心理塑造来进行的,它为个体行为提供了参照系数,身在这个环境中,就会自然而然地受到熏陶感染。使学生在潜移默化中接受校园的共同的价值观。如果背离了这个方向,就会受到校园主流文化的排斥。

塑造人格。学生完整人格的发展和形成,是德育教化过程和学生在知情意等方面自我内化过程的结果。校园文化作为一种精神存在,散布在学校生活的点点滴滴,方方面面。作为生活在校园中的个体,只要他依附于这所学校,就会受到这种文化的熏陶和影响。学校文化如同校园精神的一块碑石,把在长期实践中凝结而成,反映着蕴含在校园文化深层的价值体系和做人根本镌刻于上,同时也给每个身在此处的学子身心上打下深深的烙印。不仅从心智上受到启发,而且更容易从感情上引起共鸣,起到铸人造魂的作用。于是,作为特定的文化群体,就有了厚德载物的清华人、科学民主的北大人等具有典型特质文化人格的概念,无不反映着校园文化对人格的塑造。

凝聚人心。学校文化作为一种群体文化,是广大师生员工在从事校园物质文明和精神文明建设所体现出来的思维活动和共同的心理状态,代表了师生们的心声和要求,寄托着学校全体师生员工的理想希望。这种群体意识是一所学校广大师生人生观、价值观和道德观的综合反映,所以,也最有凝聚人心的作用。文化是一种极强的凝聚力量。不管是一个国家,还是一个民族，也不管是一个企业还是一所学校，当一种文化的核心被人们认同以后，就会变成一种强大的黏合剂。从各个方面，各个层次，把千差万别的成员团结在一起，从而形成一种强大的向心力和凝聚力，使其成员产生一种昂扬的情绪和奋发进取的精神效应。同时学生的思想境界和精神境界也会通过这种凝聚力量得到升华。

约束行为。学校文化对校园人的行为有着广泛的约束力和规范作用，这种规范既有硬性的制度约束，但更主要的是一种软约束，这种软约束，是通过物质载体和文化活动营造出来而弥漫在校园中的文化氛围，是传统习俗风尚、校园群体意识和群体舆论等精神文化内容。置身于这样的环境中就会造成一种使个体行为从众化的心理压力和动力，继而产生行为的自我约束和控制。

启迪智慧。学校的校园文化，本身就是集知识、智慧和创造力于一体的文化。无论是营造物质环境还是创造精神氛围，或者是开展各种形式的活动，从校园文化中，到处都是科学与人文精神的聪明才智的展现。特别是作为校园文化主体的建设者和参与者，更能够从中感受到"知识就是力量"，从中受到启迪，锻炼才干，提高素质。

愉悦身心。随着社会的发展，文明程度的提高，人们对精神生活的需求也越来越高，精神文化追求在校园生活中也显得越来越重要。学校是知识分子和青少年学生高度密集的场所，满足精神需求的愿望更强烈。校园文化以其丰富多彩、健康有益和多种形式手段，在一定程度满足人们对精神文化的渴求，特别是一些高雅文化走进校园，使师生员工愉悦身心，满足需要，享受美好生活，特别是让更多人从中体会到参与的乐趣，倍受大家的欢迎。

## 六、 建设独具特色的学校文化

三流学校靠权势，二流学校靠制度，一流学校靠文化。在建设独具特色学校文化过程中不能忽视教育理念的高远。

科学与人文并重——在传授知识的同时要更注重学生的人文素质，培养具有儒雅气质和有教养的学生。

规范与个性共存——在培养模式上既强调规范，更强调个性，规范是基础，个性是发展，合格为前提，特长为提高。强调个性化教育和针对性培优补差。

厚积与创新相依——在培养学生的创新精神时，注重厚实的文化积淀和基础，培养学生的科学创造精神。鼓励学生大胆创新思维。

学校与社会合一——在教育方式上，注重学生的学校认知和社会认知的一致，教育教学要贴近社会生活，关注社会和民生。

一所学校的办学理念和校训的提炼必须具备如下要素：

它应该体现学校的使命、愿景、价值观、办学目标、培养目标。那种只要分数，认为有分数就有一切，另外的所有追求都无足轻重的教育观点，那种为了明天的幸福可以牺牲今天的快乐的教育观点，以及体现这些观点的格言，显然是不行的。

它应该与中国文化的精神内涵相一致，尤其是和儒家自强不息、仁心充溢的精神高度一致。我们应该相信，我们的教育思考和教育叙事，是在这个土地上的教育思考和教育叙事，我们所用的语言和精神资源，首先是属于这片土地的。只要我们还守在这片精神文化的土地上，我们就必须从中汲取积极向上的能量，成为我们安身立命的根本。

它应该具有独特的个性。一个好的校训，总是完全地属于自己的，甚至是只属于自己的——它越是只属于自己，也就越能够成为启迪其他学校，越能够完美地实现其教育理念，彰显学校独特的文化历史、文化成就和文化个性。

它应该富有诗意，言简意赅。好的校训总是一种较诗意、含蓄的表述，总是可以不断地阐发，不会停留在一个时代的局限里。同时好的校训要有充分的想象空间和展开的余地，不能只是对某一个细微的局部的关注。

它应该有向上的力量。校训最好是一种积极、高远的表达，具有精神引领的作用。即它要具备激励人生出浩然之气，从而意识到生命的尊严，进而去为之努力的作用。如有些学校喜欢"草根精神"，但是让十来岁的处于花季的孩子们去像草根那样默默无闻，不求花开，这事实上是对生命发展阶段的误解。

作为校风校训的语言往往是格言式的，具有高度概括性与抽象性。所以，虽然它能够被无尽地阐发，却也同时因此而显得抽象、单调，尤其对学生而言，它有时似乎只是一个没有生机的教条。因此，校风、校训应该与特殊的学校文化象征物，学校文化的榜样人物完美地结合在一起，成为一组可触可摸，任何人都可以理解、感受到的文化表述。校风、校训揭示出文化象征物、历史榜样的精神内涵，文化象征物和历史榜样则演绎出校风、校训的具体精神，让它们不再抽象而变得具象，不再单调而变得有声有色、有血有肉。

## 七、 发挥校长办学思想的引领作用

学校文化建设的核心是校长应具备鲜明的办学理念与办学思想。任何一个校长在教育实践中，总会对教育实践中产生的问题及解决问题的方式方法进行必要的思考与研究，形成对教育实践问题的认识，并且深化对教育实践认识而进一步进行理性的思考，逐步形成自己的办学理念、办学思想、办学模式等，这也是一个成功校长的专业化发展必由之路。

从某种意义上讲，一流的学校，要有一流的校长；一流的校长才能办出一流的学校。因而，校长的办学理念与办学思想是衡量学校办学水平的主要标志之一。可见，校长对于一所学校来说，要把自己的教育实践与学校定位的基本原则——社会客观需要、学校客观基础、办学客观条件、教育客观规律相结合，提出、引领、实践、升华与之相宜的办学理念与办学思想，是一项极其重要的职责。学校美的部分，不一定在建筑和校园里，应有很好的教职员工，很好的制度，很好的理念与文化，你没有看到的那一部分，才是学校最美的部分。一所学校的领导者，他既关注学校的物质文化，也关注学校的制度，更关注其组合分子的理念、思想、价值观念和在其引导下的行为。而这几者之间永远要求平衡。一个好校长就是一所好学校，以校长为首的一批积极进取的管理人员的办学理念和办学思想是办好学校的人员保证，而先进的办学理念、精髓的办学思想是办好学校的精神保障，二者相得益彰。校长办学理念、办学思想应有鲜明的特征。教育需要思想，需要有思想的教育学者去解释教育的现象、揭示教育的真谛，预见教育的未来。同样，学校需要有思想的校长，用思想凝聚人心，用理念引导教育和管理，用精神去激励师生，创造出先进的办学模式。

因此，校长的办学理念与办学思想，首先，应具有实践性和可行性，要与学校、社会的主客观条件及教育规律相适应。好高骛远、脱离实际行不通，墨守成规，缺乏前瞻力也没有活力。

其次，校长的办学理念与办学思想要把握时代特征，社会发展趋势，具有时代性和社会性。教育理所当然地要从实际出发，以各种形式满足时代和社会各方面的要求，竭诚为时代和社会服务。时代和社会对学校教育的多样化要求，是学校办学思想、办学理念孕育、生根、发芽、成长的土壤；升华的基础、脱离了时代和社会的理念和思想是没有任何实践价值的理念和思想。事实证明，办学理念与办学思想是一定历史条件的产物，具有鲜明的时代特征，同时也具有相对的稳定性，能经受时间的考验，是社会发展的产物，随着时代变迁和社会变革，办学思想、办学理念也会在相对稳定的社会条件下进行自我升华，它们又具有很强的社会性。

第三，校长的办学理念、办学思想应具有思想性和教育性。原衡水中学校长李金池在20世纪90年代中期，针对当时衡水中学或者说当时我国中小学思想价值观混乱、伦理道德遭受冲击，拜金主义、享乐主义人生观蔓延等方面的问题，于1995年在衡水中学提出了把学校建成"精神特区"的思想构架，这一思想构架的目标就是把学校建成一个精神特区，可以让老师抵御消极思想和文化的侵蚀，强化教师特别是青年教师的理性关怀、集体观念和国家意识，开启全新的校园文化空间，让学生耳濡目染，激励他们产生克服困难的坚强意志，让他们感受学习之乐趣，成长之幸福，生命之意义，这是学校职责所在，至高境界所在。这一思想不仅符合马克思主义哲学关于物质与意识的辩证关系，具有很强的思想性，并且具有重要的教育意义。

第四，校长的办学理念、办学思想应该是校长及其引领下的学校管理层面集体智慧的继承与创新，因而，它又具有继承性和创新性。校长的教育思想可以是大众化的，但校长的办学理念、办学思想还有其独特的一面，应该说是和一所学校相联系、相依赖的，固然有其大众化一面，但必须有其特殊的一面——针对所置身的学校的一面。因此，要继承历任校长及校长队伍引领下的管理层面，甚至师生员工思想火花中有益的东西，将之提炼、总结、实践、丰富、发扬、升华到理性的高度，形成一个理论系统才能上升成为理念、思想，同时要在教育实践中不断践行，才能得到创新和发展，使之成为校长办学过程中的精神财富。严格地讲，这是校长队伍引领下的学校集体智慧的继承与创新，不是某个校长个人的独有成果，更不是某个校长个人列几条就成的。时下是一个讲理念、讲思想的时代，往往某些学校的校长们，会人云而云地选十条八条教育格言，将之冠名为某某学校办学思想多少条，那简直是对理念与思想的亵渎。

第五，校长的办学思想与办学理念应该具有严谨的科学性和高度的理论性。办学理念和思想应该是一个体系，是校长办学过程中根据学校历史渊源、教育或社会发展、时代特征等条件形成关于办学实践的理论提炼和结晶，应该是关于管理、教育、教学等方面的体制、机制的科学化、规范化、系统化、理论化。此外，办学理念、办学思想应具有超前性。

校长的办学理念与办学思想的内化与实践是学校发展的必由之路。校长是学校的灵魂，是学校办学方向的引领者，教育改革的指导者和教育理论的实践者。而校长的办学理念、办学思想是学校发展的精神动力，是学校的一面旗帜。没有理念的办学行为是盲目的，缺乏可持续发展、科学发展的力量与行动。校长的办学理念只有被老师认同，内化为全体教师思想和行为上的共同愿望，转化成老师自觉的、有方向的、有目的的教育实践，才能获得学校发展的巨大动力。学校校长要以教师为本，激发全体教师热爱事业、献身教育的责任感和使命感。教师是一个具有教育文化层次的群体，对受到尊敬和自我价值实践的需求更为强烈，这种需求不是仅靠严格管理、提高待遇能解决的，靠什么呢？靠理念引导、靠尊敬教师、关心教师、信任教师，靠校长的理念、思想内化为教师的教育实践，并在长期的教育实践中检验、提炼、升华成以人文情愫、人本理念、和谐思想为主旨的办学的科学体系，激励和鞭策全体教师为之奋斗。从办学理念、办学思想的角度看，一所学校校长至关重要。所以，校长必须善于学习和思考教育实践中的问题，不断积累和总结办学的经验与体会，用心谋划，运筹帷幄，才能在激烈的竞争中立于不败之地，为教育事业做出更大贡献。

## 八、 学校文化建设中校长的角色意识

一个好校长，就是一所好学校。校长是学校文化建设的领魂之人，从某种意义上说，一个校长往往决定着一所学校的基本形象和办学品质。我们看到，一些校长陷于琐碎的行政杂务，而无暇问学，同时又掌握话语权，深陷"权力即知识"的迷误之中。从某种意义上讲，这些校长与文化无涉：不读书，不思考，不探索；无信念，无学养，无情调。在现代学校里，要致力于新型校长的角色塑造，向人们展现全新的学校领导形象——文化型的校长，展现全新的学校管理模式——文化管理。新教育的倡导者，朱永新教授认为，校长应该具备如下四种角色意识：

校长应当有强烈的文化使命意识。优秀的校长能够认识学校的传统、资源，清晰地意识到学校的文化使命，能够把自己的梦想交给团队，让大家来决定它，培养它，哺育它，拥有它，共享它，成为师生的共同愿景与

价值观，成为师生自觉追求的理想。校长应该记住：也许，这所学校的愿景、价值观最初确实肇始于你，但是除非你把它奉献出来，让它成为超越自己的精神力量，而让自己成为它忠实的践行者，严格的守护者，并且让所有的师生认同和实践，这样才能够把一个人的灵感，最终化为学校的文化力量。理想的校长角色：关注使命和愿景，而不是首先考虑自己的利益得失，谦逊的个性与坚强的意志，寻找比自己更加优秀的人才，推功揽过敢于承担责任等。

校长应当是特立独行的教育家。文化型的校长应该代表学校和文明社会的良知，不惜为此而饱经艰辛，饱尝孤寂，饱受委屈。他超然物外，淡泊名利，敬畏神圣，崇尚人道，捍卫真理，刚正不阿，热爱公正与和平，并积极地传播它们；他保持独立思考的精神，坚持真理，敢于对貌似合理的现状进行质疑与批判，正如苏格拉底说过的那样："只要我的良心和我那微弱的心声还在让我继续向前，我就要把通向真理的真正道路指给人们，绝不顾虑后果。"在物欲横流、行政宰制、学校失语的境遇里，校长的独立精神、批判意识对学校的文化品格的塑造意义至为重要。

校长应当是行走大地的思想者。一些校长沉湎于琐碎的行政事务，汲汲于行政管理的威权，却缺少对于教育之道的冥思、颖悟。这样的校长绝不可能领导员工建设真正的学校文化。学校的文化领导应当体现校长的哲人风范与气质。校长应当是思想者，有对教育未来乃至人类未来的终极关怀和思辨，充任精神家园和教育乌托邦的守望者。思想不同于一般的思维，哲理不同于一般的道理，智慧不同于一般的智力，真正的思想就像诺瓦利斯说的那样，是"怀着乡愁的冲动去寻找家园"，因此它永难割舍乌托邦的情愫。当然，校长的思想不是纯粹理性的思辨，不是关在书斋式的抽象玄想和空洞观念，自觉地把自己的哲学思考融入教育实践，转变为教师的具体行动，成为学校"文明的活的灵魂"。

校长应当恪守"文化管理"之道。校长个人单纯具备上述的文化品格和气质是远远不够的，他应当把这种品格和气质融入学校的管理之中，这就是"文化管理"。任何管理本质上都是人的管理。但对人的不同的理解会导致不同模式的管理。在古代社会，人主要被理解为一种"政治的动物"，他天生就有一种对团体、对组织的一种归属倾向，这种基于政治人假设的管理都是一种政治式的管理，或者突出政治的制度或行政管理功能，或者倚重管理者、领导者自身的人格权威。在近代社会，人主要被理解为一种"经济的动物"，人的行为都是为了最大限度地满足私利，他有一种趋利避害的倾向，工作是为了获得经济的报酬，建立在这种经济人假设基础上的管理，注重的是以经济手段如奖惩来"购买"团体员工的劳动和服从，刺激他们的积极性。20世纪，进入了所谓"文化人"的时代，卡西尔关于"人是符号的动物"，而符号又是"通向文化之路"的观点向人们表达了一种全新的人性假设。"文化人"就是主张让人超越自己的自然本性，成为真正意义上的合乎人性的人。基于文化人假设的管理开启了一种全新的管理模式。学校作为天然的文化组织，作为传承人类文明与文化的地带，更应当奉行"文化管理"。学校应当通过"文化植根"（哲学）、"文化塑形"（环境）、"文化育人"（学生）、"文化强师"（教师）、"文化立信"（领导）等方面，将文化的精神、理念、模式和方式渗透到学校管理的所有领域。文化管理主张一种整合的管理，它强调现代与传统、科学与人文、东方与西方管理精髓的整合，倡导应变的管理、创新的管理、整体的管理、和谐的管理。不为工具理性所拘泥，充分体现国际性、现代性与民族性的融合，实现信念与智慧、情感与理性、科学与人文统一的积淀厚重、秩序和谐、自由开放、充满活力、风貌独特的新型学校。

**附：部分学校校训和办学理念集锦**

遂宁市安居育才中学：厚德至仁，博学臻达

遂宁卓同国际学校：创造最适合学生终身发展的教育，培育迈向未来的国际精英

遂宁中学：讽文明，助化导，明体达用，卓然为当代伟器

执信中学：执德至弘，信道至笃

柳州高中：做人格健全、自主发展的现代人

郧阳中学：传承文明，进而不已，明德博学，和谐发展

湖滨中学：塑造健全人格，陶冶美的心灵

渝北中学：为每一位学生的可持续发展奠定基础

通安中学：让爱心和责任润泽孩子心灵 让方法和激情开启智慧之门

盐城市一中：对学生一生的发展和幸福负责

陈家中学：创造适合学生理想发展的教育

洛社高级中学：人文人本生活生命

都江堰中学：以人为本，拾阶而上

容山中学：承华夏传统，纳四海文明，育创新人才

温州中学：英奇匡国，作圣启蒙

十六里河中学：以人为本，内涵发展

仲元中学：养浩然之气，扬君子之风

德才中学：促进城乡学生主动健康发展

文锦中学：为了孩子的明天

大足中学：学生和谐、可持续发展奠基

嘉川中学：以人为本，以学生发展为本，实施素质教育，对全体学生终身学习和发展负责，为每位师生创设实现人生价值的广阔平台

重庆市十一中：构建学生健全人格，奠定学生发展基础

横山桥高级中学：个别化教育，多元化发展

光华高级中学：人人是才

夷陵中学：以人为本，为学生的一生发展做准备

沙井中学：以科研为先导，以改革为动力，不畏艰难、不懈努力、不断超越，培养科学与人文并重、能力和素质同在的身心健康、德智健全的合格公民

塘厦初级中学：创造适合学生的教育，搭建教师发展的平台

邯郸市一中：以师为本，励志博学，持续发展，追求卓越

零陵中学：以人为本，全面发展

暨华中学：开发潜能，发展个性

长山镇中学：以学生发展为本，为民族复兴奠基

人民中学：以人为本，和谐发展

潼南中学：以人为本，开拓创新，突出特色，全面发展

华蓥中学：面向高校，面向社会，面对现实，争创一流

常平中学：以师生发展为根本，以知识管理为核心

七宝实验中学：积聚我们的热情和智慧，实现为学生一生幸福和一生生命质量负责的教育服务

盛桥中学：为学生终身发展奠基，对学生一生幸福负责

宜兴市实验中学：精进

中山中学：让每一个学生走向成功

洋思中学：没有教不好的学生，让每个家长满意

常福中学：以人为本、全面发展，就读三年、受益一生

蕨溪中学：立德，立行，至善，至美

毛沟中学：立校德为先，发展人为本

花园中学：教好每一个学生，让每一个家长满意

盐亭中学：和谐、个性、求真、创新

成都市女子实验中学：让每个女孩健康发展，启迪智慧人生，扬起创造的风帆

潍坊八中：堂堂正正做人，圆圆满满治学

罗店中学：优质教育、多元发展、幸福人生

柳树中学：以人为本，树德树人

湖滨高级中学：上善若水

高邮市一中：以育人为中心，以学生为主体

昌邑市实验中学：以德立校、依法治校、科研兴校、质量强校、特色

名校

北京工业大学附属中学：育人为本、尊重个性、和谐发展

耀华中学：用成功的教育，教育出成功的人

汇文中学：以人为本，重在发展

武汉市三十中：人人有潜能，个个能成功

太谷中学：以文化铸造崇高品质，靠创新培育优秀人才

沐川中学：立足成人，追求成功

杭州九中：学生发展是根本，教师发展是动力，学校发展是基础

济南三中：有教无类，扬长避短，为每个学生的永续成功加油

徐汇中学：崇尚科学，爱国荣校，多彩发展

泰顺县一中：以人为本，厚德善思，一切为了学生，为了学生的一切

新会一中：求实开拓，素质育人

福州高级中学：以人为本，重在可持续发展

武汉市三十二中：让每一位学生体验成功，让每位教师获得成功

塘沽区十五中：人人有才，人人成材

广汉中学：全面育人，科学育人，培育"四有新人"

忻城县高级中学：弘扬"苦教""苦送""苦学"的"玉米头"精神，立足大山，面向全国，走向世界

梁河县一中：一切为了学生健康发展

瑞丽一中：育人为本，德育为先，稳中求升，协调发展

运城实验中学：教师为主导，学生为主体，发展为主线，全面开发学生的天赋和潜能；帮助每一位学生都能获得成功，为学生的一生负责；培养和造就会学习、会做人、会生活，会创新的一代新人

下蜀中学：面向全体关注个性着眼发展

西安高级中学：以人为本，以德为首，智慧教育，和谐发展

璧山中学：为每一个学生的终身发展奠基，全面发展

桐城八中：以人为本，以德治校

公益中学：让学校成为"学生获得发展、教师获得发展、家长获得希望"的乐园

翠园中学：互动共进，发展创新

黄冈中学：宽而有度，和而不同

姚桥中学：以学生为本，牢固树立学生主体意识，以教师为本，充分体现教师主导作用，以学校为本，努力营造和谐育人环境

罗塘高级中学：尊重个性，发展特长，提供最合适的教育选择

孔浦中学：以人为本，多元发展

新桥中学：德育为先，质量立校，科教兴校，全面关注人的发展

汉江中学：自立自强，和谐共进

金华实验中学：先学做人后学艺

华侨城中学：课程素质化，教研科学化，管理现代化，人才国际化

大弯中学：至高至佳，求真务实，立善立美

苏州中学：让更多的学生有更好的发展，以科学的方法求和谐的发展

攀枝花十六中：育人为本，为学生终身发展服务，让校园充满成长气息

凤城中学：崇文尚武，相约成功

大连八十四中：教育学生学会做人，学会学习，学会关爱，学会生活，学会生存，把工读学校办成：让学生开心、家长放心、社会满意的以疏导心理，矫治行为为主，并学有一技之长的"乐园式"的特色学校

丹阳六中：觉悟

兴陇中学：融情优教　乐学求真

上海市北中学：创造适合学生的教育，培养学生终身自我可持续发展能力，引导学生登上巨人的肩膀

龙游中学：以人为本，思想自由，完善人性

七台河市高级中学：面向全体，张扬个性，为学生终身发展奠基

东莞中学：自主，和谐，共同发展

莆田二十四中：一切为了学生的发展

清华中学：人人是才，成之于导，践之以行

复旦附中：一切为了学生健康成长

柳州市外国语高中：在和谐的环境中，使每一位老师和学生都得到发展

云阳中学：为人正，为学勤，为业精

南开外国语中学：让每一个学生都能得到发展，让每一个学生都能在原基础上 取得进步，获得发展，体验成功

大竹县二中：教学生做人，育学生成才

雅丽中学：以德立校，以爱育爱

大庆中学：为学生成才而奠基为教师成长而铺路，为学校发展而改革

盐城市一中：对学生一生的发展和幸福负责

夏石中学：以人为本，和谐健康，持续发展

鹤城中学：让教师得到发展，让学生获得成功

重庆十一中：构建学生健全人格，奠定学生发展基础

潼南中学：以人为本，开拓创新，突出特色；以社会责任感和创新精神为核心的公民教育

杭州高级中学：追求卓越与自强不息并进，科学素养与人文素养兼备，道德规范与个性特长俱佳

肇庆中学：养文明之气，求优质之学，育和谐之才

承德第一中学：以培养学生对生命意义理解和对人类命运的终极关怀作为追求的目的

清远市一中：传承创新，以德立校，人才强校

洛阳市二十三中：学会合作，学会感恩，学会宽容，学会做事，学会做人

北京八一中学：发扬学校光荣传统，形成强大凝聚力；德育为首贯彻始终，坚持理想道德教育；群体科研为基础，追求教育教学高质量；提高

党员干部素质，建设优质教师队伍；巩固传统项目优势，推动全面素质教育

南汇区一中：一切为了学生的可持续发展

番禺中学：你行，我也行

吉林省延吉市第三中学：人人得到最大限度的发展

南宁二中：以人的发展为本，师生员工与学校共同发展

南宁三中：真爱

柳州地区民族高中：一切为了学生，为了一切学生，为了学生一切

荆州中学：和而不同，彰显"百年名校"品牌魅力

苏州中学：诚、信、思、勇

北京小学：以教师的专业发展和学生的主动发展为根本，不断改善管理与服务形象，把学校办成首都基础教育示范性学校

北京市史家小学：

办学理念：学习与生命同行

办学目标：一切为了孩子，一切为了明天

办学宗旨：三全：使学生德智体美全面发展，面向全体学生，对学生全方位负责

三爱：爱事业、爱学校、爱学生

三服务：为学生服务、为家长服务、为社会服务

北京市海淀区五一小学：

办学理念：和谐发展，为每个孩子走向成功奠基

北京市进步小学：

办学宗旨：贯彻党的教育方针，全面提高学生素质，办高水平的小学教育

办学理念：以人为本，和谐自主，促进师生双发展

办学目标：追求卓越，追求质量。创一流学校、育优秀人才

办学思路：德育为首、教学为主、科研领先、全面发展、办有特色

办学特色：艺术教育、信息技术教育、体育教育

北京北礼士路第一小学：

共同愿景："用激情唤起激情，让每个师生都发光，让每个家长都满意"

办学理念：和谐、主动、创新、发展

办学思路：特色立校，人才促校，科研兴校，和谐强校，依法理校

办学主题：以墨育德，以墨启智，以墨健身，以墨陶情，以墨联社，以墨温家

培养目标：我大气、我正气、我雅气、我锐气

北京市十一学校：

办学理念：改革、选择、发展、和谐

北京西城区裕中小学：

办学理念：以人为本，追求师生共同发展

北京首汽燎原小学：

办学宗旨：弘扬奋发图强的首汽精神，培养素质优良的合格公民，办人民满意学校

校　训：团结、文明、务实、创新

办学理念：以人为本，科学发展

办学思路：以规范促进步，以改革促发展

办学思想：以德立校、质量强校、管理赢校、科研兴校、特色优校、服务荣校

北京市朝阳区花家地实验小学：

办学理念：自主，和谐，幸福

北京市东城区春江小学：

办学理念：同心，同行，同乐

北京市海淀区四季青中心小学：

管理模式：寄宿、走读双轨制管理

办学宗旨：对每一位学生负责，对每一个家庭负责，对社会负责

办学理念：共同呵护童心，同心哺育童心，同心发展同心

办学目标：让学生更喜欢，让家长更满意，让教师更自信，让社会更认可，让学校充满智慧；充满人文，充满活力，让每个学生享受优质教育

队伍建设：团结进取，善学习，爱学生，讲合作，懂科研

上海市闵行区鹤北小学：

办学理念：精致育精品，即以精细的管理、精心的态度、精良的方式，尽力创造精品的教育质量

上海市闵行区实验小学：

办学理念：启蒙养正，明理成人

上海市平和双语学校：

办学宗旨：精品、高素质、国际化

办学目标：主动适应社会主义市场经济对人才素质的要求，培养具有国际视野、健全人格、强健体魄、智力发达、品德高尚的优秀毕业生，为学生的终身发展服务，培养具有现代理念、严格自律、基础扎实、能力全面、身心健康、人格成熟、个性鲜明、富于创造的现代公民

教育理念：让学生在思考、实践和创造活动中成长和发展

校园校戒：戒怠惰、戒骄奢、戒攀比

江苏省连云港市灌云实验小学：

校训：善教，乐学

校风：诚信，求美，自主，和谐

教风：专注，扎实，求新，崇真

办学奋斗口号：给孩子一个全新的教育

办学理念：以人为本　以德治校

江苏省盐城市建军路小学：

办学理念：让每个孩子得到最好的发展，让每个家庭享有最大的幸福

江苏省常州市焦溪小学：

办学理念：以和为美，以爱为本

校　训：竞仁

校　风：自强，勤学，求实，创新

教　风：博学，求真

学　风：明礼，乐学

江苏省南京市下关区第二实验小学：

校　训：博学求新

办学思想：博爱做人、博学成才、求真务实、求新力行

办学理念：追求和谐、享受快乐

办学特色：人文化、精细化、数字化

办学宗旨：学校发展、教师发展、学生发展

办学策略：质量立校、特色立校、科研兴校、强师兴校

培养目标：培养具有博爱之心、博学之才的未来人才

治校方略：有序、激活、创新

实施原则：全员发展，全面发展，优势发展，可持续发展

江苏省洋思中学：

校　训：真善美

办学理念：没有教不好的学生

教学模式：先学后教，当堂训练

校　风：求实创新

教　风：热爱尊重，科学引导

学　风：自主合作，勤奋探究

北京市景山学校：

管理模式："走出去，请进来"，加强与世界各国的沟通与交流，积极扩大对外影响

办学理念：全面发展打基础，发展个性育人才

办学思想：以"三个面向"为指针，融古今中外百家之长，继承、借

鉴、融合、创新，全面发展打基础，发展个性育人才

办学目标：以德育为核心，以培养学生的创新精神和实践能力为重点，以全面提高学生的综合素质为根本宗旨，把景山学校办成国内一流，国际知名的现代化学校，成为科学知识的摇篮、文化艺术的花园、社会正气的堡垒、身心健康的乐园

办学特色：以教育科研为先导，以教改实验为基础，探索二十一世纪从小学到高中人才培养的新方法、新模式

办学定位：积极进行教育改革的实验学校，传播现代教育观念、教育技术和教改成果的示范学校，推动教育改革与教育交流的促进学校，在国内外有影响的、有中国特色的国际化学校

大庆二十八中学：

管理模式：精细化管理

校　训：开发潜能，超越自我

校　风：志行高远，勤俭砺德

办学理念：创设发展性平台，使师生在教育学的碰撞中共度美好的生命历程

办学目标：使每位学生都能走向成功，让每位教师都能体现自身价值

人际关系：互相关爱，互相支持，彼此喝彩，共同进步

江西省遂川中学：

办学理念：一切为了师生，一切依靠师生

管理模式：依靠师生，用办学理念规范办学行为，创新办学实践，引领学校发展

办学宗旨：为学生的终身发展与幸福生活奠基

立校之本：靠质量求生存，凭特色谋发展

校　训：堂堂正正做人，踏踏实实做事

办学目标：办人民满意的教育

教育思想：敬业就是敬自己，爱生就是爱学校；善待每一位学生，对

后进生多一分宽容，少一分成见，用赏识的眼光面对学生的差异；成就学校的是学生，学校对所有学生的培养成功与否决定着学校办学成功与否人的素质决定人的发展

江苏省南通二甲中学：

管理模式：文化管理与生命化教育

办学理念：人文关怀，文化立校，效益优先，质量第一

校　　训：行于天地，止于至善

办学目标：做诚实人，行阳光道，求真善美，立天地间

浙江省严州中学：

管理模式：文化育人管理

办学理念：以人为本，追求卓越

办学思想：目标驱动，理念促动，科研推动，激励策动，关爱感动，和谐互动的六动策略；让学校更添魅力，让教育更添品质，让教学更添智慧，让管理更添效能，让教师更添魅力，让学生更添修养的六添目标

校　　训：进德修业

治学实践：师本培育，生本教育，生本教学

湖北省武汉市洲头街小学：

善待教师，善待学生，努力构建和谐发展的校园人文生态环境

江苏省扬州市曹甸镇中心小学：

办学理念：为成功人生奠基

治校方略：健康为先

办学目标：教育装备高起点，校园文化高品位，学校管理高层次，教师队伍高素质，课堂教学高效率，教改实验高境界，全面育人高质量

工作目标：实施素质教育，全面贯彻教育方针，推进教育现代化工程，深化基础教育课程改革，抓好队伍建设，开展各种活动，为培养具有创新精神和实践能力的建设者和接班人打下坚实的基础

育人目标：全面发展、身心健康、敢于探索、善于创新

江苏省南通市如东县利群小学：

办学目标：校园美，校风正，教学好，质量高

办学理念：以学生发展为核心，教师发展为基础，全心全意为儿童成长服务

校　　训：勤劳朴实，奉献社会

教　　风：敬业，精业

学　　风：博学，善思

领导作风：廉洁奉公，团结协作，率先垂范，精益求精

苏州常熟实验小学：

办学理念：让孩子用三原色去涂抹世界

成都市成华小学：

办学理念：以人为本，优化生命，彰显特色，务实创新

四川大学附属实验小学：

办学理念：让每个儿童茁壮成长，让每个儿童尝试成功，让每个儿童健康成才

成都市新都区谕亭小学：

办学理念：你的孩子就是我的孩子，你的希望就是我的希望，而孩子的未来就是国家的未来

成都高新实验小学：

办学理念：实现学生、教师和学校的共同发展

成都大邑县北街小学：

办学理念：以师生发展为根本

成都天涯石小学：

办学理念：以人为本，和谐共生

成都市实验小学：

办学理念：小学校，大雅堂

成都市金沙小学：

办学理念：没有围墙的学校

成都师范附属小学：

办学理念：情知结合，促进师生生动、主动、成功的发展

济南市历城区全节河小学：

办学理念：学生是学校的主人，创新是教育的灵魂

淄博市淄川实验小学：

办学理念：对全校每一个学生负责，了解每一个学生、关心每一个学生，重视整个小学阶段的学习，重视各学科学习，重视校内外学习，重视一切教育教学的过程，促进所有学生德、智、体、美、劳等全面发展

山东省威海统一路小学：

办学愿景：书香校园、人文课堂、涵养教师、儒雅学生

办学理念：润育潜质、培养习惯、发展个性、奠基未来

校　　训：读书改变命运，习惯成就人生

校　　风：求真、至善、尚美

教　　风：敬业爱生，为人师表，博学善教，终身学习

学　　风：读万卷书，行万里路，立君子品，做有德人

统一路小学精神：人文、和谐、文明、向上

统一路小学少年成长箴言：博我以文，约我以礼；见善思及，见贤思齐

沙市北京路三小：

办学理念：守护儿童立场，共享金色童年

武汉利济中心小学：

办学宗旨：依法治校、规范办学、整体推进素质教育

办学思路：质量兴校，品牌立校

办学目标：示范性、精品型、有特色

办学理念：一切为了学生的发展，让学校充满生命活力

江苏省昆山晨曦小学：

办学宗旨：为学生的全面发展与终生发展奠基

办学方向：面向全体学生，全面提高学生素质，面向现代化、面向世界、面向未来

办学方针：以德立校、依法治校、民主理校、科研兴校

办学目标：学生素质高层次、师资建设高水平、学校管理高效益

培养目标：德育为首、五育并举、夯实基础、发展特长

管理宗旨：以人为本、依法治校、情理并重、激励发展

浙江省绍兴市鲁迅小学：

办学思想：适用度超前，主动适应，以和为美，追求发展，兼容并包

办学目标：努力把学校办成超前性、开放性、实验性、示范性的现代化窗口学校，使学生在德、智、体、美诸方面得到全面、和谐、生动活泼地发展

办学宗旨：摈弃"贵族化、特殊化"教育，倡导让鲁小的每一个孩子都享有一流的教育权利，追求"平等＋个性"的教育

发展模式：资源整合、规模办学、专家督导、院校合作、国际交流、科研兴校、特色立校、滚动发展、适度产业化

教育模式：全国发展打基础，发展个性育人才，人脑、电脑、外语加网络

教育思想：人无全才，人人有才，扬长避短，人人成才

培养目标：基础宽实、素质优良、特长明显、适应未来

湖北省监利县玉沙小学：

办学目标：精神文明的校园，培养人才的学园，发展个性的乐园，陶冶情操的花园

办学宗旨：德育为首、教学为主、育人为本、全面发展、学有所长

办学模式：现代教育技术与课程教学整合和谐发展的办学模式

校　　训：明理、自主、勤奋、创新

江苏省南京市北京东路小学：

校　训：博学求新

办学思想：博爱做人、博学成才、求真务实、求新力行

办学理念：追求和谐、享受快乐

辽宁阜新市海州区铁路小学：

办学理念：以人为本，务实求真，弘扬特色，持续发展

发展定位：德育为先导，质量为龙头，艺体为特色

建设定位：整洁、文明、有品位

重庆市江南小学校：

发现，发展，点亮生命

江苏省丰县实验小学：

办学宗旨：一切为了学生，为了学生一切，为了一切学生

教育理念：教书育人，管理育人，服务育人，环境育人

管理机制：事事有人干，人人有事干，时时人在干

治校方略：以德立校，依法治校，教研兴校，质量强校

浙江省仙居安洲小学：

指导思想：以学校"三风"建设为中心，以规范管理为重点，以营造师生和谐的教学环境为手段，以培养学生自主学习、自主创新为目的，培育学生个性，发展学生特长，坚持全面育人，全面发展

办学宗旨：为学生健康成长奠基，为教师持续发展铺路教育目标：轻负担、高质量、有特色

教师目标：做最受学校信赖的教师、做最受家长满意的教师、做最受学生欢迎的教师

学生目标：在校做个好学生，在家做个好孩子，在社会做个好公民

校　风：崇德、尚学、开放、求实

教　风：严谨、协作、开拓、奉献

学　风：勤奋、乐学、善思、合作

江苏省金港中心小学：

办学目标：以德治校，崇尚一流，培养学生既在品格、知识、能力、身心等素质方面得到全面、和谐的发展，又具有适应未来社会交际、创新的潜在智能，做21世纪素质健全的建设者

办学宗旨：学校全面育人，学生全面发展，弘扬学生个性

办学风格：创新为内涵，活动为载体，科研为先导，质量为核心，育人为根本

办学传统和特色：少年警校、科技特色

治校原则：着眼长远发展　注重社会效益

育人途径：严格规范要求学生，优良校风影响学生，高尚师德感染学生，优美环境陶冶学生，崇高典范激励学生，扎实课程发展学生，丰富活动提高学生，现代理念武装学生

校园文化：校园建筑整体美，绿色植物环境美，名人佳作艺术美人际和谐情操美

办学理念：以人为本，以创新为核心，以质量求生存，以特色求发展，以提高学生综合素质为目的

浙江省台州市椒江区人民路小学：

我们的目标：打造精品，铸就品牌，提升品质

我们的理念：为提升人的精神境界而教育

我们的使命：引领儿童走向自主的王国

江苏省苏州相城实小：

办学目标：现代化、国际化、精品化

办学理念：给学生最美好的童年，给人生最坚实的起步

育人目标：世界眼光，知识扎实，能力超群，思维敏捷，人格健全，博学多才

广东省中山市光后小学：

价值观：教育之光，永沐后人

学校精神：百年名校，百年树人

校　　训：自强不息，挑战未来

校　　风：乐观向上，个性飞扬

教　　风：动真情，传真知，做真师

学　　风：事事处处求学问　点点滴滴学做人

济南市胜利大街小学：

教育理念：构筑自我发展平台，创建和谐精神家园

发展理念：高品位立校

办学要略：全面实施宽基教育，倾力建设品牌学校

管理思想：广视野办学

广东省佛山市乐平镇中心小学：

办学理念：养君子风范　奠人才根基

一训三风：校训：体艺陶冶情操，特色成就名校　校风：儒雅博艺，勤奋善思　教风：美道笃学，乐教慎行　学风：习艺明礼，励志修身

遂宁高级实验学校：

办学思想：育人至上，和谐发展

办学愿景：深化拓展"育人至上，和谐发展"的办学思想，将其内化为师生的共同行为，着力营造德润人和、文化人贤的精神家园，全面提高教育质量，提升学校核心竞争力，努力把学校建设成为与文化遂宁相适应的，市内领先，省内知名，有鲜明个性的实验性、示范性高级中学

培养目标：努力造就品格高尚有抱负，基础全面有个性，言行端庄有礼貌，体格健壮有魅力，终身发展有成就的社会主义新公民

办学策略：以德治校，质量立校，科研兴校，人才强校

上海市浦东新区建平实验小学：

办学理念：立足学生全面发展，积极张扬学生个性，着眼学生未来成就

重庆市人民小学：

办学理念：小主人成长的摇篮

培养目标：让学生做"学习的主人、活动的主人、生活的主人"

首都师范大学附属实验学校：

办学理念：尊重，即尊重教育规律、尊重教育对象身心发展规律、尊重人才成长规律尊重学生人格、尊重教师的知识和尊严

尊重教育的内涵：尊重自己，强调"自立"，尊重他人，强调"平等"，尊重，社会，强调"责任"，尊重自然，强调"环保"，尊重知识，强调"求索"

# 第三章
# 校长因有教育情怀而伟大

## 一、时代需要校长有教育情怀

二战后一名纳粹集中营的幸存者，成为美国一所学校的校长，每当有新老师来到学校时，校长就会给这位老师一封信，这封信是这样写的："亲爱的老师，我是一名集中营的幸存者，我亲眼看到人所不应该见到的悲剧，毒气室是由学有专长的工程师建造的，妇女由学识渊博的医生毒死的，儿童是由训练有素的护士杀害的。所以，我怀疑教育的意义。我对你们唯一的请求是请回到教育的根本，帮助学生成为有人性的人，你们的努力，不应该造就学识渊博的怪物，或者是多才多艺的变态狂或者是受过教育的屠夫，我始终相信，只有孩子具有人性的情况下，读书写字算术的能力才有价值。"

俞敏洪说："教育之道，以良知、理性、仁爱为经，以知识、科技、创新为纬，造就新一代人格平等、精神自由、思想独立的国民。"

北京大学中文系1984级本科生、《人民日报》评论部主任卢新宇在北大中文系2012年毕业典礼上的致辞说，我唯一的害怕是你们已经不相信了，不相信规则能够战胜潜规则，不相信学场有别于官场，不相信学术不等于权术，不相信风骨远胜于媚骨，你们或许不相信了，因为追求级别的越来越多,追求真理的越来越少,讲待遇的越来越多,讲理想的越来越少,大官越来越多,大师越来越少,因此在你们走向社会之际,我想说的只是请看护好你曾经的激情和理想,在这个怀疑的时代,我们依然需要信仰。

教育是让每一个生命都得到全面而完善的发展,教育是对生命个体人格与心灵的唤醒,教育倡导的是民主和谐的师生关系,教育是教会学生学习和生活。作为一校之长,我们肩负培养未来一代的重任,我们应该具备怎样的教育情怀、担当怎样的重任才能无愧于时代?

教育情怀是教育者对教育所产生的一种心灵状态,达到的一种心灵境界,是对教育的一种大爱,是对教育本色的一种执着坚守。教育承载着推动人类社会发展进步的责任,校长肩负着兴一方教育的使命。因此,校长要有教育人的情怀,既要仰望星空追寻教育理想,又要脚踏实地办理想的教育。用教育呼唤心灵,用教育传递生命意义,让满园桃李茁壮成长、竞相开放。

## 二、 校长应做学校的精神领袖

校长应有一种关爱天下、普度众生的教育情怀,校长应该有仁爱的思想、博爱的情怀,应该有强烈的责任意识、忧患意识,有关爱他人、服务社会的情怀。作为一校之长,还应该尊重教师,爱生如子,尊重每一位教师,关心每一位教师的成长与发展,关注每一位教师的关心与诉求,面向全体学生,面向全体学生的全面发展。让师生在自主、创新的环境中全面、主动、和谐地发展,成为充满活力,具有良好品质、特长的健康个体。

校长要使学校的教育内化为学生的人格,转化为学生的信念,就必须让学生吸收丰富的人文精神的养料。如果我们的学生能够站在人类精神文明的制高点,能拥有广博的人文情怀,对我们的社会、我们的国家、我们的世界有一种发自内心的人文关怀,那么他离开学校步入社会以后,不管遇到什么,他的心灵深处都会始终燃烧着一支崇高精神的火炬。

校长应是具有大家风范的学者，是师生的楷模，具有强大的人格魅力。有更强的公仆意识。必须具有深刻的人文理性和深切的人文关怀。教育学生成为一个精神世界和谐发展的人。校长既是领导者也是服务者，要全心全意地为师生服务，用真诚的爱心呵护着教师和学生，为他们解忧解难。公正与公平既是校长的美德，也是校长的底线道德。因此要有公正的做人品格。要虚心征求师生意见，改进工作。不以权谋私、以势压人。具有宽容的民主作风。多注视别人的优点，不计较小过小失。

校长要具有更强的自责自律精神。乐于自我检讨，善于发现不足。有自知之明，有自省习惯。不夸大个人成绩，不缩小自己的短处。时刻具有一种紧迫感，永远是一个谦虚、上进、不断进取的人。

校长作为学校的精神领袖，就是要对学校的现状与发展做出正确的判断并能科学地确定学校的办学理念和发展目标；要为每一位教师的成长提供最适合其个性发展及能力展示的机遇和平台；要使每一个学生都享受成长的喜悦，获得身心与学业共同进步的快乐。一所学校的精神领袖，还要以昂扬的斗志影响人，以健康的心态感染人，以宽广的襟怀包容人，以出色的才华征服人——这也正是领导和领袖的区别。领导是由行政命令而获得权力，在工作中只要能起到组织和协调作用，就可以算是一个合格的领导。而领袖必须以其尽可能完美的人格魅力和尽可能超越他人的才华影响人，征服人，塑造人。

被敬称为华中科技大学"校父"的朱九思先生和被吉林大学、南京大学称为精神领袖的匡亚明先生，他们之所以获得如此崇高的声望，在于他们具备了这样一种品德和精神，在出任学校校长期间贡献了自己的一切。他们具备了雷厉风行、锲而不舍、对工作极端负责的精神；具备了一贯重视并致力于学风校风建设的精神；具备了发愤图强，乐以忘忧的奋发精神；具备了坚持教学与科研并重，付诸实施敢为天下先的探索精神；具备了尊重知识、尊重人才，调动一切积极因素办教育的精神。他们的共同特点是：雷厉风行，一抓到底；深入实际，依靠师生；身体力行，从严治校；讲求效率，严格要求；具体指导，不尚空谈；奖惩分明，关心师生。

### 三、校长应做师生的人格表率

张家港市第一中学校长高万祥说："校长是教师的教师，他应该是一所学校中最有学问的人，他更应该是一位道德高尚并富于人格魅力的人。一位优秀校长的人格应该是高山仰止无法估量的，随着时间的推移，它将会日益清晰地化作一座永远值得怀念的人格丰碑，化作永远滋润校园的美好的精神营养。"

校长要注重以师生为本开展教育，要充分关注师生的自由、幸福和尊严，充分尊重师生的个性、人格和权益。让学校成为师生生活的家园、精神的乐园、成材的摇篮。为此，校长应该具有完善的个性特征和人格魅力，具有有效人际的协调能力，善于把成员组织为团队并清楚如何指挥团队协同作战。善于树立自己的威信并清楚如何使自己不孚众望；善于塑造自己的外部形象并清楚必须表里如一。具有坚强的意志性格，团结全校师生，冷静面对变幻的环境和挫折，不断超越自我，善于冒更大的风险并清楚自己和同事对风险的承受能力；在困境中头脑冷静不改常态，受挫不馁，居功不傲。在任何情况下都能理性控制自己的感情，始终保持稳定乐观的情绪。

现代管理学认为，任何一个领导者在行使自己职权时，其自身的品德、学识、风度、声望、心理品质、礼仪修炼等会自然形成一种影响力。这种影响力就是校长的人格魅力。不能否认，校长的人格魅力也是形成学校核心价值的关键。为此，校长应不断追求真理，追求美好，并自觉用这些最优秀的品质修炼自己；校长应永不间断地学习，用丰厚的学养树立自己的话语权；校长更应虚怀若谷，始终保持对美好教育的追求，用自己的真诚和善良诠释赤子般的教育情怀，使广大师生从自己身上看到教师的形象和事业的希望。

用热情去点燃教师的生命梦想，用宽容去照亮学生的幼小心灵，用执着去追寻自己的教育梦想，让自己的生命更加充实。

梦想在前方，只要守住宁静的心灵，坚守心中的梦想，始终保持向上向善向真向美的志趣，就一定能听到花开的声音，成为一名有教育情怀的好校长。

校长应该具有海纳百川的宽广胸怀，具有极强的感召力和凝聚力。校长宽广的胸襟，首先体现在他能够接纳不同的教育思想。蔡元培办北京大学提了八个字："学术自由，兼容并包。"他把很西方、很海派的教授引入北大，也把很传统、很保守的教授留在校园，让他们各尽所长，百花齐放。这使北大不但成了真正优秀的大学，而且成了中国新文化运动的摇篮，因而孕育了二十世纪中国一流的思想大师。校长不但自己应该尽可能兼收并蓄古今中外各家各派的教育思想，而且也应尊重学校里不同老师的各种观点、各种想法。要尊重教师的思想个性，要鼓励教师们做一个有思想的教师。唯有充满思想气息的校园，才能培养出富有思想的一代新人。

校长的宽广胸襟，还体现在能够包容教师的教学个性。从某种意义上说，素质教育就是个性教育。但个性只能靠个性来培养，没有教师的个性，就绝对没有学生的个性。在学校，教师的个性往往体现为教学的个性，而教师的教学个性又往往是他创造性能力的体现。教学是不能什么都统一的，教学风格、教学程序、教学方法、教学手段乃至教案的写法等。真正有宽广胸襟的校长，也一定是能够容纳教师教学个性的人，善于虚心向教师学习的人，一定是虚心听取师生意见建议的人，只有这样，校长才有极强的人格魅力。

## 四、校长应做学校发展的思考者

思考力是创新之源。校长思考力的强与弱，关系到是否能够准确把握教育本质和时代特征。因为一个校长要领导一所学校，首先要做价值判断，要做行为选择。而正确的判断，就保障了学校发展方向的正确，这对于学校来说是至关重要的。这其实也是在考量校长思考的深刻性。作为校长，要让学校前行更有方向感和行动力，一定要静下心来，沉下心去，认真思考教育的问题，尤其要考虑清楚"想做什么——为什么做——怎样做"这一系列问题。只有想得深，想得远，学校才能走得更远，走得更稳，才能有长足的发展。

苏霍姆林斯基说过："校长领导学校，首先是教育思想的领导，其次才是行政上的领导。要善于对事物进行分析和概括，并且灵活运用概括出来的结论。这是对学校实施教育理想的实质所在。我们总是力求做到使全体工作人员，从校长到看门的工人，都来实现教育思想，使全体工作人员都全神贯注实行教育思想。"这句话把校长的办学理念、办学思想概括得非常精辟。衡量一个校长是简单的管理者，还是教育家，根本就是看他有没有自己的办学理念，有没有自己的教育思想。并且用自己的办学思想引领学校的发展。

一个没有理想的人生，必然是一个平庸的人生，必然是对人类、对社会贡献很少的人生。同样，一个没有理想的校长，也必然是一个平庸的校长，必然是对学校的发展无所作为的校长。拿破仑说："不想当元帅的士兵不是好士兵。"同样的道理，不想当杰出校长的校长也不是好校长，不想超越自己的校长更不是一个好校长。为校长一任，就必须造福校园一方。在任期内，必须比前任做得更优秀、更卓越；必须给后继者打下扎实的基础，你才能成为学校发展无尽长河中的优秀的一个环节。宋代张载讲过这样一句话："志大则才大，事业大；志久则气久，德行久。"只有志向远大，你的品德才能完美。志向不仅要大，而且还要恒久。

## 五、 校长应做教师成长的引路人

学校不仅仅是校长大展宏图的天地，也是教师大显身手的舞台。校长要特别善于为教师创造辉煌的舞台,要把教师推到前台,让教师做主角。校长的领导艺术就体现在让每个教师的潜能得到发挥,让每个教师都有归属感。

陶行知说过:"教师的成功是创造出值得自己崇拜的人。先生之最大的快乐,是创造出值得自己崇拜的学生。"在他看来,教师最大的成功与最大的快乐,都在于学生超过自己,值得自己崇拜。同样,校长的成功在于教师的成功。校长要想自己的事业取得成功,就应该努力创造条件让学校的每一位教师有成就感。高明的校长并不怕教师抢自己的"风头",相反,他总是鼓励每个教师去追求优秀,追求卓越,鼓励教师进行教改探索,鼓励教师著书立说,成名成家。而且这样的校长总是甘于为教师的成长做铺垫性工作,总是尽一切努力让教师站在自己的肩膀上看得更远,跳得更高,做得更棒!苏霍姆林斯基曾自豪地说,在他的帕甫雷什中学,有一批称得上教育家的教师。

要让教师成功,校长必须真正了解每一位教师的个性特点。这就需要校长经常与教师进行平等的心与心的交流,进行平等坦诚的沟通。只有善于走进教师心灵的校长,才会真正懂得教师需要什么,才会真正满足教师的需要,才会有针对性地为教师创造他所需要的成功条件。在这样的校长手下工作的教师,会有一种幸福感,他会发自肺腑地产生"士为知己者死"的工作激情,而这种激情最终会使他走向事业的成功。拥有一大批事业成功的教师,恰恰标志着一个校长的成功。

校长要为教师营造宽松的人文环境,提供广阔的发展天地,成就每位教师。通过人文化的关怀,在教师队伍建设中实施幸福工程,引领教师感受职业幸福,享受职业尊严。每年开展"感动学校""感动师生""卓越贡献""十大风云人物""我最喜欢的老师"等人物评选,开展"班主任节""教师节"的表彰大会,定期举办"名师讲坛""导师有约"等活动,推出一大批名优教师。同时派出大批骨干教授到省外、国外考察学习,不断开阔老师们的视野,提升他们的专业能力。

## 六、 校长必须具备卓越的课程领导力

校长是学校的最高领导，肩负着学校教育改革与发展的决策规划、领导组织、协调控制等管理职能。校长领导力体现在学校思想的引领、远景的设计、战略的决策、组织的协调、公共关系的构筑上。其中决策力、执行力与支撑力是领导力的支柱，也是领导力的着力点。

随着新课程改革如火如荼进行，尤其是2017年即将开始的高考制度改革，校长还必须具备卓越的课程领导力。课程领导力是校长的核心领导能力，校长的课程领导力直接关系到一所学校的课程品位，关系到学生的健康成长，关系到教师的专业发展，关系到学校的可持续发展。因此，提升校长的课程领导力已成为课程改革不断向纵深发展的焦点。

首先是课程思想的引领。一所学校师生课程理念的变化，主要来自于校长理念的更新、变化和提升。因此，校长要与时俱进，不断提高自身素养，更新课程观念，明确课程改革的方向和目标，按照科学发展观的要求，严格遵循教育规律和学生发展规律，不断改进实施课程的思路、重点和策略，切实提高课程领导力。

其次是课堂的引领。课堂是课程改革的主阵地，校长要引领课程，就必须融入课堂。校长只有深入课堂、教师、学生之中，始终与课堂、教师、学生保持零距离，才能了解到课程改革的第一手真实信息，才能拥有对课程领导的话语权，才能与老师们一道打造出"学·讲·练·悟"等科学的智慧课堂。

第三是课程制度的引领。一所学校要保证课程改革有序推进而不变样，离不开校长及其团队制定规范的制度，以科学规范的制度来引领课程的有效实施。校长要准确理解国家课程方案，整体规划学校课程计划，确保课程科学实施。校长除了要确保国家课程和地方课程的有效实施，还要努力挖掘校本课程，确保校本课程服务于学校培养目标和办学特色。

第四是教育科研的引领。教师是课程改革的主力军,是课程目标的实现者,课程改革的落实要靠教师,校长的课程领导力还体现在对教师的专业引领上。校长应努力建设一支适应课程改革要求的高素质教师队伍,而开展教育科研是提升教师专业素养和提高课程实施能力的必由之路,是学校创建教育特色和提升办学品位的重要举措。学校只有以教育科研为先导,才能使教师的教学工作顺应改革的潮流,推动学校内涵发展。校长要引导教师学习教育理论,把握课程改革的方向和宗旨,明确课程改革的目标和要求,领会课程改革的精神和实质,不断提高教师对课程实施的认同感。校长要引领教师围绕课程改革,开展校本研修,通过课堂观察、同课异构等途径,通过指导教师对课程实施的典型案例进行分析和反思,不断积累经验,总结提高。

第五是课程文化的引领。课程改革离不开学校文化的积淀,需要学校文化的支撑;同时课程改革的纵深发展也催生了学校文化的变革,创造和完善学校的文化。文化是一种无形的力量,文化对学校的发展、对课程的实施起着凝聚和导向作用,而文化的积淀和形成离不开校长的引领。特别是当前要解决课程改革所面临的各种矛盾、冲突,要突破课程改革的瓶颈,就必须对学校文化进行转型和完善。学校不仅要关注学生的学习成绩,更要关注学生学习成绩取得的途径和方法;不仅要培养学生,也要造就名师;学生不只是获得知识,更要懂得获得知识的方法,获得情感、态度和价值观的提升。课程是学生全部学校生活的总和,是教育目标的实现途径。学生只有浸润在课程所创设的独特文化之中并经过长期熏陶,才能彰显出其无可替代的育人效果。学校的目标定位正确了,新型文化产生了,校长对课程的把握自然就会得心应手,课程改革也就顺理成章。

## 七、 校长要做学校办学思想的引领者

《辞海》:思想,亦称"观念"。思维活动的结果。办学思想,是校长对

有关学校教育诸方面问题思考的结晶，主要解决为什么办学，怎样办学，培养什么样的人才和办什么样学校等多方面的问题。它不仅包括校长对教育问题的哲学思考、对国家教育方针政策的正确认识和创造性贯彻、管理的思想基础与策略、办学目标的定位、校长人才观，还应该包括校长的人格特征。

办学思想是学校自身的思想，是一定价值观念在学校办学、治校、育人目标的体现，是一定的教育思想与学校实际办学条件有机结合在办学目标上的反映，是国家教育方针在学校的具体化，是校长在一定教育思想支配下，融进自己对教育方针的理解，结合本校实际而形成的自己的办学治校育人的指导思想。因此，办学思想具有独特性、创造性、多样性、动态性、前瞻性、简约性特点。

办学思想首先是一种信仰、一种观念，是校长的教育观念、信仰和价值观在学校工作中的体现，是校长智慧和才能的展示，体现了校长在学校发展中的思路、计谋和韬略；其次，它是一种境界、一种敢于追求的精神，是学校前进过程中克服困难的底气。校长的办学思想理念决定了其个人的未来发展，也决定了一所学校的发展壮大。因此，校长应该成为学校办学思想的引领者，具备先进的办学思想和理念。

校长的办学思想源自对学校发展的思考，校长的办学思想源自对学生成长的执着，校长的思想源自对教师成长的责任。

校长的办学思想既要继承传统，又要有时代性、超前性。校长应该站在一定的高度上，分析社会发展的趋势，从而预见与社会发展相适应的教育发展的趋势。这样便会产生顺应时代潮流发展，而又超前社会发展的办学思想。如：蔡元培、陶行知等一些著名校长，在他们的办学思想中就具有鲜明的超前性特点。

校长办学思想要有实践性与理论性。校长的办学思想不是凭空而来的，是在办学实践中产生的，又是在办学实践中发展的，并又接受办学实践的检验的。所以说，办学实践是校长办学思想产生的源泉，也是检验校长办学思想正确与否的唯一标准。因此，我们说校长的办学思想具有实践性的特点。

校长办学思想要有稳定性和发展性。校长的办学思想反映了校长对教育及其规律的理性认识，因而这种认识不会是朝令夕改，而必然是在某一段时间内相对稳定的，故校长的办学思想具有稳定性的特点。校长办学思想的稳定性很重要的表现之一，就是它具有历史的继承性。校长的办学是历史发展的产物，后任校长必然要批判地吸收历史上校长思想的优秀成果。从不少名校办学思想的产生、形成、发展以及现状来看，优秀的传统如同一条红线一样被贯穿至今。

校长办学思想要有同一性和多样性。在同一时代，校长们所面临的是同一的教育事业，在办学的一些根本规律上是基本相同的。因而校长的办学思想中必然会有很多相同的认识，这反映了校长办学思想具有同一性的特点。但是，校长们所在学校所处的地域不同、学校的条件也不相同、学校的性质和任务也不完全相同。因而使得校长通过办学实践所获得的认识，必然是有差异的。这样反映在校长头脑中对教育观念、教育问题的认识也便会有所不同。另外每位校长的办学思想与校长本人的政治思想、哲学思想、经济思想、文化思想等有着极其密切的关系，而不同的校长在上述思想上显然也是存在差异的。因此这些均决定了校长的办学思想具有多样性的特点。

校长还要向世界上那些伟大的教育家们学习，如苏格拉底追求确定定义的教育，亚里士多德追求自由教育，奥古斯丁追求精神世界的教育，夸美纽斯追求人权教育，洛克追求绅士教育，卢梭追求自然主义教育，杜威追求面向未来的教育，蒙台梭利追求个人能力教育，尼尔追求心灵自由教育等。

作为校长，就需要有一种高远的志向。而没有对于教育的超越性理想，就不能生发出实践的教育智慧。教育智慧的生成是在对教育的一些根本性问题的不断追问中实现的。

## 八、校长要做学校办学活力的源头活水

校长在学校管理智慧实践的过程中更需要有一种来自于精神深处的活力。一个有活力的学校，必然有一位充满活力的校长。活力可以感染人，激励人，校长的活力必然会感染教师、激励学生，能让整个校园充满活力，朝气蓬勃。

一个有活力的校长，不论年龄大小，他给人的感觉总是年轻的。他的思想活跃，他的眼光敏锐，他的动作快捷，他的穿着打扮总是那样大方得体，他的面部表情从不暮气沉沉，他的话语总是那么干脆有力。他体魄健壮，总是那么精力充沛；他似乎很少发愁，总是那么满面春风。他，像跳跃的火苗，不断地点燃着别人的热情；像海面上的轻风，让浪花不断地涌动；又像一首乐曲中最活跃的音符，让曲子激情昂扬。

一个有活力的校长是有理想、有追求的校长。他从不把学校管理工作看得那么平常，那么烦琐，而是一份诗意的事业。他有理想和追求，并把这种理想和追求赋予一种让人陶醉的境界。他不会让他的学校总是一成不变，他不断地思索着设计着，他的心中和眼前总有一份最美好的规划方案，他不断呼唤着学校崭新面貌的到来。他的管理中没有刻板的清规戒律，没有循规蹈矩，处处充满着和谐的阳光、温暖的春风和情意绵绵的细雨。他似乎不是在管人，而是用和煦春风去感化人，用润物细雨去润泽人，用澎湃潮水去激荡人。他是一个出色的音乐指挥家，他微笑着，有力的手有节奏地挥动着，如同演奏一曲大气磅礴的作品。他的心灵永远为着崇高的追求激动着，感染着他的教师、他的学生——远方的目标是那么有吸引力，那么富有诗情画意，让人为之幸福地奋斗而不知疲倦。

一个有活力的校长是富有创新思想和创新精神的校长。他从不会因循守旧、墨守成规，他从不会人云亦云、亦步亦趋，他把日日新、时时新作为工作的定位。他不断地引进一股股活水浇灌着满园的花木，他不断地把

每一个人的思维推向新的境界，他不断地把每一个人的眼光引向更加高远的天空。他把学校放在新时代潮流中，他注重广泛吸纳新的观念和思想。他让教师们在新的教育理念中接受洗礼，他让学生们在新的学习生活中感受快乐与收获。他知道只有创新才有活力，只有创新才有进步，他不去做"维持会"会长，他也不会带着镣铐跳舞，他要让自由奔放成为校风，他要让热情洋溢成为学风，他要为社会培养有活力的人才，他要为世界输送有活力的能源。

## 九、校长要做学校学习文化的引领者

一名优秀的校长不只应有丰富的教育实践经验，而且应有深厚的教育理论思想，要不断向思想型校长转变。学校作为专业性的学习机构，学校中的每一个成员，都应具有学习新思想、新理念的能力，而校长首先应是一个学习者，要善于读书、善于学习，不断提升自身的学习竞争力，同时也是学习的引领者，带动和引导班子加强学习，在不断的学习中，形成自己独特的办学思想，形成教师共同的发展愿景，以较先进的教育思想和办学理念来引领学校改革和发展。

作为学校教育改革和发展引领者的校长，必须在学习中形成成熟的教育思想和与时俱进的管理理念。否则这所学校就会失去前进的方向，就会在教育的海洋中漫无目的的漂荡，就谈不上办学水平，科学管理，校园文化建设，也就不会有什么特色。

## 十、校长要做学校以人为本的践行者

校长管理归结起来，无非是处理好与教师、学生和家长三者关系。在新常态下，校长与教师、学生和家长的关系，不再是传统意义上的那种主动与被动的关系，而是平等的关系。因此，学校的管理要体现以人为本的管理理念，校长就必须首先成为以人为本的践行者，必须提倡的人性化管理。学校的各项管理制度措施的制定和执行，都必须体现大多数人的意愿，得到大多数人的支持和理解，才能获得最大程度上的落实，如在制定职称评聘量化细则、教职工绩效考评方案、教师专业成长量化细则等方案的过程中，如何让大多数人能够接受和通过实施方案并不是一件容易的事，因此只有让尽可能多的教师参与其中，通过校长办公会议提出初步方案，校务会讨论制订方案，再让全体教师充分酝酿讨论，并经过教代会审议通过等多次民主程序，让广大教师充分参与方案的制订与执行，使得学校管理工作与教师个人利益关系获得较好的平衡，既保护了教师的工作积极性，也有助于学校各项工作的顺利开展。教师对学生的管理也是如此，领导管理教师的风格，会潜移默化地影响教师的管理风格。在处理与家长的关系上，学校应给予对家长的充分尊重，设立家长接待室，定期召开家长代表座谈会，开设家长学校，让家长民主评议学校，凡此种种都成为家校沟通的桥梁和平台。教师队伍管理是学校保持良好校风的关键所在，学校要本着尊重、平等、关心的原则来管理教师队伍。通过行之有效的制度、评价标准、舆论引导等具体措施和方法来加强教师间合作、团结、责任意识，增强凝聚力，提高工作效率，促使良好教风的形成。如果校长能够坚持以人为本的理念管理教师队伍，坚持长期去做，教师也会潜移默化地接受这一管理理念和方法，并会运用到教学管理中去，用尊重、平等、民主、关爱的教育方法教育学生，营造和谐文明的育人环境，良好的校风、教风和学风的形成就会水到渠成。

## 十一、校长要做虚怀若谷的超脱者

新常态下，人际关系更加复杂多变，师生思想呈现多元化，对校长的管理提出了更高的要求，校长必须要有虚怀若谷的心胸，有大度的气量，遇事冷静，以大局为重。在工作中，对师生的意见或建议除了虚心接受之外，还要心平气和的反思，善于听取，经常开展批评和自我批评，先容百家之言于一校，再熔百家之长于一炉；以豁达的胸襟、广博的知识、精深的业务、高尚的人格力量感染师生，与各类别、各层次的师生家长促膝谈心。主动接受师生监督并有承认过失的勇气。

当然，有作为的校长或教育家，仅仅具有教育情怀是不够的，还需胜任多样化的角色。

校长还应是高瞻远瞩的战略家形象。校长首先要有现代化的教育观念、国际化的战略眼光，去规划学校的发展，带领全校师生去创造最适合学生终身发展的教育，培育迈向未来的国际精英。其次在市场经济条件下，校长要用新的观点、新的视角审视新的问题。市场经济的核心是竞争，竞争必然导致优胜劣汰。校长面临人才、凝聚力的竞争，要有忧患意识和危机感，有锐意改革的紧迫感。

校长还应是运筹帷幄的管理家。校长要用当代最先进的管理思想、理论和方法管理学校，建立科学的规章制度，引入竞争机制，提倡科学管理，在科学管理的基础上，逐步实行人文管理。坚持不懈地引进科学研究方法，深入进行改革和实验，实现学校内部结构及育人过程的优化，加快节奏，加大容量，从整体上提高教育教学质量。校长要致力于学校办学条件的现代化。办学条件是学校实现现代化的物质基础，是衡量一所学校现代化水平的重要标志。办学条件现代化的重点是与现代教育观念和教育质量直接相关的技术和装备条件，就是要用现代化的信息技术、体能训练器械、艺术教育手段、科学实验及生产实习设备来装备学校，并且达到一流的装备、一流的管理，产生一流的教学效益。尤其是在"大数据""互联网＋教育"时代，要不断更新设备、软件，要以新技术、新设备为依托不断打造新的教育模式。

校长还应是纵横捭阖的社会活动家。校长要关心社会的发展，关心地方的经济建设，关心地方的社会事业发展。发挥中小学校知识、人才的优势，积极传播现代科技知识，开展人口教育、环境保护教育，推进地方物质文明、精神文明建设，充分发挥学校的教育基地作用。同时要广泛宣传学校，宣传教育，扩大学校的影响力，营造学校发展的良好外部环境。

**附：给中小学校长的 48 条建议**

理念篇

1. 领导不要埋怨下属无能，管理者的工作就是让下属有能。

2. 校长要当教师的思想导师、精神教练、人格楷模，而不要做事无巨细的大总管。

3. 校长最重要的是做一面旗帜。其办学思想是学校建设的旗帜，人格品德、思想境界是师生学习效仿的旗帜，前瞻决策和创新精神是引领学校持续发展的旗帜，法制观念和民主意识是学校现代化管理的旗帜。

4. 校长的人格力量是引领学校发展的第一要素。校长应是一个好人，一个正派人，一个能人，一个有责任感和使命感的人，一个有智慧的人。他要心系学校，情系师生，大公无私，公道正派，吃苦在前，享受在后，大事不独裁，小事不缠身，难事不推诿，好事不伸手，会经营学校，会经营人心，会经营质量，会打造品牌，会创造幸福的教师生活。

5. 学校工作的第一要务是发展。企业要找经济增长点，学校要找教育发展点。学校的发展应该是办学条件由差到好，竞争力由弱到强，社会影响力由小到大，学校环境不断优化，教学质量稳步提高，教师待遇不断改善的过程。

6. 学校领导要善于在保持整体向上的基础上，破坏组织的稳定结构，使之从不平衡走向新的平衡，实现组织的发展与超越。

7. 校长的价值就是激活师生，教育的价值就是激活学生的梦想，打动学生心灵的教育才有价值。

8. 合格校长的最大任务是，在思想创生的过程中构建学校文化。文化靠的是思想，而思想的核心是价值观。校长要做有思想的人，因为对人影响最大的是思想，要有向善和向上的态度，要有行动力。

9. 没有成绩，过不了今天；只有成绩，过不了明天。

10. 三流的校长看校门，二流的校长管课堂，一流的校长重思想。

11. 校长干正确的事远比正确地干事重要。

12. 永远不要认为完善细节就会弥补整体不足。

13. 工作上避免"宁可要没有一个错误的枯燥，也不要有错误的生机"的死板要求。

14. 永远要想到：你的教师希望取得工作成绩，而不是仅仅为了应付检查。

15. 对学校来说，最重要的是学校文化的建设。靠学校的文化育人，使学生在学校文化底蕴的浸染中学习知识、增长能力、形成品格，使其成为一个堂堂正正的中国人，而非考试的机器、知识的接收器、升学率的代言人。

16. 真正的好学校并不是我们平时所想象的纪律最严明、学习最严谨、规范最周全的学校，而是给学生自由和想象的空间较多，为宽容和关怀的氛围创设有利条件，特别是在思想与智慧上给予学生启迪最多的学校。

17. 校长的核心任务就是培养学校的团队精神。一个团队像一个树林，每一棵树为了阳光与雨露都奋力向上成长而成为栋梁；而远离群体的独树虽在沙漠中的灌木丛中鹤立鸡群，不愁阳光，没有竞争，但只能成为木柴。

## 管理篇

18. 管理的本质是寻求合作。校长不是让师生去服从自己，而是让自己和师生都服从于一个共同的愿景。管理是一种实践活动，其核心不在于知而在于行，其理论不在于逻辑而在于成果，其唯一权威就是成就。

19. 校长离任的最好礼物就是给学校留下思想的痕迹，留下一整套饱含着校长本人智慧与经验的规章制度，使学校得以持续稳定发展，而不是给学校留下一大笔欠账、一个管理混乱的烂摊子。

20. 在学校管理中，物质刺激已不是管理的灵丹妙药，制度约束只能管理教师的行动而非思想，唯有文化引领教师寻求自我实现，创造幸福的教师生活，才是上策。

21. 教学模式是为教学理念服务的，是理念的脚手架。没有经过教师思考内化的外地模式不会真正成为教师的个人知识，终归要重新回到习惯的教学实践和教学方式之中，这也是我们学习外地经验学得快丢得也快的根本原因。不是本土化的东西，不经过改良是没有生命力的。

22. 如果校长和教师缺乏独立思考与批判精神，随波逐流，看上级眼色行事，照领导要求去办，使自己的思想变成别人的跑马场，教育的百花园里能百花齐放吗？

23. 校长们无法改变教育中的竞争状态，无法改变家长对学生升学的过高期望，但可以改变学生的课堂，改变学生的课外活动，改变学生在学校里的生存状态，改变教师的行为方式，改变学校的发展模式，为学生终身发展负责。

24. 制度如果缺少了价值规范和价值引导，就如同植物人一样没有思想意识。僵化的制度需要废弃，烦琐的制度需要简化，没有创新价值的制度需要完善，刚性的制度需要人的"在场"。

25. 新调任的校长一定要学会在继承中发展，在发展中创新，在创新中提升。要坚决克服后任否定前任的个人主义做法，正确处理好继承与创新、批判与建设的关系。

26. 校长是舵手，不要混到划船的队伍中去。领导可以越级检查，但不能越级指挥。

27. 卓越的校长并不需要做得很多，但必须比别人往前多跨一步；失败的校长也不见得比别人少做多少，差的是细节，差的是核心部分的一点。

28. 在学校遇到大大小小的具体问题和困难时，校长首先要思考如何在制度或机制上加以解决，而不是依靠行政力量或动用人际关系的力量来解决，然后思考这样的制度或机制是否体现了文化的内涵。

29. 校长勤快，教师依赖。校长的作用是为更多的教师创造"勤快"的机会，让更多的教师伟大起来，而不是校长伟大、教师渺小。

30. 校长用权力影响教师，不如用行动影响教师。能正确地面对问题、解决问题，就是好校长。

31. 学校发展的动力在于学校存在的问题，而问题就是理想与现实之间的差距，因此，校长的发展思路应该基于学校问题的解决。

32. 一所学校真正擅长和热爱教研的教师，通常只占教师总数的20%左右。有的学校对20%的教研骨干视而不见，不支持，不鼓励，不发挥他们的引领示范作用，却喜欢盯着80%的教师，大会批，小会讽，还时常以解聘相威胁，结果大多数教师站在了学校管理者的对立面，使学校管理的难度增大，这应该引起学校管理层的反思。

### 修养篇

33. 校长要举着旗帜走在前面，不要拿着鞭子跟在后面。

34. 校长，当你忙得不可开交时，要反思是不是干了别人干的事；当你工作做不好时，要反思是不是没有集中大家的智慧，发挥团队的力量；当你感到自己没有进步时，要反思是不是没有解放思想。

35. 不要过分强调教师的责任，否则会使教师把工作当作一件属于别人的事，而不是一件属于自己的事。服从与自尊之间的界限很小，却是分明的。

36. 不要以为与教师接近就会失去你的自尊，也不要以为教师与你的见解不同就是对你有恶意。

37. 不要以为教师沉默就是跟你过不去，恭维你的人，也许是你的"掘墓人"。

38. 不要以为是把奖励恩赐给教师，奖励其实是教师自己挣的。

39. 指责你的人，未必都是对你不满的人，大多是想帮你改进工作的人。

40. 校长要经常思考三个问题：一是我凭什么当校长？二是我比前任校长强在哪里？三是我给后任校长留点什么？

41. 校长，你可以拒绝学习，但你的竞争对手不会。

42. 校长要多用"微笑"代替"严肃",多用"关注"代替"威严",多用"倾听"代替"命令",多用"引领"代替"控制",多用"情感沟通"代替"批评指责"。

43. 校长要时刻记住:我不重要。任何事情的决策应是集体智慧的结晶,不要居高临下,唯我独尊,话语独霸。很多时候,教师的理解与支持比提出观点更重要。校长需要明确,元帅当不成的时候,得好好当士兵。

44. 校长要牢记:如果你觉得自己还很嫩,你将继续成长;如果你觉得自己已经成熟,你将开始腐烂。

45. 一个跟不上学生要求的校长,一定是一个失败的校长。一个失败的校长,又怎能带出一支成功的教师队伍和一所成功的学校呢?校长要做希望的经销商,这个希望就是学校的共同愿景和个人发展愿景,要通过校长和教师不断的自查、互查、反省去实现。

46. 校长的威望从哪里来?靠上级封不出来,靠权力压不出来,靠自己吹不出来,靠耍小聪明骗不出来。只有靠真心实意地、尽心竭力地、坚持不懈地为师生办实事,才能逐步树立起来。

47. 校长对教师要有"放心"的诚意、"放权"的胆略和"放手"的措施。教师跟种子一样,有自己的生命力。校长能做的也就是"到地里转转,看看苗在地里是否快乐地成长"。

48. 学校管理要讲"道法自然"。管理不是要改变别人,而是影响别人、感染别人,让别人乐意站在主人翁的角度去思考和解决问题。

**附:优秀校长是这样炼成的——中国十大著名中学校长高峰论坛部分精彩观点集萃**

校长要做"闹钟"。做"闹钟",就是要通过敲自己去提醒别人。校长要做"车胎",受得了"气"才坚强,受不了"气"的就软弱。校长不要做"篮球",因为人们不停地"拍"你的目的最终是要你落入"圈套"……

校长不要打哑谜让教师去猜,猜不准就处分;不要出难题让教师去做,做不对就问罪；不要交重担让教师去挑，挑不动就罚款；不要指长途叫教师去跑，跑不到就惩办。

校长不要埋怨教师无能，因为你的工作就是让教师有能。

校长的价值就是激活师生。教育的价值就是激发学生的梦想。

要想超越别的学校，就必须使自己的学校变得与众不同。也就是校长务必坚定这个信念："能创第一创第一，不能创第一创唯一。"

校长要知道，教师希望取得工作成绩，而不是仅仅为了应付检查。

校长要知道，真正的好学校并不是纪律最严明、学习最严谨、规范最周全的学校，而是给学生自由和想象的空间较多，创设出宽容和关怀氛围，特别是在思想与智慧上给予学生启迪最多的学校。

校长一定要懂得这么一条规律，那就是对学校管理过程的关注要远远大于对学校取得成果的关注。因为没有好的过程就没有好的结果。

校长可以拒绝学习，但你的竞争对手不会。

别人说，一个好校长就是一所好学校，你不要相信。而要时刻记住：我不那么重要。任何事情的决策应是集体智慧的结晶，不要居高临下，唯我独尊，话语独霸。很多时候，教师的理解与支持比提出观点更重要。校长还需要明确，不当校长时，你还能当好老师，书还是要好好教的。

听课是校长最主要的工作之一，但校长听课要注意——对迫切希望校长指导的教师，校长的任务是帮他们"登高"；对盼望展示自己才华的教师，校长的任务是给他们"搭台"；对害怕校长听课的教师，校长的任务是为他们"加油"。

校长要成为绿色垃圾桶：回收老师、家长和学生的负面情绪，温暖人心。

校长很有必要认同这个观点：世界上最难的管理是以人为本，世界上最有效的管理是不断创新，世界上最高境界的管理是激励人。

校长要重视学校的战略计划，但也不要把它看得太重要，道理很简单：学校的成绩是做出来的，而不是计划出来的。

校长对学校的管理主要是对教师的管理，而对教师管理的理想境界是形成"人人有事做，事事有人做；人人能做事，事事能做好"的局面。校长要努力创造这么一种环境——任何一位教师无须花心思通过搞人际关系而赢得自己的地位，只需全身心投入工作做出实际贡献来体现自己的价值。

校长重要的不是怎样去管教师，而是怎样去引导教师，怎样去激发每个教师的潜能。换句话说，就是校长的工作成效不在于自己做了什么，而在于引领和鼓励教师去做什么，并成功地做了什么。

校长对教师要容过念功，因为干工作越多，出错的概率也越大，否则校长就可能会犯下一个使自己永远后悔的大错误——校长正劈头盖脸严厉批评的正是任劳任怨、干劲十足且对学校忠心耿耿的教师。

校长要体现自己的价值，与其继续办好一所原本就是好的学校，不如改造一所薄弱的学校。办好一所薄弱的学校，校长可以提升自身的价值。

# 第四章
# 团队因有教育信仰而伟大

## 一、星巴克的启示

星巴克（STARBUCKS）咖啡公司成立于 1971 年，是世界领先的特种咖啡的零售商、烘焙者和星巴克品牌拥有者。旗下零售产品包括 30 多款全球顶级的咖啡豆、手工制作的浓缩咖啡和多款咖啡冷热饮料、新鲜美味的各式糕点食品以及丰富多样的咖啡机、咖啡杯等商品。1987 年，现任董事长霍华德·舒尔茨先生收购星巴克，从此带领员工超越了公司数块里程碑。1992 年 6 月，星巴克作为第一家专业咖啡公司成功上市，迅速推动了公司业务增长和品牌发展。公司已在北美，拉丁美洲，欧洲，中东和太平洋沿岸 37 个国家拥有超过 1.2 万多家咖啡店，拥有员工超过 11.7 万人。长期以来，公司一直致力于向顾客提供最优质的咖啡和服务，营造独特的"星巴克体验"氛围，让全球各地的星巴克店成为人们除了工作场所和生活居所之外温馨舒适的"第三生活空间"。与此同时，公司不断地通过各种体现企业社会责任的活动回馈社会，改善环境，回报合作伙伴和咖啡豆产区农民。鉴于星巴克独特的企业文化和理念，公司连续多年被美国《财富》杂志评为"最受尊敬的企业"。

星巴克的使命宣言："将星巴克建成全球极品咖啡的翘楚，同时在公司不断成长的过程中，始终坚持如下指导原则：提供完善的工作环境，并创造相互尊重和相互信任的工作氛围；秉持多元化是我们企业经营的重要原则；采用最高标准进行采购烘焙，并提供最新鲜的咖啡；高度热忱满足顾客的需求；积极贡献社区和环境；认识到盈利是我们未来成功的基础。"

星巴克成功的秘诀是什么？在于它有一个有信仰且非常出色的高管团队。如公司CEO，他为公司贡献了愿景；公司零售的高级副总裁，他打造了星巴克非常成功的运作模式，一个组织其正确的价值观、使命、信仰……这些团队文化软实力有多么的重要。

## 二、团队信仰的价值

雅虎亚太区董事总经理邹开莲说："上行之，下必效之；内思之，外必显之。我相信自己被放在如此一个位置，必有一个更高的目的，要我的存在对他人有益。"

佛的慈悲，儒的仁爱，道的自然，基督的博爱，一句口号就穿越了时空，凝聚了亿万民众。所以信仰带来超越眼界的异象和巨大的改变动力，像船的舵，在教育、家庭和人际关系中，我们都能感受到信仰的力量。

没有强大的个人，只有强大的团队；没有完美的个人，只有完美的团队。随着互联网+时代的到来，各种教育理念、教育技术不断推陈出新，学校之间的竞争日趋紧张激烈，社会对教育的需求越来越多样化，使学校管理层所面临的情况和环境极其复杂，在很多情况下，单靠个人能力已很难完全处理各种错综复杂的信息并采取切实高效的行动，所有这些都要求学校组织成员之间进一步相互依赖、相互关联、共同合作，形成一个强大的教育管理团队。

所谓团队，是指一些才能互补、团结和谐并为负有共同责任的统一目标和标准而奉献的集体。团队不仅强调个人的工作成果，更强调团队的整体能力。团队所依赖的不仅是集体讨论和决策以及信息共享和标准强化，它强调通过成员的共同贡献，能够得到实实在在的集体成果，这个集体成果超过成员个人业绩的总和，即团队大于各部分之和。团队的核心是共同奉献。这种共同奉献需要一个成员能够为之信服的目标。只有切实可行而又具有挑战意义的目标，才能激发团队的工作动力和奉献精神，为工作注入无穷无尽的能量。

团队信仰让一群人成为一个完美团队。团队在初创期往往面临四个挑战：第一是团队使命；第二是团队价值观；第三是危机意识；第四是边界管理。

中国历史上的典型团队不胜枚举，耳熟能详的就是四大团队——"三国团队""西游团队""水浒团队"和"红楼团队"。水浒团队是一个典型的反面案例，之前因为被逼上梁山，在"聚义厅"形成了"除暴安良，替天行道"的团队使命和"大碗喝酒，大块吃肉，大秤分金银"的价值观，成为天下英雄神往之地，聚合了108位梁山好汉，风风火火闯九州，你有我有全都有。后来"聚义厅"变身"忠义堂"，高层团队中以宋江、卢俊义为首的"国企并购派"和以林冲、鲁达、武松为首的"自主运营派"在团队信仰、价值观方面发生了严重分裂，尽管勉强妥协一致，但最终未能逃脱英雄末路断头颅的悲剧。相反，"西游团队"无疑是完美的，尽管师徒五人性格脾气、出身背景、本领和职责各不相同，但因为团队信仰的一致——"去西天、求真经、度众生"，自然是水到渠成。

近代，中国共产党在毛泽东主席的领导下，通过统一党的信仰，明确了"一二三"思想，实现了开天辟地的伟大胜利。所谓"一二三"思想即一个宗旨：全心全意为人民服务；两个方针：不断结成最广泛的统一战线，不断扩大和纯洁组织队伍；三大法宝：密切联系群众，理论联系实际，批评与自我批评。

管理大师彼得·德鲁克说："管理就是界定企业的使命，并激励和组织人力资源去实现这个使命。界定使命是企业家的任务，而激励与组织人力资源是领导力的范畴，二者的结合就是管理。"

由此可见，学校管理的根本在于团队领袖，而团队领袖的第一要务就是确立清晰的、人尽皆知的团队信仰："价值观相同，思维相似，行为互补"，并让这一使命成为全体成员的信仰，并始终如一地贯彻执行。唯有如此，团队目标才可顺利达成。

同时，因为团队领袖左右了团队成员的前程和命运，甚至是身家性命，所以领袖必须是代表成员意志的，其决策和言行也必须是谨慎和符合正道的。领袖应该具备的素质和德行，那就是"自强不息和厚德载物"，也就是说，团队管理者必须有务实的能力、高远的眼光、宽广的胸怀和极大的责任心。

因此，只有共同信仰，才可凝聚精英团队，才能赢得事业成功，才能赢得人生美好未来。

## 三、精英团队必须要具备的能力和素质

**教育精英团队核心追求是**："让教师成就事业，让学生收获幸福。"接受教育是一种人生过程，也是一种生活的状态，师生在学校生活、学习，就应该享受教育生活的幸福。"让教师成就事业，让学生收获幸福"，既是对教育终极意义的思考与追求，也是对当下功利性教育提出改革计划与行动。一个精英团队必须要具备如下的能力和素质：

**有思考力**。精英团队必须有超前的意识和周密的计划。有敏锐的直觉，知道和理解在合适的时候做合适的事情。一个有生命力的学校生态系统必须保持有机的发展系统，一个好的学校也必须保持动态的平衡发展能力。学会用发展的眼光、从整体的角度去看待成长过程中的问题，知道把握事情的轻重缓急，才能高效地解决问题。在学校发展过程过程中，会出现很多的机会。在互联网+时代，机会和诱惑也会更加频繁，因此无论在什么时候，拒绝诱惑的能力也往往会决定一所学校或者一个团队的成败，也会是决定一个人能否成功的**重要素质**。

有忠诚度。团结合作、笃信忠诚是一个精英团队的信仰和灵魂。根据哈佛管理学院对世界优秀企业的调查数据，所有能够持续发展的企业都会经历企业整改和制度更新的"动荡时期"，而能够坚持下去的企业，才会成长为一个卓越的企业。一个精英团队不会因为学校管理制度的变动、教职工激励方法的改变对学校发展目标失去信心和对所从事的事业失去热情。一个能够坚持不懈的团队，也不需要一直刻意去营造团结的氛围。因为真正具备精英管理素质的人，不管条件发生怎么改变，忠诚、团结都不会是个问题。

有包容心。精英团队要学会宽容和善待别人的缺点。随着学校部门分工不断地细化，对每个人的专长要求会越来越突出，同样也会使每个人在其他方面的能力缺陷越来越多。在这种趋势下，学会宽容和善待别人的缺点将会是一个团队能否产生凝聚力的关键。宽容不是纵容，善待不是视而不见。平等地交流和沟通，坦诚地指出别人的缺点并努力帮助改之，才能帮助提升一个团队的能力。

有执行力。学会强调纪律，形成自律的文化。那些最终能够历久不衰的西方著名企业都拥有相同的一种精神：强调纪律和原则。一个企业的成功是要靠出色的执行力来做保证的。如果没有出色的执行力，那么即使企业有再好的发展战略目标、再高的经营利润率、再好的管理机制、再严的管理制度，也只能是沙盘上的宏伟蓝图、贴在墙壁上的标语，挂在口边的空洞口号，永远不会实现。学校管理也是如此，而保证严格执行制度的前提，是精英团队拥有自律和以身作则的精神。

有意志力。精英团队要有坚持和忍耐的能力，不屈不挠的精神。成事的机会也永远属于坚持不懈的人。一个好的团队，一群优秀的管理者，既要勇于面对竞争残酷的现实，同时又要抱着绝不动摇的坚强信念，不管遭遇多大的挫折和困难，都始终相信自己、团队和学校一定能坚持到最后。

有学习力。学习力是把知识资源转化为知识资本的能力。个人的学习力，不仅包含它的知识总量，即个人学习内容的宽广程度和组织与个人的开放程度；也包含它的知识质量，即学习者的综合素质、学习效率和学习品质；还包含它的学习流量，即学习的速度及吸纳和扩充知识的能力；更重要的是看它的知识增量，即学习成果的创新程度以及学习者把知识转化为价值的程度。

组织学习力是人们创新能力的集中体现，能直接转化为创新成果。它倡导团队学习比个人学习更重要，团队具有整体搭配的学习能力，团体内信息和知识自由流动，高度共享，团队学习既是团队成员相互沟通和交流思想的过程，也是团队成员寻求共识和统一行动的过程，从而也是产生团队的"创造性张力"的过程。

## 四、如何建设高效的精英团队

高效的精英团队有如下特征：有共同愿景，能有效沟通，精诚合作，参与式管理，认同和嘉许，有高昂的士气。

如何组建一支高效团队呢？《第五项修炼》的作者彼得·圣吉〔美国麻省理工大学（MIT）斯隆管理学院教授，国际组织学习协会（SOL）创始人、主席〕认为，团队学习是发展成员整体搭配与实现共同目标的过程，它是一项集体的修炼。团队必须学习如何萃取出高于个人智力的团队智力。彼得·圣吉指出："为什么团队里的每一个成员的智商都是120%，但在一起工作时就变成了62%了呢？"，这就是因为团队中常有一些强大的抵消和磨损其健康发展的力量，这种力量造成了团队的智慧倾向小于单个成员的才智的结果。因此，团队必须萃取出高于个人智力的团队智力，所谓"三个臭皮匠，抵过一个诸葛亮"。

使组织既有创新性又能协调一致地行动。彼得·圣吉指出："未能整体搭配的团队，许多个人力量一定会被抵消浪费掉，个人可能格外努力，但是他们的努力未能有效地转化为团队的力量。"当一个团队更能整体搭配时就会汇聚出团队共同的方向，调和个别力量，而使力量的抵消和浪费减至最小，发展出一种共鸣，就像凝聚成束的激光，而非发散的灯光；它具有目的一致性及共同愿景，并且了解如何取长补短。

建立高效团队除了要求领导人要重视学习与沟通方式之外，还要求领导人必须建立起优秀的团队文化。

合作文化。今天的世界已经不再是一个简单的个人英雄主义时代，而是一个在各个层面，尤其根据团队的成长来展开全面合作的时代，因此合作文化实际上已经成为今天这个时代的团队文化的重要支柱内容之一。全球都在讲合作与发展，团队中的个体合作精神的注入便成为其核心内容，可以说，没有合作，就无法打造一支高效的团队。

关爱文化。所谓关爱文化就是团队对广大师生的一种关心和爱护。一个团队如果把这种关爱作为理想的内核之一，那么其所折射出来的外在表现形态就是一种关爱文化。这种文化的力量不仅能够使团队保持凝聚力和战斗力，而且也是使其成为高效率团队的关键之一。

推崇文化。推崇文化就是在团队的发展和推进的过程中，团队成员对这个事业平台及周围合作伙伴的由衷赞美和信赖。推崇是建立高效团队的法宝，它能有效传播，能增强团队之间、团队与学校之间的合作精神以及凝聚力，能维护团队的有效秩序。

复制文化。复制既是在团队建设中被广为运用的方法体系，同时也是建设高效团队的重要组成部分之一。所谓复制，其实就是模仿，不过这种模仿的程度必须达到100%。在安利等国际企业中对复制文化的描述就是"简单、听话、照着做"，由此可见复制文化对于建立高效团队的重要性。

快乐文化。在一个人的奋斗历程中始终做着两件事：第一，追求快乐；第二，逃避痛苦。它们二者构成了人一辈子的心理追求。在建设高效团队时，也必须导入快乐文化。快乐文化具体：包括第一，建立快乐的人生态度、事业态度；第二，建立快乐的工作节奏和工作方法体系；第三，建立快乐与痛苦的共同分享机制；第四，建立在工作中寻找快乐、在自我实现中寻找快乐、在帮助他人中寻找快乐、在无私奉献中寻找快乐的精神理念系统等。

高效精英团队建设的一般方法有：

深度汇谈。深度汇谈是西方流行的一种团队管理方式，是指持续地集体探寻我们习以为常和视为理所当然的经验，在我国也称为深度沟通。深度汇谈是自由和有创造性地探究复杂而重要的议题，让每一个成员都先暂停个人的主观思维，彼此用心聆听的一种沟通形式，旨在促进团队成员的互相了解，消除分歧，而并非得出结论。

有技巧地讨论。有技巧地讨论指发展出一系列技术，并深入了解如何从片段中拼凑出整个图像及影响团队的各种作用力。有技巧地讨论可以让每个参与讨论的人不仅都有说话的机会并且还都能说出内心的真正想法，而并非90%的时间都是团队领导人唱"独角戏"。有技巧地讨论与深度汇谈这两种团队交谈方式基本上是能互补的。

降低"习惯性防卫"。"习惯性防卫"是每个人用来保护自己或他人免于自己所说的真正想法而受窘，或感到威胁的一种根深蒂固的本能。"习惯性防卫"是与生俱来的，所以，若想组建一支高效团队，领导人就必须把成员之间的防卫心理和行为降至最低。

确定共同目标。这一共同的目标是一种意境。团队成员应花费充分的时间、精力来讨论、制定他们共同的目标，并在这一过程中使每个团队成员都能够深刻地理解团队的目标。以后不论遇到任何困难，这一共同目标都会为团队成员指明方向和方针。

分解具体目标。将团队共同的目标分解为具体的、可衡量的行动目标。这一行动目标既能使个人不断超越自己，又能促进整个团队的发展。具体的目标使得彼此间的沟通更畅通，并能督促团队始终为实现最终目标而努力。

勇于承担责任。营造一种环境，使每位团队成员在这个环境中都感到自己应对团队的绩效负责，为团队的共同目标、具体目标和团队行为勇于承担各自共同的责任。

融洽团队关系。团队成员之间应该互相支持，善于沟通，彼此之间坦诚相待，相互信任并勇于表达自我。

互协调配合。团队成员应为实现团队目标作出共同的承诺，能为着共同的目标而努力工作并在工作中相互协调配合。

和谐的领导艺术。团队的领导者要能够做到使任务的完成、团队的凝聚力以及个人需求达到平衡、和谐。

团队短小精悍。团队的规模不宜过大，应短小精悍，其规模一般不超过 10 人。

技能特长互补。出色的团队应拥有技术专家型人员；拥有善于解决问题和果断决策的人员；拥有善于人际交往的人员。各项技能的正确组合是团队成功的关键。

行动步调一致。团队成员必须平等地分担工作任务，并就各自的工作内容取得一致。此外，团队需要在如何确定工作进度、如何开发工作技能、如何解决矛盾冲突，以及如何进行或修改决策等方面，达成共识。

反应迅速敏捷。团队应该着眼于未来，视变更为发展的契机，把握机遇，相机而动。

# 第五章
# 教师因有人格魅力而伟大

## 一、习近平眼中的好老师

2014年9月,第三十个教师节暨全国教育系统先进集体和先进个人表彰大会在京举行。中共中央总书记、国家主席、中央军委主席习近平在人民大会堂亲切会见受表彰代表。会见结束后,习近平来到北京师范大学,看望教师学生,观摩课堂教学,进行座谈交流,向全国广大教师和教育工作者致以崇高的节日敬礼和祝贺。习近平主席认为教师的重要性,就在于教师的工作是塑造灵魂、塑造生命、塑造人的工作。一个人遇到好老师是人生的幸运,一所学校拥有好老师是学校的光荣,一个民族源源不断涌现出一批又一批好老师则是民族的希望。

怎样做好老师?习近平主席认为,一要有理想信念。广大教师要始终同党和人民站在一起,自觉做中国特色社会主义的坚定信仰者和忠实实践者,忠诚于党和人民的教育事业。要用好课堂讲坛,用好校园阵地,用自己的行动倡导社会主义核心价值观,用自己的学识、阅历、经验点燃学生对真善美的向往。二要有道德情操。老师对学生的影响,离不开老师的学识和能力,更离不开老师为人处世、于国于民、于公于私所持的价值观。老师是学生道德修养的镜子。好老师应该取法乎上、见贤思齐,不断提高道德修养，提升人格品质，并把正确的道德观传授给学生。三要有扎实学识。扎实的知识功底、过硬的教学能力、勤勉的教学态度、科学的教学方法是老师的基本素质，其中知识是根本基础。好老师还应该是智慧型的老师，具备学习、处世、生活、育人的智慧，能够在各个方面给学生以帮助和指导。四要有仁爱之心。爱是教育的灵魂，没有爱就没有教育。好老师要用爱培育爱、激发爱、传播爱，通过真情、真心、真诚拉近同学的距离，滋润学生的心田。好老师应该把自己的温暖和情感倾注到每一个学生身上，用欣赏增强学生的信心，用信任树立学生的自尊，让每一个学生都健康成长，让每一个学生都享受成功的喜悦。

海德格尔曾说，以什么为职业，在根本的意义上，就是以什么为生命意义之所寄托。做一个有魅力的教师应该以爱心、责任、尊严、快乐为职业生命的要义。

## 二、做有爱心的教师

卢梭说："没有榜样，你永远不能成功地教给学生以任何东西。"罗曼·罗兰说："要撒播阳光到别人心中，总得自己心中有阳光。"教师就是太阳，给学生心灵播撒爱的阳光；教师就是一面旗帜，指引学生前进的方向；教师就是渡船，带领学生驶向人生幸福的彼岸。教师之所以有如此魅力，最根本的原因就是，教师是爱的天使，是善的代表。

苏霍姆林斯基说："人类的爱是心灵和肉体、智慧和思想、幸福和义务的结合。"所以爱心是教师必备的人格内容，是教师最基本的心理品质，是教育永恒的主题，更是提升教师人格魅力的关键。当今社会是一个充满民主和人文的社会，教师只有理性的分析不同学生的心理，以爱心为前提，充分尊重学生个性，用教师的爱滋润学生心灵。关爱，往往会创造出美好的境界，教师真挚的爱心会像春雨"随风潜入夜，润物细无声"。教师对学生的一次鼓励、一次谈心、一个亲切的笑容、一次共同的活动，都会对学生产生深远的影响。

苏霍姆林斯基指出:"只有创造一个教育人的环境,教育才能收到预期的效果。"每位学生都有着不同的经历,对于教师来讲实际面临的是一个个活生生的复杂多面体,如何引导他们组成一个凝聚向心力、成为奋发向上的集体,是教师的重要职责。作为团体领导者的教师必须是富于爱心的,从内心深处爱学生,爱教师这一职业。唯有如此才能教育、感染学生懂得爱他人,懂得学会做人。

### (一) 爱学生就要尊重学生的人格

每个学生都是一个独立的个体,拥有独立的思维和性格。因此,身为一名教师必须努力使自己的教育和教学适应学生的思想认识规律,绝不能把自己的意志加于学生之上。尊重学生的人格,就要充分理解学生、信任学生、欣赏学生,呵护学生的创造潜能,切勿伤害学生的自尊心和自信心。对学生多一些鼓励,少一些训斥;多一份肯定,少一分否定;多一点表扬,少一点批评。一个孩子如果过多受到负面的评价,就会产生自我的"负驱动",自暴自弃。处在学习过程中的学生就像一杯没装满水的容器,有的老师通常看到"一半是空的";而有的老师却总是看到"一半是满的"——前者否定,后者肯定,哪一种会对学生产生激励作用呢?当然是后者。这难道不是我们教育者应当反省、深思的吗?

### (二) 爱学生就要宽容学生的不足

《论语》:"己所不欲,勿施于人。"宽容不仅是教师的美德,也是做人的美德。对人宽容,是做人的一种美德;而对自己的学生宽容,更是作为一名教师应必须具备的基本素质之一。宽容,是教师良好形象的又一种内涵,又一个可贵的素质。宽容的实质就是教师的自信:相信自己的人格,相信自己的教育,相信自己的学生。以理解、信任的强大精神力量,去感化学生,昭示学生,熏陶学生,诱导学生,影响学生,给学生以自我反省、自我修正、自我选择、自我进步的时间、空间与主动性，从而体现出教师所特有的人文教化功能。学生都是涉世未深的少年儿童，难免犯一些错误，宽容是心底里对学生过错的谅解。

### （三）爱学生就要平等地看待学生

在教育过程中，教师是主导，学生是主体，教与学互为关联，互为依存，即所谓"教学相长"，"弟子不必不如师，师不必贤于弟子"。与他们平等相处，用自己的信任与关切激发他们的求知欲和创造欲。一名好教师会将学生放在平等地位，信任他们，尊重他们，视他们为自己的朋友和共同探求真理的伙伴。教师不能把成绩作为衡量学生的唯一标准。教师爱学生就要把欣赏的目光投向每一个学生，让更多的孩子从中感受到殷切的期望，体验成功的喜悦，获取向上的动力。在学生眼里，公正客观被视为理想教师最重要的品质之一。他们最希望教师对所有学生一视同仁，不厚此薄彼；他们最不满意教师凭个人好恶偏爱，偏袒某些学生或冷落、歧视某些学生。公正，这是孩子信赖教师的基础。

### （四）爱学生要善于发现学生的闪光点

任何一个学生都有自己的优点，"学困生"也不例外，相反，对这些"学困生"要给予更多的爱。每一个老师都要善于发现学生的闪光点，千方百计地让学生的闪光点真正闪光，使学生的自信心和上进心得到充分的发挥，从而激起学习的斗志。转化"学困生"除了多观察外，还应多了解、多关心、多谈心、少发火、不体罚、不放弃。实践证明，从爱出发，动之以情、晓之以理、导之以行、持之以恒，"学困生"是绝对可以转化的。对待这些"学困生"，最主要的应该是鼓励和关注，同时耐心地进行辅导和帮助，同时还要夸奖，关注着他们每一个进步，这样才能进步的更快。同时还要多和家长联系，了解他们学习上的困难，遇到的挫折，当老师和家长一起努力地为他们着想时，相信他们更能感受到爱，努力地进步。

爱是教育的灵魂，爱是一个永恒的话题，教师对学生的爱更是一种把全部心灵和才智献给孩子的真诚。这种爱是无私的，它要毫无保留地献给所有学生；这种爱是深沉的，它蕴含在为所有学生所做的每一件事当中；这种爱是神圣的，它能化为水乳交融的情谊。

## 三、做有责任心的老师

西塞罗说："我们不是为自己而生，我们的国家赋予我们应尽的责任。"爱默生也说："责任具有至高无上的价值，它是一种伟大的品格，在所有价值中它处于最高的位置。"前教育部周济曾经阐述了当代教师面临的三项主要责任，即岗位责任、社会责任、国家责任。这就要求教师在每天所做的极其平凡的工作之中，始终牢记为学生负责，为社会负责，为国家负责。作为人民教师，要有责任与担当，为自己负责，使自己成为博学多才的人；为教育负责，要培养出类拔萃的人；为社会负责，要成为胸怀大爱的人。

### （一）教师的责任体现在要热爱教育事业

教师的工作是神圣的，也是艰苦的，教书育人需要感情、时间、精力乃至全部心血的付出，这种付出是要以强烈的使命感为基础的。既然选择了教育事业，就要对自己的选择无怨无悔，淡泊名利，积极进取，开拓创新，无私奉献，力求干好自己的本职工作，尽职尽责地完成每一项教学工作，不求最好，但求更好，不断地挑战自己，超越自己。热爱教育事业，就要对教学工作有鞠躬尽瘁的决心。一个热爱教育事业的人，是要甘于寂寞，甘于辛苦的，必须受得住挫折，将自己的所有精力全身心地投入到教学实践中去，正如著名教育家陶行知所说的"捧得一颗心来，不带半根草去"。

### （二）教师的责任体现在用满腔热情投入的工作

教育家叶圣陶老先生讲过："教育工作者的全部工作就是为人师表。"

无论是教书还是育人，教师都在告诉学生该做什么和该怎样做，都在教育学生做人的道理，教师的一言一行、一举一动都会深深地影响学生。尤其是小学生自我认识水平低下、可塑性强的特点，更决定了教师在教育中必须时时处处做学生的榜样。教师对工作的态度怎样，往往会对学生造成很大的影响。因为教师工作的热情怎样，时常通过教师的面部表情和神态直接地展示在学生的面前，让学生很直观地感受到。一个富于同情心，有热情的教师往往更容易与学生进行情感的交流，更能感染学生。正因为如此，所以教师在工作中，必须事事处处对工作表现出极大的热情，并以此感染学生。

### （三）教师的责任体现在要有奉献的精神

"春蚕到死丝方尽，蜡炬成灰泪始干。"一名受学生和人民爱戴的称职教师，要打心底热爱自己的教育事业，淡泊名利，燃烧自己，照亮别人，无怨无悔地从事着太阳底下最光辉的职业。在经济社会，我们要抵御各种"金钱至上"功利思想的侵蚀，加强师风师德修养，用自己高尚的情操去赢得社会的敬仰。奉献是世世代代进步人类所尊崇的高尚的道德品质，所以教师的工作就是奉献。教师是把爱献给教育的人，用平凡的工作铸就师德之魂，把爱献给教育的人不仅有付出也有回报，当我们看到桃李满天下，用心血培育的学生成为栋梁时，付出的爱就得到回报，就会觉得很欣慰，这就是爱的教育的真谛。没有责任就不是一位好教师，"我是老师"反映了教师强烈的责任意识，家长们把"望女成凤、望子成龙"的希望寄托在教师身上，因此，教师的责任重于泰山，从小处讲，它关系到个人和家庭的前途与命运；从大处讲，它关系民族和国家的兴旺和发展，作为一名光荣的人民教师，应该具备极强的使命感、责任心，应诚信立教，做到淡泊名利，敬业爱生，不能把教师简单地当作谋生的职业，而是作为自己毕生追求的事业而全身心的投入。

### （四）教师的责任体现在要使自己博学多才

在互联网＋时代，现代教育趋势要求教师有精深的专业知识、广博的文化修养、丰富的教育经验、心理学知识、文化课程开发的能力、良好的语言表达能力、组织管理能力与教学研究能力，还要具备现代教育技术。教师不能只是一桶水，而应该是时时补充生命的活水，成为一条有生命活力的知识河流，这样才能把知识何能力很好地传授给学生，才能做到真正意义上的"传道、授业、解惑"。

### （五）教师的责任体现在要树立新型的课程观

新的课程观认为：在课堂教学中，教师不应仅仅是知识的传授者，而应是学生学习中的辅导者、促进者与合作者，是学习组织的首席。学生也不再是学习的被动者，是主动的求知者。学生的学习动机、兴趣一旦被激发，学习便成了一种乐趣，同时教学会受到一定效果，从学生的思想着手，改变惯用的教学模式，多培养学生创新精神和实践动手能力。不断学习教育理论，掌握新的教育、教学方法，不断接受新的教学理念，成功的教学经验。

### （六）教师的责任体现在不放弃每一个学生

崇高的师爱责任表现在对学生一视同仁，决不能厚此薄彼，按成绩区别对待。无论在生活上还是学习上，时时刻刻关爱学生，对于学困生，教师更有责任关心、呵护他们；有的放矢地教育他们。让学生感到教师爱的温暖，学生就会有心灵上的启迪；教师的关爱是一把可以打开学生心灵大门的钥匙。它可以唤醒每一个犯了错的孩子，并能纾解他们的郁闷心情和苦恼，使他们重新振作起航，彰显个性，勇敢自信地去追逐自己的梦想。

（七）教师的责任体现在要对学生心理健康负责

我们不仅要关注学生的学习成绩是否优异，更要专注学生的心理是否健康。世界卫生组织指出："健康不仅仅是没有躯体疾病、而是一种躯体、心理和社会功能均臻良好的状态。"关注学生的健康成长，更应培养孩子的美好心灵。老师既要做知识的传授者，还要做学生的心理咨询、治疗师，信任理解学生，这样就能建立起一种信任关系。只有在信任的基础上双方的情感与心理方面得以充分交流，如此才能引导学生树立正确的人生观、价值观，才能使学生变得阳光。

爱与责任是教师师德的灵魂，正如歌德所说的那样："责任就是对自己要求去做的事情有一种爱。"

## 四、做有尊严的老师

清华大学附属小学特级教师窦桂梅在《做一名有专业尊严的教师》中写道："教育的真谛在于将知识转化为智慧，将文化积淀为人格。""教师因读书铸就备课灵魂，便成就了教育的永恒爱心、理想信念、社会良知以及社会责任心，这，才是一个真正的教师不可或缺的精神底子。"

德国剧作家、诗人席勒说："不知道他自己尊严的人，便不能尊重别人的尊严。"江苏省特级教师吴非在《不跪着教书》书中里有句让人振聋发聩的宣言："要想使学生成为站直了的人，教师就不能跪着教书。"

尊严是什么？尊严就是一个人自尊、自强、自立的精神。教师的尊严体现在以下方面：

（一）耐得住清贫，守得住寂寞

教师成为继公务员、医生之后的三大倦怠职业之一，教育是一件几十年如一日的枯燥事情，容易产生职业倦怠。对于能塑造人类灵魂这样圣洁的工作，如果我们把它当作一项事业来追求，那么在理想的追逐路上每一天便都会妙不可言。李镇西认为"当一个好老师最基本的条件是拥有一颗爱学生的心。爱学生，就必须善于走进学生的情感世界。真正的尊严是敬重而非敬畏。教师对学生的爱，应该是无私的。爱的教育，最终目的应该是使学生在感受到教师无私的爱后，再把这种爱自觉地传播给周围的人，进而爱我们的社会，爱我们的民族，爱我们的国家……"如今的孩子爱他们的人很多，包括父母、爷爷奶奶、外公外婆，但真正理解他们的人很少。其实他们对爱的感知最敏锐，一个眼神、一个手势、一个暗示他们都心领神会。只要你对教师这一职业拥有热爱，努力付出，喜欢跟孩子们在一起心不设防的那份单纯与率真，孩子便会构成了你的天堂，你自己在教书育人的道路上也会很快乐。

当我们选择了教师这个职业的时候，就注定了我们与富贵无缘。选择了教师，就是选择了清贫；选择了教育，就是选择了寂寞。既然当初选择了教育，就不要后悔；既然我们不能跳出教育这个行业，我们不妨重新拾起我们最初的理想和承诺。因为教师职业的特殊性，注定了我们不能随波逐流。随波逐流是最容易最轻松的事情，而坚守理想，既要耐得住寂寞，就要淡泊宁静，就要相信未来。

## （二）要有智慧和人格魅力

"一个教师能走多远，他的学生就能走多远。"一个没有个性没有魅力的老师只会哄着学，求着学，而一位有智慧和人格魅力的教师，在学生眼中是一本永远读不完的书，学生会不由自主地被吸引。苏霍姆林斯基说过："教育的终极目标不是传授知识，不是培养能力，而是让每一个孩子都能幸福地度过自己的一生。"为了做一个真正有尊严的教师，我们必须在精神上也做一个富有的人。无论是学生、家长还是社会都是尊重有学识、操守、职业道德的老师的。

教师的觉醒是发展的前提。作为教师，想在教书育人上快速成长，就要敢于在灵魂的镜子前照出"丑陋的自己",从而真正地认识自我、完善自我,因为——认识自我、完善自我与认识学生和学科是同等重要的。这正如《教学勇气》中所说:"真正好的教学来自于教师的自身认同与自身完整。"要在任何一种职业上取得成功,首先都要从自身上找原因。毕竟我们最容易也最有效影响的变量就是我们自己。我们不能决定生命的长度,但我们可以控制它的宽度;我们改变不了环境,但我们可以改变自己;我们不能左右天气,但我们可以改变心情;我们不能预知明天,但我们可以利用今天;我们不能样样顺利,但我们可以事事尽力。

(三) 要拥有专业自信和专业底气

这种底气不是与生俱来的,不是每个人随随便便就能拥有的,这种底气来源于自身的积淀和内在修炼。北京师范大学的肖川教授曾经说过:"我们中国的中小学教师缺乏思想。"他是指缺乏"一种精神、文化眼光,一种自觉的价值追求,一种坚定的对于社会、人生和教育的理想与信念"。而缺乏思想的直接结果便是"大量劳动停留在低层次""缺乏对学生精神的引领,对自身工作的高远立意,对课本知识的价值观和心理结构的深刻洞察",把教育极端化为"浅显、平庸,没有灵魂的认知结构的堆积"。

一个有师道尊严的好老师,应是练就独具一格的教学风范的实践者,好教师的重要才华表现就是课堂教学。做一名优秀教师不应停留在一般意义上的上课,应力争体现自己在教学上的独特之处,因此教师应博采众长,治学严谨,独辟蹊径,独树一帜,创立独特的教学风格是教师爱岗敬业的思想境界,是呵护学生的崇高责任要过通过教学实践中不断地积累和总结,形成自己的独特的教学风格,这才是教师是征服学生心灵、树立教师好教师尊严的"王牌"。

如果教育下一代的教师都不敢发展自己,仅仅满足于无奈的"燃掉自己",那我们有什么理由希望我们的孩子有远大的抱负呢!有了教师的发展,才会有学生的发展,才会有学校和整个教育的发展。学生超越教师,是教育的幸事；然而如果教师太容易超越，则是教育的悲哀。教师很平凡，但是学生需要优秀的老师。学生可以原谅老师的严厉、刻板，但是不能原谅老师的不学无术、不思进取。为了培养出最优秀的学生，我们必须努力使自己成为最优秀的教师。

（四）教师的尊严在于有思想

我们要常在内心深处反思教育，反思自我。对于自己所从事的学科教学要很专业，对于学科的教学、教育都有较深入地探讨，独特的理解，有自己的一套切实可行有效的方法，这要求自己努力去探索。

一流的教师，创造变化；二流的教师，适应变化；三流的教师，被动变化；末流的教师，顽固不化！一些教师寄希望于教育体制的改变，却认识不到自身的力量。个别教师教着教着把自己教成了祥林嫂，见谁都诉苦。想发展，就必须克服这种心态。抱怨环境，天昏地暗；改变自我，海阔天空。作为教师，我们必须努力提高奔跑的速度，与学生一起成长。

我们应时常反省自己：我对得起教师这神圣的称谓吗？教育带给我幸福和尊严了吗？学生是否因我而改变命运了吗？对这些问题的追问，必将唤起我们作为职业主体的意识，重建自己的教师专业意识和专业行为，使自己成为自觉创造教师专业生命和专业内在尊严的主体，享受因过程本身而带来的自身生命力焕发的欢乐。

## 五、做学生喜欢的老师

（一）有高尚的职业道德

职业道德包含的范围很广，就教师职业道德而言，包括内在品质修养和外在行为修养两方面。内在品质修养，如公正、爱生、以身作则、献身教育事业、热爱科学、追求真理等；外部行为修养，如待人接物的态度与涵养，包括稳重、沉着、外表端庄、语言规范、衣着整洁大方等。

责任心是师德的基础。只有意识到自己肩负的教育重任，才会在各方面对自己提出更高要求，比如注意外表与言行、处处以身作则、热爱学生、愿意献身、勤奋好学、追求上进。强烈的责任心，使教师对待工作更用心。

（二）真诚无私地爱学生

首先应尊重学生，信任学生。教师面对的是一群性格爱好、脾气秉性、兴趣特长、家庭情况、学习状况不一的学生。他们都是有个性、独立的人。在这个社会，许多教师都有同感：学生的想法和做法大大超出了老师的想象范围，做出的事往往出人意料。但无论如何，教师都应以尊重二字为前提，给予学生真正意义上的爱。面对调皮的学生，批评时的语气应委婉，不说任何伤害他们自尊的话，不能让他们的心灵受到伤害。学生取得好成绩时，要鼓励他们再接再厉；学生成绩下降时，不能指责，应相信他们是最棒的。教师尊重学生，学生就会加倍地尊重教师。教师尊重、信任学生，学生才有自豪感，教师才能体会到教师职业的崇高。尊重学生善于走进学生的情感世界，把自己当作学生的朋友，去感受他们的喜怒哀乐，必须学会"蹲下来看学生"。

（三）要对学生宽容

严是一种爱，宽容也是一种爱。现在的学生大多数是独生子女，受几代人，几家人的百般宠爱，难免会有一些不良的行为。人非圣贤，孰能无过？学生成长过程就是一个不断犯错与纠错的过程。在课堂内外，多接触学生，给他们发言的机会，耐心地倾听他们的心声，肯定学生的优点，适当地宽容和谅解他们的缺点，多体谅学生的难处与无奈。只要教师有一颗爱生如子的宽大爱心，就会对犯错的孩子多几分包容，多几分尊重、多几分理解，多几分呵护。宽容是甘露，教师要用爱的乳汁源源不断滋润学生的心田；宽容是钥匙，教师要用爱开启学生的心灵，消除师生之间的误会；宽容是理解，教师要以慈母之爱给学生以安慰和力量。教师要给学生以自我反省、自我修正、自我选择、自我进步的时间、空间与主动性，从而体现出教师所特有的人文教化功能。以心灵感动心灵，以感情赢得感情，这也是教师从教的基本功。

"爱是一门艺术"。能爱是一个层面，善爱则是另一个层面。作为教师，爱的形式与内容，就是教师品德、学识和情感的结晶。脆弱的心灵需要抚慰，受伤的孩子需要关爱，迷路的学生需要用师爱为他们指点迷津。情感变化的大幅度，日常行为的无常性、逆反性是这些孩子的一大特点，老师最应该成为他们情感压力的减压阀，乖戾行为的缓冲器。因为我们知道，基于理解的宽容与处于关爱的教导同等重要。耐心聆听学生的真情倾诉，循循善诱地引导学生自控自强，让他们时时处处感觉到：艰难的日子里，老师在与我同行。

### （四）有渊博的学识和高超的教育技艺

教师必须同时是一个思想者、一个阅读者。阅读使生命充盈，思考让生命厚实。阅读让教学呈现异彩，思考让教学步履稳健。

教师必须以知识守望者的角色去理解教学、驾驭课堂，以朝圣的虔诚走向讲台，以博爱的情怀面对学生，用教育哲学来主宰和解释教学实践行为，并逐步将自己独具特色的教学行为上升到理论层面。这样的教育才有望硬朗坚挺，卓有成效。教师理应携着思想行走在教育这片广袤的原野上，且思且行，且行且思，方能长袖善舞，深得学生的爱戴。

美国教育家保罗韦地博士在40年里，搜集了9万多名学生所写的信，内容是关于他们心目中最喜欢的老师。据此，保罗韦地博士概括出好教师的人格魅力的12个方面：（1）友善的态度。"他必须喜欢我们。要知道，我们一眼就能看出他喜欢还是不喜欢教书。"（2）尊重课堂内的每一个人。"老师应对我们有礼貌。我们也是人。"（3）耐心。"老师，请您耐心地听听我所提出的问题。在您听来也许可笑，但只要您肯听我，我才能向您学习听从。"（4）爱好广泛。"她带给我们课堂以外的观点，并帮助我们去把所学的知识用于生活。"(5)良好的仪表。"我立刻就喜欢他了。他走进来，把名字写在黑板上，马上开始讲课。你能看得出他是熟悉教学工作的。他衣着整洁，事事都安排的有条不紊。她长得并不漂亮，但整节课瞧着她，我没什么反感。她尽力使自己显得自然。"(6)公正。"老师，只要您保持公正，您对我尽量严格。表面上即使我反对严格，但是我知道我需要您严格。"(7)幽默感。"他讲课生动风趣，幽默活泼，听他的课简直是一种享受。"(8)良好的品性。"我相信她与其他人一样会发脾气，不过我从未见过。"(9)对个人的关注。"老师只和优秀学生谈话，难道他不知道我也正在努力吗？"(10)伸缩性。"老师，请您记得，不久之前您也是学生，您是否有时也会忘带东西，在班上您是否样样第一？"(11)宽容。"她装着不知道我的愚蠢，将来也是这样。"(12)有方法。"忽然间，我能顺利完成我的作业了，我竟然没有察觉这是因为他的指导。"

## 六、 做幸福而快乐的老师

做教师是快乐的，做一个快乐的教师是幸福的。教师的快乐来源于教育对象的激情与活力。面对朝气蓬勃、天真烂漫的青少年，教师会永葆青春、永怀童心、永有童趣，即使岁月染白须眉鬓发，心头也会绽放不败的春花。

教师的快乐来源于教育过程的挑战与创新。世上没有完全相同的两片树叶，更没有完全相同的两个孩子；人不能两次渡过同一条河流，更不可能重复使用一种教育方法。学生是千差万别的，教育情景也是千变万化的。这种变化，对教师是一种挑战，也是一种考验。它激励和鞭策着教师不断创新，不断超越，时刻置身于一种色彩斑斓的新奇感觉之中。

教师的快乐来源于学生心灵的回应与情感的互动。教师一串连珠的妙语、一个生动的事例、一句精巧的名言、一节成功的教学，都会赢得学生赞赏的目光、会心的微笑、热情的掌声、由衷的敬意；教师对学生的每一点关爱、每一丝呵护、每一次教诲，都会给学生留下深刻印象，刻在学生的心扉。此情无价，此乐无价。

教师的快乐来源于教育目的的崇高远大，来源于教育成果的丰硕。教师之于学生，可以传承精神，延续理想，升华知识，提升品质。一名优秀教师，不仅是在培养着一批现实的优秀学生，同时也是在培养着一个未来的优良社会。当桃李满天下之时，教师的思想主张便得以发扬光大，教师的付出便得以成倍的回报。那种精神的满足与心灵的慰藉是任何物质财富都无法比拟的。

教师的快乐在于自己体察快乐、品味快乐，更在于自己创造快乐、享受快乐。一个善于创造快乐教学情景的优秀教师，能把枯燥的知识教学转化为妙趣横生的娱乐活动，自己教得愉快，学生学得轻松；自己教得省时省力，学生学得深刻扎实；自己讲得少而精，学生用得博而广。愿做春蚕、蜡烛的精神、情操固然可歌可泣，但会演喜剧的能力水平则更加可喜可贺。

敬业，爱业更要乐业，这是当代教师的风范。白居易有言："乐人之乐，人亦乐其乐。"足见快乐是美德的伴侣。一个崇尚美德的教师，总是会从教育对象那里获得取之不尽的愉悦。为师者，"传道，授业，解惑"，哪一个不令人快慰平生？一位名师道："教师的一生不一定要干成什么惊天动地的伟业，但他应当如百合，展开是一朵花，聚合是一枚果；但他应当如星辰，远望像一盏灯，近看是一团火！"有此诗一般的情怀，有此诗一般的人生，夫复何求？让我们忘却心头的烦恼，淡化自己的得失，快乐地工作。做一个快乐的教师吧——快乐使人年轻！快乐使人美丽！快乐使人高尚！

同时，每位教师也负责任地爱自己。爱自己，是体现自身价值的有力条件，教师要爱自己，对自己的一切负责，自尊、自立、自爱、自强。增强教师职业的光荣感、成就感、使命感和责任感，注重自身全面发展，增强自身师德修养，提高自身专业知识和专业技能，实现自身价值。爱自己就要不断提高自己的生活质量。教师的职业比较复杂，因此来自各方面的压力也较大，教师也是普普通通的人，教师在教书育人中奉献自己时，也要最大限度地改善自己的生存生活环境，满足自身的需要，提高自己的生活质量，不能为教书而教书，试想不爱自己的人能爱别人吗？没有好身体，哪有好的精力司职教育？教师应该学会在压力下解放自己，每天完成了教学任务，多看看书，锻炼身体，既获得知识，又强健了身体，每天能精力充沛、信心十足地面对工作。

学校还要创造条件，不断提高教师的幸福指数。首先，营造温馨人文的工作环境，创建幸福的温床。关注教师健康，增强教师体质。疲劳工作只能给教师带来倦怠感，而不是幸福感！所以学校要尽可能地把休息时间还给教师，平时严格执行作息制度，双休日尽量不布置工作。其次，提供锻炼身体的设备设施与时间，比如安排教师集体操、设置教工活动室，充实设备、定期开展教职工文体活动、每学年组织一次教师体检等等。关注教师情感，让家校成一体。学校管理工作不能仅仅是管理教师的工作，同样要重视教师的情感状态，因为教师工作的特殊性决定了教师的情感对学生学习的影响。所以在平时管理者要摒弃领导的那种居高临下、以大压小的管理方式，而是应该以服务者角色出现在教师面前，认真听教师倾诉，细心为教师解开心结，及时帮教师调整好情感状态，以最佳的状态出现在学生面前。

# 第六章
# 学生因有核心素养而伟大

## 一、时代需要学生具有核心素养

美国公立高中排名第一的托马斯杰克逊科技高中的墙上有这样一句醒目的话："How we can, the TJ community, take actions to free their students, to complete defer the moral decisions for now and future."它的大意是："我们应该做些什么，无论是现在还是未来，托马斯杰弗逊都要为学生在未来面对道德的困惑能够做出正确的抉择，我们应该为之付出实际行动。"北京四中刘长铭校长面对这句话驻足良久，回国后在他的博客上写道："我常想，我们的学生并不缺少聪明、机敏和解决问题的技巧……缺少的是积极乐观的生活态度，缺少的是对美好事物的感知能力，缺少的是对崇高的体悟，缺少的是对价值的理性判断与选择，以及在此基础上的不为功利的执着追求的精神。因此，培养杰出人才，我们的教育需要注重对人的精神品质的培养，引导学生懂得善良、崇高、博爱、正义、尊严、责任、使命……"在刘长铭校长看来，这才是对学生一生负责的教育，是我们应当追求的教育价值。

原国家教委副主任柳斌在一篇文章中痛心地写下："前些日子，我了解到我国一名大学生在美国斯坦福大学攻读博士学位期间，破解北斗二代定位导航卫星的信道编码规则,随即发表论文多篇,并获得美国航空无线电委员会的表彰,这样给国家带来多大损失?"据说这名大学生还是国内某"最牛"大学培养出来的。

这不得不让我们教育工作者思考,我们到底应该怎样培养我们的学生?我们的学生应该具备怎样的素养才算一个优秀的学生?

今天,获取知识的途径和方法太多,学习机会以及在哪里学习已经变得不那么重要,重要的是怎样学和学什么,重要的是在有限的学习活动中获得怎样的精神成长和品格塑造。如果学生只是一个没有精神和品格的知识容器,再高的学历也意义不大。

这就涉及一个近来非常热门的专业术语——学生的核心素养,核心素养是个人终身发展、融入主流社会和充分就业所必需的素养的集合。这些素养是在现代民主社会中,为儿童和成人过上有责任感和成功的生活所需要的,也是为社会应对当前和未来技术变革和全球化挑战所需要的。开发核心素养的目的在于培养具有21世纪工作技能及核心竞争能力的人,确保学生在校所学的技能能够充分满足后续大学深造或社会就业的需求,成为21世纪称职的社会公民、员工及领导者。

核心素养框架的确定必须具有时代性与前瞻性。从全球范围来看,核心素养的选取都反映了社会经济与科技信息发展的最新要求,强调创新与创造力、信息素养、国际视野、沟通与交流、团队合作、社会参与及社会贡献、自我规划与管理等素养,内容虽不尽相同,但都是为了适应21世纪的挑战。核心素养框架的确定应该兼具个人价值和社会价值,并把二者有机结合起来。个人素养不能脱离具体的社会环境,应该适应、促进社会变迁与社会进步。

## 二、 国际组织确定的学生核心素养

1997年12月,国际经济合作与发展组织(OECD)启动了"素养的界定与遴选：理论和概念基础"项目，确定了三个维度九项素养。一是能互动地使用工具。包括三项素养：互动地使用语言、符号和文本；互动地使用知识和信息；互动地使用（新）技术。二是能在异质群体中进行互动。包括三项素养：了解所处的外部环境，预料自己的行动后果，能在复杂的大环境中确定自己的具体行动；形成并执行个人计划或生活规划；知道自己的权利和义务，能保护及维护权利、利益，也知道自己的局限与不足。三是能自律自主地行动。包括三项素养：与他人建立良好的关系；团队合作；管理与解决冲突。该框架对于 PISA 测试具有直接影响，进而对许多国家和地区开发的核心素养框架产生了极大影响。

2006年12月，欧盟（EU）通过了关于核心素养的建议案，核心素养包括母语、外语、数学与科学技术素养、信息素养、学习能力、公民与社会素养、创业精神以及艺术素养共计八个领域，每个领域均由知识、技能和态度三个维度构成。这些核心素养作为统领欧盟教育和培训系统的总体目标体系，其核心理念是使全体欧盟公民具备终身学习能力，从而在全球化浪潮和知识经济的挑战中能够实现个人成功与社会经济发展的理想。

2013年2月，联合国教科文组织（UNESCO）发布报告《走向终身学习——每位儿童应该学什么》。该报告基于人本主义的思想提出核心素养，即从"工具性目标"（把学生培养成提高生产率的工具）转变为"人本性目标"，使人的情感、智力、身体、心理诸方面的潜能和素质都能通过学习得以发展。在基础教育阶段尤其重视身体健康、社会情绪、文化艺术、文字沟通、学习方法与认知、数字与数学、科学与技术等七个维度的核心素养。

### 三、 东西方代表国家确定的学生核心素养

美国的学生核心素养框架：2002年，作为西方国家的代表，美国率先制定了《"21世纪素养"框架》，2007年发布了该框架的更新版本，以核心学科为载体，确立了三项技能领域，每项技能领域下包含若干素养要求：

一是学习与创新技能。包括批判性思维和解决问题的能力、创造性和创新能力、交流与合作能力。二是信息、媒体与技术技能。包括信息素养、媒体素养、信息交流和科技素养。三是生活与职业技能。包括灵活性和适应性、主动性和自我指导、社会和跨文化技能、工作效率和胜任工作的能力、领导能力和责任能力。

新加坡的学生核心素养框架：2010年3月，作为东方国家的代表，新加坡教育部颁布了新加坡学生的《"21世纪素养"框架》。其中，核心价值观包括尊重、负责、正直、关爱、坚毅不屈、和谐。社交与情绪管理技能包括自我意识、自我管理、社会意识、人际关系管理、负责任的决策。公民素养、全球意识和跨文化交流技能，包括活跃的社区生活、国家与文化认同、全球意识、跨文化的敏感性和意识。批判性、创新性思维，包括合理的推理与决策、反思性思维、好奇心与创造力、处理复杂性和模糊性。交流、合作和信息技能，包括开放、信息管理、负责任地使用信息、有效地交流。

## 四、中国的学生发展核心素养

经多年的研究，2016年初，教育部公布《中国学生发展核心素养》（征求意见稿）。把学生发展核心素养定义为，学生应具备的、能够适应终身发展和社会发展需要的必备品格和能力。综合表现为九大素养，具体为：社会责任、国家认同、国际理解；人文底蕴、科学精神、审美情趣；身心健康、学会学习、实践创新。

（一）社会责任

主要是个体处理与他人（家庭）、集体、社会、自然关系等方面的情感态度和行为表现。

诚信友善。重点是自尊自律，诚实守信；文明礼貌，宽和待人；孝亲敬长，有感恩之心；热心公益和志愿服务等。

合作担当。重点是积极参与社会活动，具有团队合作精神；对自我和他人负责；履行公民义务，行使公民权利，维护社会公正等。

法治信仰。重点是尊崇法治，敬畏法律；明辨是非，具有规则与法治意识；依法律己、依法行事、依法维权；崇尚自由平等，坚持公平正义等。

生态意识。重点是热爱并尊重自然，与自然和谐相处；保护环境，节约资源，具有绿色生活方式；具有可持续发展理念和行动等。

### （二）国家认同

主要表现为个体对国家政治制度、核心价值理念、民族文化传统等方面的理解、认同和遵从。

国家意识。重点是了解国情历史，维护民族团结、社会稳定和国家统一；热爱祖国，认同国民身份，对祖国有强烈的归属感；自觉捍卫国家尊严和利益等。

政治认同。重点是热爱中国共产党；理解、接受并自觉践行社会主义核心价值观；具有中国特色社会主义共同理想，有为实现中华民族伟大复兴中国梦而不懈奋斗的信念和行动等。

文化自信。重点是了解中华文明形成的历史进程；承认和尊重中华民族的优秀文明成果；理解、欣赏、弘扬中华优秀传统文化和社会主义先进文化等。

### （三）国际理解

主要表现为个体对国际动态、多元文化、人类共同命运等方面的认知和关切。

全球视野。重点是具有开放的心态；了解人类文明进程和世界发展动态；关注人类面临的全球性挑战，理解人类命运共同体的内涵与价值等。

尊重差异。重点是了解世界不同文化；理解、尊重和包容文化的多样性和差异性；积极参与多元文化交流等。

### （四）人文底蕴

主要是个体在学习、理解、运用人文领域知识和技能等方面表现的情感态度和价值取向。

人文积淀。重点是积累古今中外人文领域基本知识和成果；掌握人文思想中所蕴含的认识方法和实践方法等。

人文情怀。重点是以人为本，尊重、维护人的尊严和价值；关切人的生存、发展和幸福等。

### （五）科学精神

主要是个体在学习、理解、运用科学知识和技能等方面表现的价值标准、思维方式和行为规范。

崇尚真知。重点是学习科学技术知识和成果；掌握基本的科学方法；有真理面前人人平等的意识等。

理性思维。重点是尊重事实和证据，有实证意识和严谨的求知态度；理性务实，逻辑清晰，能运用科学的思维方式认识事物、解决问题、规范行为等。

勇于探究。重点是有百折不挠的探索精神；能够提出问题、形成假设，并且通过科学方法检验求证、得出结论等。

### （六）审美情趣

主要是个体在艺术领域学习、体验、表达等方面的综合表现。

感悟鉴赏。重点是学习艺术知识、技能与方法；具有发现、感知、欣赏、评价美的意识和基本能力；具有健康的审美价值取向；懂得珍惜美好事物等。

创意表达。重点是具有艺术表达和创意表现的兴趣和意识；具有生成和创造美的能力；能在生活中拓展和升华美，提升生活品质等。

（七）学会学习

主要表现为个体在学习态度、方式、方法、进程等方面的选择、评估与调控。

乐学善学。重点是有积极的学习态度和浓厚的学习兴趣；有良好的学习习惯；能自主学习，注重合作；具有终身学习的意识等。

勤于反思。重点是对自己的学习状态有清楚的了解；能够根据不同情境和自身实际，选择合理有效的学习策略和方法等。

数字学习。重点是具有信息意识；有数字化生存能力；主动适应"互联网＋"等社会信息化趋势等。

（八）身心健康

主要是个体在认识自我、发展身心、规划人生等方面的积极表现。

珍爱生命。重点是理解生命意义和人生价值；具有安全意识与自我保护能力；掌握适合自身的运动方法和技能，养成健康的行为习惯和生活方式等。

健全人格。重点是能调节和管理自己的情绪；有积极的心理品质，自信自爱，坚韧乐观；积极交往，有效互动，建立和维持良好的人际关系等。

适性发展。重点是能正确判断与评估自我；依据自身个性和潜质选择适合的发展方向；有计划、高效地分配和使用时间与精力；具有达成目标的持续行动力等。

（九）实践创新

主要是学生在勤于实践、敢于创新方面的具体表现。

热爱劳动。重点是具有积极的劳动态度；广泛参加各种形式的家务劳动、生产劳动、公益活动和社会实践；具有动手操作能力等。

批判质疑。重点是具有好奇心和想象力，敢于质疑；善于提出新观点、新方法、新设想，并进行理性分析，做出独立判断等。

问题解决。重点是善于发现和提出问题；有解决问题的兴趣和热情；能依据特定情境和具体条件，选择制订合理解决方案；具有创新意识，能将创新理念生活化、实践化等。

### 五、如何培养学生的核心素养

国民的核心素养决定一个国家的核心竞争力与国际地位。核心素养引领并带动课程教材改革、教学方式变革、教师专业发展、教学质量评价等关键教育活动。如何有效提升学生的核心素养，北京教科院副院长褚宏启教授认为：

（一）围绕核心素养开发课程体系

要落实培养目标，需要依靠课程。核心素养已成为当前许多国家教育改革的支柱性理念，对研制课程标准、开发教材与课程资源起着重要的推动作用。据欧盟统计资料显示，欧盟核心素养提出后，对 3/4 以上成员国的课程改革产生了直接影响，这些国家都实施了针对核心素养的教育政策和行动计划。欧盟将信息素养、创业能力和公民素养等跨学科核心素养整合到小学和中学的多门课程中。跨学科素养的课程形态趋向于多样化，可以以独立学科的形式存在，也可以作为更广泛的课程或学习领域的一部分，还可以贯串于整个课程体系，由全体任课教师负责。

学校在开发课程时，一定要强调课程的整体性，注重学科之间的相互融合，以整体性之课程培育整体性之素养。

（二）围绕核心素养改进教学方法

核心素养的培育，要求改进教学方法。死记硬背、题海战术是难以培育出核心素养的。美国在培育学生的"21世纪素养"时,力图做到教学设计与课程相匹配,由教师引导转向学生独立应用、说明和解释,发展批判性思维和解决问题的能力。要求教师在教学过程中以学习者为中心,参照每个学生的知识和经验,满足他们独特的需要,使每个学生的能力都得到发展,并确保学生有真实的机会去运用和证明他们对"21世纪素养"的掌握。此外,美国在创设学习环境方面还提出具体要求:一是为集体、小组和个人学习提供21世纪的建筑和室内设计,物质空间可以灵活改造,便于学生离开座位自由移动,促进合作、互动和分享信息。二是有丰富的学习实践、人力资源和环境来支持21世纪的教与学。三是教师与学生保持沟通,建立一种乐观的教育文化气氛,积极影响学生的学习。

学校在教学改革中,需要倡导启发式、探究式、讨论式、参与式教学,激发学生的好奇心,培养学生的兴趣爱好,营造独立思考、自由探索、勇于创新的良好环境,让学生学会发现学习、合作学习、自主学习。

### (三)提升教师素质是培育学生核心素养的关键

培育学生的核心素养,教师必须具备必要的专业素养。为此,必须加强教师培训。新加坡非常重视教师培训,所有教师都必须接受新加坡国立教育学院的职前培训,该培训依据2009年发布的"教师教育21框架",使教师具备必需的技能和资源,以便能够培养学生的"21世纪素养"。

学校的教师培训需要整体变革,根据学生核心素养培育的要求,重新建构教师培训的目标、课程、模式等。

### (四)通过评价改革推进学生核心素养培育

核心素养所具有的整合性、跨学科性及可迁移性等特征,尤其是其所包含的大量隐性知识和态度层面的要素,给评价带来极大挑战。自2000年以来,OECD围绕核心素养组织实施了旨在考查学生适应未来社会能力的国际学生学业评价项目(PISA),目前已涵盖阅读、数学、科学、合作问题解决、财经素养等多个核心素养领域，其研究结果在近 70 个参与国引起了关注与强烈反响。欧盟国家的思路则是将核心素养转换为可观察的外显表现，进而开发出相应的测量工具和量规，通过态度调查问卷、表现性评价等形式对核心素养开展评价。

就我国而言，评价重点需要由分科知识的评价转向基于核心素养领域的评价，评价方法技术则要求多元化。需要选取有代表性的关键指标探索建立测评技术方法与标准体系，形成一套从抽象概念——工具测量——实证数据的核心素养指标研究流程和范式。需要重点关注的是：如何将学生核心素养评价体系的建构、实施，和当前的课程与教学体系、评价体系（含评价工具）、标准体系进行深度整合；如何全面提升针对核心素养指标的评价方法与技术，特别是对于复杂认知能力、态度与价值观的评价，以及网上测验的开发等。

总之，我国公布《中国学生发展核心素养》（征求意见稿），明确了学校教育具体的培养目标，将带来学校教育的一场革命，包括育人导向更加注重学生理想信念和核心素养的培养；课堂教学更加关注课程建设综合化、主体化发展趋势；实践活动更加关注学生学习体验、动手实践及创新意识的培养；课业负担将会进一步减轻，课后作业形式及总量发生较大变化；学校课程更加贴近学生的生活；未来将更加注重增加国家课程和地方课程的适应性。

### 六、 培养学生核心素养需坚持的原则

#### （一）尊重学生主体性原则

培养学生素养，必须尊重学生的主体性，让学生成为自主成长的主体，必须发挥其主观能动性、创造性。因此，学校德育必须从知识性、灌输性，转向生长性德育、发展性德育，遵循知行合一性、实践性、自主生长性、激发引导性等特点，充分发挥德育的规范、导向、激励等功能，培养学生

的道德素养和道德生长力。在教学中，建立平等的师生关系，合作、探究、交流，让学生获得知识、能力、情感、人格、审美、个性等核心素养的自主成长。

### （二）开发学生生命潜能原则

《国家中长期教育改革和发展规划纲要》指出："坚持以人为本、全面实施素质教育是教育改革发展的战略主题，是贯彻党的教育方针的时代要求，其核心是解决好培养什么人、怎样培养人的重大问题，重点是面向全体学生、促进学生全面发展，着力提高学生服务国家服务人民的社会责任感、勇于探索的创新精神和善于解决问题的实践能力。"在德育方面，学校要通过给学生自警、自诫、自励等自我教育的方法，使学生在陶冶情操、磨砺自己的过程中形成自律，真正做到了满足学生内在需求，开发学生的生命潜能。在教学中，从知识的灌输、考试能力的强化训练，转向生命潜能与活力的充分激发、生命个性与创造力的自由张扬。

### （三）注重学生成长环境营造的原则

全社会都应为学生核心素养培养营造和谐的生长环境，学校要改革课程，建构适宜学生核心素养成长的兼具丰富性、选择性、鲜活性的学校课程体，要提供优化的成长环境，把家庭生活、校园生活、社会生活纳入教育范畴，进行顶层设计，系统开发，全程调控。调整家庭教育、社区教育的从属地位，与学校教育紧密结合，使三者充分整合，形成合力，共同培养学生的核心素养。

## 七、优秀学生的十大表现

### （一）善于倾听

信则灵，不信则不灵。再好的学习方法，学生不相信，不听老师传教，老师对他也不会有什么帮助。优秀的学生都善于倾听，认真听老师教诲，对待老师的建议。优秀学生都善于吸纳老师的建议，把老师的建议和自己在学习中遇到的问题结合起来深刻领悟，适时调整学习方法，在学习上得心应手，学习兴趣越学越浓。

### （二）特别勤奋

勤能补拙、熟能生巧。笨鸟先飞早入林，笨人先学早入门。别人休息的时候你在学习，别人学习的时候你也在学习，时间长了，笨人也会变得聪明。学生的学习成绩不是在学校的时候你在学习，而是不在学校的时候仍然在安排学习。凡是优秀学生都是勤奋的人。

### （三）善于提问

天才在于思考，聪明来自于学习。凡善于提问的学生都是善于思考的学生，多思才能出智慧。如果在学习的过程中，不去思考，不去探究问题的根源，囫囵吞枣是不会有多大收获的。善于提问，刨根问底是一种良好的学习方法。

### （四）善于思考

多看、多思、多探索是创造性学习的三个基本因素。在学中思，在思中学，把所学的知识用来解决学习和生活中的问题，人就越来越优秀。思考是对所学知识的消化和吸收，是对知识的巩固与创新。慎思之，明辨之。善于思考，大脑就越用越灵活。善于探索，手就越用越灵巧。善于联想，学习就能举一反三，触类旁通。

### （五）喜欢交流

交流促进发展，不交流会成为井底之蛙，不知道山外还有人，强中还有强中手。与比自己强的人交流会提高自己，与比自己差的人交流可以帮助别人。个人成绩好不算好，大家成绩优才是共同学习的方向。优秀学生都喜欢交流，在交流中帮助别人，同时也获得别人的帮助，共同提高学习成绩。

### （六）善于安排

预则立，不预则废。今日事今日做，明日事早安排。优秀学生都善于安排自己的学习时间和学习计划，不慌不忙，井井有条地学习。

### （七）对自己有信心

自信是成功的基础，一个对自己都没有信心的学生是搞不好学习的。优秀学生在学习上会雄心勃勃，遇到困难不解决誓不罢休。喜欢找难题做，积极寻找解决难题的方法。

### （八）具有坚强意志和毅力

绳锯木断，滴水穿石。凡是优秀的学生都有百折不挠，持之以恒的精神，做事不会有始无终、半途而废，在每天解决难题和寻求新的知识中越来越优秀。

### （九）有理想追求

目标是行动的动力，没有目标的人会没精打采，死气沉沉。优秀学生都是有理想，有目标的人。

### （十）富有朝气

心情愉快的时候产生良好的学习效果，保持心情愉快是提高学习效率的关键。优秀学生每天都会朝气蓬勃，奋发向上，绝不会无精打采、暮气沉沉。

## 八、附 "美国第一公立高中——托马斯·杰弗逊科技高中"核心素养培养

托马斯·杰弗逊科技高中（Thomas Jefferson High School for Science and Technology），简称托马斯高中，始建于 1985 年，坐落在美国首都华盛顿哥伦比亚特区市郊，隶属弗吉尼亚州费尔法克斯县。该校以培养科技创新人才闻名全美乃至全世界。2007 年美国《新闻周刊》将该校列为美国最好的精英型公立高中，2009 年《美国新闻与世界报道》"美国 100 所最佳公立高中排名"将其排在榜首。每年有 300 多个团组到该校参观、访问。

托马斯高中全校学生近 2000 人。高水平的课程与教学，使该校学生在大学入学考试中成绩斐然。各科成绩比全美高中毕业生的平均成绩高出 200 分左右。2007 届毕业的 432 名学生中，158 名获国家优秀生竞赛半决赛资格，在全美高中中人数最多。

托马斯高中获得如此高的声誉、托马斯高中学生获得如此突出的成绩，奥秘何在？让我们从学校运转、创新人才培养模式入手一探究竟。

### （一）托马斯高中的办学特点

#### 1. 入学

托马斯高中录取新生时，进行严格筛选。高素质的生源为托马斯高中培养科技创新人才打下了良好的基础，这也是托马斯高中精英教育成功的第一步。托马斯高中是公立学校，其招生录取要受到地域限制。该校通过高水平的考试选拔学生，每年进入该校的学生约 500 名，是从北弗吉尼亚州数千位有数学和科学天赋的报名者中筛选出来的，每年的录取比例为 17% 左右。

新生的考试由托马斯高中组织，主要测试学生的数学和语言推理能力，测试重点不在于学生学会了什么，而在于学生如何运用他们所学的知识和

技能解决现实世界中存在的问题。

2. 课程和教学

（1）多层次、多类型以科技为核心的课程设置

托马斯高中的课程是侧重科学、数学和技术的多层级、多类型的兼顾综合与分科的实践性课程。其课程理念是用跨学科的方法最大限度地发挥每个学生的智力、技术和情感潜力。

托马斯高中的课程按照门类来分包括：科学和技术、数学和计算机科学、人文科学、世界语言、艺术、体育。从年级来看，新生的课程包括生物、英语、设计和技术综合课程。高年级除数学、英语、人文艺术等课程之外，学生可以根据自己的研究兴趣确定专修方向。托马斯高中为毕业年级开设了广泛的 AP 课程。

（2）以培养探究能力为核心的教学目标

培养学生的创新精神和实践能力贯穿于托马斯高中各年级、各学科的教学活动中。下面以九年级的教学目标为例。

科技教学目标：①学会开展科学调查，搜集、管理、分析和说明数据；②学会用科学的语言撰写科学报告；③学会运用数据库，识别并说明第一手资料的来源，评估信息的效用价值；④养成通向成功未来的道德习惯。

社会教学目标：①学生将自己的发现或研究成果及时传递给社区相关机构；②采用团队模式协作完成任务；③教师和顾问团队每周集体讨论一次学生的学术和社会道德发展动态。

学生的活动目标：①初步开展研究；②开展设计活动；③运用科学方法；④学会通过小组合作，开展面向现实世界的长期项目研究；⑤运用各种技术（如 GPS，电子传感器等）解决问题；⑥继续发展运用各种媒介写作和报告的技能；⑦同合适的听众交流研究成果；⑧从三个学术科目的有效综合中得到收获。

（3）以问题解决为核心的教学模式

问题解决，特别是真实存在于现实世界的问题解决是托马斯高中教学的核心。例如新生 IBEDT 综合课程的研究专题包括水质和土质研究、落叶林的健康生长、火蜥蜴的迁徙等。这些专题要求学生开展真正的研究；要求学生研究真实世界所出现的问题；学会关注当地社区的问题并与社区有关机构积极合作解决问题。

托马斯高中规定每节课 90 分钟。教师在具体的教学活动中可以根据学生的特殊需要和不同的教学内容灵活设计每天的课程进度。教师强调运用整合的学习资源，其中的核心要素是问题解决、交流、合作，并鼓励采取小组合作学习以促进学生间的有效合作。托马斯高中认为，这种方式不仅是学习成功的关键，也是将来学生步入社会后事业成功的关键。

3. 升学

托马斯高中在多个学科领域，如数学、生物、化学、物理、计算机学科、人文学科领域等开设大量 AP 课程，为大量优秀的、学有余力的学生提供了更高的发展平台。如计算机科学中的 AP 课程包括人工智能和高级计算机应用；数学 AP 课程包括微积分等。这些超出大学预修课程要求、在一般高中无法实现的高级水平课程，不仅可以让学生在 SAT 等高等教育入学考试中获得高分，而且学生在这些课程上获得的学分也使他们在申请名牌大学时占尽了先机。可以说托马斯高中所开始的高水平的课程包括英才课程、荣誉课程、大学预科课程、大学预科以上难度课程，为中学与大学的无缝衔接做出了贡献。

此外，托马斯高中还与州及地方大学签订了一些提前录取协议，这样，部分学生在十一、十二年级的时候就不需要只看重分数，而是更重视能力培养。由于托马斯高中的声誉以及同大学的完美合作，有些一流大学科学和工程学专业一贯招收托马斯高中的学生。由于学生在科研上所做出的成绩、在各种发明中获得的奖项以及在各种学术刊物上所发表的文章，也使一些大学专门为托马斯高中学生设立了奖学金。这些渠道都为托马斯高中的学生毕业后升入大学解决了后顾之忧。几乎 99% 的托马斯高中学生都能升入四年制大学,为托马斯高中科技创新人才培养办学模式的发展奠定了良好的基础。

### (二) 托马斯高中创新人才培养模式

托马斯高中将开展学生实践活动作为培养科技创新人才的必由之路。托马斯高中的每门课程、每项教学及学校活动都着力培养学生的动手实践能力。此外,托马斯高中两个颇具特色的办学制度,即实验室研究和导师制,为科技创新人才的培养铺平了道路。

1. 实验室研究

托马斯高中有13个专业化的科技研究实验室,包括天文学与天文物理、自动化与机器人、生物技术和生命科学、化学分析、通信系统、计算机辅助设计、计算机系统、能源系统、微电子学、神经系统科学、海洋学与地球系统、光学与现代物理、原型与工程材料。这些专业化的研究实验室为托马斯高中培养科技创新人才提供了必要的硬件基础。这些实验室用于开展学术实践,使学生在现代技术水平环境下获得其专有的学习体验,为学生提供独立开展研究和实验的场所,进而同科学、工程、技术和工业等领域的导师展开互动。

每个学生都要有四年的科学实验室学习经历。九年级学生从生物开始(同时结合开设英语、技术和设计),随后是化学、物理和地理。每门课程都要结合大量的实验室教学。此外,在生物、化学、物理领域设立了选修课来帮助学生在高年级开展实验项目研究,其中也包括 AP 课程中的实验研究项目。

2. 导师制

导师制是托马斯高中独有的指导学生开展科技研究的制度,即学生在开展科技课题研究时,可以选择校外机构的专业人士做导师,或参加校外机构所开展的研究项目,并在项目组的领导下完成课题研究。实施导师制离不开托马斯高中同社会各界(工商界、大学、政府机构)的广泛合作,同时也弥补了学校资源有限的制约。辅导导师的单位包括美国食品与药物管理局、国防分析研究所、乔治城大学医学中心、国家癌症研究所等20多家单位。

同时，学生研究项目的开展必须在学校的各科技实验室监督之下开展，并且受学校导师制项目负责人的管理。参加导师制项目研究的学生同校外机构的导师一同开展工作，但需要向学校科技实验室主任报告其动态。无论参加导师制项目的学生还是在本校科技实验室开展研究项目的学生都需要达到统一的学术目标和学业要求。托马斯高中允许每个学生每学期有180个小时在校外开展项目研究。

导师制允许学生根据兴趣定位其研究，并将所掌握的知识和能力用于实际。在经验丰富的科学、工程及科技商业机构、教育机构和政府机构工作者的指导下，托马斯高中学生获得了宝贵的研究实践经历和经验。学生通过运用其创造性的思考能力解决现实问题，逐渐成长为守信、自信、有坚强意志并充满创造力的人。

每年6月，学校召开研究报告会，学生要在会上向家长、社区有关人士汇报其研究成果。所有的高年级学生都必须完成一项技术实验课题，作为他们完成托马斯高中学业的总结。

3. 科技与人文相结合

精英人才的成长离不开其人文素质的培养。托马斯高中在突出其科技特色的同时，并没有忽视学生人文素质的培养。人文学科和美术课程也是托马斯高中的强项。该校特意强调培养学生的设计、写作和表演才能。

托马斯高中的人文课程包括人文学科、世界语言、艺术。包括以下六个教学目标：使学生掌握熟练的交流技能；使学生掌握合作技能及在特殊的环境下思考和行动的能力；开展真实项目，解决真实问题的能力；应对变化的能力；培养其文化道德修养。为了加强教师团队间的合作，为学生营造跨学科学习的环境，人文课程和科技课程各部分相互交叉。如十年级、十一年级的英语课程同社会研究相结合，学习世界文明和美国文明；七门外语课程，即汉语、法语、德语、日语、拉丁语、俄语和西班牙语，在帮助学生掌握语言技能之外，帮助学生理解世界各种不同的文化信仰和价值观。

此外，体育课程、丰富多彩的校园活动、出版物以及学生组织是培养学生的领导能力和团队精神不可或缺的组成部分。

（三）托马斯高中的成功经验

1. 明确的教育目标设定——培养科技创新人才

美国有很多出色的中学，办学各有特色。托马斯高中突出的特色和自身的定位就是培养科技创新人才。围绕这一总教育目的，托马斯高中分步骤、有计划地落实其细化的教育目标。托马斯高中的办学宗旨是：特别注重学生能力培养，包括思辨能力、解决问题的能力、好奇心、社会责任感。学校的办学理念贯穿在学校课程之中，学校提供充满挑战性的课程，各个学科相互交融，共同创造一种创新的文化氛围，这种氛围是建立在伦理道德的基础上的。

托马斯高中要求学生在毕业时要具备：解决问题的能力，能够系统地、创造性地解决问题，解决方法可以在自然条件下模拟或试验；批判性探索能力和研究能力，通过获取知识、批判性评价知识的价值，调查以前未知情形的能力，对不确定的现实做出判断的能力；多样化的沟通技能；在真实情景中跨学科的思考能力；展示个性；合作技能；创造性地适应技术进步；信息管理能力；面向多样化用户的交互设计。托马斯高中还要求每一个毕业生都要完成一项胜任的研究课题。

同时，托马斯高中要求学生具备科技人才必备的价值观：好奇心，能够容忍不确定性，从成功和失败中学习，培养终身学习的习惯；社会责任感，作为未来的领导人、思想家及环境保护者，对自己的行为负责，要有参与社会活动的能力，回报社会的意识；持续创新；领导能力；内在的学术追求；全球知识视野；文化意识。

## 2. 有针对性的教育教学方法——实践为本、知行结合

托马斯高中的成功大半取决于其实践性的教育教学方法。就其课程而言，托马斯高中打破了各学科之间的森严壁垒，认为所有的学术性课程内容都是可以应用于实际的，为直接参与实践而提供教育指导。特别是对于高年级学生，他们选修什么学科，学到什么程度，完全可以视他们的研究兴趣以及正在从事的研究课题的需要而决定。校长埃文·格莱泽（Evan Glazer）在他所任教的数学学科中反复强调探究型学习、技术支持下的探索以及数学在真实世界中的应用。

托马斯高中认为实施上述教育教学方法的最好途径就是培养学生的兴趣与能动性，让学生自己提出问题，并采取行动回答自己的问题。该校对许多课程的安排，就好像是让学生进入一座座迷宫，而每座迷宫又都体现相互之间联系。教师善于将学习情境安排成仿真的工作环境，让学生置身于这个环境中学习解决问题。

与其他学校相比，托马斯高中学生将时间、精力和智慧更多地投入他们感兴趣的专题研究，而不是用同样的时间来准备各种水平的考试。学生在研究的过程中掌握各种基础知识和技能，进而在考试中取得高分，而不是将这一顺序倒置，用取得高分来泯灭学生创造的天性。解决这一问题的制度方法就是用多元化教育系统来培养创新人才。

## 3. 托马斯高中与社会各界的紧密合作

托马斯高中与社会各界的紧密合作为培养科技创新人才提供雄厚的软硬件基础。特别是托马斯高中高科技的教学研究实践活动的开发与一些高科技公司、教育研究机构、政府等社会各界的支持与帮助是密不可分的。托马斯高中与社会各界的合作领域包括设施设备、资金、人员培训、导师等，也包括课程设置和开发。托马斯高中所列出的资助公司就有美国电报电话公司、大西洋研究公司、BDM 公司（著名的室内建筑设计公司）、Dynalectron 公司（著名的机械、电气系统和设备供应商）、FMC 公司（美国著名公司，业务多样化，包括工业化学制品、日用化学制品、贵金属、防

卫系统、机械设备)、索尼公司和 IBM 公司等。

以托马斯高中的实验室为例，托马斯高中的 11 个实验室多是工商界伙伴资助建成或运转的。托马斯高中也运用学校网站、家校联谊会、校友会等多种渠道，将所需要更新或添置的实验设备列出清单，公布于众，寻求资助、捐赠或支持。

托马斯高中一些高水平科技课程的开设及有创造性的学术计划的制定，也多是与工商界伙伴及专业个人合作的结果。校方利用这个优势培养学生对高科技的兴趣。在辅导计划中，高年级学生一方面独立进行研究，另一方面与各种专家互相讨论。例如：大西洋研究公司提出的一项学生研究计划，称为"用光纤技术制造陀螺"。又如：BDM 公司和马丁·玛丽埃塔（Martin Marietta）公司帮助该校高年级学生解决与自动化系统和机器人系统有关的技术问题。公司则认为，支持学校进行科研与公司本身的利益有关，是为了得到他们的未来雇员的一种投资。私人公司对该校的资助，以及公司雇员应聘为该校的辅导教师，可以说是源源不断。同时该校的毕业生也获得了"未来的适用人才"的美名。

当我们在痛批英才教育、着力解决教育均衡问题的时候，美国人一边号召不让一个孩子掉队，一边悄悄把少数英才少年紧紧抓住，对高端人才进行卓有成效的早期培养；当我们的优秀学生在拼命做题的时候，他们在动手做实验；当我们的精英高中学生仍然在为分数、高考拼搏的时候，他们在做科学研究课题；当我们的英才少年在搞奥林匹克竞赛的时候，他们在研究攻克癌症，他们在制造火箭，他们在开发新能源，他们在做火星探测器。这些年来，我们的重点高中也搞课题，但那多半是点缀；我们也搞研究性学习，但那多半是纸上谈兵；我们的学生也会写科研论文，但时常是老师帮忙，甚至是父母代劳；我们有些高中也有一些像模像样的所谓实验设施，但那多半是博物馆型的，观摩的意义大于动手的意义；我们一些职业技术学校也有一些实验设施，但很可惜，这些学生只会操作，不习惯于创造，而"英才学生"更是只做题，不去研究创造，不去制作具体东西，不出产品。

# 第七章
# 班级因有生机活力而伟大

## 一、林清玄 《让开心成为一种习惯》

看惯了太阳的东升西落，月亮的阴晴圆缺；习惯了春夏秋冬的冷暖，世间万物的改变；却很难看淡人间的悲欢离合、情仇恩怨，更难将伤心难过看得风轻云淡。经过了很多年的改变以后，将开心当成了一种习惯，于是我发现我的开心感染了很多人，人们问我为什么的时候，我只说："开心是一种习惯！"

以前常常讨厌世人那些所谓的好心忠告，因为明明知道没有几个人能做得到，事事喜欢去斤斤计较，到头来伤心难过的只是自己。常常听不习惯朋友的花言巧语，看不习惯朋友的惺惺假意，突然恨透了这个世界，感觉到处都是虚伪的面孔。

也许是因为经历的太多，也许是因为个人没有办法改变这个社会的情况下只能顺应了这个社会，于是喜欢上西门子公司的一句企业文化格言："请愉快地工作。"并改成了"请开心地生活。"的确，开心与不开心，都要过一天，何不开心地度过每一天呢？

当然，没有哪个人在面对伤心和难过的时候还可以傻笑，但是，你却可以在最短的时间内去调整自己的心态。要知道伤心不是解决问题的最好办法，于是，我将那句话刻在了心里："请开心地生活。"这样时时刻刻提醒自己，我应该开心的过每一天，因为我像所有人一样，希望自己能过得好一点，虽然不能从物质上满足自己，但是已学会弥补自己心灵上的空虚。

人的一生，总有学不完的知识，总有悟不透的道理，总有一些由不得自己的烦心事闯到心里来。总之，生之梦，顺少逆多，人一辈子不容易，千万不要总是跟别人过不去，更不要跟自己过不去。书云："看别人不顺眼是自己的涵养不够。"想一下也是，因为每个人的出身背景、受教育程度、受社会影响都是不一样的，在你看不惯别人的同时，是否别人也看不惯你呢？所以开心地去面对每一个人，要学会看朋友身上的优点，学习朋友身上的优点，朋友的缺点正是你最好的反面教材，如果你也有这样的缺点请及时改正，不正是你所期望的吗？

开心不仅仅是心里的感觉，而是因为你有了开心的感觉，于是别人可以从你的脸上读到微笑，读到开心。如果你在生活中比较细心的话，你就会知道世间最美丽的表情就是微笑，如果你天天想拥有世间最美丽的表情，那么请把开心当成一种习惯吧！

心随境转是凡夫，境随心转是圣贤。

用惭愧心看自己，用感恩心看世界。

个人生活如此，学校生活更应如此。试想一下，一个孩子从三岁开始进入幼儿园读书，六岁进入小学，十二岁进入中学，十八岁进入大学，二十二岁读研究生，二十六七岁拿到博士学位，一生最美好的年华都是在学校度过，如果我们的学校生活是那样的枯燥无聊，随时处于紧张焦虑状态，没有开心幸福可言，那这样的求学生涯有什么意义？当然，有人会说，学习本是非常辛苦和枯燥的事，读书考试是非常艰辛的事，不拼搏哪来的成功？诚然如是，作为教育管理者，我们难道没有可以有所作为的地方吗？我们可以为学生创造一方快乐的学习生活环境，可以营造轻松愉悦的学习生活氛围，比如学生每天生活在一起的班集体就是我们用心用情的地方。

一个人走得快，一群人走得远。班集体是学生在校学习和生活的基本环境，学生生活在班集体中，在集体的健康舆论影响下，在良好轻松的班风与人际关系的熏陶和感染下，不仅能让学生形成正确的自我意识、集体主义思想，还能满足学生的活动需要、交往需要，使学生有归属感；通过班集体生活，学生学会学习，学会交往，学会做人，学生的智慧、才能、爱好、个性也得到了发展。在班集体中可以享受到生活的愉悦，享受到阅读带来的乐趣，享受到良好习惯带来的好处，享受到自主管理带来的能力提升，享受到感恩带来的人生境界的升华。

## 二、让班级成为孩子心中的归属

要让学生每天学习、生活的班集体成为一个家，几十名同学热爱它，呵护它，就要建设一个优秀班集体，让学生对它依赖、信任，产生归属感。

班级是学校教育和管理的基本单位，也是班主任进行教育工作的依靠力量和组织保证。一个良好的班集体对每个学生的健康发展有着巨大的教育作用。建立一个优秀班集体，需要每一位班主任做大量深入细致的工作。

### （一）确立班集体的奋斗目标

班集体的共同奋斗目标，是班集体的理想和前进的方向，班集体如果没有共同追求的奋斗目标，就会失去前进的动力。所以，一个良好的班集体应该有一个集体的奋斗目标，这个目标应是远期、中期、近期目标的结合，逐步实现目标的过程会产生梯次激励效应，形成强大的班级凝聚力。作为班级组织者的班主任应结合本班学生的思想、学习、生活实际，制定出本班的奋斗目标。在实现班集体奋斗目标的过程中，要充分发挥集体每个成员的积极性，使实现目标的过程成为教育与自我教育的过程，每一个集体目标的实现，都是全体成员共同努力的结果，要让他们分享集体的欢乐和幸福，从而形成集体的荣誉感和责任感。

### (二) 培养正确舆论和良好的班风

一个良好的班集体要形成正确的舆论和良好的班风去影响、制约每个学生的心理，规范每个学生的行为。正确的舆论是一种巨大的教育力量，对班级每个成员都有约束、感染、熏陶、激励的作用。在扶正压邪，奖善惩恶的过程中，舆论具有行政命令和规章制度所不可代替的特殊作用。因此，班内要注意培养正确的集体舆论导向，形成学生对班级生活中一些现象进行议论、评价，形成好人好事有人夸、不良现象有人抓的风气。

### (三) 实行班级管理民主化、细致化

抓在细微处，落在实效中，班主任工作只有细致入微，才能使班级管理见成效，而在细致管理基础上还应充分发挥民主。班主任要有意识地让学生参与管理，提供各种表现机会，充分调动全班每个同学的积极性，形成民主管理气氛使学生自我表现心理得到满足，民主意识得到培养，管理能力得到增强。比如魏书生老师的一些做法就值得借鉴，在班内实行"分级管理制"。一级管理：六名班委，负责全班各大项工作的监督总结。二级管理：大组长和小组长，分管各组的学习和卫生。三级管理：科代表，负责各学科的学习情况，及时辅助任课教师的工作。四级管理：职责长，负责班内各项小范围工作，如"灯长""盒长""桌长""门长""窗长"等，把班内大小而琐碎的工作分配到个人，使每个人都是"官"，都是班内主人，收到了很好的民主激励效应。

### (四) 发挥班委会和骨干的核心力量

一个良好的班集体，必须拥有一批团结在班主任周围的积极分子，班委组成班集体的核心，有了这个核心，才能带动全班同学去努力实现集体目标。即为班内核心力量，他们分别负责其他级别的各项工作，如"学习委员"负责指导总结"科代表的工作"，"生活委员"负责指导督促"职责长"的工作等。

### （五）开展各种有意义的教育活动

集体活动能发挥娱乐、导向、育人的功能，班主任要积极组织、参与学校各项有意义的活动，在活动中，促进学生相互关心，尊重理解和协作的关系。许多优秀班主任的经验表明"寓教育于活动中"对实现班集体的共同目标，对每一个人的健康成长都是行之有效的。教育活动则需班主任根据不同年级的特点来确定。

最后，良好的班集体的形成还需要有一个优秀的班主任，才能更好地完成以上工作。班主任要努力学习提高自身素质和水平，作为一个班主任，是一个班级的核心和灵魂，班主任的一言一行、一举一动都是学生的焦点。所以作为班主任必须要给学生做出表率。这就要求班主任必须努力学习提高自身的素质和水平。尤其是在教育教学的专业知识水平、对待教育教学的态度和师德师风等方面。除此之外，还包括班主任的一些其他的能力，如：交际能力、反应能力、分析能力和判断能力等等。只有班主任素质过硬，班级才有活力。

## 三、 让自主管理成为常态

自我管理的实质是启发、引领、鼓励学生自我管理、自我评价、自我调控、自我实现潜能；其目的是使学生学会生存、学会学习、学会创造，培养学生的社会责任感。实现班级自我管理是贯彻以人为本的教育理念，培养学生全面素质的需要，是面对知识经济大潮的冲击，适应时代发展的需要。

班主任在一起，感叹最多的就是一个字"忙"。常见班主任每天早来晚走，上早晚自习，出课间操、监督午晚休，可谓兢兢业业、不辞劳苦。结果却是班主任喊累，学生叫苦。然而这种"保姆式""警察式"的班级管理模式，过多地突出了班主任的主导地位，忽视了学生主体意识，在一定程度上淡化了学生对班集体的责任感和义务感，压抑了学生的主动性和创造性。苏联教育学家苏霍姆林斯基说过："没有自我教育，就没有真正的教育。"这一教育思想告诉我们：自我教育是学生个性发展中一个非常重要的环节，离开了这一环节，任何教育都无法奏效。班主任要努力实现角色的自我转变，由牧羊人到选择领头羊，实现班级学生的自我管理。那么如何实现学生的自我管理？

### （一）优化班风，养成习惯

良好的班风对学生潜移默化地影响是巨大的，有经验的班主任都把班风建设当成重中之重来抓，学校是一个大环境，班级是一个小环境，橘生淮南则为橘，橘生淮北则为枳，就是谈环境对人的影响。作为班主任，必须注意通过一切环节，如主题班会、团活动、板报、班训、两操、运动会等进行正面教育引导，形成正确的舆论导向。同时平时要结合学校常规管理加强学生良好习惯的养成教育。如专心致志、有心向学、认真思考的学习方法，遵守纪律、严于律己的习惯，从小事做起、搞好个人、公共卫生的习惯等等。大到学习品质，小到学习用品摆放。好习惯是一生的财富，坏习惯是一生的债务。作为班主任，如果不注意学生良好习惯的培养，那么积非成是，坏习惯就会形成。坏习惯一旦形成，班级自我管理也就无从谈起。因此良好的班风和习惯是实行班级自我管理的坚实基础。

### （二）相信学生，团体激励

当今中小学生思想开放、知识面广，有很强的表现欲和才干突出。作为班主任要懂得欣赏学生，充分相信自己的学生，相信自己的学生是最棒的，以更快、更高、更强的标准激励学生，使学生在潜移默化中形成"我是最优秀的""我能成为最优秀的"意识，时刻以优秀学生的标准严格要求自己，做就要做最好，老师的信任能时刻使学生处在积极的心理暗示中，极大地激发学生的创造力。作为班主任就要注意激发学生的内在潜能，相信学生，创造奇迹。阿基米德说过，"给我一个支点，我能撬动地球"。对我们学生而言，就是"给我一个机会，还你一个惊喜"。

（三）民主决策，目标管理

没有目标的班级缺乏竞争力，没有纪律作保障的班级就缺乏凝聚力。建班之初，师生要在班主任的引导下，根据班级情况共同制定班级目标和各种班级制度。班级目标包括常规管理目标和班级学习目标。在制定班级目标和班级制度时，一定要强调学生的主体地位，让学生充分参与，以增加学生的自主意识和实现目标的自觉性，因为学生参与制定和认同的事情没有理由不去执行。结合班级情况制定各项班级制度，如班级学习条例、纪律条例、文明礼仪条例、卫生条例、关于两操的有关规定等。有了目标，学生自我管理有方向、有奔头、有动力；有了班级制度，学生自我管理有法可依、有章可循。

（四）角色分工，人人参与

"班级是我家，发展靠大家"，这不仅仅是一句口号，而且必须落实到具体行动之中。实现班级学生自我管理，必须丰富班级管理角色，提高每个学生的自主管理能力。在班干部的使用上，实行班干部竞争上岗，多套班委轮流执政，既互相监督又互相竞争，班级事务责任到人，分工明确而具体，做到事事有人做，人人有事做，这不仅能够增强学生的集体荣誉感，而且能够使学生获得班级管理者的体验，学会管理自己，学会管理他人。在班上，要求每一个人管好自己的学习，管好自己的生活琐事，不给别人添麻烦，不给班级添麻烦。在教室卫生方面，每个人管好自己周围一平方米的卫生。另外班主任要鼓励学生做班级的主人，积极主动地为争创优秀班集体出谋划策，多做实事、好事。如开学初，可组织学生开展"三个一"活动：每人为搞好班风学风建设出一个好点子；每人设计一套课外集体活动的好方案；每人给任课老师提一条好建议等。这样所有学生都是班级的主角，与班级荣辱与共，人人都有参与管理的意识和欲望，形成自我管理的良好氛围，使自主管理成为每个人自觉自愿的行动。

（五）自查互纠，及时反馈

班级自我管理，必须建立健全监督机制和信息反馈制度，监督检查工作要贯彻到日常学习及活动的过程中，这一环节以班主任为主导，以学生为主体，自查互纠相结合，每天由值日班委填写班级日志，做到每日情况一反馈，使班级和学生及时了解掌握班级运行情况，及时调整督促，并由值周班长汇总各方面情况，周会时对工作进行总结，提出下一周改进目标，培养学生自我反省和自我调控能力。

（六）评选优秀，争创先进

表扬是班级管理的常用策略。对学生要善于表扬，只要表现良好，不论多么细小的琐碎之事，都要加以表扬，表扬可以带来价值感和荣誉感，可以使人更加奋发地工作。班主任在平时口头表扬的同时，要根据班级情况定期进行精英评选，如男女生各项指标评比，评选最佳班长、班委、组长、科代表，学习之星、礼貌之星、卫生之星、遵纪之星、两操之星、爱心之星、诚信之星，使学生学会赏识别人，学有榜样，赶有目标，增强学生的成就感、班级荣誉感和班级归属感，使学生自信、自爱、自强的种子生根发芽，使班级产生出无比强大的创造力和亲和力。

当然，教育不是浪漫的诗篇，而是真实的战斗和生活。实现学生的自我管理不是弱化，甚至忽视班主任的管理作用，而是要求班主任能高屋建瓴地把握班级发展趋势，避免管理事必躬亲、事无巨细、无序化，以致陷入自我管理的误区。因此班主任要严格要求自己，勤观察、勤督促、勤指导，使班级沿着正确轨道顺利发展。一个班级是一个大花园，只有百花齐放，才能香飘满园；一个班级是一片星空，只有群星争辉，才能星光灿烂；一个班级是一片大海，只有无数浪花的撞击，才能涌起滔天巨浪。只有真正发挥学生的主动性、积极性、创造性，才能使班级这艘大船劈波斩浪，驶向成功的彼岸。

### 四、让阅读成为学生生活的一种习惯

培根说过："开卷有益，读书可使人愉悦，增加文采及充实才能。"阅读可以增见识长学问，拓宽思路，改变思维习惯，促进个人进步，消除寂寞，净化心灵、修身养性、休闲娱乐。阅读虽说不能立马改变学生的命运，却可以改变学生的性格；阅读虽不能改变人生的起点，但它却可以改变人生的终点。它可以丰富学生的思想，提高学生对生活的认识，丰富自己的精神世界，可使学生更加理性地看待现实问题。阅读是丰富人生阅历的良好伴侣，通过阅读，学生可以借鉴他人的生活经历来使自己的人生变长，变宽。所以，优秀的班级非常注重引导学生阅读兴趣的培养，使学生养成阅读的习惯。

说起读书，恐怕好多人都会说，读书是茶余饭后的消遣；读书是一种爱好；把读书当作消遣的，可以说这种方式的阅读是可有可无的；把读书当作爱好的，那读书的意义就比较深远了。因为喜欢，所以会产生浓厚的兴趣，当一种兴趣经时间的洗礼就成了习惯。读书的习惯就这样在时间的历练中一点一滴地形成了。古往今来，书已经是学生学习中不可或缺的工具，是人类智慧的源泉，是人类精神的产物，从而书被喻为精神食粮和心灵之友。南宋诗人尤袤在他的《遂初堂书目》序中所比喻的："饥读之以当肉，寒读之以当裘，孤寂读之以当友，幽忧读之以当金石琴瑟也！"这种读书境界在我们现代人看来或许是遥不可极的，但是对于那些真正把书当朋友的人来说"孤寂读之以当友，幽忧读之以当金石琴瑟"这种感觉堪称是一种境界了。寂寞的时候手中翻着自己喜欢的书，于是寂寞的日子变得丰富多彩了，心境悠然的时刻读一本好书，便会有种金石为开，琴瑟曼妙的身临其境之感。书读到如此境界，自然会把它当作可以相互交流的朋友了。

人生任重而道远，这道中若得"朋友"相助，那是精神上的一笔财富，再寂寞的日子也会让你感到愉快和祥和。

读万卷书，行万里路。人生中的感悟与智慧有多少不是在时间的锤炼和孜孜不倦地阅读中而形成的？读书是件苦差事，但对于善于读书和喜好读书的人来说，读书是苦中有乐。读书的习惯又是怎样形成的？所谓"习惯"，是由于长时间、重复性的对一种事情巩固而形成的行为方式，它带有一种特殊性的倾向。读书这一习惯就是特殊的行为倾向。读书习惯的养成，还是取决于兴趣，要想将兴趣变成习惯，就应多读书！读好书，书读多了才会发现书的妙用，才会产生浓厚的兴趣，有了兴趣和爱好才可谈得上"习惯"，读书成为一种习惯，就仿佛生活里的衣、食、住、行，缺少了哪样都感觉不自在。

读书的习惯一旦养成了，想将它改变都不大可能了。每一位有阅读习惯的人都视书为生命之源，当有一天你发现"书到用时方恨少"的时候你会意识到，读书，不单只是某种爱好了，它已经被我们当成一件事情或者工作来做了，而往往这种认识正是由于对书产生的浓厚兴趣后的达到学以至用了。这种兴趣最终像一棵根植在你的生命里的大树，生长出一片片苍翠的绿荫。

让读书成为学生生活的一种习惯。也许有人会问，读书只是一种爱好，非要把它当成习惯来培养的话是不是有些太牵强了？我想，大凡喜好读书的人，都会有这样的认识："爱好"是通过兴趣来培养的，而"习惯"正是在兴趣的潜移默化中形成的。"习惯"的养成可不是一朝一夕的事情，它可以成为人一生中不可逆转的，不会因环境和岁月的变迁而改变的事情。读书被当成一种习惯后，正如我们穿衣、吃饭、行路这些生活中必不可少的内容一样，它的存在应该是让生命保持活力的一种内在体现，它更像我们脚下的一块基石，越是沉重，扎在土里的根基越牢固，我们站在上面就越感觉踏实，也许正是这种踏实感，让我们体悟到读书的快乐，从而在快乐中去寻求人生的方向。

把读书当作学生生活的一种习惯，更是一种精神上的需求，也是生活和生存的需要，然后才有你施展才华的舞台和机遇，正是因有了机遇，才会认识到读书是让生命勃发的一种动力。这动力正是精神领域的催化剂，对善于读书者来说，这种催化剂可以在培养好习惯的同时，增强一种欲望——成功的欲望！我们可以想象，成功是一件多么艰难的事情，然而对于那些成功人士来说，他们成功的秘诀就在于，没有把某种事情只当成单纯的爱好，而是当成必须要做的事情，而这事情一旦要做了就得做好，在他们的思想意识当中，读书和做事一样是种习惯，习惯于做事的人，凡事都做得认真、做得一丝不苟，做到学以致用，最终能做到使心灵和精神上都达到一种清晰和透彻的愉悦之感。如此看来，读书绝不会产生负累感，能将读书当作习惯，实在是件极其美妙的事情。

在物欲横流的社会里，把读书作为习惯，不是件很容易的事，一个人的读书习惯折射出的是性情，众人的读书习惯反映的则是一个时代的和一个民族的精神。读书是爱好也好，是习惯也罢，总之切莫把读书当作时尚，读书若能读出真性情，就如做人能做得最本质，这就是读书的最佳状态了。

好书是打开智慧的钥匙，好书是解读人生的工具，好书是决定胜负的武器。

朱永新说过："一个多读书的人，其视野必然开阔，其志向必然高远，其追求必然执着。"要让读书成为学生生活的一种习惯，班主任就要着意建设有书香气班级：

（一）营造浓郁的读书氛围

班级是学生成长的摇篮，要让学生走上阅读之路，首先要有良好的班风。营造良好的读书氛围，引导学生养成阅读的良好习惯。

教室布置得有书香气。板报是主要阵地，每期围绕读书内容而变化样式，如读书格言、好书推荐、诗歌园、学生园地等栏目。同时让墙壁也成园地，在教室的四面墙壁上贴上班级读书口号：让阅读成为一种习惯；让读书成为习惯，让学习成为乐趣；我读书，我快乐；我读书，我收获；让书香溢满校园，让心灵徜徉书海；与好书做伴，与文明同行。贴上学生自制的阅读记录卡、书友队自制的特色读书卡片及以"书香"为主题的手抄报、学生读书风采照片等内容。这样的布置，营造了一种让学生一进教室就想读书的氛围。

建立班级图书角。为了让学生花少钱也可读很多的读书，实现资源共享，可以号召每个学生积极捐出自己喜欢的课外书籍，每人5本以上；教师每人20本以上，这样每个班的图书就可以达到几百本。确定图书角管理员，让他负责借阅、登记、归还等工作。图书角内贴上班级读书计划，书目名称，借阅制度，借阅本。

保障读书时间。为了保证学生读书时间，可以安排每天下午上课前的半小时为学生的静读时间，也可以确定每天下午5：00－6：00为学生自由阅读时间，由每月的读书之星维持读书纪律与考勤。同时每周安排一节课为学生读书交流课，每月评出阅读之星，进行表彰。每个寒暑假给学生布置经典名著阅读书目，要求学生完成阅读并写读书笔记。

## （二）开展丰富多彩的读书活动

通过系列阅读活动的开展，不断激发学生的阅读兴趣。

开展班级读书活动。每个学期都要围绕读书主题安排班班读书活动，如美文诵读竞赛、故事会、赛诗会、读书心得交流会、课本剧表演等。

写读书笔记。提倡学生养成不动笔墨不读书的习惯，让每个学生准备一本采蜜本或积累本，用于摘抄好词佳句优美文段，读完一本书则写一篇读后感。尤其是班级共读书目，每人必写，每月定期举行一次读书笔记展评活动。

好书推荐。开展老师、同学、作家等推荐好书活动，让学生与经典同行，随时阅读到大量经典名著和时文选粹。

## 五、 让感恩成为学生的一种习惯

有这样一篇关于《让感恩成为一种习惯》的散文:

岁月悠悠,情思悠悠,水滴石穿的毅力让人惊叹,滔滔时光不停向前让人感慨,滚滚红尘晕染了太多动人的故事,与温暖有约,与阳光雨露相恋,这一切都与爱有关。只要心中有爱,常怀一颗感恩的心,就能发现生活里处处弥漫着幸福和温暖。

"感恩"是个舶来词,"感恩"二字,《牛津词典》给的定义是:"乐于把得到好处的感激呈现出来且回馈他人。"我们生活在这个世界上,一切人和事,包括一草一木都对我们有恩情!"感恩"之心,就是对世间所有人和事物给予自己的帮忙表示感激,铭记在心;人生在世,处处皆有风雨,每个人的一生不可能都是一帆风顺的,自然会经历一些失败、痛苦和无奈,这就需要我们勇敢地应对、豁达地处理,用感恩去消解内心的积怨,用感恩去涤荡世间一切的尘埃。因此,"感恩"是一种处世哲学、是生活中的大智慧、是一种生活态度,还是一种完美的品德。

人生如梦,繁华如烟。当我们经过了一些岁月的磨砺之后,忽然发现自己能够包容过去不容的人和事,原谅一些品行不好的人,忘记一些痛苦、欺骗和谎言以及伤害。只是我们依然感谢一路上以前给自己关怀和帮忙的人,那些温情的人和事,一向深深地藏在心底,成为我们内心深处最温暖的感动,与此同时,我们也力所能及地给予一些需要我帮忙和关怀的人温暖。

人生活在这个世界上,不是所有的人都有别墅、车子、称心的工作,不是所有的人都拥有健康的身体,不是所有的家庭都是婚姻幸福快乐,不是所有的人都平安无事。因此,如果我们拥有一颗知足、感恩的心,就会善于发现事物的完美,感受平凡中的美丽,就会以坦荡的胸怀、开阔的心胸来应对生活中的酸甜苦辣,让原本平淡的生活焕发出迷人的光彩。

感恩是一束金色的阳光,它能融化冰雪。在人欲横流的社会里,如果我们能在现实里淡定从容,从自己心灵里生产阳光、花朵、微笑、柔情美丽的语言,与人共享,那么我们大家就能拥有一个美丽的人生。说到底,生命的归宿,其实是源于善良之心的熏陶,源于有一颗能感恩的心。原来,只要能淡泊名利,知足常乐,内心就能充满阳光,就能享受人间的精彩,就能每一天都过着幸福快乐的日子。

学会知足,懂得感恩,让感恩成为一种习惯,善良的心就会发现完美!你看,当感恩成为习惯,花红草绿的美景也必须会让人感恩大自然的美妙,感恩上天的无私给予,感恩大地的宽容和博大;你听,当感恩成为习惯,世间万物都能激发内心的柔软,心中只有满满的幸福和温暖;你想,当感恩成为习惯,它会卸下心的负担;坚信,当感恩成为习惯,幸福欢乐似水远流。此刻,就请你和我一齐来感恩吧!期望,从今以后,感恩也是你的一种习惯。

感谢天空,给我们带来永恒的蔚蓝;感谢大地,给我们无穷的支持与力量;感谢太阳,给我们带来温暖的光和热;感谢星星,与我们一齐迎接每一个黎明和黄昏;感谢我们爱的人和爱我们的人,使我们的生命不再孤单;感谢美丽的春天,鲜花绽放,绿草如茵,鸟儿欢快地歌唱,让我们拥有了一个美丽而充满生机的世界;感谢日出,让我们在沉重的工作中有明亮的情绪;感谢日落,让我们在喧嚣疲惫过后有静夜可依;感谢快乐,让我们幸福地绽开笑容,拥有完美的生活;感谢伤痛,让我们学会了坚忍,也练就了不计较得失的本领;感谢生活,让我们在漫长岁月的季节里感悟生命的美丽,感受最真的幸福;最需要感谢的还是父母,正因他们给了我们鲜活的生命,才能让我们拥有一颗感恩的心,来感恩世间存在的一切完美。

感谢生活给予我的一切,虽然并不全都是美满和幸福,尽管也有悲和苦、愁和痛,但是我们依然坚信,生活里阳光明媚的日子必然很多。正因在有阳光的日子里,我们收藏好了阳光,在阴雨绵绵的日子里,也能用我们储藏好的阳光取暖。于是，我们的生活里处处充满阳光，我们坚信这些阳光足够把未来所有暗淡无光的日子都照亮。

我们在班级建设中，如果注重感恩教育，开展感恩励志教育活动，让学生随时都怀着一颗感恩的心，感恩父母，感恩老师，感恩自然，感恩社会，那学生的品德将无比高尚，学生的心灵将无比纯洁，学生的生活将充满阳光。

# 第八章
# 德育因有生命体验而伟大

## 一、道德教育是引导生命走向完善的过程

康德说:"世界上有两种伟大的事物,我们越是经常执着地思考它们,我们心中越是充满永远新鲜、有增无减的赞叹和敬畏——我们头上的灿烂星空和我们心中的道德法则。"

周国平说:"热爱生命是幸福之本,同情生命是道德之本,敬畏生命是信仰之本。"

生命构成了世界存在的基础。而在所有的生命存在中,人的生命又是超越一切其他生命之上的存在物。人是万物之灵长,宇宙之菁华。人之所以在浩瀚宇宙中成为万物之灵长,宇宙之菁华,在于人是有意识的一种生命存在物,正是人的这种有意识的生命存在特征把人和其他万物区别开来。而作为一种特殊的有意识的生命存在,人是不会仅仅停留于现实世界的满足和追求的,他们在不停地寻找着对于已有本我的无限超越,追求自身有限性的不断突破,追求自身生命价值的不断升华,从而使人在现实中的生命活动在永恒的企求与不断超越中赋予其永恒的价值和无限的意义。天地悠悠,过客匆匆,潮起潮落,云聚云散,花开花谢,春夏秋冬,生老病死,喜怒哀乐,爱恨情仇,酸甜苦辣,皆起源于人对自身生命的无限赞赏、无

穷感慨、无尽的忧伤和无边的联想，起源于人对自身生命的精神性、价值性、超越性和完善性的不断追求和不懈地寻觅。其目的在于使人仅有的一次生命在朗朗星光、漫漫黑夜的生存中，在宇宙间留下自己独特而灿烂的美丽弧线和多彩光辉，绘出一条生命的彩虹。

生命分为四个层次：自然生命、精神生命、价值生命、智慧生命。自然生命，是人的生命存在的物质载体和本能性的存在方式，是最基本的生命的尺度；精神生命，是人在主观形态中的目的和活动，是人所独有的自由之物；价值生命，其实现就是主体在知、情、意方面的全面发展，是人生命自由的充分实现；智慧生命，是指对于人及其行为、思想以及与其存在的相关环境及事物、现象进行反思、探究、从而使人类的认识更加明晰、正确、深刻，使人类的精神更加健康、完满、崇高的一种生命存在状态。

道德教育是引导生命走向完善的过程。从根本上来说，它关涉到人心灵和灵魂的问题。古希腊哲学家苏格拉底认为，人应该追求永恒的真理，寻求最高的善——智慧，其最根本的目的是灵魂得到改善。柏拉图也提出，教育将引导人心灵的转向。教育的本质就是丰富学生的精神生命，提升学生的价值生命，升华学生的智慧生命，而体验是生命存在的直接形式。当前的道德教育之所以不能进入学生的心灵深处并实现道德内化，其根本原因是它忽视了学生心灵的体悟、情感的激发、生命之间的交流。只有重视学生的生命体验才能真正发挥学生的主动性和主体性。因此，在生命意识凸显的今天，道德教育应该以生命哲学为基础，引导学生在生活世界中体验生命，在道德主体间的相互理解中丰富生命，在真实的生命表达中展现生命，从而使道德教育真正成为与生命共生共存的过程。

## 二、 关注生命，就要关注当前学校德育存在的问题

在德育认识上，存在着对德育的狭隘理解。长期以来，学校把德育仅仅理解为政治教育。目前，还有相当部分教师和学生认为德育课即政治课。

德育政治化使德育变得狭隘，其结果是不利于政治教育的有效开展。政治教育依赖于心理教育、思想、道德等教育，是建立在这些教育基础上的，一个没有良好心理素质和道德情感及正确世界观的人很难有正确的政治观、政治立场和政治方向；没有对学生生命的高度关注，很难引起学生心理的共鸣。

在德育的内容和目标上，缺乏层次性与可操作性。我们的德育从小抓起，一直十分受重视，但没有很好遵循循序渐进原则。我们不但在小学讲爱国主义、集体主义、共产主义，在大学还讲爱国主义、集体主义、共产主义，而恰恰忽略了日常行为教育，忽略了作为一个普通人如何面对他人、面对社会的教育，忘记了高尚品德的形成，必须从基础抓起，思想政治工作也必须以最基本的养成教育为基础，结果往往是事倍功半，甚至流于形式。长期的"高空作业"，导致我们偏重于学生的思想政治教育，而学生作为一个人的本身的人文和人格修养的提高却显得声弱力薄。最起码的社会道德规范和文明行为习惯的匮乏，使我们的部分学生不懂得做人的基本道理。我们的教育更像是圣人教育，而不是"成人"教育，对于大多数受教育者而言，他面前悬挂的是一个令人望而生畏的、可望而不可即的理想目标，缺乏必要的具体行为指导，这样，就使受教育者对德育目标产生距离感，甚至容易造成双重人格。

德育教学注重知识的传授、手段方法单一。长期以来，在道德教育方法上一直主要采用灌输法，即把一些具体的相对固定的道德原则和美德灌输给学生，并通过训练、榜样、惩罚、考试等方式巩固和强化灌输法的内容，这虽然对提高学生思想觉悟和道德水平有一定的作用，但由于缺少人文关怀，缺少对生命的尊重，加之方法简单、生硬，易引起学生的逆反心理而影响教学效果。德育教学方法不同于其他的地方就在于它必须保持教学过程和学生修身过程的相统一。德育教学不仅是学生的认知过程，更重要的是接受和内化的过程，这就要求在德育过程中不可以真理自居，而应平等参与学生讲座与交流，然后通过启发和入情入理的商讨、讲解，引导学生接受并形成正确的立场和观点。德育课作为一门育人课程，如离开了学生的主动学习、思考和接受是毫无效果的。

### 三、关注生命，就要充分了解青少年的身心发展特点

十二至十八岁的青少年学生正处于青春期，是人生中最关键、最富有特色的黄金时期。在这个时期，青少年的身体迅速发育成熟各种器官功能日趋成熟，在心理上，思维、记忆、情感、意志、气质、性格、兴趣、能力都处于形成和发展的重要阶段。青少年充满生机、风华正茂，在各方面都呈现出蓬勃向上的趋势，使人感到火一般的青春活力。中学阶段，青少年在身体发育和生长的快速阶段。人的生长发育不是均衡的，而是时快时慢，呈波浪式发展。既有连续性，又有阶段性。儿童从出生到成熟，生理发育有两次迅速增长期，成为生长发育高峰期。第一次是在人出生后的第一年，即乳儿期。第二次是青少年期或青春期。这第二个时期的最大特点是生理上的突飞猛进的生长和急剧的变化。具体表现为：身高体重迅速增长，身体机能与素质的增强。脑机能的显著和性机能的成熟。

在充分了解学生身体特点外，更要了解青少年的心理特点。

独立意识增强。在少年期以前是幼稚的儿童期，儿童要更多地依赖父母和成年人的保护，独立性、自觉性都很差。进入少年期以后，学生的自我意识明显地增强，集中地表现在开始关心自己，开始考虑我是个怎样的人？别人怎样看我？从而产生了"成人感"，把自我评价提高到社会公德的高度，有了"理想自我"的雏形，产生了摆脱对成年人依赖的独立意向。进入青年期（十四五岁）以后，已经可以靠自己增长着的体力和智力进行活动，独立性、主动性显著地发展，自尊心、自信心明显地增强了。不再唯父母师长之命是听，不再人云亦云。从生活小节到国家大事都开始有了自己的独立见解，好胜心强烈，总想有机会显示自己的力量与才能，希望成为人生旅途中的强者。青少年这种自尊心、自信力是引向珍视荣誉、开

拓进取、不甘落后的心理基础。但是，如果引导不好，也会目空一切，自高自大，产生虚荣心，甚至分不清什么是英雄行为，什么是盲动逞能，以致被别有用心的人利用。

富有理想和幻想。观察力是在事物的表象中看出它的属性和特征的能力。在儿童时期认识事物还多限于五官的作用。少年期认识事物的能力有很大的发展，但一般还限于形象和直观。到了青年期开始能认识事物的特征、事物与其他事物之间的联系，因此对事物的认识也就更加全面和深刻了。想象力是在过去知觉的基础上创造新的形象的能力。青少年刚刚迈进知识的世界。成年人习以为常的现象，使他们都感到新奇，都会想这是为什么。正像鲁迅所形容的："他常常想到星月以上的境界，想到地面以下的情形，想到花卉的用处，想到昆虫的言语，他想飞上天空，他想潜入蚁穴。"观察力和想象力的发展，是青少年思想活泼，善于思考，富有美妙的幻想和追求的心理基础。青少年的理想和追求，对未来生活的愤慨是一种极为宝贵的品质，可以推动他们树立远大的革命理想，为人类的进步、国家的富强而建功立业。青少年对自然现象、社会现象的敏锐观察，对真理的向往和执着的追求，也常常孕育着一些伟大的发明。另一方面，我们也要看到，青少年的这些幻想和理想，常常带有浪漫主义的色彩。由于他们没有广博的知识积累和坚实的生活根基，他们的志向、理想往往脱离生活实际，如果遇到了某些困难和挫折或发现自己的追求无法实现，又容易从一个极端走到另一个极端，变得消极泄气，悲观失望。

有较强的求知欲望。心理学实验表明，十六岁至十八岁时人的记忆力趋于成熟。青少年时期，随着大脑的发育，记忆的储存量达到最佳阶段，意义识记逐渐代替了机械识记，记住的东西往往一生难忘。因此人们称青年期为"记忆的黄金时代"。青少年时期记忆力的发展，理解能力的不断增长，促使青少年产生了强烈的求知兴趣和欲望，肯学习，爱思索。在知识的海洋里，他们什么领域都想涉猎，什么道理都想探求，什么本领都想学会，贪婪地渴求学到一切新鲜的知识。青少年求知心切，是引导他们开阔视野、立志成才、丰富精神生活的良好条件。同时也要充分看到,由于青少年的识别能力还不强,如果他们的求知欲望得不到正当满足,也容易良莠不分,饥不择食。如一些武侠格斗、色情淫秽的读物得以在青少年中流传,迷信的落后的"卜卦术"等得以在少数学生中流行,都与这一心理特点有关。

情感丰富而强烈。情感是人对客观事物态度的心理体验与感受,是对外界刺激肯定或否定的心理反应。喜、怒、哀、欲、爱、恶、惧七情,是情绪的基本形式。青少年随着脑神经兴奋与抑制的强化,以及生活经验、社会实践的增多,产生高级情感的能力也与日俱增,逐步形成了丰富而又复杂的内心世界。青少年情绪上最明显的特点是易冲动,多变化,情绪体验来得快而强烈,常会出现"急风暴雨"般的激情状态,往往理智驾驭不了感情,正义的激情可以做出见义勇为的壮举,也可由于不冷静的盲动,干出一些蠢事和坏事来。因此有些心理学家把青春发育期称之为"疾风怒涛"的时期。此外,在这个时期,青少年情感开始具有比较曲折和文饰的特点,也不可忽视。他们有些心里话有时不愿对长辈说,对某些明明是厌烦的事,表现为不在意或较好的态度,对自己明明爱慕的人,故意回避或表现疏远等,这常常是青年人"闭锁性"心理特点的表现,不可轻易地看作是虚伪或不坦率。

意志性格正在形成。意志力是人们自觉地克服困难来达到目的的心理过程。少年期,由于神经活动的兴奋与抑制不平衡,自制力还较弱。进入青春期以后自制力逐步增强,意志品质如目的性、坚持性、调节行为的能力等都得到较大的发展,但仍不够稳定。性格是贯穿在一个人整个行为中具有稳定的心理特征。性格的稳定倾向,决定于个人的意识倾向和行为习惯。青少年时期正是形成性格,从不定型到逐渐定型的发展阶段,具有很大的可塑性。青少年具有好模仿的特性。这有两点原因:一是由于他们的思维处于由逻辑抽象的经验型向理论型的发展、思维品质的独立性与片面性交错发展的时期,容易接受生动形象化的教育。二是由于他们意志的独立性还未成熟,"受暗示性"仍较大。如用良好的榜样去引导,能够激发起青少年的革命英雄主义精神,树立高尚的品德情操;坏的榜样也会导致青少年形成不良的品德习惯,甚至违法犯罪。

爱好非常广泛。青少年身心迅速发展,体力和智力都处在人的一生中最活跃的阶段。他们精力充沛,爱玩、好动,蹦蹦跳跳,不甘寂寞。参加文娱活动、体育竞赛,阅读文艺作品,观看电影、电视,到大自然去领略风光,对他们都有巨大的吸引力。通过这些丰富多彩的活动可以使青少年良好的性格特征和各种才能在不同的情况下得以充分地发挥和表现。同时也要看到,他们的自我控制能力仍较弱,常常玩起来无节制,动起来无约束,对某种活动一旦着了迷,就将倾注很多精力,无法摆脱,不由自主,甚至会造成学业荒废、成绩下降。

青春期性意识觉醒。青春发育期正处于性的萌发到成熟的过程之中,机体内部猛然增加的性腺素分泌的刺激,促使着性意识的觉醒,青少年开始意识到两性的差别,产生对异性特殊的好感、好奇心、想象两性生活等。由于不懂生理知识,女生因为初潮,男生因为梦遗,常产生惊恐焦虑,又不愿同父母讲,或有时胡思乱想,或图一时快感染上一些不良习惯。这些情况都需要教师和成人体谅关心,进行必要的生理知识教育和各种暗示和引导。否则由于他们缺乏性知识和有关的道德观念,有时也会出现一些不符合社会要求或不道德、不法的行为。教师要注意了解这一特殊心理状况,采取必要的措施加以引导。应恰当地给学生讲解一些有关性的知识,只有科学地理解了生理现象,才可减少神秘感、好奇心和盲目无知的行为。总之,春情萌动是人生进入青春期的重要标志。有的心理学家认为研究青少年心理如果不关心性的问题,如同研究儿童心理不研究模仿的本能,是同样的愚蠢。

## 四、 关注生命, 就要充分认识现阶段青少年的思想特点

随着开放、改革的日益深入,青少年的思想也在不断地发展,发生许

多新的变化，产生许多新的追求。从分析他们这些新的变化、新的追求中，我们可以看出现阶段青少年思想面貌上一些新的倾向、新的特点。这主要表现在以下几个方面：

渴望祖国富强，追求自我完善。开放、改革取得的成就，使青少年受到鼓舞，看到了祖国的希望，看到了自己的未来，也认识到了自我价值。他们中的多数都有理想追求。但不少人的理想追求还停留在自我发展和自我完善上。关心自己的发展、自己的荣辱、自己的利益，这种自我完善的愿望，直接构成了某些学生努力学习的内动力。他们从小在和平的顺境中长大，对艰苦奋斗没有多少切身的体会，他们比较强调社会应为自己的成长多创造条件，应更多地满足自己的需要，把别人为他们服务看作是理所当然。还不大懂得个人完善与社会完善的辩证关系；不大懂得祖国的繁荣昌盛需要青年一代付出艰苦的劳动，考虑问题的着眼点应是对祖国和人民做了多少贡献，而不是伸手向社会索取。

拥护改革，思想解放，求实求新。当代青少年接触事物多，思想容量大，开放活跃的程度，是其他时代的青少年所不能比拟的。青少年敢于接受新的事物、新的观念，保守思想较少，考虑问题没有框框限制，他们厌恶空谈，讲求实际，什么新事物都想涉猎，什么新问题都要思考，相信"眼见为实""先思后信"。他们拥护改革，寄希望于自己早日投入改革的洪流中去，施展才干。他们关心改革，积极为改革献计献策，敢于介入学校管理，提出许多改革学校工作的切实可行的建议。对旧事物、旧观念敢于否定，对新事物、新观念勇于接受，求实求新，反映了时代的潮流，反映了青少年新的精神风貌。这种精神十分可贵，应该大力提倡。但是青少年毕竟涉世未深，比较幼稚，观察社会现象、思考问题有它的局限性，对复杂的社会信息缺乏分辨是非的能力。

追求新知，渴望成才。当代青少年崇尚科学，渴求学知识，深感科学技术知识在实现现代化中的重要作用。他们为自己成长在一个科学技术繁荣的新时代而自豪，立志做"新技术革命的应战者"。当代青少年有成才的渴望，对未来生活有美好憧憬，充满着时代的气息。他们有理想，有作为，然而他们的许多设想并不切合实际，他们对于现代化建设需要的是能坚持社会主义方向的、多层次、多规格的人才还没真正理解，有些人片面地认为只有成名成家，有经济地位，有社会地位才是人才，自愿当工人、农民、教师的学生寥寥无几。

要求自主、自立，要求开放、交往。渴望独立、要求自主，本来就是处于青春期年龄阶段青少年的心理特点。新形势下的社会环境使当代青少年的这种需求进一步强化，为他们独立意向的发展、社会化进程的加速提供了各种有利的条件。他们不满足别人提供的现成结论，他们不愿意跟着别人后面亦步亦趋，人云亦云，他们希望通过自身的体验、经过一番思考再去接受别人的影响，他们愿意自己去选择自己的生活道路，寻求做人的楷模。他们渴求得到适应复杂社会生活的能力，早日自立于社会，并在竞争中成为强者。当代青少年对自主、自立的渴求，是一种十分可喜的现象，这种要求成为一个独立的社会成员的愿望，是他们在社会化进程中日趋成熟的标志，也体现了青少年不满足现状、奋发进取的创新素质。但是，事实上他们还正在成长的过程中，在许多方面还要依赖成年人而不能完全自立。他们往往过于自信，片面地理解自由和民主，对教师、家长知道的必要性认识不足，甚至把自主、自立与成年人的正确指导和帮助对立起来，由此引起成年人的某些反感，在个人成长的道路上走一些弯路。

爱美求乐，向往新的生活方式。青少年爱玩爱动、求美求乐，从来就不喜欢平淡乏味、缺乏情趣的生活。新形势下，社会的生活方式也在不断变化，信息传播的现代化手段日益普及，贯彻"双百"方针后，文艺、出版界出现了前所未有的繁荣，人民物质生活的普遍提高，给青少年展示了新的生活方式，增添了新的生活内容，带来了新的生活节奏。青少年精神生活的日益丰富，促使他们产生了更多的追求。他们希望从文艺书籍中增加对社会生活和民族历史的理解，他们希望有多方面的爱好，有相当的鉴赏能力，要把自己打扮得更漂亮。爱美求乐，向往新的生活方式，是青少年一种健康的、合理的要求。我们应该多方面创造条件去满足他们,发展他们的兴趣与爱好。现在青少年中存在的普遍问题是,审美的情趣不高,对于物质提高的欲望,超过了实际的可能,大手大脚,任意浪费,向高消费的生活看齐,追求外在美的自我表现忽视了艰苦勤俭美德的培养,对"金钱潮"的刺激,缺乏足够的抵制能力。

需要友谊、需要尊重、需要理解。由于社会文明的进步,物质生活条件的改善,当代青少年生理发育出现早熟的情况,这已被许多调查研究材料所证实。生理上的早熟、社会化进程的加速在青少年的友谊感方面也有明显的表现。青少年不愿在交往中处于从属地位,受成人的监督与限制,乐于在同龄人之间寻觅知己,咨询疑难,在自己的小群体中得到安慰与信赖。开放社会打破了男女交往中的封建思想束缚,文艺作品中大量的男女性爱的形象描述,对青少年的性成熟也起了某些刺激作用。一些青少年较早地产生了异性感,在一些中学出现了早恋现象。青少年友谊感、异性感的发展,从一般的情况来说是符合发育规律的,只要我们加强教育与引导,使道德教育赶在青少年的生理成熟之前,这个问题是可以得到圆满解决的。但是,由于我们的性道德教育目前还没有真正提到日程上来,有些青少年过早地落入情网难以自拔,有的受到不良的社会影响,出现了不健康的越轨行为。青少年不仅需要同龄人的友情和温暖,还渴望着成年人对他们的尊重和理解。由于成长条件的不同,现在的两代人之间在评人论事的标准上,也存在着不少的差异,有许多学生为成年人对自己不够理解而感到苦恼。

## 五、关注生命,就要关注学生的知、情、意、行

在学生思想品德形成过程中,知、情、意、行是学生思想品德形成的基本要素,其中知是基础,行是关键,由知到行的转化需要情和意的调节。

"知"即道德认识。它是人们对社会的思想、政治、道德规范及其意义

的认识，是人们对自己和他人思想言行的是非、善恶、美丑的认识和评价，以及在此基础上形成的道德观念。知是品德形成的基础，即道德认识是形成相应的道德情感、意志和行为的思想认识基础。道德认识越全面、深刻，道德情感会越稳定，道德意志会越坚定，道德行为会越自觉。青少年正在成长时期，其天然弱点就是缺少知识和经验。

"情"即道德情感，它是人们对客观事物做是非善恶判断时引起的内心体验，表现为人们对客观事物的爱憎、好恶的态度。列宁说："没有'人的情感'就从来没有也不可能有人对真理的追求。"所以，道德情感是产生道德行为的内部动力，是实现知行转化的催化剂。研究表明，道德信念是情和理的"合金"，即一定的道德认识和相应的道德情感的有机结合才能形成道德信念。所以，道德情感又是形成道德信念的必要条件。青少年富于激情，易冲动，更需加强情感的培养。

"意"即道德意志。它是一种约束、控制自己的能力，是人们为实现一定的道德行为所做出的自觉而顽强的努力。它表现为，在确定道德行为动机时，能用理智战胜欲望；在实践道德行为时，能排除各种干扰，将预定行为坚持到底。总之，道德意志是调节道德行为的一种精神力量，在知、行转化中具有定向和持久的作用，也影响着人们的品德修养进程和品德发展水平。青少年一般缺乏忍耐力和持久性，更需加强道德意志的培养。

"行"即道德行为和习惯。道德行为是人们在道德认识、情感、意志支配下，在道德规范调节下，对他人、集体和社会采取的自觉行为。道德习惯是在道德行为的反复实践中形成的，无需作意志努力和监督的自动化行为。道德行为和习惯是思想品德形成的关键。因为，只有实现了由知到行的转化，知与行形成稳定联系时，才能形成某种思想品德。道德行为又是道德认识和情感的外在表现，是衡量人思想觉悟高低和品德好坏的主要标志。通过道德行为训练的实践，还能深化认识，丰富情感，磨炼意志，促进思想品德的整体发展。

道德信念是人们发自内心地对某种道德义务的真诚信仰和强烈责任感，

是深刻的道德认识、炽烈的道德情感和顽强的道德意志的统一，具有综合性、稳定性和持久性。它是道德认识发展的高级阶段，是产生自觉的道德行为的内在动力，是知行转化的关键，在品德形成中居主导地位。所以培养学生坚定的道德信念是德育的关键。

研究还表明，思想品德的形成、发展，还需知、情、意、行各要素及其之间，在发展方向和水平上，不断地由不适应到相对适应，从不平衡到相对平衡地发展。发展方向指各要素的内容、性质，发展水平指各要素的发展程度。它们影响并决定着品德发展的方向，形成优良品德的快慢和改造不良品德的难易。如通情达理、知行统一就是知与情、知与行的相应发展，利于思想品德的形成、发展。反之则不然。

既然思想品德的心理规律是思想品德诸要素相互促进、相应发展的过程，因此，德育过程就是教育者培养、促进学生思想品德诸要素相应发展的过程。所以，教育工作者总结的晓之以理，动之以情，导之以行，持之以恒等经验，是符合德育规律的。根据思想品德形成道德的心理规律，教育者在德育过程中，必须使知、情、意、行诸要素得到协调统一发展，才能形成某种思想品德。如果只强调某一因素的培养，忽视其他因素的发展，把德育视为单纯地提高道德认识，或单纯地进行行为训练的活动，都难以形成某种思想品德。

## 六、关注生命，就要关注教育的人性化问题

我们通常重视人性整体和系统所表征的教育人性化，忽视了人性的内在矛盾，尤其是对人性内在的"二元"矛盾，即对善性与恶性、共性与个性、非理性与理性关系的忽略，导致我国教育实践中出现重"性恶"轻"性善"、重"社会"轻"个人"、重"理智"轻"情感"的价值倾向与实践取向。中国教育发展基金会秘书长张中原认为，教育人性化的失衡现象主要表现在以下几方面：

### （一）教育价值取向：重"性恶"轻"性善"

在现代社会，尤其是教育界，存在着"有文凭没文化，受教育没教养"的现象。媒体经常报道教师违法、学生犯罪的事件。为什么社会经济在发展，人受教育程度在提升，而受教育者的道德水平却不容乐观呢？这是当下许多人应该反思的问题。

人是教育的出发点，因而教育实践是建筑在人性之上的社会实践活动。道德教育实践作为教育实践的重要一维，从人性的视角去洞察德性危机不失为一条新路径。目前，在教育实践中，人们往往将人的利己行为与利他行为作为极端对立的两难选择，认为前者是自私的，只顾及自己的存在及需要的满足，没有考虑到别人；与此相反，把以他人的利益为首要目的与出发点的行为称之为利他的、无私的和高尚的。在当代社会的价值观中，基于利己或是利他的价值选择，产生了两大对立的伦理学派：利他主义和利己主义。前者往往倡导人性善，主张人人都可以养成无私利他的德性，其道德教育目的在于完善每个人的品德。后者则认为人之利己是人之为人的天性，具有天然的合理性，道德教育要立足于人性自利的基础之上，顺应并发展人之利己的本性，实现自我的利益与价值。此外，利己主义者之中既有"极端派"，也有"温和派"。在当代社会中，相比较而言，利己主义的"温和派"则备受推崇，其主旨是："德行不过是一种用别人的福利来使自己成为幸福的艺术。"诚如亚当·斯密所言，人的利己行为能够产生利他的社会效应，以个人利己为目的社会实践都有可能产生有利于他人的社会效用，为社会所必需。

长期以来，我国正统道德教育所推崇的是"性善论"。"人性善"既是社会主流的人性价值观，也是学校德育的人性论依据。为此，教育实践中所推崇的是一种"圣人道德""英雄道德"，鼓吹"正其义不谋其利，明其道不计其功"的道德理想人格。学校道德教育的目的是培养受教育者具有完全利他、无私奉献的德性品格。"人性恶"是社会内隐的人性默认，是学校道德教育实践的基础,是制定教育目的的内在依据。教育实践的真正目的是"去恶扬善",这为教育治理提供了"合法性"的依据。继而,教育以"榜样""伦理"作为教育内容,以灌输、体罚作为手段,塑造无私利他的人格德性。其间,发生了一些骇人听闻的体罚、变相体罚学生的诸种"教育事故"。

不难看出,从道德教育目的看,当前教育以培养具有完全利他、无私奉献的人为目标,这显然是主张人性善的价值观。但从教育实践的手段而论,其前提假设是人性恶的价值判断。这样的人性悖论,导致道德教育流于形式主义,出现"为做好事情而做好事"的荒谬事件发生,扭曲了道德的本真价值,助长了道德教育的虚伪性,造成教育"缺德"的严重社会问题。

(二)教育目的取向:重"社会"轻"个人"

当前,我国的教育实践过度注重教育促进社会发展的功用价值,要求教育必然满足社会发展的需要,甚至常常忽略人的发展与社会发展之间的必然关联。这种价值主张其实质是受"社会本位论"思想的影响,认同个人的发展依赖于社会,受限于社会;教育实践的首要目的就是使个体社会化,使个人适应社会生活,成为对社会有用的公民;教育的目的在于把社会的价值观念内化为学生的主体自觉,使学生无批判地社会化。因此,受这种教育观指导的教育活动,容易造成学生的"同质化""平面化",忽视个体之间的差别,这不仅催生了千校一面、千师一面和千生一面的"教育生态图景",而且造成教育活动的教育性功能向规训性功能的转变。

在学校教育中,把对学生进行统一要求、统一考评的内容称之为公共性的教育,把统一规定的人才培养目标美其名曰培养"公民"。学校教育过度注重对学生"社会性格"的培养,过于强调学生之间的共性,张扬学生的"类"属性,忽略了人类共性背后每个人的个性。过度突显学校教育中学生共存的教育影响、社会环境诸方面的客观外在因素,主观断定只要学生遗传素质正常，就可以根据人身心发展的一般规律与社会需要及其发展规律进行统一要求的教育活动，这掩盖了人身心发展的差异性与不平衡性，结果也就背离了素质教育的初衷。

教育人性化意指教育实践应当尽量符合每个人的不同发展需要和兴趣，追求人的个性自由和全面发展。这意味着教育人性化的对象是具有异质性、多元性、特殊性、个别性、创造性的具体的个人。但是，个性只有在社会中才有可能实现。不难看出，教育既要培养富有个人感情色彩和主观体验的个性化的人，又应该培养德智体诸方面的共性化的公民。只有这样，教育人性化才能培养出全面发展与自由个性统一的完整人，才能使个人与社会之间的冲突得以解决。

### （三）教育内容取向：重"理智"轻"情感"

启蒙运动以来汇成的现代性思想洪流，成为时代的主流价值观，其核心理念是对人主观理性的崇拜与信仰。理性在打破神话的蒙昧时，自己却成为新的神话。"凡是合乎理性的东西都是现实的，凡是现实的东西都是合乎理性的"，似乎理性能够允诺一切。在社会实践中，一方面，人的理性作为评价事物的尺度，诚如恩格斯所言，一切都必须在理性的法庭面前为自己的存在进行辩护或者放弃存在的权利；另一方面，人的理性作为一种思维方式以抽象、量化、模型化等自然科学思维方式为准则。从某种意义上说，理性就是"经济原则"的数学表达。由于这种认知方式在揭示自然奥秘方面彰显出无比的优越性，故此，人的理性构成了现代知识的基本体系。

根植于现代社会的教育实践受到现代性的影响。尤其在学校教育中，教育内容过于偏重知识与技能。特别是高考制度、"应试教育"更是强化了学科知识在教育内容中的权重，而情感体验、意志培养等方面的内容少之又少，造成学生"高智商""低情商"现象，不仅限制，甚或扭曲了学生的发展，而且容易催生出心理问题。

教育的现代性把人的理智视为至高无上的权威和力量。它认为对于学生的发展来说，理性知识最为可靠，也最为有用。因而，教育实践表征为重理性知识的传授，轻感性经验的积累。学校把工厂化的管理程序应用于教育过程的组织与调控。教师把学生当成"物品"去处理，学生降为被机械地加工、改造的对象。教育实践过于突显纪律、训练，忽视教育中的感染与熏陶，结果造成了学生片面的、畸形的发展。

教育实践过度强调人的理性知识的功效，以人的理性发展程度去评价教育人性化达到的水平，把人的理性视为人性存在的唯一要素，这显然忽视了人性中非理性情感因素的存在及其价值。教育"唯理性化"成为束缚教育实践的"铁笼"。人仅仅依靠理性知识并不能创造自己所需要的一切。对人情感的认识和掌握，仅靠科学和逻辑思维是不行的。人有目的的创造活动需要有一定的动力机制，这一动力机制同样不能仅靠理性来提供。没有情感、意志、动机等非理性因素的参与将难以为理性方面的发展提供动力支持和丰富给养。

在学校教育中，存在"善"与"恶""公"与"私""理"与"情"的失衡，导致教育实践中出现"顾此失彼""厚此薄彼"的价值倾向与实践取向，从而造成学生的片面发展甚或畸形发展。

## 七、 关注生命，让教育人性化的本真复归

教育与人的发展具有内在的同构性。衡量教育实践是否具有人性化的标准，便是看一个社会的教育能否使人按照人性的特性及规律去充分发展。作为个体生命实践的重要一维，教育寄托着人类发展自己、完善自己的美好愿景，承载着对人生命的养育和价值实现的重任。把人作为出发点和归宿的教育实践活动必然要遵循人性的存在状况和生长、发展规律，以期实现完满人性的生成。

所谓完满人性，从宏观上看，表现为人性系统之内的生物属性、社会属性与精神属性的整体存在与和谐发展；从微观上讲，体现为人性内在的

"善性"与"恶性""共性"与"个性""理性"与"非理性"各个维度间的张力与平衡。因此,中国教育发展基金会秘书长张中元认为,教育实践既要遵循人的生物属性、社会属性和精神属性的整体存在与和谐发展规律,又要确保人的善性与恶性、共性与个性、理性与非理性之间的张力与平衡。

### (一)超越恶性,启蒙善性

人性善恶的预设决定着教育活动的价值取向与实践取向。不同的人性预设,会致使教育活动采取不同的教育方式与手段。性善论者常常认为,人天生就具有善良的本性,具有积极的"善端",因此,主张教育活动应根植于人的善良本性,以儿童为中心,更多地尊重、信任儿童。教育的使命在于将儿童天性中善的本性导引出来,让儿童能够率性发展。与此相反,持性恶论者则往往认为,人天生具有邪恶本性及"原罪",具有消极的"恶端"。从这种人性观来看,教育实践应着眼于矫正和改造罪恶的人性,人只通过"被教育"才能不断养成善良的品性,"人之性恶,其善者伪也"。

既然人性中既有恶性,也有善性,并且二者之间存在张力,因此,把"人性有善有恶论"作为道德教育实践的前提与基点才具有合理性。道德教育要走向人性化,首先必须把善恶的源头,即"自爱"作为道德教育实践根据。自爱带有功利的色彩,它肯定了人之利己的合法性,肯定了人的自然生命和肉身感觉,认为人是良知与欲念的统一体,人的利己与利他本性是一致的、统一的。两者通过"同情"得以关联。"同情"之心由纯洁的利己之性孕育而出,并发展为利他之性。因此,学校进行道德教育不但要求学生掌握、遵守基本道德规范和准则,还必须使学生认识到人之利己的合法性和必要性,引导学生理清自我与他人、集体与社会之间的利害关系,学会关心、爱护和同情他人,使他们认识到人人生命平等、别人的生命同自己的生命一样具有重要的价值,同时也认识到健康的利己爱己必会发展为利他爱他。

其次,道德教育要走向人性化,必须重视对学生进行善性启蒙。所谓

"善性启蒙",就是运用科学、合理的方法,摒除学生思想中存在的陈旧、迂腐的道德观念,启蒙和挖掘学生存在的善良本性,使他们"大胆运用自己的理性"去扩充人性之"善端"。在道德教育实践中,将人性问题作为德育活动的首要前提与依据,并不断纠正着德育实践追求的风向标,避免偏离德育人性化的价值诉求。同时,在道德教育过程中,应依据人性内在的生长和发展规律,系统地、有计划地、有针对性地践行德育理念和原则,将德育工作落到实处。如前所述可知,善恶本性人皆有之,因此,德育实践的目的应在于抑制、弃绝恶之思想与行为,扩充、发扬人潜在的美善本性,养成优良的道德品格。优良的道德品格包括良心、仁爱、同情、正义诸方面因素,而同情以及由此产生出的爱心则是其核心与基点。爱心包含着责任、关心、尊重以及对他人成长发展的希望,能创生出仁爱等善良本性。

(二)关注共性,张扬个性

人类开始将自己的类本质属性作为思考对象的时候才具有了严格意义上的意识,这种类意识使人与动物区别开来,作为独立的类而存在。人的类本质区别于动物的具体性以及人的类本质的共性。在人的类本质共性中,总有些需要决定着人的行为,从而建构起可称作人性的东西。事实上,共同的类本质需要决定着人性的共通性,在任何社会历史阶段,人的生物性、社会性、精神性从内涵到外延都具有历史的共通性。但是不同的人,在具体的社会历史中是有差异的,因为人在社会关系中的自然性、社会性、精神性在内容、程度、表现形式和实现方式上都会有差异。从个体来看,人是具体实践的人,人在具体的时空架构中,通过实践构成一定的具体属性和性质,展示出现实中的不同个性。

以人性为出发点的教育实践,还需要对人的个性与整体性之间的关系进行考察。人性首先是普遍、一般、整体意义上的"总体"人性,即人之所以为人的本质属性,这是与人以外的所有他物相比而言的。就人自身而言，人性既具有共同的"总体"属性，也具有不同的"个体"属性。人的共性与个性是对立统一的。个性，是指个人区别他人，而为个人所特有的那一部分属性。共性则是"人所具的，每个人都具有"的那一部分属性。两者又是互相依存的，人若没有共性，就没有统一的人类世界。人若不具有个性，人类世界就丧失了多样性、丰富性。

人性的共性与个性的关联给我们提供了人性研究的方向，人们可以认识人性的普遍性和特殊性、一般性和具体性，这为教育实践提供人性论的依据。教育的本质在于培养人，实践人性。为此，教育人性化意味着教育实践应根据每个具体受教育者的独特性，重视、培养及彰显人的个性。教育实践立足于自己认知、自己体验、自己领悟、自己选择、自己践行、自我创造、自我实现，充分尊重学生的人格，满足学生的内在精神需求、物质需要，体现生命意义和生存价值。同时教育还应注重培养自主性、自觉性、自律性、自由性、责任性于一体的主体人格，使教育实践能够充实人性，绽放出人性的光辉。

教育人性化，又要关注人性中的"共性"。在人性的结构中存在善良、安全、创造、关爱、公正、自由等属性，贯穿于人类和个体存在的整个社会历史进程之中，并指向人的终极意义。它在一定意义上超越社会制度、种族和意识形态。因此，教育实践的目标指向求真、向善、崇美的终极关怀，教育内容注重筛选人类长期以来积累的有价值的文化知识与技能，着眼于基础性、全面性的科学知识与人文知识，诸如德、智、体、美、劳等方面知识的获得，重视情感、态度、价值观诸方面一般和普遍的人类智慧的培养，特别是自由、民主、平等、博爱等普世价值观的养成教育。

### （三）基于非理性，发展理性

从人的需要出发看人性，不难发现，首先人具有自然属性。马克思认为，人直接的是自然存在物，人作为自然存在物，而且作为有生命的自然存在物，具有自然力和生命力，同时人也是能动的自然存在物，这些力量作为天赋和才能以及欲望需求存在于人身上。人作为自然的、自在的、非理性的存在，其遗传素质中，蕴藏了人类历史积淀的生物遗传信息，它表现为人类的生理、心理诸方面的特征，是人性生长、发展的必要条件。人的自然属性是人身心发展的物质基础，为人的身心发展提供可能性。有鉴于此，教育人性化，意味着教育实践应立足于人性的自在的、自发的、非理性的自然属性之中，遵循人的身心发展的自然规律，根据受教育者的实际发展状况制定科学、合理的教育目标和教育内容，运用恰当的教育方式和方法，以促进他们身心健康成长和潜质的充分发展。

其次，人具有社会属性。人的自然存在只能表明人能成人的可能性，并不决定人能成人之必然。"人不仅仅是自然存在物，而且是自为存在着的存在物。"人在自然面前既有消极被动的一面，又有积极能动的一面。而且，人的主动性、能动性更彰显出人与其他物种的不同并与之分离，实现人的质的规定性。人的社会实践为发展属于人自己的社会属性提供了舞台，人只有依靠社会属性才能拓展狭隘的生存空间，使属人的生活场域与视界日益从"生存世界"不断地向"生活世界"拓展。据此，教育的人性化，应注重社会的理性制约性，着眼于创造有利于理性生长与发展的社会条件，教育实践应提供给学生丰富多彩、复杂多样的社会生活环境，让教育融入生活，让受教育者接受来自家庭、学校与社区诸方面"浸染"，让他们增长见识、开阔视野、深刻体验生活世界，充分感受、领会社会存在的意义与价值，增强社会知识与技能，养成全面发展的综合能力与素养。

此外，人还具有精神属性。精神属性作为一种人类独有的本性，能超越自然和社会的羁绊，激发自我意识，将自身的潜能充分发展。人唯有扩大自我意识、超越意识以及揭示社会无意识的领域，才能使人体验到自身的全部人性，因此，在教育实践中，应把学生及其发展、完善、尊严和自由放在中心位置，并为他们个性的成长与自由的发展提供良好的条件。让每一位学生能够在遵循自身整体人性发展规律的基础上，着眼于自我认知、自我设计、自主发展和自我实现诸方面能力的培养，促进学生个体在激发自然潜能、发展社会能力的过程中不断丰富和升华自我的精神属性，使人性日臻完善。

教育实践作为社会实践构成的重要维度之一，立足人性的非理性属性之上，从自然人性中认识到受教育者身体、心理诸方面的生长规律及其特点，作为教育实践的先在前提与条件，以免教育实践违反人性的自然特性，造成教育的反人性化或非人性化；超越这种本真的人性，充分发挥人性中的理性成分，创造有利的主客观条件，使教育能够发展人性、完善人性，走向教育的人性化之轨道。换言之，教育人性化是实现受教育者"自身的'前见'出发的视域融合，通过持续地'在境遇中生长'，从而'不停地进入生活'，'不停地变成一个人'，完成自我设计"。

总之，从人性内在的恶性与善性、共性与个性及非理性与理性之间"二元"矛盾维度出发，透视人性"重心"的"偏移"，这不失为一条理想路径，并为重建教育人性化的平衡系统指出新路径。据此，教育实践应基于人性之上，立足人性的非理性发展其理性，根植于人性的共性发展其个性，以期复归人性内在维度间的张力与平衡。循此路径，教育实践才能步入正轨，实现教育人性化。

## 八、关注生命，让生命体验在道德教育中完美呈现

关注人的生命，走进学生的生命世界，使教育向生命个体的无限未来开放，实现生命意义的不断超越，引导和启发学生生命的创造冲动、情感、意志、人格与整个生命个体的完整、和谐的发展，成为新时代教育的起点和追求。道德教育中师生情感的交流，生命与生命的感应和共鸣，只有在生命的活动历程——生活世界中才能实现。在对生命道德主体间的理解中，才能达成内在的精神层面的共享，在生命叙事和生命表达中，才能真正得以展开生命过程，从而使道德教育内在化，成为与生命共生共存的过程。

（一）让生命体验在教育生活环境中获得意义

生活世界就是人对现实生活的体验和感受。道德教育与人的生活世界是融为一体的，它不在于外部形式的纷繁多样，而在于学生生活中的每一个细节。在以往的道德教育中，教师只重视外在规范的灌输和外部文化形式的设计，却忽视了学生的生命感受、内心体验，学生获得的是"关于道德的观念"，而非"道德的观念"。我们要营造一个真实的教育生活环境：在这里，生命是一切教育活动的起点，尊重学生自我选择的权利，尊重生命个体独有的体验与经历，肯定个体生命每一次的成功与收获，宽容生命个体每一次的失败与倒退；在这里，充满着温情与呵护，充满着对个体生命的关爱与照料，充满着对个体生存方式、生命情态的关注与培育。只有在这种生活世界中，教育中的各主体才能分享着理解，体验着彼此的幸福，牵挂着彼此的未来，享受着人间的真情，体验着生命的可爱和可敬。在对学生这些真实的生命体验的基础上，引导学生认识生命的意义，体验生命的情感，领会生命的价值，享受生命的辉煌，这将使道德教育走向一个新的境界。

（二）让生命体验在主体间的理解中得以丰满

理解活动不是反省的过程，而是以生命引导，进入他人内在的心理生命的过程。狄尔泰将个体的生命扩展到他人的生命和人类的类生命。理解是人对生活意义的把握，人在进入生活世界之时，在被抛入其中时，就有了自己的先见，这种"合法"的先见不仅不是我们理解的障碍，相反，是不断产生新理解、新真理的意义源泉，也即达成了"视野融合"。主体进入他人的精神世界，他人也以同样的方式进入我的视野，从而在时间流动中形成了互惠共生的意义整体。生命个体正是在这种理解中选择可能意义上的存在状态，在时间运动中向无限的可能性开放。也只有这样，才可实现人从局限性的现实生存向新的可能存在的提升。个体的生命体验正是在理解中发生的，人是在体验中理解历史的精神、他人的意义世界的。主体间的理解扩展了生命体验的范围，使体验有了更多的可能性。

道德教育是人与人心灵的直接照面，它在整个教育的情境中随时都可以发生，因而不能脱离教育生活而被抽象成一门独立的课程。以往的单向灌输式的道德教育以预先设定好的、先验的道德规则要求学生、控制学生，而不是教育、引导学生。这种教育漠视人的生命，忽视人作为生命个体的独特性和尊严，忽视了个体作为生命主体的生活感受，造成了教育的异化。人是一个不断生成的存在，个体道德是根据个体的生命经历、感受和体验而不断生成的。道德教育主体间的理解是主体间生命体验双向的流动，各方都全身心地投入到他人的亲身体验中，并设身处地的考虑他人的处境。有学者将体验分为"亲验"和"想验"两种："亲验"是指体验者亲自置身于一定的世界关系和生活情境中，经历或受过感动，对自身及其他存在的生存状态及其意义有所体验；"想验"则主要是体验着通过自己的亲历、感受和观察，在积累一定的生活阅历的基础上运用自己的想象去领悟别人的存在状态。每一个人都有自己独特的生命体验——"亲验"，在与他人交流和理解的过程中，彼此体验着对方的生命感受，进行着"想验"的过程。通过"想验"，主体间的视野扩大，不断地与另一主体发生着"视野融合"，从而形成统一的意义整体，而它又是我们体验的前提和基础，这也构成了直接的生命存在。

在主体间的理解中，参与道德教育的各主体是平等、共生的关系，每一个人都将自我体验到的意义与他人共同分享，对方的经验也不断地影响着自我精神世界的重新建构，学生在这里有新的发现和体会，生命体验也将更丰富、更完满，教师也会为之而感动。这里需要教师情感的投入和教育机智的发挥，以创设良好的进行理解对话的"情感场"，其关键是建立一种健康向上的、自由融洽的氛围，每一个学生都可以在这里畅所欲言，被唤起种种新的体验。学生的体验是在每一个具体的生活和学习情景中进行的，因此，教师要理解学生的体验，就必须在平常的教育生活中细心地观察学生，了解学生原有的生活经历，包括家庭背景、性格特征等方面，并在鲜活的具体生活情景中理解学生道德的形成，并促进这一过程朝着更积极的方向发展。

### （三）让生命体验在真实的道德生命表达中得以展现

教育生活环境中的生命表达是在教育生活中真实地展现独特的自我，并在生命叙事中寻找生命意义的过程。前者是自我性情的展现，不被教条式的道德规则所束缚，表现一个活生生的、有血有肉的生命存在，在生活的舞台上不是刻意地去模仿他人，而是有自己的思想，按照自我的选择去行事，对每一件事情有自我的判断和评价；后者是在生命的历程中不断地反省、审视、总结原有的体验，形成自己的生命故事，在讲述自己的生命故事中与他人、与自我形成时空上的意义关系。生命的真实展现是生命叙事的前提和准备，生命叙事可以使生命按一种更合乎生命个体需要和可能性的方向进行。

语言既有言语的形式也有非言语的表达。因此，在道德教育中的生命表达会有心领神会、不可言说的心理层面的内容，也有那些可以用语言恰当表达的内容。教师在引导学生使用真切的语言表述生命成长中的种种困惑和喜悦的同时，引导学生关注那些不可表达的部分，因为它可能是内在于学生心灵深处的已与生命融为一体的更深刻的体验和感受。

现实的生活是丰富多彩的，这是真实的生活，生命也应该按它原有的内容和体验来表达。道德教育要引导学生从容、适切地面对生活，只有这样，才能使道德教育内在化，促进学生生命健康的成长。这样的道德教育才能够迎来学生心灵的震撼、生命的感动和情感的回报。有了这种真切、深刻的生命体验，道德教育也才能形成学生真正的生命智慧、健全的人格。

# 第九章
# 管理因有人文关怀而伟大

## 一、企业管理的三种境界

一般来说,管理高层最重要的不是思考具体的问题,而是制定企业的发展方向,分权和用人的事情。按照这个思路,通常将管理分为以下三种境界。

第一种境界:管理用术。这里所谓的管理之术,出自战国时期韩国宰相申不害,当时的主要意思有两个方面,一是自主性的树立和使用自己的权威;二是用数目管理账目和人事,现在想来也是非常先进的。很多企业,尤其是私营企业,在创业到初具规模期间,虽然企业还不很正规,但是利润很高。管理者什么工作都要做:管技术、跑业务,甚至跟车卸货。这个时候,企业谈不上什么组织结构,也谈不上管理。基本上是管理在自动起作用,大家目标一致,齐心协力,领导者只需要在市场上看到形势,见招拆招,也就是很多人说的管理无定式。

到了企业初具规模的时候,这种思想就会出现一些问题,虽然经过一些修正可以维系,但是就像用小马拉大车,绝对不是上佳之选。充其量只能算管理的初级阶段。处在这一阶段的领导者要么是全才,要么是天才,因为这个时候,恰恰是企业最不专业化的时候,企业老总往往要同时处理很多事务，对于人事任免也只能靠平时的观察去任命，很多时候，老板的选择多出于直觉，或者经验。长此以往，会阻碍企业的发展，企业会慢慢失去活力。一句话：如果企业管理一直在"术"的阶段，就会导致企业家没有办法统观全局，制定战略。而一个企业如果想持久地发展，必须要有战略思想，必须实现产业专业化、管理专业化、资本专业化，坚持走精细化发展的路子。

第二种境界：管理有道。所谓道，综合老子在《道德经》里的论述，可以理解道为制度、规律，用规则来管理。对于规则，同义词还有系统化、程序、制度、构架等等。企业发展到一定的阶段，聪明的企业家都会开始思考制度化问题，但是，开始的时候在组织内部可能会遇到阻力，因为一旦制度化，会让人感觉到死板、僵化，虽然这只是开始时的表面现象。引进新管理体系的时候，要先僵化，再优化，最后固化。具体地说，要责、权、利清晰，流程科学，以保证企业运行效率。同时，避免没有必要的闲职以降低成本，并以科研为重，压缩其他部门以保持创新。

第三种境界：依势制胜。最早对于"势"的提法，是战国时代的大思想家韩非子，他认为，术和道是势的基础，二者成而势出。这里的势，主要是说企业家的自身能力，当企业家将企业稳定之后，自己就成了企业的掌舵人。企业家需要的是胸怀、眼光、个人的领袖气质，这些才会积累出企业家的管理之高手段，也就是人们常说的"大道至简"。这个时期，企业家管理企业靠的是精深思想而不是具体的手段，需要做的事情无非是三项：决定企业前途，分配权力，知人善任。

## 二、学校管理的三个阶段

学校管理的层次由低级到高级可以分为以下三个阶段：

第一阶段：经验管理。它是学校管理的初级阶段，往往是在学校初建时，百废待兴，百事待举；或是在校长刚刚上任时，情况不明，制度不健全，其特征是主要靠校长行使职务权力、凭借个人经验来实施学校管理，属于典型的"人治"管理。

经验管理阶段是在特殊条件下的一个特殊管理阶段，其弊端是显而易见的。第一，从管理效能上看，教职员工处于"要我干"的被动状态，工作的积极性、主动性和创造性不能充分地发挥出来。第二，经验治校带有很大的局限性和风险性，经验是有条件的，一种经验在甲校有效，拿到乙校就不一定灵验。第三，由于"人治"是一种自上而下的"命令"式管理，缓冲回旋的余地很小，容易把矛盾直接集中到校长身上，造成干群关系紧张。

因此，经验管理阶段的时间不能持续太长，它只能是学校管理的过渡阶段；经验管理也只能作为学校管理的一种辅助手段，而不能作为学校管理的主要手段或者核心手段。

第二阶段：制度管理。它是通过建立健全规章制度，明确地规定"什么时间做什么事""由谁来做""做到什么程度""做到了怎样""做不到又怎样"等等，来规范教职员工的行为，从而形成一种激励制约机制。规章制度规定了每一位教职员工的工作所要达到的基本要求或者说是最低标准。

制度管理阶段是一个相对较长的过程。首先是建章立制，把至关教育方针落实和教育质量提高的诸要素提取出来，履行一定的程序以规章、制度的形式固定下来。其次，规章制度一经制定出来就要严格执行，做到公平公正，规章制度面前人人平等，否则规章制度就形同虚设，失去了意义；同时还要注意在实行过程中不断充实完善，不科学、不合理的要及时废除。再次，要尽可能让教职员工认同规章制度，把学校领导者的意志转化为学校集体的意志，把学校集体的强制性行为内化为教职员工个人的自觉性行为。学校进入了制度管理阶段，就标志着学校管理走上了正轨，由无序走上了有序，由"人管人"走上了"制度管人"。

学校管理的实践告诉我们，如果仅凭制度治校，学校会变成一所好学校，但决不会成为一所充满生机活力的学校。学校管理需要弹性，原则性与灵活性从来都是统一的，一味地拘泥于原则必然陷于呆板；教师队伍是一个由知识分子组成的特殊群体，需要给予更多的人文关怀。而这些都是制度管理所不可能办到的事情。

第三阶段：人文管理。这是学校管理的高级阶段，它有赖于学校文化的创建，其核心是学校共同的价值观念、价值判断和价值取向，可以显著提高学校的核心竞争力，对学校的发展起到"倍增器"的作用。

人文管理的手段是自主，管理的特点是靠共同的目标和先进的思想以及人格魅力，追求的目标是既好又快更和谐，管理的层次是情感管理，学校的特点是精致化。人文管理的目标和愿景是：全体教师的幸福感很强，师生的自主性更强，师生的个人价值和个性潜能能得到充分实现和发挥，学校成为师生共同学习、生活的乐园。学校领导的主要责任是对教职员工的关怀，而学生的幸福感则来自教师的生命关怀。学校领导要尊重教师的人格、能力、智慧、荣誉，要关心教师的身心健康、专业发展。精致化管理是以文化为特征的管理理念与模式，它通过打造精细化课程，实施精细化教学，营造精细化校园环境及精致和谐的人际氛围，实现至真、至善、至美的理想目标。精致化管理是注重过程和细节的管理，是优质教育的必然保证。以精致化思想为指导，围绕学生的发展，精心设计，精心安排，精心组织，能使学生受到潜移默化的教育。通过师生的自主管理，充分展示师生的人格魅力，精心营造师生共同学习的环境，办出人民十分满意的精致化学校。

### 三、人文精神与人文关怀

实施人文管理，管理者必须具备人文精神。人文精神，指的是一种普遍的人类自我关怀，其核心是以人为本。表现为对人的尊严、价值、命运的维护、追求和关切。

一般认为发端于西方的人文主义传统，其核心在于肯定人性和人的价值,要求人的个性解放和自由平等,尊重人的理性思考,关怀人的精神生活等。在教育工作中,人文关怀是指尊重师生的主体地位和个性差异,关心师生丰富多样的个体需求,激发师生的主动性积极性创造性,促进师生的自由全面发展。具体来说,包括层层递进又密切相关的几层含义:承认人不仅作为一种物质生命的存在,更是一种精神、文化的存在;承认人无论是在推动社会发展还是实现自身发展方面都居于核心地位或支配地位;承认人的价值,追求人的社会价值和个体价值的统一、作为手段和目的的统一;尊重人的主体性。人不仅是物质生活的主体,也是政治生活、精神生活乃至整个社会生活的主体,因而也是改善人的生活、提高人的生活品质的主体;关心人的多方面、多层次的需要。不仅关心人物质层面的需要,更关心人精神文化层面的需要;不仅创造条件满足人的生存需要、享受需要,更着力于人的自我发展、自我完善需要的满足;促进人的自由全面发展。人的全面发展应当是自由、积极、主动的发展,而不是由外力强制的发展;是各方面素质都得到较好的发展或达到一定水平的发展;是在承认人的差异性、特殊性基础上的全面发展,是与个性发展相辅相成的全面发展。

人文精神在人类自我认识、自我发展、自我完善的过程中形成,是人类对自我的精神关怀,他是人类文明最根本的精神尺度。失去了人文精神的教育必定是悲哀的教育。

人文关怀,就是对人的生存状况的关怀、对人的尊严与符合人性的生活条件的肯定,对人类的解放与自由的追求。人文关怀就是关注人的生存与发展。就是关心人、爱护人、尊重人。是社会文明进步的标志,是人类自觉意识提高的反映。

### 四、教师的职业心理特征及其影响因素

实施人文关怀的前提是要充分了解教职工的职业心理特征。当前学校

管理工作普遍存在着"重管事轻管人","重管结果而轻管过程"的倾向,更有甚者,要求教师每天上下班签到、坐班定时,似乎只有时刻把教师管得严严的,才能显示出管理的威力和水平。这种管理策略,对某些工厂企业或许确有实效,但对教师来说,若无视其工作特点和职业的社会特殊性,照搬照套,则未必是一种高明的管理。因为这是由教师的工作特点、心理特征及其影响因素决定的。

首先,就教师的工作特点而言,教师除完成学校的教学工作外,备课、批改作业、辅导、自我学习、搜集资料、教研科研以及家访等都很难在"八小时工作时间"内在特定的办公地点完成,也就是说教师的工作没有时间和空间的限制,他们的工作数量和质量也是很难用一个标准的尺度来衡量。因为,教师的职业活动方式是以个体劳动为主,而教育成果却是集体创造的,对一个人的培养需要许多教育工作者的努力。就一所学校来说,单是教学常规的形成就需要各任课教师的配合、后勤的保证等全体教职员工的通力合作。所以,教师的努力目标、工作效果及教育效果的价值都是难于具体明确准确评价和计算的,并非准时上下班那么简单。

其次,教师职业的特殊性使教师的心理具有求知进取,善于思考,喜欢说服,讨厌压服的特点;为人师表的社会期待和强烈的自尊心,又促使教师能自觉地严于律己,能控制自己的感情,尤其是职业成熟度较高的教师,有追求事业成就的强烈愿望,其事业心、责任感强烈而持久。他们不仅希望得到学生的尊重,更希望得到领导的尊重。如果置教师的工作特点和心理特点于不顾,动不动就往老师身上套"紧箍咒",搞得教师连必要的人格自尊与人身自由都没有,势必会产生逆反心理和反抗心理或行为。这种反抗行为即使不表现出来而埋于心底,也会产生情绪上的不安而导致工作的消极。

虽然影响教师工作态度和心理状态的因素是多方面的,但是以下因素值得学校管理者重视和研究:

第一,需要与挫折。马斯洛的需要层次论认为,一个明智的人,在实现自己价值方面的努力是有层次的,由低到高依次排列为生理需要、安全需要、社交需要、尊重需要、自我实现需要。生理需要是人最基本的需要,自我实现则是最高层次的需要,一个人只有满足了低层次的需要才会向更高层次发展。当然需要发展并非绝对按此顺序一成不变,它可能因某人所处的环境与机遇而改变需要的顺序和比例,而需要越强,受挫也越强。有人曾对五十四名教职工心理挫折情况做了长达两年半的观察记录,然后从中抽取每个人最主要的一次心理挫折,按其满足的需要性质进行分类统计,结果表明:其中尊重需要受挫的比例最大,占33%;生活需要受挫排第二位,占26%;成就需要受挫占24%,居第三位;政治需要受挫占11%;而社会需要和安全需要受挫比例都较低,分别为3.7%和1.8%。以上数据说明,教师的自尊心一般较强,希望得到尊重和理解,也最容易受挫;教师的生活待遇相对依然较低,住房条件差,孩子营养、入学(入托)所需的各种费用等问题给教师带来生活上的困扰及心理上的挫折。但是,即使在物质条件较差的情况下,教师自我实现的成就欲望还是很强的,且有相当数量的人在政治上要求进步。由于教师的交际范围有限,学校人员往来变化较小,又以个体劳动为主,而教育结果的集体性,为教职工的合作提供了条件,所以人际关系较融洽;另一方面也说明教职工一般较安心本职工作,社会交往单纯,易于满足,受挫的机会较少。

第二,期望与公平。期望是指人实现目标的欲望与信心。强烈的欲望对行为有较强的推动力。人的劳动是建立在一定的期望基础上的,教师的劳动也不例外。教师的期望心理主要体现在:

对学生的期望。每位教师都希望所教的学生喜欢自己的课,有较好的学习成绩。好的学习成绩虽没有实质的效用价值,却有利于教师积极的自我意识和自信心的建立,促进教师不断更新知识,改进教法,努力提高业务水平,向更高层次发展。当然也并非一概如此,这还与人的目标价值取向、性格意志等有关。

对领导的期望。教师的劳动在期望得到学生的尊重和理解的同时,更希望得到领导的尊重和肯定。然而，我国的研究表明，教师对领导的角色期待同领导对自己的角色期待是有差异的。教师对领导的角色期待更多的是"对人与人之间关系的期待"重于"对工作关心的期待"；而领导自身的角色期待是"对工作的关心"重于"对人的关心"。这种期待的差异容易使教师与领导之间产生隔阂，引起教师的不满。例如有些教师住房条件差，经济也不宽裕，面对这种情况，若领导能始终怀着关怀的心情嘘寒问暖，即使领导一时解决这些问题无能为力，教师也会感到某些安慰。心理学上称为"感情移入"。相反，若对此缺乏"感情移入"的想法，就会引起教师对领导的不满。所以，领导应力求使自己的角色期待与教师的期待相协调。

对工作成绩的期待。动机推动行动的力量大小，与目标价值有关，跟对工作结果的期望也有关。由于教师是从事精神生产，成果又是集体的产物，这就造成教师努力的目标难以具体明确，工作效果难以准确评价，教育效果的价值也无法计算。由此造成教师心理具有以下特点：目标导向不强，对工作的自我评价容易失真，教师的期待常带有无把握性。

所以，每年的教师评优、评先、晋职、晋级等考核评定工作，从领导到群众都有思想压力和畏难情绪。评比过程中的限额评比、从众心理、退让心理等因素的影响，都或多或少给许多教师的心理上造成一定的挫败和失望。自我期望值越大，失望也越大。若是这种心理长期得不到缓解，势必会影响教师对学校的态度和工作的积极性。作为学校的管理者首先要清楚地认识到考核评定工作和评先工作无论做得多么完善和细致，都只能反映教师工作的某些方面而非全部。切忌把评比结果绝对化，变成教师的全面评价。要认识到评比工作也只能在一定程度上有激发积极性的作用，根本上还得靠教师的自觉努力和高度的责任感。因而必须对教师加强人文关怀，根据教师的特长、能力分配恰当的工作，力求做到知人善任，体贴尊重，热情激励，帮助教师以高层次需要的满足来弥补依据考核所决定的利益上的不满足。

其次，要注意引导教师把评比工作的重点放在总结工作上，使大家都清楚每个人的工作成绩和所做贡献,以缓解对评比结果失望的挫折心理,也可以满足人们心理上的高级需要。对期望结果的公平感也是一种普遍存在的心理现象。人们总是期望投入的劳动能获得相应的报酬,特别是与一个和自己条件相仿的人比较,若双方的获得与投入的比值基本相等时,就有了公平感,否则就感到不公平,产生情绪上的苦恼与不安,甚至于发牢骚、怠工和人际关系紧张。这说明人的工作动机既与所获得的绝对报酬有关,也受相对报酬的影响。知识分子受相对报酬的影响要比绝对报酬的影响大,同时也反映了知识分子对精神上的公平感要比对物质上的公平感反应强烈。因为,知识分子比较清高,知书达理,爱面子,所以,即使物质上有一些不公平也会尽力把工作做好,尤其是教师!但是,如果领导对下属厚此薄彼,不能做到一视同仁,则会极大地伤害人的自尊心。知识分子的自尊和清高,决定了他们较注重精神上的满足。这既与内在的修养因素有关,也与外在的激励因素有关。外在的激励有助于教师形成高层次的需要和追求,调动其内在的自觉的调控意识。作为学校管理者特别要注意这点。

### 五、 扫除人文关怀的实施障碍

首先,提升校长的人格魅力。陶行知先生说:"校长是一所学校的灵魂。"这实际上是突出校长的魅力对管理好学校的重要作用。校长的魅力是指校长的政治道德素质、知识水平、管理能力等方面对师生的综合感染力。作为一位校长,首先要把自己当作普通人看待,不能高高在上,居高临下。要追求道德上的自我完善;要学会以身作则,兢兢业业地工作;要做到团结他人,亲情友善;要和颜悦色,诚恳待人。一个好校长必须是一个政治过硬、道德高尚的贤者;一个乐学好问、知识渊博的智者;一个多谋善断、讲究艺术的能者;一个胸怀坦荡、心中有爱的仁者。

其次,激发学校领导班子的活力。校长的魅力影响着领导班子的活力,校长对方向的把握、决策的指引、品德的影响、精神的感召,成为领导班子凝聚力的催化剂和战斗力的黏合剂。所谓"君闲臣忙国必兴,君忙臣闲国必衰",从正反两方面说明了在一个领导集体中,主要领导人应该怎么做。孟子的"民为贵,社稷次之,君为轻",启发校长在治校中体现"以人为本"的原则。因此,校长手里不应拿着鞭子,而应高举着旗帜。领导班子的活力是学校工作取得成绩的关键。无数事实证明,一个校风正、学风浓、管理好、质量高的学校,就一定有一个团结、勤勉、实干、高效而又具有活力的领导集体;反之只能导致内耗。

第三,搭建教师专业成长平台。教师的专业成长是教师个性主动构建的过程,不能靠校长强加。在这一构建过程中更需要人文关怀。作为校长要甘当云梯,为教师的成长提供平台与空间,尊重人的发展,贴近人的需要,努力为教师实现个人理想铺路搭桥,帮助教师特别是青年教师,提炼教学特点,挖掘研究课题,提升教育理念和成果水准,总结教师的先进典型、经验,宣传教师的劳动成果和工作业绩,提升教师个人行为的思想基础,为教师争取访问、培训、学习交流的机会,让教师迅速超越自己,快速发展。

第四,建立健全科学的管理制度。人文关怀不是不需要制度,制度建设是学校管理的基础,其最大意义在于法治取代人治,实为学校管理的大势所趋和必然选择。一所学校要成为名校,就必须依赖制度与文化的创新。当然,制度建设是一柄双刃剑,既可以激励人,也可能束缚人。发挥其正面作用的关键是制度设计中必须渗透以人为本的理念。在工作中,以建立激励机制为入手,以教师的发展为动力,科学制定学校的教育、教学、科研奖励制度等一系列制度。

## 六、 给予人文关怀, 让教职工舒心生活和工作

### (一)对教职工充分的尊重和理解

尊重人和理解人,是搞好管理的先决条件和关键。因为尊重人才会重

视人才,理解人才会发现人才,使用人才。学校的中心工作是围绕人来进行的,管理的核心当然也是人。因为,工作是人做的,只有先管好人,才能管好事。根据教师的心理特点及工作特点,对教师的管理应注意以下几方面:

要充分尊重教师人格,给教师工作环境和心理空间上一定的自由度。教师工作时间和空间的非限制性,决定了教师工作环境的非限制性。家访、学习提高、搜集资料、科研教研等一系列教学的延续工作,都不是坐在办公室就能完成的。所以,如果也对教师实行坐班制,犹如给教师戴上了"紧箍咒",这不仅不利于教师身心舒畅放开手脚工作、提高业务水平和教科研能力,且不说这对教师的自尊心和积极性是一个极大的挫伤,在社会经济开放发展的今天,学校如果仍以这种封闭的形式来管理,又如何能培养出开放型的创造性人才?当然建立一些考勤制度、工作规则是必要的,但不可太多太严。只有在合情合理合法的条件下,为教师工作提供一定的自由度,才能使教师的积极性和创造性得到恰如其分的发挥。

要一视同仁,给教职工心理一种公平感。人不管职务大小、学历高低、年龄老幼、性格各异,在人格上是平等的。管理者要一视同仁,将心比心。在评价人时,切忌用极端的语言,避免要么肯定要么否定的评价;更不能牺牲一部分人的积极性来换取另一部分人的积极性,要调动广大教职工积极性,并注意积极性的稳定和发展。对学校工作的管理过程,既要看结果,更要看过程,要对实施教育的全过程即"规划、实施、督导、总结"中的每一环节都设立质量标准,及时肯定教职工在工作过程中的点滴成绩,使领导的激励行为及时得到强化,促使教育工作落到实处,以满足教职工心理的高级需要。

要加强人际沟通,营造一种心情舒畅的环境。学校的人际沟通主要有领导与教职工的上下沟通、教职工之间的平行沟通和师生之间的沟通。改善上下沟通,让教职工知道领导想做什么,做了什么;同时领导要常深入群众,了解情况,听取意见,充分体现教职工当家做主的原则,增进彼此的尊重和理解。例如：有时领导为群众做了许多事情，像改善工作条件，增加生活福利，争取改善住房条件等等，但依然有人不满，视领导的一切工作努力为理所当然，只见不足，不见成绩。很大程度上在于缺乏情感上的沟通，使群众无法体会到领导工作的苦衷和难处。另外平行沟通也很重要，让教职工相互了解彼此的工作性质、特点、成绩、困难等，有利于消除教职工因学部工作不同而产生的误解和隔膜。而师生之间的沟通可以及时反馈教学情况，改善师生关系，对教学教育质量及效果的提高有很大作用。所以，管理者要努力营造一个和谐宽松、民主平等的环境，形成学校关心教师，教师热爱学生，学生尊敬老师，教师支持领导的融洽氛围。另外，学校领导在教师的提职、晋升、分配、物资供应等方面要做到科学细致的分析，既要给人们一定的期望值，又要考虑实现值达到的可能性和幅度，尽量使期望值和实现值趋于平衡，提高人们的心理承受力。

（二）让教职工广泛参与和高度认同

参与管理是西方企业管理的一种管理制度，从管理心理学角度来看有其科学的合理性。例如股份制、工会等管理形式，使公司员工觉得自己不单是公司职员，也是公司的小老板，让人产生一种归属感和认同感。因为让普通成员参与公司目标的讨论或决策分析，使下属能明了和容易接受这种目标或决策，从而使人产生一种亲切感和对目标的承诺，自觉自愿地为实现目标而效力。学校也可借鉴这种方法建立一套自己的目标管理体制，并且发动教职工参与学校的管理，使他们与集体目标取得认同，这对于激发教职工的工作积极性及提高管理目标决策的质量有着莫大的作用。主要体现在：

让教职工参与学校管理，可使他们投入情感，产生心理认同。所谓认同，即认为跟自己有共同之处而感到亲切。是指个人在集体中的一种态度，一种心理契约。它既表现为对集体事物的关注，也表现为情感上的交融。例如教职工通过教代会、工会等形式派代表参加学校目标的制定，讨论策划学校规划及改革方向，审议学校工作，对干部实行监督，对涉及切身利益的生活福利、奖金分配等问题参加讨论决策，这一系列参与活动都有助于积极性的调动和主人翁感的形成，促使教职工以做好学校工作为己任，自觉自愿地贡献出自己的智慧经验，为实现学校工作目标而共同努力。所以说，要办好学校必须发动教师，依靠教师。

可使教职工高层次需要获得满足。分权、参与的民主管理，为教职工的社会性需要、自我实现需要的满足提供了机会和环境。情感上的认同使其努力工作，把学校的事当作自己的事来做，最大限度地发挥自己的潜质，满足其自我实现的需要。

参与制还可能提高目标决策的质量。由于群体参与，扩大了参与层面，可以集思广益，取长补短，避免"一言堂"带来的局限性。

可以改善领导与群众的关系。通过参与增强认同，增强工作任务和目标的明晰度，使领导与群众之间能相互理解，相互关心，相互支持，形成和谐的愉悦的环境，形成相互推动的力量。

### （三）关注教师对学校发展的满意度

教师满意度，是教师对其所从事职业以及工作条件与状态的一种总体的、带有情绪色彩的感受与看法。教师是学校发展的核心支柱，他们对学校发展的满意度，影响着教师工作的积极性，直接关系到服务学生的质量。教师工作满意度在学校管理中具有重要意义，它不仅是校长管理效能的一个重要指标，同时也是学校管理决策的重要依据。校长不仅要精通教育教学工作，促进自身专业发展，还要善于营造宽松和谐的工作环境，构建一种积极向上、健康和睦的人际关系，创设一种与教师平等对话、有效沟通的良性机制。校长还要乐于为教职工排忧解难，善于倾听大家的心声，善于理解他人，包容他人，信任群众。为提高满意度，校长要树立诚心诚意为教师服务的思想，并且要时刻提醒自己，服务要周密些、协调些、优良些，同时要讲究服务策略。校长只有经常反省自己的服务质量，不断调整和优化服务策略，才能取得良好的管理效益。

创设宽松和谐的工作氛围。校长要将人的幸福、人的尊严、人的自由、人的终极价值联系起来，努力使领导工作建立在对下属的关心、爱护、尊重、信任、体贴、同情的情感之上。其理想境界在于：积极地开辟愉快的工作空间，努力创造一种"上下同欲，其乐融融"的人际关系环境，最大限度地满足人的种种合理需求，从而最大可能地创造条件，发挥人的主体能动作用，使教师事业同教师的幸福生活融为一体。

关注教师们提出的积极建议。与教师相处共事，要用心与心来沟通、情与情来生成、智与智来启迪。教师也乐于为学校提出意见和建议，对于其中有价值的建议学校要积极采纳，做到择善而从，从善如流。这样，教师会感到自己对学校事业的关心受到重视，就会增强主人翁意识和对学校的归属感。

关注教师群体中的"热点"问题。一个时期，一种境遇，往往出现一个"热点"。校长若站在高处观望、叹息，会让教师产生离群离谱、离心离德之嫌。而深入群众、互动参与、顺势疏导、主动引领、善解民意，则能深得民心。

关注教师个体的心理问题。中小学教师长期处于亚健康工作状态，心理障碍问题不容忽视，校长要直面应对。教师创造性地开展工作，需要旺盛的精力和良好的心态。因此，在学校日常管理中，要十分重视教师自身的心理健康调整，通过聘请心理学专家上专题辅导课，与教师个别谈心和举办心理健康咨询等多种途径展开积极的预防性心理疏导，关注、分析群体中的"特殊者"，从找根源入手，进行心理调适。同时不断优化学校内部管理机制，让教师安心、舒心、热心，保持一颗平常心。

关注教师的困难或挫折。对教师个人或家庭碰到困难，学校要尽心尽力地给予帮助。如个别年青教师因结婚、购房手头资金比较紧，向学校提出申请借钱，学校虽然经费也比较紧张，但也要尽量满足他们的需要，想方设法帮助他们解决困难。老教师生病住院，学校领导要及时看望；对青年教师婚姻问题，学校要关注等。

赏识发展。学生受到老师恰当的赏识，进步更快，教师能得到校长的赏识，发展更好，这是情理之中的。校长对教师的赏识功能，比学生或家长夸奖老师更重要，比金杯银杯更具有真实感和人性价值。当然，校长对教师的赏识，与对学生的赏识不是同一回事。校长对教师的赏识要以促进其专业发展为主要目的，赏识教师的教学基本功，赏识教师的爱生之情，赏识教育新理念，赏识教师的现代教育技能及特长，赏识教师点滴的专业进步等。校长对教师的赏识要上升为一种管理艺术，坚持激励与自励相结合，坚持奖励与惩戒相辅相成，缺一不可。校长要具有聪慧的赏识目光，因人、因时、因境合理地赏识老师的专业发展。同时校长要转换赏识的视角，不能来来去去只赏识几个先锋模范，还要欣赏平凡岗位上日常状态下广大教师的点点滴滴，这些老师很难受到大会表彰或通报嘉奖，这些普通人群犹如植根舒展的大树，枝连枝、根连根，他们是教育事业成功的"生态林"。关注和肯定他们，激发他们的工作积极性，使他们产生愉悦的工作情绪，形成和美的人际环境；关爱和满足他们理性和感性的需求，有效地促进平凡而普通的广大教师的不断发展。当他们看到校长真诚地赏识自己时，心满意足，一定会竭尽全力地工作。只有这样，学校的办学水平才会一步一个台阶地不断提升。

（四）让教职工主动追求专业发展

营造学术氛围，让教职工主动发展。在互联网＋教育时代，要求教职工学习和运用先进的教育思想和教学手段，不断打造新型的教育模式。学校可以成立语文、数学、英语、物理、化学、生物、历史、地理、政治、艺术、体育等学术委员会，让小学、初中、高中的名优骨干教师参与进来，实行行政管理与学术管理并行的新型管理制度。建立学术委员会章程，下拨相应的学术经费，下达相应的教研、科研课题，定期开展学术活动，每年教研节进行学术成果"亮剑"，并且对优秀教职工进行隆重表彰，让老师有事业的成就感，从而推动教职工主动追求专业发展。

学校提倡教师主动开发校本课程，编写并出版校本教材，不仅解决优秀教师们著书立说的困扰，更深层次的意义还在于它能提升广大教师的学术追求品位。开发与建设校本课程，不仅有利于促进学生个性的和谐发展，提高学生的综合素养，也有利于提高教师的课程能力，促进教师的专业发展，体现教师们的个体生命的价值，更有利于形成学校鲜明的办学特色。为了照顾到不同层次的教师的专业发展，学校还可以每年在教研节开展让名优骨干教师开展"名师论坛"讲座，青年教师参加的"青年教师优质课"教学评优活动，使每一位教师都能获得发展的空间。

### 七、在人文关怀中张扬学生个性

不仅教职工需要人文关怀的浸润，学生也需要我们传播人文的光辉。我们所面临的教育对象是一个个鲜活的生命，教育的目的在于唤醒人的灵性，彻悟人生，成为自己生命的主宰。这就要求我们教育者在管理中要在继承传统教育经验的基础上，实行人文关怀，尊重学生的人格，张扬学生的个性。

人文关怀即管理的人性化，不必按照原有的法则或套路循规蹈矩，而是在尊重事实，顺应潮流的时代下，更多地放宽权利等方面的限制，让更多的学生参与到班级乃至学校的建设中来，让管理多些人性的关怀。张扬学生个性，就是要相信学生，把主动权给予学生，给他们一片属于自己的天空，让他们自主学习，自主探索，自主选择，自主创造，经受生活的锻炼，产生积极的体验，在成败中砥砺自己，锻炼自己。

确定角色，展现个性。教育的更高目的在于启迪人的智慧和思想，使沉睡的生命得以苏醒。新时代的教育理念，把学校、班级管理的主角交给学生，还学生以主体地位，挖掘学生的潜能，促进学生生动、活泼主动的发展。老师与学生应在平等的前提下，相互理解，相互尊重，同舟共济，休戚相关。

尊重学生，完善个性。在学生身上，集中体现着人类精神的本质：他们的直率，反映了人类求真的实践精神；他们的热心，反映了人类求善的道德精神；他们的烂漫，反映了人类求美的创新精神等等。面对着这些纯洁的心灵，唯有善待，唯有呵护，唯有尊重。尊重是最高层次上的热爱。要注重学生"竞争、向上"能力的培养，可以在学生中开展"十个一"活动，即选择一个岗位，扮演一个角色，提出一个建议，做好一份工作，学会一种本领，养成一种品质，收获一种习惯，获得一种感悟，得到一种启迪，通晓一种人生。对学生的培养，注重的是个体的成长，个性的发展。要采用"随风潜入夜，润物细无声"的方式，不着痕迹地让其碰壁，以挫其锐气，增其灵气，长其才气。

表现自我，张扬个性。心理学研究表明，每个人都有表现自我的愿望。工作中要摒弃传统教育中老师与学生单向的管理者与被管理者的关系，将学校、班级部分管理权交给学生，老师只是一个指导者。如班干部以竞选方式上岗，竞选过程中，学生个个毛遂自荐，满怀壮志。上任后分工合作，各负其责。每周一的班会，班干部轮流主持，开得有声有色，老师只作一个旁听者。遇到心理有障碍、行为有偏差的学生，班干部会及时、主动与其交流、谈心。必要时，老师只是一个辅导者。

坚持并不断改进以人为本的人文管理，努力为学生营造自主发展的氛围，在人文管理中充分张扬学生的个性，会使学生的智力与能力得到最大限度的发展和提高。

# 第十章
# 师生因能阅读充盈而伟大

## 一、中国人阅读状况令人忧虑

2016年6月28日,一位网友在泰国清迈机场拍下了特别的一幕:一群日本学生等飞机的时候,不是拿手机出来玩,而是人手一本书,有人坐在椅子上、有些人就坐在地板上看书,没有人玩手机。与此形成鲜明对比的是,在中国,无论青少年,还是中青年,在这种场合人人都在玩手机,就是在饭店,厕所,候车室,候机室,候诊室,高铁上,地铁上人手一部手机在玩,甚至连吃年夜饭也不放过。这让我想起前段时间一名印度工程师所写的一篇文章《令人忧虑,不阅读的中国人》,这篇文章红遍网络。全文如下:

我坐在从德国法兰克福飞往上海的飞机上。正是长途飞行中的睡眠时间,机舱已熄灯,我蹑手蹑脚地起身去厕所。座位离厕所比较远,我穿过很多排座位,吃惊地发现,我同时穿过了很多iPad。不睡觉玩iPad的,基本上都是中国人,而且他们基本上都是在打游戏或看电影,没见有人读书。

这一幕情景一直停留在我的脑海里。其实在法兰克福机场候机时,我就注意到,德国乘客大部分是一杯咖啡、一份报纸、一本书,或者一部电子阅读器、一台笔记本,安静地阅读或工作。中国乘客中也有阅读和工作的，但不太多。大部分人要么在穿梭购物，要么在大声谈笑。

中国是一个有着全世界最悠久阅读传统的国家，但现在的中国人似乎有些不耐烦坐下来安静地读一本书。一次我和一位法国朋友一起在虹桥火车站候车，这位第一次来中国的朋友突然问我："为什么中国人都在打电话或玩手机，没有人看书？"

我一看，确实如此。人们都在打电话（大声谈话），不打电话就低头发短信，刷微博或打游戏。或喧嚣地忙碌，或孤独地忙碌，唯独缺少一种满足的安宁。在欧洲，火车的速度也许已经没有中国快，火车站的现代化程度也许不再领先，但大部分人还是在阅读中度过等待的时间，即使打电话也是轻声细语的，生怕吵到了身边正宁静地阅读着的乘客。

当然，我知道中国人并不是不阅读，很多年轻人几乎是每10分钟就刷一次微博或微信，从中获取有用的信息。但微博和微信太过于流行也让我担心，它们会不会塑造出只能阅读片段信息、只会使用网络语言的下一代？

真正的阅读是指，你忘记周围的世界，与作者一起在另外一个世界里快乐、悲伤、愤怒、平和。它是一段段无可替代的完整的生命体验，不是那些碎片式的讯息和夸张的视频可以取代的。

当然，网络侵蚀阅读是一个全球化的现象，并不只是中国才有。但有阅读习惯的人口在中国庞大的人口中所占的比例，还是很低的。

我其实更想说的是，当下的中国，缺少那种让人独处而不寂寞、与另一个自己——自己的灵魂——对话的空间。生活总是让人疲倦，我们都需要有短暂的"关机"时间，让自己只与自己相处，阅读、写作、独处、狂想，把灵魂解放出来，再整理好，重新放回心里。

据媒体报道，中国人年均读书0.7本，与韩国的人均7本，日本的40本，俄罗斯的55本相比，中国人的阅读量少得可怜。

也许媒体报道的统计数据并不准确，但我们从日常生活的一些现象中，凭直觉也可以感受到中国人是越来越不喜欢看书。

此前就有人写过文章介绍，在那些发达国家的地铁里，火车上以及一些其他交通工具上，很多人都在静静地看书。而在中国这些场合，人们要么是在高谈阔论，要么是在打瞌睡，鲜有看书的人。

在中国各地中小城镇最繁荣的娱乐业就算麻将馆和网吧了，一个万多人的小镇，有几十个麻将馆五六家网吧是常事。在历史文化名城、炎帝神农故里——湖北省随州市麻将馆随处可见，几乎所有宾馆、酒店的每个房间都配备了全自动麻将机，90%以上的城乡居民家里都有麻将桌，不论是官员还是普通老百姓都沉迷于打麻将之中，由于受父母的熏陶连几岁的孩子都会打麻将。短短几年间随州取代了成都，成为闻名全国的"麻将之都"。其经营面积达4000多平方米的两幢新华书店，有80%的面积都出租经营餐饮和家电百货，几百平方米的书店门可罗雀。

麻将馆里不论是白天还是黑夜几乎都是满的，不愁客源，生意火爆。来参与打麻将的有农民、生意人、退休老干部，教师、医生、国家公务员等，甚至很多教师趁中午休息也要玩两把，自诩"经济半小时"。可以说，不论文化高低，不分男女，中老年人参与到麻将当中，青年人上网，少年儿童看电视。中国人的娱乐生活几乎就浓缩为麻将、上网和看电视。

不管是在网吧，还是在大学的电脑室，不管是男生还是女生，我们可以看到，大多数都在玩游戏，少部分在聊天。在网上和图书馆查阅资料或读书的学生少之又少。

以前，有一句来讽刺公务员整天无所事事的话：一杯茶，一包烟，一张报纸看半天。说明那时候还有很多公务员在看报纸，但自从网络化办公后，网络带来的海量阅读信息反而没有人读了，报纸更是无人问津。我到过不同部门的办公室，很多人或公开或偷偷摸摸在网上斗地主、玩游戏。打牌战况成为人们津津乐道的话题。

再看看各部门领导，一天忙于应付各种检查、应酬、饭局，更是感叹抽不出时间来读书，读书已经变成了学者的专利。这不只是我善意地猜想，也许很多学者也不看书了。从愈演愈烈的论文抄袭、剽窃来看，他们之所以冒这样的风险干这样见不得人的勾当，说明这些学者写不出东西来了。写不出东西的学者，肯定是没有及时给自己充电，老本吃完了，才会江郎才尽。一个经常读书学习的专家学者，哪有写不出东西的道理。

我曾在北京与出版界的朋友一起聊天，一位出版社的总编辑这样感慨道：现在中国写书的人比读书的人还多！这话也许是笑谈，但现在买书的、读书的人越来越少。这确实让人担忧。

高尔基说过："书籍是人类进步的阶梯。"没错，不光国家与社会都离不开书，人类也离不开书。日益加剧的国际竞争，实际上就是人才的竞争，终身学习是提高一个人、一个国家、一个民族竞争力的不二法门，而阅读又是终身学习的一种重要形式。中国人这样低的阅读量，这样低的文化素养，能让中国可持续发展吗？能实现民族的伟大复兴吗？我看有点悬。

中国人不爱读书有四个方面的原因：一是国民文化素质偏低，直到近几年才普及九年制义务教育。二是从小没有养成阅读的良好习惯，家庭和社会也缺少读书的氛围。三是国家一直在实行"应试教育"，让孩子们没有时间和精力去读课外书，同时，应试教育剥夺了孩子们的阅读兴趣和权利，这也最重要的因素。四是好书相对较少，内容不吸引读者。

读书这种习惯要靠从小培养。良好读书习惯的养成主要靠学校和家庭。可是多年的应试教育，让很多家长和教师认为学习就是做作业。所以我们经常听到老师叮嘱学生的一句话：回去把作业做好。而家长督促学生的一句话就是：作业做完了吗？从没有人问：今天看了什么书？在学校看课外书被老师没收，在家里面躲着家长看课外书绝不是传说。读书并没有引起政府的重视，你只要在学校走一转，你还有可能听到校长或教师无所谓地说，我最不喜欢看书。很多学校的图书馆都是摆设，很少有学生去借阅。而家长只知道给孩子买玩具、买食品，却不知道给孩子买书。我估计，在中国的一些普通家庭中，拥有50册以上藏书的肯定不多。

中国人都为了钱和权而拼搏。孩子读书为了考取名牌大学，将来有个好工作，并非按自己的兴趣去读；成年人读书为了晋级或考取公务员；政府重视的是高文凭人才而不是知识，那么读书何来快乐？关键的关键是如何让国人树立正确的人生观、价值观、世界观。

日本管理大师大前研一的著作《低智商社会》意外地触动了中国人的敏感神经。他在书中指出，在中国旅行时发现，城市遍街都是按摩店，而书店却寥寥无几，中国人均每天读书不足15分钟，人均阅读量只有日本的几十分之一。

在这个世界上有两个国家的人最爱读书，一个是以色列，另一个是匈牙利。以色列人均每年读书64本，而以色列的犹太人更甚，占全国人口80%以上的犹太人人均每年读书达68本之多。犹太人有个习俗，当孩子出生时，母亲就会翻开《圣经》，滴上一点蜂蜜，让小孩去舔《圣经》上的蜂蜜，通过这一舔，让孩子对书产生美好的第一印象：书是甜的。当孩子稍稍懂事时，几乎每一个母亲都会问这样一个问题："假如有一天你家里突然起火，你首先会抢救什么？"当孩子回答是钱或钻石时，母亲会严肃地告诉他："这些都不重要，你首先应该抢救的是书！书里藏着的是智慧，这要比钱或钻石贵重得多，而智慧是任何人都抢不走的。"因而犹太人是世界上唯一没有文盲的民族，就连犹太人的乞丐也是离不开书的，即使在乞讨，他们的身边总会带着每天必读的书，更别说衣食无忧的人了。在犹太人眼里，爱好读书看报不仅是一种习惯，更是人所具有的一种美德。在以色列书刊价格非常昂贵，每本书的售价在20美元以上，每份报纸也在6美元以上，但普通以色列人对购买图书和订阅报刊都十分慷慨。这个仅有500万人口的国家，持有借书证的就有100多万人，是全世界人均拥有图书最多的国家。

这里说一个最典型的例子，"安息日"是以色列犹太人一个非常重要的宗教活动日，在"安息日"所有的犹太人都要停止所有商业和娱乐活动，商店、饭店、娱乐等场所都得关门停业，公共汽车要停运，就连航空公司的班机都要停飞，人们只能待在家中"安息"祈祷。但有一件事是特许的，那就是全国所有的书店都可以开门营业。而这一天光顾书店的人也最多，大家都在这里静悄悄地读书。

而另一个国家匈牙利，它的国土面积和人口都不足中国的百分之一，但却拥有近两万家图书馆，平均每500人就有一座图书馆，而截至2011年底我国平均44万人才拥有一所公共图书馆。匈牙利平均每人每年购书20本，比同地区的西欧人要多得多，而我国20世纪90年代统计，平均每人每年购书只有5本，现在还在下降。匈牙利也是世界上读书风气最浓的国家，常年读书的人数达500万以上，占人口的1/4还多。

知识就是力量，知识就是财富。一个崇尚读书学习的国家，当然会得到丰厚的回报。以色列人口稀少，但人才济济。建国时间虽短，但诺贝尔奖获得者就有8位，而诺贝尔获奖者中犹太血统的人占18.5%。以色列环境恶劣，国土大部分是沙漠，像巴勒斯坦等阿拉伯国家的粮食不够吃，还要以资源换食品，而以色列却把自己的国土变成了绿洲，而且生产的粮食不但自己吃不完，还源源不断地出口到其他国家。他们凭着聪明和智慧，创造出惊人的物质和精神财富。

而匈牙利，诺贝尔奖得主就有14位，涉及物理、化学、医学、经济、文学、和平等众多领域，若按人口比例计算，匈牙利是当之无愧的"诺奖大国"。他们的发明也非常多，可谓数不胜数，既有火柴、圆珠笔这样的小物件，也有电话交换器、变压器、汽化器、显示器这样的产品。据说，20世纪80年代是匈牙利人发明的黄金时代，平均每年的发明专利都在400件以上，堪称是名副其实的"发明大国"。一个区区小国，因爱读书而获得智慧和力量，靠着智慧和力量，将自己变成了让人不得不服的"大国"。

记得有一位学者说过，一个人的精神发育史，应该是一个人的阅读史，而一个民族的精神境界，在很大程度上取决于全民族的阅读水平；一个社会到底是向上提升还是向下沉沦，就看阅读的根基有多深，一个国家谁在看书，看哪些书，就决定了这个国家的未来。所谓"读书改变人生，知识改变命运"。读书不仅仅影响到个人，还影响到整个民族，整个社会。有人感叹道:"当今社会识字的人多了,读书的人却少了。"很多人把宝贵的时间耗在推杯换盏、打牌搓麻将、欢歌劲舞等娱乐应酬中,却不愿花时间认认真真地读几本好书。要知道:一个不爱读书的民族,是可怕的民族;一个不爱读书的民族,是没有希望的民族。我坚信:阅读始终是知识的源泉。因此,我们少一些应酬,多读几本好书吧!

我们姑且不去深究此篇网络文章是否是印度工程师所写,也不去深究内容是否完全真实,但我们要了解中国人读书的现状,要深思不愿读书的原因,要在校园中倡导读书的风气,让师生热爱阅读。

## 二、书香能致远,腹有诗书气自华

莎士比亚说:"书籍是全世界的营养品。生活里没有书籍,就像没有阳光;智慧里没有书籍,就好像鸟儿没有翅膀。"马克思说:"任何时候,我也不会满足,越是多读书,就越是深刻地感到不满足,越感到自己知识贫乏。科学是奥妙无穷的。"孟德斯鸠说:"读书对于我来说是驱散生活中的不愉快的最好手段。没有一种苦恼是读书所不能驱散的。"卡耐基说:"真正的读书使瞌睡者醒来,给未定目标者选择适当的目标。正当的书籍指示人以正道,使其避免误入歧途。"苏轼说:"腹有诗书气自华,读书万卷始通神。"孙中山说:"我一生的嗜好,除了革命外,只有好读书,我一天不读书,便不能生活。"历史上的伟人、名人之所以成就一番事业,都与读书有着直接关系。

读书最大的好处在于:它让求知的人从中获知,让无知的人变得有知。读斯蒂芬·霍金的《时间简史》和《果壳中的宇宙》,畅游在粒子、生命和星体的处境中,感受智慧的光泽,犹如攀登高山一样,瞬间眼前呈现出仿佛九叠画屏般的开阔视野。于是,便像李白在诗中所写到的"庐山秀出南斗旁,屏风九叠云锦张,影落明湖青黛光"。对于坎坷曲折的人生道路而言,读书便是最佳的润滑剂。面对苦难,我们苦闷、彷徨、悲伤、绝望,甚至我们低下了曾经高贵骄傲的头。然而我们可否想到过书籍可以给予我们希望和勇气，将慰藉缓缓注入我们干枯的心田，使黑暗的天空再现光芒？读罗曼·罗兰创作的《名人传》，让我们从伟人的生涯中汲取生存的力量和战斗的勇气，更让我们明白，唯有真实的苦难，才能驱除罗曼蒂克式幻想的苦难；唯有克服苦难的悲剧，才能帮助我们担当起命运的磨难。读海伦·凯勒一个个真实而感人肺腑的故事，感受遭受不济命运的人所具备的自强不息和从容豁达，从而让我们在并非一帆风顺的人生道路上越走越勇，做命运真正的主宰者。在书籍的指引下，我们不断磨炼自己的意志，而我们的心灵也将渐渐充实成熟。读书能够荡涤浮躁的尘埃污秽，过滤出一股沁人心脾的灵新之气，甚至还可以营造出一种超凡脱俗的娴静氛围。

读书的好处还有很多，比如阅读使人充实，使人敏捷。读史鉴使人明智，读诗使人巧慧，数学使人精密，物理使人深刻，伦理学使人高尚，逻辑与修辞使人善辩。读书能陶冶人的情操，给人知识和智慧，可以使我们人格高尚，因为它可以教我们如何变得文雅，如何用自己的魅力去感染他人。读书能给人乐趣，让我们心情舒畅。因为读书是一种休闲、娱乐方式，它可以使我们身心健康。所以用读书来让自己放松心情是十分明智的。读书可以让我们去权衡问题的对错，思考最终的答案判断事情的正误。读书可以让我们觉得有许多的写作灵感，也可以让我们在写作的方法上用得更好。在写作的时候，我们往往可以借鉴书中的好词好句和生活哲理。读书可以让你变聪明，变得有智慧去战胜对手。读书让你变得更坚强，让你勇敢地面对困难等等。

### 三、何处寻书香

北大著名教育家钱理群教授说，我们现在教育的最大问题，就是大家都不读书，老师不读书，学生也不读书；或者说，老师只读教学参考书，学生只读和影视有关的书，学校里安全没有自由阅读的空间和时间。

阅读的好处不言而喻，为什么大家不热爱读书了？原因何在？

根据中国新闻出版研究院发布的《第十次全国国民阅读调查》，2012年，中国18岁至70周岁的国民其图书阅读率为54.9%。也就是说，在中国有四成多的人很少阅读。第12次全国国民阅读调查报告显示，2014年中国成年国民图书阅读率为58.0%，数字化阅读接触率为58.1%，数字化阅读比例首次超过传统阅读，其中手机和微信阅读的增长最显著。同样的调查，来自《国际出版蓝皮书》的统计显示，即便是在出版业发展比较成熟的发达国家，也有约四成的人不读或很少读书。

从数量上看，2012年，中国人均纸质图书的阅读量为4.39本。而来自联合国教科文组织的统计显示，北欧国家国民每年读书24本左右，几乎是中国的6倍。美国人年均阅读7本书，韩国人11本，日本、法国国民每年读书数量在8.4本左右，新加坡5本，中国的国民人均读书数甚至还落后于泰国的5本。

再看种类，美国整个图书市场销售的图书，40%是虚构类的小说。法国、德国、英国的情况也同样，35%~38%是都小说类。中国的畅销书大部分都是食谱、养生指南、教辅、育儿手册、惊悚及言情小说。

可见，全球都面临"阅读和学习"问题，为了应对，联合国教科文组织甚至还把每年的4月23日定为了"世界阅读日"。

面对繁荣的出版业，我们堪称"有书也不看"的典型。中国是出版大国，出版图书的种类数量都是世界第一，但库存量也冠绝全球。2012年，中国出版的图书达到了414005种，册数为79.25亿册，位居世界第一。与此同时，中国也是图书库存量最大的国家，以售价计算，目前有884.05亿元的图书积压在仓库之中。

另一方面，中国的公共图书馆资源奇缺，但同时藏书的流通率却很低。根据文化部的最新统计数据，2012年，全国共有县级以上独立建制的公共图书馆3076个；全国公共图书馆总藏量有7.89亿册（件），人均拥有公共图书馆藏书0.58册。

截至2011年底,我国平均每44万人才拥有一所公共图书馆,平均每3201平方公里才拥有一所公共图书馆。而在美国,每1.3万人就拥有一家公共图书馆,英国和加拿大每1万人左右就拥有一家公共图书馆,在德国,这个数字是每6600人一家,奥地利4000人,瑞士3000人。

但相对于奇缺的图书馆资源,利用这些资源的人却更少。全国公共图书馆持证读者人数只有582万,仅占全国总人口的0.47%。而中国公共图书馆平均每册藏书年流通仅为0.4次。这些数字都是美英日等国家的十几分之一。

阅读功利化,进一步蚕食了中国人读书的动力。

《第十次全国国民阅读调查》还显示,只有1.3%的人认为自己的阅读量多,53.1%的人则认为自己的阅读量很少。有书不看和对自身阅读状况不满并存。

"时间那么少,读书自然要读实用的书,没用的书不要读"。这种读书的功利化,进一步蚕食了中国人读书的动力。曾任新闻出版署署长的于友先认为,"一种新的'读书有用论'正在悄然流行,而'有用'的定义在这里又变得非常狭窄。"

当然,人们眼下的阅读形式已经发生了很大变化,更多人青睐新兴的阅读体验。从媒介角度来说,电视、网络等对学生阅读造成了不小的冲击,大众文化宣扬的"快餐消费"不可避免地对学生的阅读选择产生影响,阅读的娱乐性和趣味性追求正是大众文化和媒介环境变迁的结果。大众文化消解着个体书本的深层次理解,影响着个体对思想深度的追求,学生对通俗读物的偏爱,原因正在于此。日常生活中,随处可见用手机、掌上电脑等移动设备阅读书籍和报纸的人,也有戴着耳机听书进行有声阅读的人。移动阅读有着诸多好处,比如说可以充分利用碎片化时间,又由于移动阅读是建立在数字技术基础上,这使其收藏分享变得很方便。但是,移动阅读也有着自身的缺点。比如虽然移动阅读是在利用碎片化时间,但是碎片化时间也不可能让你有很深入地阅读,更何况相当多的阅读是发生在嘈杂的环境中，它缺乏自省的情境。虽然都是阅读形式，但移动阅读显然更为短平快一些。有声阅读虽然解放了双眼，让阅读轻松活泼起来，但是想要精读，仍然是挺困难的一件事，尤其是在想要回看的时候，变得很麻烦。

是的，一个坚持阅读的人，其精神是充实的，高尚的，其人生也一定充实而丰盈的。阅读，人生之路无比温暖。现代繁华喧嚣的城市，每个人都在匆促地行走，在疲于奔命中周而复始地开始着新的一天。越是如此，一杯清茶，一本好书，便能让我们那浮躁不安的心绪安静下来。在梦想路上一路艰辛，一路颠簸，少不了被漠视，被冷落，被讥讽。每每此时，一篇好文，便使我们从"水能性淡为吾友"中领略澄明空灵的意境，从"不畏浮云遮望眼"中体会矢志追求的胸怀，从"江湖夜雨十年灯"中回味飘逸自得的心灵，从"含情疏雨有声诗"中珍惜生命永恒的美好。文词诗句带我们走入一个青山绿水，花香鸟鸣的世界，让我们分明看见自己的人生梦想依然激荡。

半月谈记者何晏、刘硕等于2015年写了一篇《国人阅读调查：只有书香，才能国强》的调查报告，深刻揭示了国人不愿读书的状况。调查发现，没时间读书，阅读的碎片化、快餐化、娱乐化、功利化等已成为一种普遍现象。当今国人的阅读现状并不乐观。

现状一：众口一词"没时间看书"

记者在采访中发现，很多人把不读书或者读书少的原因归结为"没时间"。在半月谈网进行的《阅读，体味书香——您一年读几本书？》的问卷调查中，在1500名受访者中，每年读书两本以下的人占37%，还有一些受访者一年也读不完一本书。当被问及不阅读的原因，受访者中有24%的人选择"没有时间"，这成为最主要的原因之一。

记者调查发现，学生忙于学习，阅读的图书大多都是教材教辅类，有学生坦言"看点课外书就像做坏事"。而都市白领、蓝领们每日操劳，早出晚归的生活，没时间阅读也似乎不难理解。

记者在长春市实验中学一个班级里进行的问卷调查结果显示，回收的

59份有效问卷中,有21人表示现在的课内外阅读时间无法满足自己对于阅读的需求。在这些学生填写的原因中,"作业太多""学习紧张"等成为最常见的表述。吉林大学附属中学学生家长安先生告诉记者,其实自己非常支持孩子多读书,这对孩子的健康成长很有必要。但是孩子白天在学校上课,晚上做作业要到九点多才结束,还要保证正常休息时间,能用于课外阅读的时间非常有限。

记者在采访过程中发现,学生的阅读量往往从初三开始呈现分水岭,初三之后的学生往往疲于应对各种考试,课外读物大多集中为教辅和作文选。

不仅在校学生的自由阅读时间少得可怜,悠闲阅读对职场人士来说也多是奢望。

在上海,一名刚刚从学校毕业进入医院工作的90后女生陈婕告诉记者,每天早上7点起床,8点上班,晚上6点下班,到家都已经快8点,还得做饭吃,洗洗涮涮后都10点多了。医院在创建"三甲"期间,每天晚上还要加班到9点,回家更没时间了。"到家就想睡觉,哪还有时间读书啊。"

既然没有大块时间读书,那么在交通工具上的零碎时间能否用来读书呢?记者在上海地铁二号线走访时发现,连续走了5节车厢发现只有三位乘客在读书报。在上海地铁一号线、七号线以及十号线的部分列车中也存在类似的情况。在长春市轻轨三号线、四号线和部分公交车中以及候车站台等地记者也发现,手里拿着纸质图书或报刊的人几乎没有,"低头族"基本上都在看手机或者iPad。

在半月谈网的调查中,有22%的受访者把不读书的原因归为"有手机和电脑就够了"。北京市民小夏表示,一来感觉出门带本书不方便,二来大家都不看纸书啦,自己拿着本书就显得怪怪的。

现状二:阅读被泛娱乐化和快餐化

一方面是不少人认为没时间读书,另一方面人们对于娱乐化的碎片信息却非常热衷。记者调查发现,不少人把时间大量放在了阅读微博、微信以及一些简短的新形态阅读产品上，认为这样可以迅速跟上时代潮流，对于一些传统的大部头经典名著敬而远之。

习惯从网络获取信息的朱晓辉，每天会在写程序的闲暇时间在网上阅读新闻，一般都是打开大型的新闻网站。他说："通过标题阅读就能够了解当天的新闻，遇到感兴趣的新闻再点进去看一看。没时间一条一条地看，也没有那个耐心和兴趣。"朱晓辉进入职场近三年，用他的话说："我已经不知道看纸质书是什么感觉了，每天在网站上或者手机上看看新闻，但我并不觉得自己比别人了解的少。"

年已31岁的北京市民王佳伟坦言，自己越来越难以静下心来看书了，平时忙于工作，"现在电子化的休闲娱乐方式太多了，不像以前只能把看书作为休闲方式。"

同济大学教授朱大可表示，当140字的微博和短资讯成为"数字阅读"的主要呈现形式，中外学术界曾陷入深深的忧虑，短消息缺乏严密的逻辑论证，很多思维都面临"碎片化"的危险。

"这个时代是微信和微博的时代，很实用，但它们会消耗人们的精神定力，全神贯注的习惯会被消解。现在很多人聊天的时候心不在焉，隔一段时间就要拿出手机来看一看。聚精会神地思考一个问题的能力是需要培养的。"复旦大学教授姚大力说。

记者在一些大型阅读论坛和读书网站、门户网阅读专区上发现，以豪门爱情、霸道总裁、绯闻出轨等为主体的作品牢牢占据着一些排行榜的前列，其中不乏内容露骨、情节刺激的作品，但阅读量高得惊人。

在一些购书网站上，年轻偶像、商业领袖等撰写的图书往往容易登上推荐榜，并且被冠以各种噱头进行推销。而中华传统文化、国学经典、外国名著等作品很难在网站的一级页面中找到，各种畅销排行榜中更是难见踪影。在半月谈网的调查中，只有21%的受访者选择会去读经典名著。

专家认为，当今不仅人们接受信息的方式和态度快餐化，对于经典内容的关注也在逐渐消解，碎片化的阅读往往导致阅读内容的浅薄化。尤其是如今出现了不少把经典内容进行网络化、娱乐化解读或改编的图书，其中夹杂着大量误读甚至歪曲历史事实的内容。

现状三：功利化倾向"势不可当"

上海科学技术文献出版社社长梅雪林认为，当下，中国人的读书面普遍不广，以实用类、培训类、升学类、考证类为主，缺少深层次阅读，其他类型的图书阅读总量普遍不足。

功利化的阅读是当今国人无法回避的阅读现状。记者在一些高校采访时发现，"只读有用的书"已经成为不少大学生阅读的信条。吉林大学的一位在读研究生告诉记者，为了更好地接触社会，自己平时的实习、实践占用了不少时间，有限的读书时间里，往往也会选择看对提高自己工作能力和求职更有帮助的书，"时间有限，读书还是应该读点有用的。"她说。

虽然这样的想法会被称为"功利化阅读"，但一些学生并不在乎，"人们现在生活得越来越现实了，不是吗？"这位研究生说。

中国传媒大学文学院教授谢筠表示，由于阅读时间少，现在大学生阅读或多或少存在着"功利化"的倾向，不愿意花时间在阅读上，考什么就看什么、需要什么就看什么，甚至有人为了考出好成绩，只看相关教材，久而久之对学生综合素养的发展是非常不利的。专家表示，读书带着问题去读，缺什么补什么没有错，但是完全的功利化则不利于人的综合素质提升。

在北京、上海、安徽、吉林等地的一些书店记者发现，人流量最多、咨询最多的地方往往都是教材教辅区，尤其是刚开学的阶段，一些教辅图书由于畅销甚至卖断了货。在北京图书大厦，一位读者告诉记者，现在来书店，一般是给孩子买教辅书。受此影响，一些书店也不得不妥协，把教辅书放在较为显著的位置。

不仅仅在校园，职场人士等群体的阅读习惯也呈现出明显的功利化倾向。考证之前才匆匆搬出复习教材，为了报考公务员只看行测和申论复习教材。还有一些人针对老板可能喜欢的话题来选择阅读。"临阵磨枪，不快也光嘛"。

学者孙正聿把书分成八大类，即实用的、宗教的、政治的、八卦的、怡悦的、引发思考的、人文社科的和自然科学的。值得思考的是，他发现，在人们的阅读中，这几类书的阅读量排名往往是递减的。

成功学盛行、各种捷径和速成大行其道，社会的浮躁心态加剧了阅读功利化的趋势。作家刘醒龙说，能够立即指导实践的书其实价值有限，有价值的内容永远不是功利主义的成功学抑或厚黑学。让人终身受益的书可能正是那些早年读时"无感"，看似无用的"闲书"，这些书往往是"越品味道越浓"的好书。

姚大力认为做人要与人为善，做文章要具有人文情怀，但我们的教育往往缺少人文的东西，缺乏爱的教育。因此，中国人，特别是中国的年青人要读一些人文社科领域的名著，读这些书实际上是提供机会，让你去结识一些行走在思想云端的人。你可能不能完全理解他，但是通过读其书，你能触摸到他的思想，能获得教益和启迪。如果不读，那将是人生的缺憾。

专家表示，当代国人还需根据自己的兴趣，多一些生产性的阅读，少一些消费性的阅读。读一些能启发思维的书，帮助形成新的思想和看法，进行知识的再生产。

一个好书店可以温暖一座城，缕缕书香可以提升人的综合素养。推进全民阅读，需要方便阅读、吸引阅读和引领阅读，需要有好书可读、有方便借阅和购买图书的地方。这不是一个部门、一个机构和一部分人的事情，倡导全民阅读、建设学习型社会需要政府部门、出版社、图书馆、书店和社会组织等各个环节的通力合作。

## 四、一个人的精神发育史，就是其阅读史

苏霍姆林斯基说："让学生变聪明的办法不是补课，不是增加作业，而是阅读，阅读，再阅读。"确实，阅读可以帮助学生了解社会，认识人生，丰富情感，陶冶情操，形成健全的人格。另外阅读对于学生文学素养的熏

陶和积淀，以及培养学生开放、多元的文化精神，增强适应社会的能力等都具有不可替代的作用。成年人以这样那样的理由拒绝阅读，以读书为主要任务的学生却很少阅读，原因何在？

学校观念陈旧落后。首先学校教师对学生课外阅读的认识不够，他们不但不鼓励学生读书，而且阻止学生阅读课外书籍并美其名曰：为了学生的前途和未来。有的家长采取简单粗暴的方法，严令禁止，甚至约法三章：一经发现，一律收缴或销毁。其次，由于受应试教育的严重影响，学生课业负担过重，教师搞的是题海战术，家长热衷的是请家教，这样，就苦了我们的学生，每天的作业要做到很晚，双休日还要忙于补课或参加各种类型的辅导班。学生用什么时间来进行课外阅读呢？做作业是硬任务，阅读是软任务，学生普遍的心理是"欺软怕硬"。

学生阅读量小面窄。现在的教辅用书及乱七八糟的街头小报和刊物可谓铺天盖地，但适合中学生阅读的好书却是凤毛麟角。学校图书馆藏书不少，但真正适合学生看的数量有限。学生完整读过四大名著的人很少，读过鲁迅、巴金、冰心等现代作家作品的极少，读过罗曼·罗兰的《名人传》、高尔基的《童年》及莎士比亚的《威尼斯商人》等外国作品的也少之又少。试问有多少老师能经常把新出版的时文佳作推荐给学生？有多少老师经常与学生一起交流自己的阅读体会？再问问我们教师自己，又有多少老师自身把阅读当作每天的必修课？

阅读猎奇求速。现代社会，科技突飞猛进，花花绿绿的世界充满了诱惑。上网聊天，玩电脑游戏，看动漫、电影、电视，这些比看课外书籍更有吸引力。阅读过程中猎奇心理又极为突出，中小学生往往对形形色色的奇闻轶事特别感兴趣，武侠小说、言情杂志、侦探故事、卡通漫画，这些五花八门的书刊如走马灯似地换来换去。这些所谓的快餐文化，能丰富多少知识，提高多少能力，积淀多少文化底蕴？个别学生甚至因迷上有害书刊而误入歧途。

朱永新说："一个人精神发育史实质上就是一个人的阅读史，一个民族的精神境界,在很大程度上取决于全民族的阅读水平。"

要培养师生的阅读兴趣和能力,必须加强书香校园的建设。

(一)加强书香校园建设

学校拨出专款建设高标准的图书馆或图书室,建设开放式的图书阅览室和电子阅览室,根据师生的阅读需求,定期购置相应的图书。

学校还可在校园恰当的位置,比如教学楼连廊、宿舍转角之处等地设立书架,放置图书,设置座椅,让师生可以在校园里随处可以阅读。

每个班级建立图书角,可以由学校统一购置书籍,也可让师生自己捐赠,编好书目,互相借阅,毕业时可以带走,也可以捐赠给学弟学妹。

建立健全书香校园建设机制,向全校师生发出"多读书、读好书、好读书"倡议,大力营造书香校园气氛,打造书香校园文化。让学校处处散发着书香,充盈着浓郁的文化气息。

(二)广泛开展阅读活动

开展学生读书活动。在学生中广泛倡议阅读风气,给不同学段的学生推荐相应的必读书目;每位学生每周撰写一篇读书报告或心得,定期开展读书报告会;在阅读课上,教师要加强阅读指导,教会学生掌握正确的阅读方法;小学、初中可以在课前开展3~5分钟的"读书演讲";充分利用寒暑假期间,鼓励学生阅读老师推荐的书籍,每学期进行一次优秀读书笔记评选活动等;学校定期组织学生开展有关的读书实践活动。如:中华诗歌散文精品朗诵比赛,中外名著阅读征文比赛,"享受读书之乐趣,品经典之茗香"演讲比赛,国旗下的演讲,诗歌散文精品朗诵比赛,讲故事比赛,读书小报评比,"我的读书名言"征集活动,"读书的乐趣"手抄小报展览,"捐赠一本书,感念母校情"捐书活动等等。每期开展"阅读之星"和"书香班级""书香学部"评选活动并进行隆重表彰。

开展教师读书活动。在教师中提倡终身学习的理念,要求教师在全面学习、提高整体专业素养的基础上，重点阅读教育名著、原著，通过学习教育经典理论，使教师登高望远，高屋建瓴，指导与反思自己的教育实践，激发教师的思维能力和对教育问题的批评性思考，努力转变思想观念、思维模式，进行教育创新。要求教师读好四类书：读经典名著，增文化底蕴；读教学专著，强教学实践；读教育学，悟学生心理；读报纸杂志，知天下大事。教师在阅读中，以原理掌握、方法实施为基础，以专业拓展、学科纵深为发展。强调通过阅读激发阅读人能持久的兴趣，引发阅读人可持续地思考，从而形成终身阅读的良好习惯。要求老师经常写一些教育教学随笔，促使教师对自己每天的教育、教学、理论学习、生活感悟、学生成长进行反思。

开展家庭亲子共读活动。家庭是学生课外阅读的重要支持者。家长要正确看待学生的课外阅读，不能认为课外阅读就是看闲书。家长还要以身作则，不沉迷于麻将等活动，主动带领孩子一起读课外书籍并给孩子讲解，培养孩子读课外书的兴趣。要求学生主动相邀家长共读完整的一本书，谈谈各自的感想；建议家长和孩子一起以写文章的形式完成一份亲子共读的感想和体会，内容既可以有父母的感想，也可以有孩子的感想和体会；教师向家长介绍积极健康的适合中小学生的书籍，同时推荐订阅优秀的学生报纸、刊物，建议家长为孩子购买一些经典书籍；每期进行"书香家庭"评比，并进行隆重表彰。

## 五、 他山之石可以攻玉

与师生分享现代名人读书经验和方法，激发师生阅读兴趣。世界上许多名人之所以成功，与他们善于读书有关。读书有成效，不仅取决于读什么，而取决于怎样读。

鲁迅的"跳读"法。鲁迅先生认为："若是碰到疑问而只看那个地方，那么无论到多久都不懂的，所以，跳过去，再向前进，于是连以前的地方都明白了。"这种方法是对陶渊明的"不求甚解"读书方法的进一步发挥。它的好处是可以由此节省时间，提高阅读速度，把精力放在原著的整体理解和最重要的内容上。

老舍的"印象"法。老舍说："我读书似乎只要求一点灵感。'印象甚佳'便是好书，我没功夫去细细分析它……'印象甚佳'有时候并不是全书的，而是书中的一段最入我的味；因为这一段使我对全书有了好感；其实这一段的美或者正足以破坏了全体的美，但是我不管；有一段叫我喜欢两天的，我就感谢不尽。"

华罗庚的"厚薄"法。华罗庚主张：读书的第一步是"由薄到厚"。就是说，读书要扎扎实实，每个概念、定理都要追根求源、彻底清楚。这样一来，本来一本较薄的书，由于增加了不少内容，就变得"较厚"了，这是"由薄到厚"。这一步以后还有更为重要的一步，即在第一步的基础上能够分析归纳，抓住本质，把握整体，做到融会贯通。经过这样认真分析，就会感到真正应该记住的东西并不多，这就是"由厚到薄"这样一个过程，才能真正提高效率。

杨振宁的"渗透"读书法。杨振宁教授认为：既然知识是互相渗透和扩展的，掌握知识的方法也应该与此相适应。当我们专心学习一门课程或潜心钻研一个课题时，如果有意识地把智慧的触角伸向邻近的知识领域，必然别有一番意境。在那些熟悉的知识链条中的一环，则很有可能得到意想不到的新发现。对于那些相关专业的书籍，如果时间和精力允许，不妨拿来读一读，暂弄不懂也没关系，一些有价值的启示，也许正产生于半通之中。采用渗透性学习方法，会使我们的视野开阔，思路活跃，大大提高学习的效率。

白寿彝的"研读"法。著名史学家白寿彝认为，"读书之读，似应理解为书法家读帖读碑之读，画家读画之读，而不是一般的阅览或诵习。"

余秋雨的"畏友"读书法。散文家余秋雨提出："应该着力寻找高于自己的'畏友'，使阅读成为一种既亲切又需花费不少脑力的进取性活动。尽量减少与自己已有水平基本相同的阅读层面,乐于接受好书对自己的塑造。我们的书架里可能有各种不同等级的书,适于选作精读对象的,不应是那些我们可以俯视、平视的书,而应该是我们需要仰视的书。"

**附:师生课外阅读书目推荐**

小学生选读文学作品书目:

邶笪钟编写的《中国古代寓言故事》、田新利选编的《中外神话传说》、陈静选编的《圣经神话故事》、张乐平《三毛流浪记》、严文井《严文井童话选》、叶圣陶《稻草人》、张天翼《宝葫芦的秘密》、徐光耀《小兵张嘎》、冰心《三寄小读者》、郑渊洁《皮皮鲁传》、周锐《肚皮上的塞子》、刘健屏《今年你七岁》、严阵《荒漠奇踪》、金波《乌丢丢的奇遇》、黄蓓佳《我要做个好孩子》、曹文轩《草房子》、张之路《第三军团》、班马《巫师的沉船》、管家琪《糊涂大头鬼》、杨红樱《漂亮老师和坏小子》、郭敬明《幻城》、伊索《伊索寓言》、〔俄〕克雷洛夫著、裴家勤译《克雷洛夫寓言全集》、〔法〕拉·封丹著、倪海曙译的《拉·封丹寓言》、威廉·格林著、杨武能、杨悦译的《格林童话全集》、〔丹麦〕安徒生著、叶君健译的《安徒生童话选集》、〔俄〕普希金著、亢甫、正成译的《普希金童话》、〔英〕王尔德著、唐汕辉译的《王尔德童话》、〔日〕宫泽贤治著《宫泽贤治童话》、〔法〕玛·阿希·季诺著《列那狐的故事》、郅涛浩等译《天方夜谭》、〔英〕笛福著、王泉根译的《鲁滨孙飘流记》、〔芬〕杨松著、任溶溶译的《魔法师的帽子》、〔英〕史蒂文森著、单蓓蕾译的《金银岛》、〔英〕吉卜林著、徐朴译的《丛林传奇》、〔德〕埃·拉斯伯著、刘浩译的《吹牛大王奇游记》、〔英〕刘易斯·卡洛尔著、陈伯吹译的《爱丽丝漫游奇境记》、〔瑞典〕塞·拉格洛夫著、王泉根译的《骑鹅旅行记》、〔意〕卡洛·科洛迪著、杨建民译的《木偶奇遇记》、〔美〕马克·吐温著、钟雷主编的《汤姆·索亚历险记》、〔英〕乔纳森·斯威夫特著、杨昊成译的《格列佛游记》、〔瑞典〕阿·林格伦著、高锋、时红译的《淘气包艾米尔》、〔意〕万巴著、思闵译的《捣蛋鬼的日记》、〔法〕圣埃克苏佩里著、马振聘译的《小王子》、〔俄〕

高尔基的《童年》、〔英〕柯南道尔著、丁锦华译的《福尔摩斯探案全集》、〔英〕J.K.罗琳《哈利·波特与魔法石》、〔德〕威廉·布什《顽皮捣蛋鬼》、张继楼，彭斯远的《中国当代儿童诗歌选》、文成英、李融编选的《外国儿童诗选》等。

初中学生课外必读推荐书目：

吴承恩《西游记》、施耐庵《水浒传》、鲁迅《朝花夕拾》、老舍《骆驼祥子》、冰心《繁星·春水》、〔英〕笛福《鲁滨孙漂流记》、〔英〕斯威夫特《格列佛游记》、〔法〕罗曼·罗兰《名人传》、〔苏联〕高尔基《童年》、〔苏联〕奥斯特洛夫斯基《钢铁是怎样炼成的》等。

高中生课外必读推荐书目：

《论语》、罗贯中《三国演义》、曹雪芹《红楼梦》、鲁迅《呐喊》、郭沫若《女神》、茅盾《子夜》、巴金《家》、曹禺《雷雨》、钱钟书《围城》、朱光潜《谈美书简》、莎士比亚《哈姆雷特》、塞万提斯《堂吉诃德》、艾克曼《歌德谈话录》、雨果《巴黎圣母院》、巴尔扎克《欧也妮·葛朗台》、狄更斯《匹克威克外传》、列夫·托尔斯泰《复活》、普希金《普希金诗选》、海明威《老人与海》、泰戈尔《泰戈尔诗选》等。

**适合中学生阅读的名家名作：**

经典名著：《老子》《庄子》《论语》《孙子兵法》《史记》《红楼梦》《三国演义》《水浒传》《聊斋志异》《人间词话》《唐诗三百首》《宋词三百首》《元曲三百首》《李白诗选》《杜甫诗选》《苏轼词选》《西厢记》《世说新语》《浮生六记》等。

现当代名家名作：王小波《我的精神家园》、史铁生《我与地坛》、张中行《负暄琐话》、宗白华《美学散步》、朱自清《经典常谈》、朱光潜《谈美》《谈文学》、梁实秋《雅舍小品》、沈从文《边城》《湘行散记》、曹禺《雷雨》、张承志《黑骏马》《北方的河》、顾城《顾城的诗》、舒婷《舒婷的诗》、食指《食指的诗》、韩少功《马桥词典》、贾平凹《贾平凹散文选》、周作人《雨天的书》、林语堂《生活的艺术》、柏杨《丑陋的中国人》、傅雷

《傅雷家书》、余光中《余光中散文》、林清玄《林清玄散文》、曹文轩《草房子》《山羊不吃天堂草》、郁达夫《郁达夫散文》、汪曾祺《汪曾祺散文》、巴金《随想录》、张爱玲《张爱玲散文全编》、钱钟书《围城》《写在人生边上》、董桥《旧时月色》、张炜《古船》《九月寓言》、王蒙《王蒙散文选》、余华《活着》、苏童《苏童文集》、老舍《茶馆》、杨绛《我们仨》、阿来《尘埃落定》、陈忠实《白鹿原》、周涛《周涛散文选》等。

名优报刊：《散文》《散文选刊》《散文百家》《海燕—都市美文》《杂文选刊》《微型小说选刊》《思维与智慧》《文学自由谈》《经典美文》《咬文嚼字》《演讲与口才》《名作欣赏》《读书文摘》《青年文摘》《阅读与写作》等。

**中小学教师阅读推荐书目：**

经典与新经典：蒙台梭利《童年的秘密》、苏霍姆林斯基《给教师的建议》、卢梭《爱弥尔》、杜威《民主主义与教育》、马克斯·范梅南《教学机智——教育智慧的意蕴》、帕尔默《教学勇气》、佐藤学《静悄悄的革命》、加德纳《多元智能》、波兹曼《童年的消逝》、弗莱雷《被压迫者的教育学》、罗素《西方的智慧》、陶行知《陶行知教育文集》、第斯多惠《德国教师培养指南》、雅斯贝斯《什么是教育》、尼尔《夏山学校》、联合国教科文组织国际教育发展委员会《学会生存》、〔美〕古德、〔美〕布罗菲《透视课堂》、〔意大利〕亚米契斯《爱的教育》等。

人文教育常识启蒙：王小波《沉默的大多数》、史铁生《病隙碎笔》、余秋雨《文化苦旅》、周国平《妞妞，一个父亲手札》、龙应台《孩子，你慢慢来》、傅雷《傅雷家书》、薛涌《美国人是怎样培养精英的》、夏中义《大学人文读本》、〔美〕丹尼尔·科顿姆《教育为何是无用的》、贾馥茗《教育的本质》、房龙《宽容》、茨威格《异端的权利》、柏杨《丑陋的中国人》、李敖《传统下的独白》等。

成长小说与教育传记：歌德《少年维特之烦恼》、马克·吐温《汤姆·索亚历险记》、詹姆斯·乔依斯《一个青年艺术家的画像》、海伦·凯勒

《假如给我三天光明》、欧文·斯通《渴望生存》、〔德〕黑塞《纳尔齐斯与歌尔德蒙》、〔德〕本哈德·施林克《朗读者》、赛林格《麦田里的守望者》、高尔基《我的童年》、塞尔玛·拉格洛芙《尼尔斯骑鹅历险记》、村上春树《挪威的森林》等。

童话与儿童读物：〔日〕黑柳彻子《窗边的小豆豆》、〔美〕E.B.怀特《夏洛的网》、〔意〕科洛迪《木偶奇遇记》,《格林童话》《安徒生童话》《王尔德童话选》《普希金童话选》《郑渊洁童话选》、〔法〕圣·德克旭贝里《小王子》、〔英〕J.K.罗琳《哈利·波特》等。

对当代教育批评与思考：肖川《教育的理想与信念》、朱永新《我的新教育之梦》、张文质《唇舌的授权——张文质教育随笔》、刘良华《教育自传》、刘铁芳《守望教育》、吴非《不跪着教书》、李希贵《学生第二》、李镇西《爱心与教育》、陈丹青《退步集》、钱理群《语文教育门外谈》、王丽《中国语文教育忧思录》等。

生命·生活的新知：《爱的艺术》《人体使用手册》《昆虫记选本》〔法〕卡内基《人性的弱点》、李兴国、田亚丽《教师礼仪》、弗洛伊德《一个少女的梦》、〔日〕川上弘美《老师的提包》《生命的细胞》、汪曾祺《谈吃》、林语堂《生活的艺术》等。

教学辅助用书：钟启泉《为了中华民族的复兴，为了每一个学生的发展——基础教育课程改革纲要解读》、顾明远《国际教育新理念》、王晓春《教育的智慧从哪里来》、郑杰《给教育的新一百条建议》、万玮《班主任兵法》、黄全愈《素质教育在美国》、张文质主编《中国最佳教育随笔》、钱理群《新语文》、薛瑞萍《给我一个班，我就心满意足了》、王晓春《问题学生诊疗手册》、肖川主编《名师备课经验》、张文质主编《迷恋人的成长》、墨顿·亨特《心理学的故事——源起与演变》、郑金洲《教师如何做研究》等。

# 第十一章
# 教育因收获幸福而伟大

## 一、幸福是教育追求的终极目标

在高度社会化、物质日益丰富的今天,孩子们在学校里真的感到幸福了吗?教师们感到幸福了吗?许多教师对自己年复一年的工作倍感枯燥,每天的早出晚归身心疲惫,职业倦怠产生,工作热情减退,教育的幸福感更谈不上了。长期以来,学校教育将升学作为教育的目的,对学生的评价起决定性作用的依然是考试成绩,有些教改只是停留在教育教学方法上,只是在探索如何更好地实现升学目的;也有些教改的确试图全面发展人的素质,但是面对片面的、不公正的教育评估,他们能顶得住各方的压力吗?一批批的学生被这种教育压得气喘吁吁,广大的教师为此落得心力交瘁,无数的家长对此有苦难言。在这种评价体系下,家长、教师们也往往过度看重学习成绩,而对于孩子们其他方面的特长和爱好却不给予足够的支持,甚至强烈反对,在这样的教育形势下,学习、升学、工作、评价等竞争压力正逐渐使教育远离应有的幸福。

苏霍姆林斯基说:"理想的教育是:培养真正的人,让每一个人都能幸福地度过一生。这就是教育应该追求的恒久性、终极性价值。"推进培养模式多样化,满足不同潜质学生的发展需要,这是我们基础教育工作者义不容辞的责任。怀着对教育本源的追求，我们把教育的一切都与师生的幸福生活联系起来，执着地尝试幸福教育，努力去打开教育的幸福之门。

进入21世纪以来，随着经济的迅猛发展、生活质量的不断提高，积极心理学的崛起，"以人为本"的发展观渗透心理科学，幸福感研究温度骤升。积极心理学之父马丁·塞利格曼提出：人的幸福感主要取决于三个因素：遗传基因、与幸福有关的环境因素以及能够帮助获得幸福的行动。遗传基因是无法改变的，于是，创造幸福的环境和获得幸福的行动成为人获得幸福感的重要因素。这后两个因素我们是可以通过教育改变的。

今天对幸福的研究呈现多元化趋势，科学家、经济学家甚至政治学家都介入其中。不丹政府提出了"国民幸福总值"的概念。耶鲁大学政治学教授罗伯特·莱恩的《市场民主制度下幸福的流失》中坦言，幸福才是人们追求的终极目标。朱小蔓教授在《情感德育论》系列提出了"教育的最高目的是培养完整的人"。学校教育的本质是促进学生精神的发育和发展。刘次林博士在《幸福教育论》中提出："幸福是教育的终极目标。"

幸福是一种主观的心理体验。幸福感一词有快乐、幸福、心理健康等含义。幸福感是人们对幸福的个人的主观体验，是人们根据内化了的社会标准对自己生活质量的整体性、肯定性的评估，是人们对生活的满意度及其各个方面的全面评价，并由此而产生的积极性情感占优势的心理状态。

幸福就是人的总体的需要得到满足所产生的愉快状态。教育是增进人的知识和技能、影响人的思想品德，是培养人的整个活动过程。教育的目的是为了人的幸福。学校教育，就是一种将师生幸福视为最核心和最终极的价值理念的教育。要求学校教育在科学的教育观指导下，使学生获得幸福的感受。使他们形成正确的幸福观和自信心及自主追求幸福的能力，从而使他们逐步发展成为拥有幸福能力的生命的主体。

教师的最高境界是把教育当作幸福的事业。对于教师来说，教育不是重复，而是创造；教育不是谋生的手段，而是幸福生活本身，因为在幸福的教育中，师生双方共同成长，相互感应，是一种共享幸福的内心体验。

在教育生活中应该花心思让自己和学生都幸福，体验、学习、感受，努力做一个幸福教师，和学生一起打造幸福课堂。

理想的学校教育既关注师生未来的幸福，又关心师生当下的幸福。教育的目的是为了幸福，教育的过程本身也应是幸福的。

学校理想教育追求既包括人的完善和道德的完善，也包括对智慧、知识与技能的追求，学校教育有意识地以科学、艺术与体育影响学生的身心发展，促进学生人格完善和潜能发挥，培养学生获得与感受幸福的能力，从而成就高品位人才，促进个人与社会的和谐发展。让美丽的校园，艺术的熏陶，健康的体魄，为师生能享受幸福生活奠基。

我们要使学生的智慧和人格同步发展，使接受教育的所有学生都有理解幸福的思维、创造幸福的能力、奉献幸福的风格、体验幸福的境界，拥有提高生命质量的能力。我们要让教师树立幸福从教的职业自豪感、成就感，构建和谐教育，实现师生共享的幸福。为在校的学生培养健全的人格，健康的身心，艺术的气质，来面对走向社会的任何挑战和困难。为我们的师生有高尚的情操、艺术的修养、高雅的生活、幸福的家庭而实践幸福教育。

## 二、 影响教师幸福感的因素

幸福是人生追求的目标，教育本身就是为了人的幸福而存在，教师是幸福的职业。让教师在工作中体验到幸福感，不仅是学生快乐成长的保证，也是教师自身发展的愿望，更是教育事业发展的需要。教育造就了幸福，幸福是需要教育的。

教师的幸福也称教育幸福。教师的幸福是教师在工作中自由实现自己的职业理想的一种教育主体生存状态。教师对自己生存状态的意义体味构成教师的幸福感。幸福是人性得到肯定时的一种主观感受。对人性的肯定包括正面的、负面的和复杂的形式，不同的方式产生不同的幸福体验形式。

真正的幸福就是以人性得到肯定为前提的，是主观心理体验与客观伦理的统一。由此可以看出，教师的幸福感也应该是教师自身需要得到满足和教师职业得到提升的一种综合的统一。教师通过辛勤的劳动，把学生培养成才，其目标与理想在心理和精神上得到了实现，自身也在其过程中得到了发展，从中感受到职业的兴趣和人生的快乐，这是其他任何职业所无法比拟的，真正体现了教师的幸福感。

（一）学生因素对教师幸福感的影响

学生的发展促进教师幸福感的形成。教师教育的对象是一个个活生生的个体，在教育过程中，教师扮演的是引导者、研究者、开发者、学生的朋友等多种角色，无愧于"人类灵魂的工程师"。教师为了每个学生能够早日成才，总是默默无闻地辛勤工作着。虽然岁月夺走了他们的青春，汗水浸透了他们的衣衫，劳累染白了他们的双鬓……但他们仍无怨无悔，因为他们热爱自己的学生、热爱自己的职业。当看见自卑的心灵开始自信，胆怯的形象开始勇敢，落后的思想开始进步时，教师会感到无比的自豪和幸福。因为是自己的努力、帮助学生从愚昧走向了智慧，从弱小走向了强大。徐特立老师曾经说过："教书是一种很愉快的事业，你越教就越热爱自己的事业。当你看到教出来的学生一批批走向生活，为社会做出贡献时，你会多么高兴啊！"是啊，教师为人类播撒着希望的种子，当学生学业取得进步、道德得以成长、个性得到发展，以及今后为社会献计献策时，教师就体验到了职业的最大幸福。教育并不是以牺牲教师来塑造学生的，教育幸福是相互感染的，一个有教育幸福感的教师，会通过给学生以快乐而得到快乐的回报而感到幸福。正如陶行知先生所言："教师工作的最大幸福，就在于培养能够超过自己的学生"。"得天下英才而教育之""青出于蓝而胜于蓝"，这既是教师的光荣，更是教师的幸福。

学生的爱促进教师幸福感的形成。在师生交往的过程中，教师面对的是一群有丰富情感的生命个体。在年复一年的教育工作中，教师把满腔的热情和真挚的爱无私地奉献给了学生,将他们送到了理想的彼岸,使他们在浩瀚的大洋中驰骋。学生们是一直不会忘记这份情感的,无论在学校里,还是今后走入社会,都会一直表达着这份敬意。公式定理可能已经淡忘,但师生之间培养起来的那份情谊却永远难以忘记。教师节之际,收到学生们的一份份贺卡,虽然礼薄,但教师感到的是一种欣慰,更是一种幸福。学生的爱是满足教师幸福需要的重要途径,与成人的爱相比,它更加真挚和纯洁,更接近爱的本质。

(二) 教师自身因素对幸福感的影响

教师需要的满足促进幸福感的形成。美国人本主义心理学家马斯洛将人的需要从低级到高级顺序排列成七个层次:生理的需要、安全的需要、归属和爱的需要、自尊的需要、认知的需要、审美的需要、自我实现的需要。又将这七个层次的需要归结为三大类型:一是"低级需要",即生理需要,也就是物质需要;二是"中级需要",即社会需要,包括安全需要、归属和爱的需要、自尊需要三个层次;三是"高级需要",也就是精神需要,包括认知需要、审美需要、自我实现需要三个层次。根据人的需要层次,幸福也可以相应地分为物质幸福、社会幸福和精神幸福。教师的幸福感正是物质幸福和精神幸福的统一。

幸福既不是纯粹的精神体验,也不是单纯的肉体感官的满足,其本质是一种物质和精神的统一。一定的物质保证,是人生幸福不可缺少的前提。人自从出生,首要的就是生存,为了能够生存,就不得不为起码的物质生活而奋斗。因此,幸福不是超越世俗的愉快和满足,它是建立在一定的物质基础上的。教师的幸福也要有基本的甚至较充分的物质条件做保障,如果连最起码的衣食住行都不能满足教师需要,就谈不上教师能够认真教学了。比如在一些贫困的中小学,连校舍、课桌椅和粉笔等都不齐全,怎么能让教师满腔热情地走上讲台呢?就更谈不上教师能体验到幸福感了。所以,应当努力改善教师的工作环境,不断提高他们的物质生活条件和工资福利待遇，切实解决教师的后顾之忧，充分调动他们的工作积极性，这样才有可能使教师获得幸福的感受，相信教育是一种幸福的职业。

幸福固然需要物质条件，但不能将二者等同起来。在肯定物质生活条件是幸福的基础时，也要充分看到精神生活在幸福中所起的作用和地位。人之所以区别于动物，是因为人有思想、有理智、有觉悟。如果没有远大的理想和健康丰富的精神生活，即使拥有大量的物质财富，也不可能感受到真正的幸福。教师的幸福感更在于它的精神幸福，这表现在社会对教师价值的认可。教育是崇高的职业，每个教师都应当追求人生的价值和精神上的幸福，这就需要在奉献中得以展现和获得，而决非金钱所能衡量的。优秀人民教师汪来九，他在自己的报告中说道："我是幸福的。"在安徽黟县一个贫困的山区，他一待就是35年，在一人一校的情况下他创办了7级复式教学，培养了一批批优秀学子，从当初的茅草房到如今也就两间砖瓦房，物质上谈何富裕。但是汪来九老师觉得自己是幸福的，因为他看到自己的付出换来的是学生们的健康成长和成才，自己的劳动也得到了社会的认可和支持。从他的笑容中，我看到了一名教师的幸福，真正体验到了教师职业的幸福感。

教师的发展和研究促进幸福感的形成。课程与教学论专业学科带头人杨启亮老师曾经说过："行为必然创造价值，满足社会需要创造的价值是外在价值，满足主体需要创造的价值是内在价值。仅限于外在价值，或以外在价值为根据来评价主体，就有了高尚、伟大、奉献等说法，而如果换个视角，研究内在价值，或以内在价值为根据来审视主体，就有了主体体验中的充实、收获和幸福等。"在教育教学过程中，教学是相长的，不但学生得到进步，教师自身也在不断发展。在这一过程中教师体验到满足感，因为发展本身就能带给人幸福感，这种发展不仅包括教师教育能力的增强，还有教师个人整体素质的提高。当今，教师专业化发展已经成为国际教师教育改革的趋势，广大教师要想提高自身的地位和身份，就需要逐步提升学历水平、加强自身素质、提高教育教学质量，就需要不断获得专业发展。

陶行知也说到教师的学习和发展:"所以我们做教师的人,必须天天学习,天天进行再教育,才能有教学之乐而无教学之苦。"随着教师专业化的发展,教师职业的自豪感和幸福感将与日俱增。

苏霍姆林斯基认为:"如果你想让教师的劳动能够给教师带来乐趣,使天天上课不至于变成一种单调乏味的义务,那你就应当引导每一位教师走上从事研究的这条幸福道路上来。"可以看出,如果教师不想只做"教书匠",而要想获得职业幸福感,就必须阅读大量的书籍,认真学习和掌握教育科学文化知识,不断提高自身的业务水平和教育教学质量,深入到教育的改革和研究中去,这样才会始终沉浸在幸福的海洋里。此外,教师应将自己学习和研究的理论运用到教育实践中去,并不断地进行自我反思和批判,这样才会在教学中获得进步,逐步转向研究型教师,也才会体验到工作的快乐和幸福。更重要的是,教师在研究和发展过程中,应确立自己的教育信念,教育信念是支配教师行为的动力。一旦教师确立了"为教育事业奉献终身"的信念,就会在他的生活和工作中表现出执着和快乐的追求,使得平凡的工作变得伟大、艰苦的劳动变得愉悦。

### (三)家长和领导因素对教师幸福感的影响

家长的信任和肯定促进教师幸福感的形成。在教师工作的认识和评价方面,家长既是社会的代言人,也是教师工作质量的直接评价者。因此,家长的一言一行牵动着教师的心。家长的信任、尊重和肯定意味着相信教师的教育能力、人格力量,是对教师辛勤劳动的承认和报偿。这种被认可的感觉是一种幸福的体验。上文提到的汪来九老师,他在报告中还说到这样一件事:在春夏之交的一个傍晚,突然雷电交加、暴雨急至,可是学校里只有一把雨伞,汪老师把学生们一个个送到家,自己全身却湿透了。然而学生们安全了、家长们也放心了,换来的是家长们一声声的感谢和敬佩,"老师,你真好!"最纯朴的一句话,让汪老师心里暖了,虽然苦一点、累一点,但是洋溢着幸福的感觉。

领导的支持和肯定促进教师幸福感的形成。中国自古以来就有官本位的思想，因此领导与上级的意见一直起着很重要的作用；另外教师也有得到领导赏识的心理需要，所以，得到领导的支持与肯定是教师获得幸福感的重要来源。美国著名心理学家赫兹伯格指出，"领导的赏识"是重要的激励因素和手段。因为，对教师来说，它意味着自己在组织中的位置、自己获得发展机会的多寡、工作能否顺利进行和获得成功、工作成绩是否得到认可等等，而所有这些都影响着教师的幸福体验。

### 三、教师幸福感提升的途径

除了不断改进上述三大因素，提升教师幸福感之外，还可以在以下几方面做出努力：

教师不断学习和更新知识，发展自我，学会体验幸福。课堂是教师生命中最重要的舞台。一个懂得享受上课、享受教学研究的教师，教学便自然成为其享受幸福的过程。所以，要促进教师的专业化发展。教师的最大理想莫过于成为课堂教学、教学研究中的强者，感受从中获得的幸福感。一个具有专业发展的教师，应是一个拥有良好知识结构、具有一定教育能力、注重研究和反思的教师。能在各项教育教学活动中达到一种高层次的自由拓展。因此，教师应通过在职学习，提高自身的职业道德素质和业务水平，同时要在精神文化生活上不断充实自己；要学会自我调节与控制，安排好教学、日常生活及娱乐活动，学会忙里偷闲；善于调整心态，正视自己的工作岗位要求，以积极、乐观的心态对待工作，合理规划与发展自我，全身心地投入到所热爱的教育事业中。教师通过与学生心与心的交流，让学生既学到知识与技能，又学会为人处世、待人接物的策略和方法，自己也得到心理和情感上的满足。

学校努力构建和谐幸福的校园文化。从组织层面讲，要使教师获得幸福感，最重要的就是构建和谐的校园文化，使教师因为和谐而幸福，因为幸福而热爱，因为热爱而投入。学校领导要善于因事设岗、用人之长，做到人尽其才、才尽其用，避免不恰当的人事安排，给教师创建发挥最大潜能、实现完美人生价值的最佳舞台，调动他们的主动性、积极性和创造性；要学会通过微笑把快乐带给别人，学会尊重、称赞教师。被重视、得到尊重、自身价值得到最大程度的实现是教师产生幸福感的重要源泉。

国家加大对教育的持续关注和各种资源的投入。教师在不断付出的同时也需要爱护和关注，所以有必要将其还原为普通人，满足他们的合理需求，充实他们的精神文化生活，使其感受到党和政府以及社会的关爱，感到做教师的幸福与快乐，从而热心教育事业、安心教学岗位、精心培养学生健康成长。

学校与社会的评价要做到公正、客观、透明之外，还要注意物质、精神奖励的有机结合，尤其是精神上的鼓励和褒奖。教师在取得某种成功后，应及时给予其积极评价，让教师充分体验从事教师职业的幸福感。

## 四、 让教育回归本真， 让孩子收获幸福

"实现中华民族伟大复兴，就是中华民族近代以来最伟大梦想！"这是习近平总书记定义的中国梦；"让每个学生幸福成长，人人成才，这就是我的中国教育梦！"这是原教育部长袁贵仁描绘的教育梦；"让教育回归本真，让孩子收获幸福！"这是作为基层教育工作者最大的愿望。"教育要为每一个孩子播种梦想，点燃梦想，最终实现梦想，把自己的梦和中国梦有机地结合在一起。"袁贵仁的中国教育梦实际上也是我们每一个教育工作者的教育梦，也是对"钱老之问"的最好回答。要实现"让每个学生幸福成长，人人成才"这一中国教育梦想，必须让教育回归本真，回到教育应有的轨道上来。

（一）认识教育本真，淡化功利色彩

放眼目前的教育，制度被异化，评价被简化，唯分数论，只重知识的传授而忽视灵魂的塑造，单纯追求高分数而忽视学生能力的培养，严重违背教育规律，扭曲教育本真，忽视学生的幸福成长。教育的本真是什么？美国著名哲学家、教育家杜威提出："教育即生活，生长和经验改造""学校即社会""儿童中心论"，让现代教育变革找到了新的进步使命。巴西教育家弗莱雷进一步提出"教育是为了人的解放"，指出了教育的目的是使人觉悟，具有批判意识，学会学习，学会思考，从而在改造现实、创造新世界的过程中获得自身的解放。

因此，教育就是遵循人的本性及发展规律，促进人的多方面发展乃至全面发展的活动。教育的终极目的，是为了人，为了人的发展，为了让人活出人的尊严、个性、情趣、幸福，并通过个体的人的发展推动人类和社会的进步，使人类不断走向崇高，生活更加美好。教育的本真，即回归教育的本源，皈依教育的本质，把解放人的智慧，提升人适应未来、创造未来的能力，推动人全面发展作为教育唯一的过程和归属。本真教育就是承认学生个性差异的客观存在，学生各具禀赋，各具个性，各有爱好，有多元的发展趋势。

我们正在实施的新课程改革的灵魂就是以人为本，其核心内容主要有两点：一是强调教育教学要向学生的生活世界回归，强调学生对学习过程的体验；二是强调在教育教学中要注重学生动手实践能力和创新精神的培养，要在学习过程中有机渗透情感、态度、价值观教育，尊重学生成长规律，关注学生个性发展。

然而，放眼现实，我们许多学校依然在狂热地追求教育的功利化，依然以"时间加汗水"的方式在拼搏，中考、高考成绩依然成为一个学校教育质量高低的唯一标准。我们提倡的教育回归，就是要去功利化，回归到一切为了学生的发展，一切为了学生的幸福。教育的回归就是对人的幸福的关注，让学生学会如何幸福地生活，幸福地学习，在接受教育的过程中不断提升自己，向着更高的精神境界奋进。

（二）回归教育本真，做有信仰的教育

教育要回归本真，首先是教育要回归本位；其次是学校要回归本位；然后是教师要回归本位。以教育、学校、教师的回归，才能实现真正的教育理想，才能真正让师生收获幸福。

以品立校，做有理想追求的教育。《国家中长期教育改革和发展纲要（2010～2020）》指出："深化教育体制改革，关键是更新教育观念，核心是改革人才培养体制，目的是提高人才培养水平。"学校要把"全心全意为学生设计幸福人生"作为办学宗旨，把"创造最适合学生终身发展的教育，培育迈向未来的国际精英"作为育人目标，要求全体教职工必须树立四种教育观、四种质量观，即树立全面发展观念，努力造就德智体美全面发展的高素质人才；树立人人成才观念，面向全体学生，促进学生成人成才；树立多样化人才观念，尊重个人选择，鼓励个性发展，不拘一格培养人才；树立终身学习观念，为持续发展奠定基础；树立和谐的质量观，可持续的质量观，整体的质量观，全面的质量观。

"做精致教育，办伟大学校"作为学校办学的最高追求。力求为全校师生搭建最佳发展平台，让人人都能成才，让人人都有施展才华的舞台。让每一位走进学校的学子都能收获幸福，让每一位走进学校的教师都能走向成功，让每一位走进学校的参观者都能感受到学校教育的幸福！

以标立言，做有卓越发展的学校。"卓越发展，和而不同"是我们的共同价值追求。学校发展追求卓越。卓越要求：目标远大，主题鲜明，内涵深刻，知名度高。努力实现学校改革和发展的六大主题，即学校建设品牌化、教学设施现代化、内部管理科学化、教育模式多元化、人才培养高端化、发展方向国际化。特色建设追求卓越。卓越要求：特色鲜明，成效卓著，可持续发展。在激情德育、高效课堂、才艺培养、民族文化教育、拔尖人才培养、精细管理、金牌服务等方面形成较鲜明的特色。学校管理追求卓越。卓越要求：科学，人文，高效。努力实现科学管理与人文管理的有机结合，推崇忠诚大于能力，团队能力大于个人能力的文化理念；实行科学化管理与人性化管理、人格化管理相结合的管理模式；与教职工分享学校的经济利益和成就感，欣赏每一位教职员工。教师发展追求卓越。卓越要求：师德高尚，业务精良，成果卓著。塑造师德形象，提升教师人格魅力；树立教育信仰，彰显教师职业内涵；强化校本教研，促进教师专业发展。学生成长追求卓越。卓越要求：科学精神，人文情怀，创新能力。学校着力培养学生科学的执着精神、敏锐的观察力、强烈的好奇心、意志品质、超前的创新思维。

以爱育人，塑有教育信仰的教师。没有关爱的情怀，没有高尚的情操，没有奉献的精神，不可能塑造出心灵高尚、情趣高雅的学生。因此，要求所有的教师必须以爱育人，做有教育信仰的教师。德国哲学家雅斯贝斯认为："教育须有信仰，没有信仰就不成其为教育，而只是教学的技术而已。"教育信仰本身是一种巨大的教育力量，是伟大教育精神的源泉。"让老师成就事业，让学生收获幸福"这是学校的教育信仰，"全心全意为学生设计幸福人生"是学校广大教育工作者必须坚定信奉的信仰和主张，我们用爱心和责任感铸就师魂，只有不被功利障目，才能真正意义上惠及学生，指导家长，引领社会，才能是一所真正意义上的有追求的学校！

### （三）固守教育本真，办有幸福感的学校

俄国教育家乌申斯基曾经说过："教育的主要目的在于使学生获得幸福。"学生的幸福感是指学生以学校生活和家庭生活为基础，对自我存在状态的主观心理体验，是认知、情感等心理因素与外部因素相互作用而形成的一种积极主观心理体验。教师的幸福感主要由学生的爱戴感、教学的胜任感、探究的新鲜感、成功的愉悦感等组成。"所做一切都是为了师生的全面发展"应是学校班子的人生准则，努力探究和提升师生幸福感的途径与

方法。

顶层设计，让孩子和谐发展。为了让学生能可持续发展，学校要构建一个培育和造就拔尖创新人才的完整教育链，为学生从小学到高中12年教育进行整体设计，系统培养，重点突出，素质全面。小学部"以最温馨的呵护，让孩子阳光成长"——深入实施"幸福生活、快乐学习、阳光成长"的育人理念，培养学生"明礼、诚信、自信、责任、儒雅"五大品质，让每一位学生品行优良，身体健康，人格健全，学业优秀。初中部"以个性化培养模式，为学生终身发展奠基"——科学管理，塑造学生优良品行；校本课程，使学生素质出众；分层教学，确保学生全员成才。重点培养学生的学科素养，训练学生思维，开阔学生视野。高中部"以一流的教育质量，成就学子人生梦想"——高一欣赏学科，培养学科兴趣，建立科学的学习方式；高二欣赏高考，训练思维，加强学科的纵深度，提升能力；高三欣赏分数，建构知识体系，整合学科资源，提升应考能力，以奥赛、艺体、自主招生培训、常规高考等多条途径，让每一位学子都能走上成功的道路。

优秀文化，塑孩子民族灵魂。学校要把优秀传统文化教育作为学校办学特色之一，学习传统文化，传承中华文明，弘扬民族精神，是学校教育的重要任务之一。弘扬中华优秀传统文化，增强广大青少年学生对中华传统文化的认同感；帮助其树立民族的自尊、自信、自强、自立的精神；树立正确的世界观、人生观和价值观，促进学生综合素质和综合能力的提高，奠定终生发展的基础，培养具有民族灵魂、世界眼光的中华优秀人才。

激情德育，让孩子精神充盈。学校德育回归学生生活，贴近生活、贴近实际，教给学生生活的能力和智慧，让他们学会如何处理生活中的各种关系和矛盾；抓好激情德育的五大核心教育内容，即养成教育、信心教育、尊重教育、感恩教育、责任教育。打造出十大激情德育风景，即激情宣誓、激情高歌、激情记忆、激情跑操、激情劳动、激情规划、激情反思、激情活动、激情书话、激情培训。要让整个校园成为师生的精神乐园，孩子生活在这样的校园中，精神非常充盈，性格非常阳光，幸福感特别强。

高效课堂，让孩子自信张扬。学校要广泛考察全国课改名校，学习借鉴欧美教育的优点，打造新型高效课堂模式，通过教师精编导学案，学生自学、对学、群学、小组研讨展示、教师精讲精练等方式，打造"学·讲·练·悟"高效课堂模式。以导学案编写、小组建设为两大抓手，以课堂教学评价为杠杆，以教师培训为保证，在实践中不断丰富"学·讲·练·悟"高效课堂教学模式的内涵。与传统课堂相比，高效课堂在问题探讨的深度与难度上有突破，在单位教学时间内知识容量上有提升。更重要的是，学生成了课堂的主人，学生在课堂上激情飞扬，交流、探讨、质疑、辩论，真正品尝到了成功的喜悦。

自主管理，让孩子自立自强。要让学生收获幸福，不仅要让他们成为课堂的主人，还要让他们成为学校生活的主人，为此，学校要着力建设学生"自主学习、自主管理"品牌。学校成立学生自治委员会，各学部、各班级也相应成立自治机构，聘请学生校长助理。自主学习、自主管理将极大地调动学生参与班级、学部、学校的管理事务的热情，提高学校管理的水平，也锻炼学生的综合能力。学校学生从自律前提下的自信走向自主，从自主走向自立，从自立走向自强，我们的学生也必将从自强走向自如，即能够灵活自如地适应社会的发展并推动个体和社会的不断发展。

才艺培养，让孩子全面发展。为开发学生的生命潜能，培养学生的兴趣爱好，学校应要求全校学生人人会1～2项才艺。学校开设舞蹈、电子琴、钢琴、演讲、手工等数十门才艺选修课程，免费培训。学校长期举办丰富多彩的文艺活动，如校园文化艺术体育节、新年音乐会、才艺展示会等，开展"感恩演讲""爱我中华大家唱"等活动，提升学生演讲、表演等才能。积极组织学生参加各级各类艺术文化大赛。学校还要高度重视学生社团活动，如文学社团，艺术、体育、音乐、美术等社团，模拟联合国社团，动漫社等，每天下午4：00以后，全校学生都可以开展兴趣活动。上百个学生社团和众多的兴趣小组，将极大地开发学生的艺术才华和创造潜能,更让校园充满生机、活力和魅力。

　　高端培养,让孩子走向卓越。学校在坚持学生人人成才的基础上,为让优秀学生不断走上卓越发展的道路,要建立以学生卓越发展为本的多元、开放的课程体系,安排"必修＋选修＋专修＋综合实践活动"的课程,给学生自主选择的权利,培养他们认识自己、设计自己的能力,为他们的终身发展奠基。学校要不断探索拔尖创新人才的培养模式,从小学开始重视思维训练,一条龙培养各科特长生。全面培养优秀学生的综合素质,落实学校"十个学会"素质工程。加强高中理科特优生的人文素养的培养,文科特优生的数学特长培养。实行特优生的学科导师、加强一对一个辅、实行三超(超前、超宽、超深)学习制度。建立特优生小组学习制度,建设小组学习文化,打造学习共同体。开展国际奥林匹克学科培训、名校自主招生考试的培训,让拔尖创新人才脱颖而出。

# 第十二章
# 学生因能经历成长而伟大

## 一、中国留美女博士被遣返事件

2015年4月23日下午3点，北京边检遣返审查所民警老单和同事照例去登机口接收遣返，被遣返人是一名中国籍的30多岁女性。美国警察交接完人之后，将一盒药片还有一张服药说明递给了老单，指了指脑袋，又指了指小兰（化名）。

小兰穿着一身包裹到脚踝的黑色羽绒服，每一粒扣子都紧紧地扣好，头发稀稀拉拉只剩下稀疏的几缕，其间还有很多白发，脸蜡黄蜡黄，布满了皱纹，完全是一个老太太模样！"我是北京××大学和美国BF大学的双博士后，我没钱没地儿住就被警察遣返回来了。"小兰用中英文断断续续地告诉民警，她来自西北，自幼好学，父母从不让她干家务活，只一心学习。而她考进了全国排名前三的名牌大学，直至读完博士后。她又被推荐到美国的大学，又读了一个博士后。

小兰接下来的语速很快，期间夹杂着中文和英文，言语间一直在表露对自己学历的自信，但她自己也说："除了学习，我什么都不会。"小兰的专业是地质科学，跟着导师在美国黄石国家公园摸爬滚打搞研究，成绩突出，又被推荐到了企业。在企业里，她不擅与人打交道的劣势被彻底放大了。

在第一个企业，因为她看不惯企业里有作假的行为，快人快语的她得罪人被辞退了。在第二个企业，同事聚会时，主管有意考察几个外籍新人的社交能力，在餐会中给了他们每人一大份肉，让他们吃完。其他几个新人要么与主管沟通，要么请到人一起分享，唯独小兰干脆地把盘子一推，"我吃不下！"很快，小兰就被礼貌地请出了公司。

她当时正在申请居留类签证，一直在排期，可她旧的签证已经过期，又没有就职的单位可以继续为她申请签证延期，随时面临着被遣返，而没了经济来源的她也没钱再继续租住公寓了。困境之下，小兰不得不开始流浪，图书馆、走廊、公园甚至厕所和桥洞都可以成为她栖身的场所，运气好的话，也能混到住一晚上《当幸福来敲门》里威尔斯密斯和儿子住的那种慈善机构提供的屋子，但前提是能排得上队。38岁的她被折磨成一个老太模样，有一天，无家可归的小兰终于被美国警察发现，但她已经患上了精神分裂症。

小兰的遭遇令人同情，也值得我们教育工作者深思，我们给了学生怎样的成长经历？在他们成长道路上，给了他们怎样的生存能力？

当看到这位曾经辉煌的留美双料女博士后遭遇就业困境，甚至精神分裂而被遣返，她成为高学历高素养却未就业的特例。如果不从只言片语推测她的个人遭遇，仅从她本人求学之路一帆风顺可以看到，她自身应对外界能力不足与心理承受能力较差才是造成此种后果的重要因素，而同时，我们也可以看到，她当前困境的形成，有着多方面的原因。

从客观上来看，一方面，我国的教育体制所造成的应试教育有着不可推卸的责任。应试教育下，大多数学校和部分家庭都把成绩作为孩子优秀与否的重要标准，把学习知识固化为理论吸收，强行或无意间剥夺了孩子自然健康成长的可能性，最终部分孩子"除了学习，什么也不会"的状态成为他们就业路上的绊脚石，这也是当前许多大学生毕业不就业或难就业的原因之一；另一方面，学校基础教育理念的偏差和部分家庭培养子女的错误理念也是形成此类青年的重要因素。学校为满足家长升学意愿及教育系统评价体系要求，在"立德树人"的根本任务中强化"树人"，弱化了"立德"，让孩子成长过程中失去自我素质提升的机会，而部分家庭以培养"龙凤"为准，片面强调成绩，为了给孩子提供大量时间吸收知识，除学习之外的一切杂务都替孩子承担，却无意间让孩子失去了健康成长的机会；

从主观上来说，小兰自身应对外界能力不足与心理承受能力较差是她遭遇困境的主因。无论怎样看待小兰目前的状况，有一个事实是不可忽略的：即她之前求学之路一帆风顺告诉我们她本人的精神状态在取得诸多学位之前都是正常的，而目前的状态也许是面对社会中复杂关系难以处理，同时又身在异国，举目无亲，最终因为无法正确面对外界压力而导致的精神分裂。

在当前注重知识的时代，如若想让我们的莘莘学子都能够学有所成，如愿以偿，一步步走向个人理想生活目标，我们需要从以下着手努力：

第一，加快教育体制改革的步伐，引导基础教育落实素质教育，给孩子们营造一个健康成长的可能性和环境。体制改革把围困在应试教育思维中的家长解脱出来，让家长能够以更全面的素质培养为主，把"德、智、体、美、劳"作为孩子成长的评价体系，不再单一评价，给孩子经历自我人生的机会。

第二，学校教育特别是基础教育应纠正教育理念，把"立德"与"树人"相结合，全面培养学生的综合素质，让孩子真正的在心理和生理上都得到健康成长。基础教育是孩子成长过程中重要的环节，在这个过程中一方面帮助孩子正确认识世界，掌握更多的知识，另一方面还需要帮助孩子正确处理生活中的矛盾，形成正确的世界观、价值观，同时也帮助孩子提高自我修养，逐渐向成熟人格靠近，如此，才能让他们在进入社会之后保持良好心态，妥善处理周边事件。

第三，家庭需要以正确的观念来引导和帮助孩子成长。家庭是孩子成长的第一所学校，对孩子的健康成长有着不可忽视的作用，正因如此，父母需要有正确的教育观念和培养理念来引导孩子,不可包办孩子的事务,需要给孩子一个自我成长的空间,让孩子拥有健康的心态,能够更好应对生活中的挫折。

第四,青年人自身也需要以强悍的内心面对社会和生活,唯有如此才能真正成为生活的"赢家"。青年人在从单纯的学业理论研究转向处理复杂的社会关系时,需要不断地从挫折中总结经验,强大内心,让自己成为风雨中飘摇不倒的树。当我们能够经受住生活的考验并报以微笑时,生活的回报便悄然而至。

## 二、 中小学生学习和生活的现状与期望

学生成长快乐吗?带着这样的问题,中国青少年研究中心曾在北京、上海、广东、云南、甘肃和河南六个省市进行了"中国中小学生学习和生活的现状与期望调查"。调查发现,近年来基础教育有了很大的发展,素质教育理念深入人心,多数中小学生能够认同当前的学习及生活状况。他们对课堂教学和教师的基本素质、对父母的家庭教育基本认同,对职业教育、共青团和少先队工作也给予了较高认同。现实生活中也存在着一些制约素质教育全面实施的因素,中小学生的心愿与他们的学习、生活状况还存在一定差异。主要表现在学习压力大、课业负担重、发展目标单一、缺乏实践体验、学历期望及职业期望与现实差距大、对考试及成绩排名等心情矛盾、对父母和教师有更高要求、对未来生活有较多担忧等。

近一半的中小学生因"学习成绩提高"而感到快乐和幸福,因"学习压力大"而苦恼。当被问到"你通常在什么事情上最容易感到幸福和快乐?(限选三项)"时,调查发现中小学生对快乐和苦恼的体验普遍都与其学习状况关系密切,学业上的成功往往是他们快乐的主要原因之一,同时学业上的压力和不成功往往也成为他们烦恼的主要原因之一。这也从一个侧面反映出当前学习压力给中小学生带来的巨大影响。面对"生活过得好""上

网""家庭和睦""受人尊重""学习成绩提高""玩得痛快""得到父母表扬""得到老师表扬""实现了目标""做了好事""有充足的零花钱""其他"等多个选项,中小学生们认为,最快乐最幸福的两样事情是:实现目标(48.7%)和学习成绩提高(42.4%);比较容易让中小学生有快乐和幸福体验的两样事情是:受人尊重(39.2%)和家庭和睦(37.3%);其次是:上网(27.0%)和得到老师的表扬(23.0%)。调查还显示,中小学生普遍体验到苦恼的事情主要集中在以下八个方面:学习压力大(57.6%)、不被人理解(53.9%)。其次是成绩不好(38.7%)、没时间玩(33.9%)、遭受不公平对待(28.2%)、家庭不和(24.0%)、有困难没人帮助(23.8%)、同学关系不好(21.7%)。其中,"学习压力大"成为中小学生烦恼的首位,近六成学生因为学习问题烦恼,感到更幸福的事情是"学习成绩提高"。

### 三、 被误读了的西方精英教育

读书,考名牌大学,找好工作,似乎成了大多数学生的人生轨迹,也是家长们的热切期望。

于是,出现两种截然不同的教育观点,一种认为教育是快乐的,要让孩子享受充裕的物资生活,度过无忧无虑的童年;一种认为社会竞争是残酷的,学习是辛苦的,学习必须尽自己最大努力。

很多国人误读了欧美教育,认为欧美国家学生的学习非常轻松快乐。其实美国推崇"快乐教育"已二三十年,如今很多有思想的美国人,都在反思所谓的"快乐教育"。因为,很多从公立学习毕业的学生连普遍的简单算术都不会做。然而,美国的一些高端的私立中学,学习的压力可真的一点不比中国的好学校小到哪里去,所以那些学校就会出来大量精英。我们都知道,在美国,耶鲁、哈佛、沃顿、麻省理工出来的学生基本上控制了美国的政、商、学术、科技等领域。而接受"快乐教育"的大部分美国普通人，却只能平庸着，向上游流动基本没太大可能，因为美国经济已极其发达，社会创业机会很少，普通人很难通过创业致富。美国之所以生活水平高，原因是他们国家过去的积累。如果没有这些积累，没有在世界范围内有利于美国的世界经济游戏规则，以美国为首的西方人哪能享受现在的社会福利呢？

美国纽约州立大学历史学博士，阿勒根尼自由文理学院历史系副教授伍国认为，美国精英教育的灵魂是精神层面的。这并不是说，学术训练不重要，学术训练当然重要，而且其重要性是众所周知的，但它终究是一种"训练"，而容易被忽视的，恰恰是精英教育中对人的精神和思想逐渐和无形的熏陶。换句话说，这可以称为美国式的"思想教育"，而且这种教育常常是"触及灵魂深处"的。

2015年7月31日的《纽约时报》刊登了一篇文章，"如何智慧地生活"。文章的作者Richard J. Light是哈佛大学肯尼迪政府管理学院教授。他在文章中说，在哈佛大学，一些学院院长和教授发起设立了一门没有学分的课程，叫"反思你的人生"（Reflecting on Your Life）。这门课有三次讨论，每次90分钟，选该课的大学本科一年级新生被分入小组，每组12人。教授们的理念是希望学生思考一些抽象的问题：什么叫作一种好的人生？什么叫作快乐的人生？什么是富有成效的人生？假如学生提供的答案相互冲突，又将如何进一步思考这些想法？学生们将思考，他们计划如何用大学时光来一步步回答这些问题？课程的目标是希望大学新生系统地反思个人生活的诸多方面，然后把这些思考和发现与在校园里的实际行为联系起来。

学生们首先被要求列一个表，写出他们打算如何度过大学时光。再列另一个表，以备将来对照，并回答自己平时的作为和目标是否吻合。另一个自测方式叫"广度和深度练习"，让学生假定，如果他们要在特别精通某一件事和同时擅长多种事情上选择，将作何选择？在"核心价值练习"中，学生被要求在一张纸上写下25个关键词，例如："尊严""爱""名声""家庭""优异""财富"和"智慧"。学生需要圈出五个最能代表他们个人认同的核心价值的单词，然后思考，假如这些价值之间相互冲突，将如何解决。例如：想做一个繁忙的外科医生，又想做一个有很多孩子的父亲，这可能是一种矛盾的局面。哈佛教授们也使用了那个网上流传很广的，关于一个一辈子钓鱼的渔夫和一个富商的故事。和我们所熟悉的版本（商人建议渔夫把生意做大，上市，发大财，然后回来钓鱼晒太阳，渔夫反问：我现在不就在晒太阳吗？）不同，在哈佛教授的叙事中，商人认为把生意做大的渔夫可以用自己的财富为社会做出更大的贡献，可以帮助贫困儿童，而不仅仅是晒太阳。这个故事也引起了学生们对于人生价值的热烈辩论。在课程即将结束的时候，Richard J. Light 教授问学生："请告诉我今年内发生的一件，你对它的想法产生了改变的事。"很多回答都体现相当程度的内省——introspection。三年以后，同一批学生被回访，几乎所有的人都同意以上这些讨论具有相当高的价值，是把大学变成具有转折意义的人生体验的关键一步。

从上面这些教学实践中可以看出，美国精英教育的核心在于除了提供一流的软硬件设施和环境供学生自由而严谨地学习和从事研究以外，更包括一种对人生进行全盘规划和思考的内省教育。这是因为，精英是对社会承担责任的一群人，他们在坚实的学术训练之外，还必须对自我有清醒的认识，学会如何思考和处理专业领域以外的，涉及个人内心平衡，价值选择，社会责任等方面的问题。纯粹学术训练意义上的教育，每一个普通的州立大学都可以提供，虽然水平可能不及常春藤大学，但上述的这种带有哲理性和思辨性的课程和这种教学理念，只存在于私立大学的精英教育中。

其实真正属于精英的人文和素质教育，不是随时展示的才艺，也不是通向高薪岗位的途径，而是指向一种长远的人生境界，倡导一种回向内心的生活方式，要求一个个体对其目标和价值观进行自我拷问和自我回答，并且对自我与世界关系进行不断反思和调适。这样的人生才不是盲目和随波逐流的。只有把这个精神面向和学术训练完美结合，所谓的精英教育和

做精致教育　办伟大学校

"名校",才真正具有追求的价值。

英国的精英教育,不是什么快乐教育、放羊式的教育,是奉行严格、刻苦的苦读教育。快乐教育的本质,其实就是处于领导阶层的精英保持整个社会阶层稳定的手段。私立名校多数学生来自富裕家庭,精英教育可说是由特定的社会阶层群体所塑造出的教育模式。曾于1997年至2008年期间担任伊顿公学教务长的Oliver Kramer如此评论。

Kramer表示,英国的中学分为私立和公立,两者相差甚大,在优秀的私立学校,课堂纪律一样严格,大部分私立中学也是寄宿学校,而英国私校"精英"教育学起来一点不比中式教育轻松,结果就是:伊顿公学、斯科特中学等私立中学,聚集了全英国7%的学生,却占据了牛津、剑桥每年录取的学生中的50%,而未来,他们将可能成为英国的首相、国会议员以及社会精英人士。但是,要想进入私立学校,孩子从六岁就要开始准备,然后经过残酷的筛选(包括对家庭条件的考察),才有可能进入顶级的私立中学。

这样的教育对中国人来说真的很陌生吗?显然不是。假如排除高度体制化的现代自然科学和人文社科学术"训练",上述这些英美式内省教育和中国传统的精英教育理念和实践有很大的重叠。孔子所赞赏的那种"一箪食,一瓢饮,在陋巷。人不堪其忧,回也不改其乐"的态度,正定义了他所理解的人生快乐。"广度和深度练习"对应孔子对"博"和"约"二者关系的讨论。孔子在讨论"仁"和"礼"的关系时说"人而不仁如礼何"也正是在回答"当两个核心价值发生冲突的时候如何取舍"。至于渔夫的寓言,和"穷则独善其身,达则兼济天下"中的两种情形也有相通之处,都涉及自我完善和社会责任之间的关系。把日常行为记录下来对照检查,类似中国在宋明理学兴起以后的"功过格"。对introspection的强调,事实上也并没有超出"吾日三省吾身"的范围。不同时代中西精英教育之间的高度叠合并不令人奇怪,恰恰说明不同的社会对于精英的期待和培养理念在本质上是一致的:都要求未来的社会精英和领导者,从青年时代开始就过一种认真负责，有理想和目标，关怀社会，心智平衡，而且不断自省的生活。

复旦大学钱文忠教授在第三届家庭教育高峰论坛上演讲时说："我不相信教育是快乐的，请别再对孩子让步。"我们现在都说鼓励孩子的自信心，赞扬他，鼓励他有自信，这是对的，但是不能过度。在这种教育下的孩子将来到社会，他面临的反差足以把他摧毁。我们应该告诉孩子，这个社会是残酷的，要准备受到很多委屈。我赞成对孩子真的要严格。孩子毕竟不是成年人，孩子还必须管教、必须惩戒，必须让他知道教育绝不仅仅是快乐，学习绝不仅仅是快乐。如果一个人能够在学习中感到快乐，那就很可能成为大师级人物。绝大多数人是不会的。绝大多数人是不得不学，是为了某种目的去学。

### 四、给学生一个难忘的成长经历

北大钱理群教授说他对教育有三大信念：第一，相信人性是向上的，每一个孩子的心里都有善的种子。我觉得我们从人性的角度来说，人性就是善恶并举的。好的教育，就是扬善抑恶，坏的教育就是扬恶抑善，对人性要充满信念。第二，对我们的孩子，我称为童年和青春时期充满信心。他在这个阶段就是有好奇心，就有学习的欲望，本身就有这个欲望。一个人的童年有没有美好的记忆，对他的一生影响是很大的。我们现在的孩子，特别是农村的孩子，童年一点快乐都没有。北师大有一个研究生，自杀之前列了一个表，我活着的理由是什么？死着的理由是什么？结果认为死的理由高于活的理由。我们的教育最大的问题，是在剥夺孩子活的自由。现在的教育剥夺孩子的理想，剥夺孩子的亲情，剥夺孩子的快乐，所以他就没有理由活着了。第三，对教育本身要有信心。我始终认为教育是理想主义的思维，教育和其他的工作不一样，没有理想主义，根本上和教育是合不拢的。

钱理群教授有三个自信,第一,对人性的自信;第二,对于青春,对于童年的信心;第三,就是对教育本身的信念。他认为我们做的事情是符合人性,符合孩子要求的,也是符合教育本性的。我们做好了会影响孩子的一生,你做好了,自然有人向你学习,或者参与进来。

给学生难忘的成长过程,即难忘教育,既不是单指教育的内容,也不是单指教育的模式,而是专指教育的特质,教育的色彩,教育的力度,教育的影响。教育能不能产生效用,与教育的内容固然有关,与实施教育的模式固然有关,但毫无疑问,它与教育的特质、色彩、力度,也是密切相关的。因为教育必得经由受教育者的感受、体验,才能进而产生悟性,最终使教育的内容内化为学生的素质,使教育的目的根植于学生的心中。难忘教育,正是格外注重受教育者的感受和体验,同时致力于激发受教育者的情感活动,由情感在一定情境中的激活和升华,来使教育的认知落实到受教育者的心灵深处,同时使教育要求的行为规范到学生的道德践行中。

笔者认为,我们基础教育要给学生终身难忘的成长经历,就要全面规划学生的中小学时光。其中小学阶段:"以最温馨的呵护,让孩子阳光成长"——深入实施"幸福生活、快乐学习、阳光成长"的育人理念,滋养学生"明礼、诚信、自信、责任、儒雅"五大品质,培养学生的好奇心和责任感,让每一位学生品行优良,身体健康,人格健全,学业优秀。

初中阶段:"以个性化培养模式,为学生终身发展奠基"——立德树人,塑造学生优良品行;多元课程,培养学生综合素质;分层教学,确保学生全员成才;自主管理,培养学生的卓越领导力。同时重点培养学生的学科素养,训练学科思维,拓宽学生的国际视野,培养学生的动手实践能力。

高中阶段:"以一流的教育质量,成就学子人生梦想"——高一宽基础厚人文,培养学科兴趣,建立科学的学习方式;高二重能力立志向,训练思维,磨炼意志,加强学科的纵深度,全面提升综合能力;高三厚积薄发全力冲刺,建构知识体系,整合学科优势,提升应考能力,以奥赛、艺体、自主招生培训、常规高考等多条途径,让每一位学子都能走上成功的人生道路。

我们目前的基础教育被人为地割裂成小学、初中、高中几个独立的阶段,作为独立的一所学校,没能很好地为学生设计完整的教育体系,科学规划学生的成长历程。同时还忽视了学生的生活世界,忽视了学生的动态生成。学校必须树立现代教育观念,科学的人才观,改变师生的评价方式和管理方式,关注学生个性差异,让学生体验成长过程中的酸甜苦辣,既品尝到成功的快乐,也品尝了失败的苦涩,这样的人生才是完美的,难忘的。让我们培养的学生既有强健的体魄,又有强大的内心;既有渊博的学识,也有家国情怀,只有这样,我们才敢说,我们的教育是成功的。

(一)调整我们的培养目标,为学生的终身发展奠基

我们的培养目标要紧紧围绕"学生发展的核心素养"而展开,要培养学生应具备的、能够适应终身发展和社会发展需要的必备品格和能力,综合表现为九大素养,具体为社会责任、国家认同、国际理解;人文底蕴、科学精神、审美情趣;身心健康、学会学习、实践创新。让他们具有健康的体魄和健康的心理,具有可终身学习与发展的兴趣和能力,具有良好的道德品质和健全的人格,具有较强的人际交往能力和团队合作精神,具有较高的情感能力、实践和创新能力,具有参与国际竞争所必须具备的基本素养:多元文化价值观、全球思维、信息素养、人文素养。

教育是未来的事业。我们的学生几年以后才能步入社会,如果教师的教育观念还停留在过去或现在的人才要求上,还停留在只关注人的"工具性"的时代;培养出去的学生不能适应不断更新的社会,也不能在复杂多变的社会中从容应对、享受到属于自己的那份幸福,就不能算是对学生终身发展负责。

为学生终身发展负责,就要为学生的全面发展奠定坚实的基础,因为学生终身发展所具备的是综合素质,这些素质在个体的生命成长过程中是

相互制约、互为条件的，一个方面或几个方面的发展，不但会出现片面或畸形，而且这一个或几个方面的发展会有很大的局限性。例如学美术的同学，如果教师只关注本专业的发展，而不关注学生在人文情怀、道德情操、文化素养等方面的发展，学生就不可能在美术专业上有较大的成就。成功的教育是当学生离开学校和家庭时，自己能独立地、很好地生活；具备自我发展的意识和能力。教师再也不能为学生"一时的成功"而牺牲学生人生的成功；再也不能为学生一个方面的成功而牺牲其他方面的发展；更不能为了少数学生以考上重点大学为标志的所谓成功，牺牲大多数学生的健康成长。

（二）为学生终身发展负责，就要教给学生一生有用的东西

什么是学生一生有用的东西？教育应当促进每个人的全面发展，即身心、智力、敏感性、审美意识、个人责任感、精神价值等方面的发展。应该使每个人尤其借助于其青少年时代所受的教育，能够形成一种独立自主的、富有批判精神的思想意识，以及培养自己的判断能力，以便由他自己确定在人和的各种不同的情况下他认为应该做的事情。"为什么新课程提出要在知识和技能基础上重视过程和方法，重视情感态度与价值观呢？其潜台词是：教科书对孩子有用，但管不了孩子一生，因此你教材编得再好，也不能解决学生所有的问题；考试是一种选拔，但更多是知识和技能的选拔，因此考试考得再好，也不一定能在今后的工作和人生中胸怀大志、实现自我。"

因此，学校要构建博雅德育，让学生自主成长。让德育形成课程，克服传统德育散、乱的不足，改变传统的说教式，坚持德育课程化、活动化，提高德育针对性、有效性。卓越德育课程可以包括如下类别：

卓识类：培养有远大理想，有人生规划，有卓识远见的公民。包括人生规划、职业体验、名人讲堂、成人典礼、业余党校、学段计划、援学支教、励志交流课程。卓品类：品德高尚，培养学生管理能力。包括社区服

务、社团活动、领导力培养、军训磨砺课程。卓慧类：有卓越智慧，有研究能力，有探索能力，有创新能力。包括创意设计、课堂智慧、研究探索、提案建议课程。卓行类：有自主管理能力，有公民素养的社会有用人才。包括学校通识、常规自律、星级争锋、卓越才艺课程。

坚持以丰富多彩的德育活动为载体，德育每月有主题，学生每天有德育活动，让学生在活动中净化思想，提升精气神。传统大型德育活动有：高一上期"入学军训"、高一下期"远足拉练"、高二上期"演讲比赛"、高二下期"双语辩论大赛"、高三上期"十八岁成人典礼"、高三下期"百日誓师大会"等。

为关注学生个性发展，必须构建多元课程。以国家课程为总纲，以校本课程为辅助，根据育人目标和学生成才的需要，整合国家课程和校本课程，减少必修课程及课时，增加选修课程，提供超市化自选课程，形成多样化、有层级、可选择的校本课程体系，顺利实现国家课程的校本化。培养高素质创新人才，构建国家与校本结合的课程体系，形成高中的分类课程、分层课程、德育课程、个性课程、竞赛课程五类课程。

分类课程包括学科：语言类：语文、英语；人文类：历史、地理、政治；艺体类：艺术、体育；技术类：信息技术、通用技术。

分层课程包括：数学类：数学；科学类：物理、化学、生物。

个性化课程包括：援助类、特训类、专才类三类课程。援助类：延迟补齐、弱科个辅、整体提高。特训类：超前学习、自招小灶、竞赛专训。专才类：偏才扶正、特长艺体、专项拔尖。

竞赛类课程：数学、物理、化学、生物、信息技术。

（三）为学生终身发展负责，就要把成长的舞台交给学生

学校要建立民主、开放、融合、互助的智慧课堂，让学生学会自主学习，爱上学习；学校要根据学生成长需要，自主研发多种校本课程，培养学生多种素养和能力；学校要开展丰富多彩的德育活动，让学生成长为思

想活跃、富于理想、敢于质疑、勇于创新的阳光少年；学校要成立多彩纷呈的学生社团，广泛开展社会实践活动，让每个学生都有机会展示才华、挑战自我。

学校要力求把教育关怀指向在校学习和生活的每一个学生，使他们都能获得最适合于自身发展的最好教育。把学校教育的视线穿越学生生命发展的全程，为学生一生的可持续发展奠定思想基础、能力基础、情感基础和生活基础。学校要着力打造艺术节、科技节、体育节、读书节、音乐节和第二课堂活动等多种平台，就要建立管乐团、机器人、车航模、文学社、校园电视台、广播站、乒乓、排球、健身、摄影、魔术、街舞、语林、爱艺、模拟联合国大会、流行音乐、创意、动漫、拉丁、奥赛等社团，激发学生的广泛兴趣，发展学生的个性特长，培养学生的创新精神和能力，塑造学生的健全人格，使学生初步具备适应社会发展需要的现代公民意识、行为和能力。

（四）为学生终身发展负责，就要把成长的过程交给学生

建立学生自主管理委员会是让学生自主成长的最佳途径。学生自主管理是学生自主发展教育的一个重要的有机组成部分，需要外在的良好的环境和氛围，需要以多样化的健康活动为载体，需要以人性化的制度来约束，需要以全面、客观的评价机制做保障。它是当前学校教育中一种较为可行的教育管理模式，有利于学生的终身发展，有利于国民素质的整体提高。这种教育管理的结果是，学生会从自律前提下的自信走向自主，从自主走向自立，从自立走向自强，最终从自强走向自如，即能够灵活自如地适应社会的发展并推动个体和社会的不断发展。学校、学部、年级均可成立自管委员会，让学生参与到学校、学部、年级一些工作的决策过程当中来，无论是制订计划、贯彻执行，还是检查监督、总结评比，都要让学生参与，使他们了解学校、年级、班级工作的上下环节，明确自己应该承担的各种义务。只有这样，学生才会具有主人翁的意识，才会把学校、教师建议完

成的工作当作自己的使命，学会做班级、学校的主人，亲身体验成长的难忘过程。

因此，给学生终身有用的东西，培养学生完善的人格、积极向上的价值追求、强烈的合作交流意识和终身的学习能力，让每个学生在原有基础上学得有感觉、有信心、有所成，让教育的价值体现在每一个学生身上，这样的学校这样才算得上是一所成功的学校，这样的教育才是成功的教育，这样的成长经历才终身难忘。

**附：《给学生一生难忘的童年时光——卓同教育纪实》**

"要读书，到卓同；读卓同，真不同。"

这是来自射洪县柳树镇学生梁倚瑞同学的妈妈王丽的一句由衷赞美。因为，女儿在学校学习仅仅两个月以来，先后荣获"英语进步之星""阅读之星"等荣誉称号。用女儿自己的话说："妈妈，您把我转到卓同学校，简直是明智的选择"。

而来自遂宁市船山区另一所学校的就读卓同小学三年级的余晨曦也表现出了对新学校的极大热爱，向妈妈表示她一定好好读书，好好珍惜妈妈为她创造的学习机会。

是什么样的学校，让家长倍感荣耀？是什么样的教育，让孩子日新月异？

就让我们把目光聚焦遂宁河东新区，聚焦这一座宛如安徒生童话中的城堡般美丽的高品质学校。细细一数，我们收获了九大亮点：

一是争做优雅卓同娃，时时处处显优雅。幸福卓同娃，处处显优雅。语言文雅，气质儒雅，举止优雅，品味高雅。无声餐厅、音乐课间操、班级小合唱、班级小雅堂、开放式书吧、自主整理课……成为孩子们收获优雅习惯的"教育场"，通过"参与——体验——外化"，习惯在"美德银行"中积蓄。

二是小活动，大德育。卓同开心农场，涪江湿地公园保洁，广场英语外教课，国际礼仪课……全面培养学生的环保意识，同时丰富国际意识、世界价值观及国际交往能力，使他们具有世界视野，通晓国际文化，懂得国际礼仪，具有国际素养。

三是大语文整体建构。卓同小学通过阅读之星评比，开放式书吧建设，名句名篇背诵擂台，《卓同精英报》习作发表等方式，让学生语文素养快速扩张。二年级完成4000个识字量，每人一本作文集，六年400万字阅读量及7万字写作量，昭示卓同孩子与众不同的语文发展优势。

四是华罗庚数学王国探秘。在数学学科特色的建构上，卓同国际学校小学部以传授知识为途径，以训练思维为目标，以生成素养为归宿，打造高品质数学学习模式。在小学部三楼，建立了华罗庚数学王国，通过常规教学＋思维教学，启动单科拔尖训练与弱差个辅补救相结合的模式，让尖子生走向卓越，让潜能生走向合格。深度呈现数学的思维与文化魅力，让孩子们在骨子里喜欢数学，众多学子远赴北京参加华罗庚数学金杯邀请赛斩获全国大奖。

五是福尼斯快乐英语大礼包。通过启动家庭语音室，英语童谣、广场外教课、红领巾双语广播等途径，打造具有国际品位的英语活动体系，让英语学习妙趣横生，前卫高雅。让每位孩子英语听得懂、说得好、读得多、写得美。

六是小小院士显风采。卓同学校小学部成立了卓同少年科学院，开展三小活动（小科技论文，小课题研究，小发明制作）提升学生的动手与探究能力，培育创新意识，通过开展科创社团，科技活动周，科技成果展，依次开展"德育小学生最喜爱的110个科学实验"，构成卓同小学独具特色的科技教育体系。

七是健康幸福工程："大课间韵律操＋营养套餐＋每天11小时睡眠＋通宵夜巡"全面展示了卓同国际学校小学部"让孩子收获一生难忘的童年时光"的爱心情怀。吃得好，睡得好，玩得好，学得好，综合素质发展好，这是卓同人对新教育的追求与梦想。

八是人人有才艺。卓同小学开设48个选修社团,为学生提供"菜单式才艺选修课程",通过每天下午的社团选修培训,周末的艺体特长培训,建立"考级制"与"导师制",最终实现人人有才艺,人人能展示,人人敢登台的百花齐放局面,形成全方位、多层次、个性化的艺术教育天地。

九是高品质家长沟通。12345,有事找政府;心中有意见,打校长热线。卓同国际学校向全社会公布了校长热线。任何一名学生的事,都是学校的大事。同时学校定期举行"校园开放日""家长接待日"等活动,让家长进课堂,进食堂,进寝室,进会议室,让家校沟通更快捷方便,推动亲子关系构建。

"我们致力于创办让学生、家长和教师共同收获幸福与成功。"小学部校长朱清光如是说。他还详细地介绍说,为让学生收获一生难忘的童年时光,学校有四大举措:一是创建和谐幸福校园;二是实施激情励志德育;三是丰富多元幸福课程;四是建设精良师资团队。

就创建和谐幸福校园而言,卓同小学通过学校环境文化、管理制度文化、多元课程文化、特色师生文化、和谐家校文化、高效会议文化等为载体,打造和谐的卓同校园文化。一是坚持以人为本,关爱学生;二是坚持彰显欧式元素,展示个性;三是坚持文化立校,增加底蕴;四是坚持"五园并举",活力四射。这其中,五园是指小学校园文化建设的五个维度:生态校园、平安校园、数字校园、运动校园、人文校园。

就实施激情励志德育而言,学校一定要走出传统说教德育的模式,一定要给德育注入新的活力,以丰富多彩的活动,以喜闻乐见的形式,方可叩开学生心灵之门。因此,卓同国际学校小学部实施养成教育,励志教育、感恩教育、拼搏教育与成功教育五位一体的激情德育模式,以"尊重、信任、理解、包容、激励、唤醒"为六大操作原则,打造以学生"思想自律,行为自控,生活自理,学习自觉,成功自主"为基石的自动化成长系统。

就丰富多元幸福课程而言,卓同国际学校小学部旗帜鲜明地提出:坚决反对照本宣科,坚决反对教材单调,坚决反对课程枯燥,坚决反对机械训练，坚决反对"唯分数论"，坚决反对以成绩决定学生的远近亲疏。

小学部实施了国家、地方、校本三级课程体系，提供阅读课程、选修课程、实践课程、社团课程等内容供学生自由选择。倡导自主学习课堂，打造高效课堂，探索云教育技术与翻转课堂实践。在课堂组织、周末培训、艺术体育等方面，分板块、分专题、分章节、分层次探索走班教学。让每一个孩子都能找到自信，都能找到成长的空间。

就建设精良师资团队而言，卓同国际学校小学部主张：如果孩子在成长道路上遇到了一位好教师，这是千金不换的好事情，真可谓"千金易得，名师难求"。为此，卓同国际学校小学部第一是在全省，全国范围内礼聘名优特级教师，第二是在全市范围内选聘德艺双馨骨干教师，让全体卓同教师都成为学科教学专家，心理辅导专家，班级建设专家，人生励志专家。让这些好教师与学生相伴，让这些好教师与学生相知，让这些好教师也学生相爱，共同追寻教育的幸福与成功。

卓同教育致力于给学生终身难忘的教育，给孩子一生难忘的童年时光。

**附：《给学生终身难忘的教育——河北衡水中学道德教育见闻》**

五月的一个周末，河北衡水中学一年一度的开放日。

校门刚一打开，上万名参观者蜂拥而至，有学生，也有家长和老师；有白发的老人，也有被父母牵着的儿童；有本地的，也有外县市乃至外省的……这所远近闻名的学校，被参观者围个水泄不通。人群中羡慕的眼神，让高二学生仝十一妹，想起自己第一次来衡中的情形。

两年前的夏天，家住偏远小村的她，悄悄踏上去衡水的汽车。"我只想去看一眼衡中，自从在一本画册上和她邂逅，那美丽的校园和不一样的学校精神，一直让我魂牵梦萦。"

辗转好几个小时来到衡中门前，望着梦想中的校园，她久久不愿意离去。当一位教师走出来询问时，这个瘦弱而腼腆的姑娘禁不住哭了，满腔的话儿就剩下了一句："衡中……我想上衡中！"

不久前，被评为衡中"十大杰出学星"之一的全十一妹，坐在了记者面前，一脸灿烂的阳光："衡中改变了我，让我学到很多，我越来越喜欢这个昂扬向上的成长氛围。"

"很多学生都是这样被衡中吸引，把这里当作梦想开始的地方。"衡中校长坚持以学生发展为本，给学生终身难忘的教育。"

教育的达成离不开良好的氛围，学校教育的一切细节，都应具有育人的力量。很多时候，教育的意图就潜藏在学校生活最常态的形式背后，而许多终身有益的素质、习惯和信念，却在不经意间悄然养成……

衡中的铃声给记者留下了深刻的印象。

清晨5：30，起床的铃声响起，宁静的校园顿时热闹起来。随即5：40洗漱、整理内务；5：45，早操带队；5：50早操开始……

短短20分钟，就响了四道铃，让人不由得紧张起来。铃声伴随着学生们一天的校园生活。直到晚上10：10，晚休的铃声响过，夜色中的校园又重归于平静。

"我大致算过，一天从早到晚，铃声有六十多道。"高二学生王萌当初满怀喜悦地考入衡中，可是才一天下来，铃声让他头都大了。

六十多道，真不可思议！在这个有四千多学生的寄宿制学校里，铃声代替了基本的管理。像王萌一样，很多新生都不太适应。但他们很快体会到，这些铃声是多么重要。

铃声不是警告，而更多的是一种提醒，其中包含着许多科学管理的细节。比如从早晨6：35到6：43每隔4分钟一道铃声，分别提醒高三、高二和高一的学生依次到食堂就餐。主管德育的王建鹏副校长向记者解释说："学生太多了，同时就餐，食堂里太拥挤。这么一错开，就餐秩序好了，也节省了排队的时间。"

有了铃声的提醒，省去了老师太多的叮咛和催促。在保证充足睡眠的前提下，学生们的生活被安排得井井有条。"你必须安排好时间，前一天睡晚了，第二天学习就会受影响。"过去有点懒散的王萌，已经习惯了学校快节奏的生活。"现在即使放假回家,我也会让每天过得很充实,妈妈看见我自己叠被子,说我整个变了个人。"

显然,铃声就像生物钟一样,培养了衡中学生自觉、自理的意识和习惯。"在衡中得论秒过,差一分都不行。"高一学生王二伟笑着说,"我的手表走时不准,我每天都得调,让它跟学校的大钟一致。"已经毕业的学生,感触更为深刻。进入北京大学深造的高雅,对衡中的铃声十分眷恋:"拿到大学录取通知书时,我庆幸再也不用这么紧张了。现在才意识到,衡中生活在我成长历程中留下不可磨灭的印记。"

衡中的生活虽然紧张,却并不压抑,学生们响亮的、充满青春气息的口号,同样令以难忘。

"衡中的口号会让你感到震撼!"当教师们这样自豪地介绍时,记者有些纳闷,口号哪个学校没有啊,能有什么特别的呢?

第一次听到衡中的口号,是在早操时间。起床铃一响,学生们从宿舍里小跑着来到集合地点。就在这几分钟的空隙里,他们拿出书或卡片,小声读着。听到整队铃声,他们随即放下东西,迅速站整齐。

早操铃响起,各班的队伍应声启动。远看去,整个校园里,就像有几条大传送带在运行,整齐而壮观。

当"刷刷""刷刷"的步点声由远及近,记者惊讶地发现,眼前的队伍远非"整齐"可以形容。每班的队伍都紧凑而严密,前后排几乎贴在一起,前排学生脚刚抬起,后排学生脚就落下。一致的间距,一致的步伐,一致的速度,简直就是现代的"斯巴达克方阵"。

惊讶和赞叹还没说出口,蓦地,听见炸雷口号声在耳畔响起:

"放飞青春,勇攀高峰!"

"超越自我,挑战极限!"

"高歌猛进,勇往直前!"

"自强不息,志与天齐!"

……

各班的口号都不一样，此起彼伏的口号声如春雷滚滚。无论男生还是女生，声音都一样洪亮，一样激越，仿佛是从胸腔里迸发出来的。

"这既是对身体的唤醒，也是一种精神激励。"王建鹏副校长对早操很重视。每天早晨5：30，他和校长张文茂都准时出现在校园里。从新生军训开始，学校就把早操当作一项特殊的教育。

一日之计在于晨！在紧张的学习生活中，激情澎湃的口号既是青春的铮铮誓言，也是宣泄精神压力的好形式。"早操是一天中最振奋人心的时刻，我用尽情地呼喊激发自信，迎接每一天。"初到衡中时，腼腆的仝十一妹怎么也张不开口，现在她已不再拘束："听着整齐有力的步点，忍不住就有呐喊的冲动。这实际上是一种情感释放，有什么压力或愿望，都可以借口号倾吐出来。"

青春的激情，会让人永远铭记。一位外地教师来衡中参观，为眼前的情景深深感动。热泪盈眶地说："这样的教育，让我不禁想起自己当年那激情燃烧的岁月。"

衡中的每一天都是这样。紧张有序的铃声与昂扬奋进的口号，两者和谐地交织在一起，奠定了校园生活的独特基调。

作为一项具有滞后性效应的事业，教育的意义常在于复杂的过程，而不在简单的结果，正因此，怎样创造充满吸引力的教育过程，让学生既获得自由发展的充足机会，又懂得相互欣赏，就显得尤为重要。

衡中校园里有一个很大的"诺贝尔科学奖"展厅，陈列着百年来500位获奖科学家的生平、业绩及部分获奖者给中国青少年来信和致辞。课余时间，学生们常在这里流连，感悟大师的教诲。

不过，科技巨星的光芒固然璀璨夺目，学生身边的"明星"也别有风采。在校门口的橱窗里，记者看到刚评选出的"十大杰出学星"。神采飞扬的照片和个性十足的自我介绍，吸引着过路师生的目光。

"学生的成长离不开榜样的引领。与其禁止他们追逐那些歌星、影星，不如引导他们去追'学星'。"王建鹏副校长说起评选的初衷，"身边真实生动的教育资源，往往有更强的说服力和感召力。"

因此，"十大杰出学星"评选，一直是每年校园里的盛事。从学生自主申报开始，直到评选结果揭晓，历时三个多月。

从橱窗的照片中，记者认识了高一学生李紫鹏，一个健康、帅气的男孩，憨厚的笑容中透着自信。当初报名参评时，李紫鹏有些纳闷"把成绩最好的十个学生直接定为学星就行了，何必这么费事呢？"

"十大杰出学星"的评选的确挺复杂，要经过初选、复赛、决赛等好几道程序。最后还要进行竞选演讲，由全校学生代表投票。但是，学校从不认为这是浪费时间，而是有意识地创设了这样一个自我展示、自我教育的舞台。

上台演讲以前，李紫鹏仔细思忖着："怎样才能激起大家共鸣呢？只说学习成绩显然太苍白无力。"这时候，他感触最深的，是近一年来的丰厚收获。在衡中，过去很懒散的他变得积极；每天的跑操让他变得结实而有激情；在社团活动中，他锻炼了表达能力；担任班长，使他的组织能力极大提高……"衡中改变了我，这样的成长体验也是衡中学生共有的。"李紫鹏迫切地想把这种感受倾诉出来。

他成功了，台下同学的热烈掌声和欢呼声，既是对他的认可，也表达了对衡中生活一致的喜爱。"学星，不是简单的学习之星，而是全面发展的学生中的明星。"切身经历使李紫鹏有了更深的理解。

这样的活动也对更多学生产生莫大的激励。另一位高一女生王萌，就是由一位"追星族"变成校园"明星"的。"入学时看到橱窗里上一届学星的介绍，让我特别羡慕。"王萌很想知道成为"学星"是什么滋味。

经过一年的不懈努力，王萌终于也站到了"十大杰出学星"的演讲台上。那一刻，她想到了冰心的一句诗："成功的花儿，人们只惊羡她现时的美丽，而当初她的芽儿浸透了奋斗的泪泉……"

台下如潮的掌声让王萌的眼睛湿润了："这是我一生都难以忘怀的情景。在衡中，每个学生都可以通过努力去成为明星。"

成为"学星",得到全校学生的掌声和仰慕,无疑会极大地激发学生的信心。比起那些诺贝尔奖获得者,学生的成就也许微不足道,但这份成功体验,同样会伴随他终身,走向更大的辉煌。

因此,学校努力创造更多的机会,使更多学生获得成功的体验。

走进教学楼,一块醒目的宣传板引起了记者的注意:

"奉献之星"——248班尹金喜。他朴实正直,乐于助人,责任心强。课间看到黑板还未擦,他会主动擦干净;讲桌上的课程表破了,他重抄一张贴上去;为了省电,他常在晚自习后关掉饮水机电源开关……

简短的介绍,让人们了解了一位爱校如家的学生。各年级的教学楼中,都有一块这样的黑板。"这是最近一期的'每周之星',在某方面表现突出的学习,都可能当选,有希望之星、奋斗之星、纪律之星、奉献之星、惜时之星……"王建鹏副校长如数家珍地向记者介绍。

这不正是一种有意义的同伴教育吗?多元的评价标准,给学生更多展示的舞台和更广阔的成长空间。

教育生活多是由许多看似不经意的小事构成的。而教育的作用以及科学的育人理念,就是通过这些小事显现出来。真正以学生为本的教育,常常从关注小事入手,以平等、尊重的态度,促进学生健全人格和情感态度的培养。

"现在的中学生其实很孤独,既缺乏被了解,又不愿跟长辈沟通。很多学生一个月才回一次家,可宁愿看电视也不陪父母说话。"高一年级德育调研员信金焕老师希望从沟通入手,密切家校之间的配合。为此,信老师决定召开一次特别的班会。

"我们要请家长一起来开班会,黑板上写什么好呢?"在班会课前,信老师问学生们。

"就写'欢迎家长来到我班开会'好了。"学生们表现得不太积极。

"太俗套了,你们想想,该怎样表达对父母的情感?"信老师让学生来确定班会的主题,还让每人给学长写一封信。"学生不是不爱父母,只是很

做精致教育 办伟大学校

少表达。"她想给这些孩子创造表达爱意的机会。

经过周密安排,班会课如期举行。让信老师很满意的是,学生们在黑板上写的两个大字是"懂你",很贴切地表达了班会的主题。

教室里多了几十位家长,显得很拥挤。信老师说:"学生可以坐在家长腿上。"很多学生照着做了,少数一些感到害羞,就站在家长身后。"孩子长大以后,跟父母的肢体接触很少。重新回到父母的怀抱,对他们的心灵肯定有很大触动。"信老师有意这样安排。

空气里悄然融入无限的亲情。在歌曲《懂你》的动人旋律中,家长们拿到了学生们写的信。信老师还将其中一些话显示在屏幕上:

"您两鬓白发是我成长的证明,我希望用快乐抚平您的皱纹。"

"妈妈,平生第一次对您说:'我爱您!'请原谅我的不懂事。"

"感谢您无怨的付出,恩情似海永不忘。"

……

这一刻,父母眼角的泪花和读信时颤抖的手,让学生们体验到久违的感动。

学生和家长互诉心声,表达对彼此的关心和愿望,心灵渐渐贴近。在这融洽的气氛中,信老师也向家长提出希望:"关心成绩,更要关注孩子的成长"。"疼爱孩子,更要舍得锻炼孩子","关爱孩子,更要关爱孩子成长的班级和学校"……

过去,学生们觉得跟父母无法沟通,他们总结了"打电话三部曲","今天吃什么了?""天气冷不冷(或热不热)?""最近学习怎么样?"父母总是习惯于问这样三个问题。

高二学生池璐妍有过一次尴尬的经历:"有一天,我情绪特别低落,想找父母倾诉一番。谁知父母拿起电话,依旧是这'三部曲',我都不知说什么好了。草草说了两句,放下电话,眼泪顿时涌了出来。"

在老师们的引导下,书信成了一种很好的沟通方式。"记得第一次给父母写信,很快收到了父母的回信。"池璐妍至今清楚地记得父母回信中的话："璐璐，爸妈很感动。我们不要求你回报什么，只希望你过得快乐。父母永远是你坚强的后盾……"

"现在和父母通信已经成了很多学生的习惯。"池璐妍说，"我又找回小时候跟父母那种亲近的感觉，彼此就像朋友一样。"

在改善家校之间沟通方式的同时，教师们更多的是以朋友式的倾听和引导，构建平等的师生关系。

有一次，年轻的班主任张华正在办公室里备课。任课教师带着一位学生进来，生气地说，学生在课堂上故意捣乱，还顶撞老师差点儿打起来。

"我一看，学生似乎也很生气。这时候跟他谈话，他的抵触情绪肯定很大。"张老师想了想，平静地对学生说："你看你，气都喘不匀呢。你先坐下来平静五分钟咱们再来谈话。"

几分钟后，学生明显冷静了许多。张老师说："好吧，你先说说，老师有什么不对的地方?"学生一肚子的委屈，说自己并无恶意的发言被老师说成故意捣乱，难堪的他忍不住跟教师顶撞上了。

"嗯，老师是有不对，我可以让他向你道歉。但反过来想想，你又有哪些做得不合适的地方呢?"张老师这才把问题转到学生身上。

心里的委屈已经发泄过了，学生恢复了理智："当时课堂秩序很乱，老师有些生气，而我的表现也太过分，不该那么冲动。"

张老师没有更多地批评学生："对这件事你不妨反思一下，自己平时在性格或行为上，有哪些不足呢?""老师，我有时候性格太急躁，稍有不快就想发泄出来。"学生很真诚地剖析自己。

张老师给了学生一些建议，然后对他说："这件事就由你自己去解决吧，你只把结果告诉我。"学生愉快地接受了。他诚恳地向任课教师道了歉，还主动要求在班上公开检讨，消除不良影响。

衡中的教师深知："细节决定成败。"对这些细节的关注，恰恰是学生成长过程中最为重要的。

好的道德教育，应融科学性与艺术性为一体，用富有生命力的活动来吸引学生的主动参与,在活动的过程中,巧妙地融入多元的教育意图。这样的教育,才会让学生获得心灵的震撼,久久不能忘怀。

在离衡中几十华里外,有一片方圆数百里的大湖,叫作衡水湖。夏季一到,水草丰美,百鸟争鸣。

衡水湖是衡中人心中的圣地。每年五月,学校都组织高一学生进行一次远足,目的地就选在衡水湖。往返80华里的路,要走一天。

"印象太深刻了!"高一学生邵洪浩还带着远足归来的激动,"我以前最多跑过5000米,从未走过那么长的路。"的确,对习惯了现代交通工具的学生来说,这是一次莫大的考验。

除了体力的考验以外,更多的还是意志的磨炼。远足前,老师都会让学生们读一篇文章——《中日夏令营营员的较量》。文中对两国少年之间巨大反差的描写,既引人深思,又催人奋发。

"前方是我的目标,坚持是我的承诺,铸我坚强意志,树我中华雄风……"远足誓师大会上,一千多名学生齐声宣誓。铿锵的誓词,激荡起年轻的热情。

踏着清晨的阳光,远足开始了。校长张文茂身先士卒地走在队伍前列,载着校医的救护车在最后压阵。学生们高举着旗帜,唱着歌,喊着口号,显得很是兴奋、轻松。有的还背着吉他,边走边弹唱。

可走着走着,滋味就不一样了。太阳升高了,火辣辣地照着。脚上起了泡,有的都磨破了。渐渐地,歌声和口号声都低下去了,连不大的背包也成了学生的累赘。出发前每人带了三瓶矿泉水走了不到一半,邵洪浩已经喝了两瓶多。"这时候才深切体会到,水是生命之源泉啊!"

尽管如此,没有一个学生肯放弃。除了少数几个因为中暑被迫上车外,其他的人都咬牙坚持着。

行百里者半九十。一位胖胖的男生撑不住了,一屁股坐到地上。这时候,两个大个子男生赶上来挽着他继续走。

"要不让我上车吧。"胖男生不忍心麻烦同学,想放弃。

"别泄气，咱们班不能有一个掉队。"大个子男生一边说着，一边把自己已经不多的水递给了胖男生。邵洪浩在旁边乱弹着吉他，转移着他们的注意力。班主任走过来，也给他们几个鼓劲。

当一大片碧绿的湖水终于呈现在眼前时，所有人都欢呼起来。那一刻，80华里蜿蜒曲折的乡间小路被赋予了一种形而上的意义。"我们宣了誓，就一定要走完，这是对生命的一种承诺。"邵洪浩显得很严肃，"这让我意识到一个人在面临困难时必须坚强。"

正因此，尽管少数人表示担心和反对，这项看似有些"残酷"的活动，多年来却从未间断。学校也极为重视，不仅周密安排，而且学校领导和任课教师全程参与。

与此同时，学校不断为这一传统活动赋予新的内容和意义，每一年的远足都确定了不同的主题。今年的主题是"绿色·人文"，学生们打出"以我举手之劳，净我秀丽河山"的标语，每人一个塑料袋，既盛放自己的生活垃圾，也把沿途看到的垃圾废料一一捡起。

如今，每一届新生入学，都迫不及待地盼着远足。他们说，经历了远足，才算是合格的衡中人。

很显然，远足是学生们心中一笔宝贵的财富，将伴随他们以更坚强的心态、更振奋的激情去走更长的路。

"学为人师，行为世范。"学校教育的一项重要功能就是示范和引领，因此，学校应成为一片道德的净土，一个"精神特区"。这就要求教师用充满爱心和责任感的言行，在潜移默化中影响学生的精神生活。

改革开放以来，深圳作为中国的经济特区，以开拓创新的精神，成为改革的引领者和示范者。受此启发，在十年前，衡水中学观点鲜明地提出，要把学校建设成一个"精神特区"。

显然，"精神特区"是凸显的，是在精神文化领域的引领和示范。张文茂校长深情地说："我们希望以教师的高尚师德，去影响和解决与学生生活密切相关的种种文化与道德冲突，使学生从他律走向自律，学会道德判断，进而自然生成正确的人生信仰。"

构建"精神特区",衡中人首先着眼于教师的职业道德水平。

在管理上,张文茂最看重的是"责任"二字。一方面,学校领导做好表率,要求教师们做到的,领导首先要做到。另一方面,"要职务,不要荣誉",是学校对领导班子的一贯要求。多年来,无论是"全国优秀教师"这样的国家级荣誉,还是特级教师评聘指标,学校领导都犹豫地让给一线教师。有人觉得太不可思议,张文茂则认为是理所当然:"指标太少,够标准的教师又太多。校长不上课,如果还要占一个指标,会影响教师积极性。"

工作头绪繁多,最难做到的是"一碗水端平",衡中依靠的是严格而科学的制度。多年来新生入学,都是电脑分班,从未有任何一个学生可以任意调班。曾经邻居家的一个学生违反了校纪,亲戚朋友多方说情,张文茂只有一句话:"要想不按制度办,除非我不当校长。"

张文茂深知,构建"精神特区"是一个系统工程。因此,他希望在校领导以人格影响教师的同时,教师也能用高尚人格去影响学生。

"临来衡中以前,有人劝我要学圆滑一点。但在这里,我发现自己既做不到,也没必要这么做。"高三年级德育调研员国列通几年前调到衡中。他长长的黑脸膛和紧闭的嘴角,乍一看让学生有些害怕。但相处久了,学生们才发现,老师有一颗多么深爱学生的心。

一天下午学校的例会开到很晚。一散会,国老师习惯性地先到教室去看看,晚自习还没开始,学生都在教室里端坐着。

"这么快都吃完饭了?"国老师很奇怪。

"老师,我们还没吃呢,等您来开会。"原来,每次例会结束,国老师要在班里做一些传达。他没有散会,学生就一直等着。

看看表,已经过了食堂的晚饭时间。国老师匆匆跑回家,把正在吃饭的妻子叫出来:"你先别吃了,我的孩子们都还没吃呢。"他用摩托车带着妻子上街去。因为心急,一不小心拐进路旁的灌木丛。

晚自习下课时,国老师把一箱蛋糕摆到讲台上:"同学们,这是老师给大家买的晚饭,各宿舍长来领回去赶紧吃了,别影响晚休。"

学生们很感动,而国老师则内疚地说:"这是老师的一点心意。"一向不苟言笑的"老师"竟然如此体贴,很多学生都掉泪了,他们自豪地对外班学生说:"看,这是'老班'给我们买的晚饭。"

在衡中,有许多像国老师这样既敬业,又热爱学生的教师。

教师王玉英和丈夫都在衡中工作,独生女儿要去北京参加美术特长生考试。学生们听说了,都想让王老师请假去陪女儿。

"老师,你就去吧,我们这两天自学。"学生们央求道。

"不行,高三这么关键,课哪能耽误。"王老师不答应。

学生们又请班主任劝说,王老师还是婉言谢绝:"女儿说自己能行,不用我陪。"就这样,女儿考试那两天,王老师和丈夫都照常工作,只是用手机短信来鼓励女儿。看到女儿回短信说,已经考完了,成绩不错,只是觉得很累,王老师躲在办公室里悄悄地哭了。

"桃李不言,下自成蹊。"教师们对学生、对教育事业那份深沉的爱与崇高的责任感是构建"精神特区"的重要支柱,也是学生精神成长道路上的有力感召。

在衡中的校园网上,记者看到一位学生充满感情的话语:

衡中的每一天都是幸福的,每天都能进步,每天都很丰富,不会枯燥和烦闷,只有充实与满足。我们就像幼苗,饱吸水分,一天天茁壮成长起来,我们的心跳更有力了,信念更坚定了,志向更高远了……

的确,在短暂的采访中,衡中的每一天都让人由衷地感动。在这里,无论是和风细雨般的习惯熏染,还是大气磅礴的理想锻造,都以富有感染力与亲和力的形式,直指学生的心灵。正如校长张文茂所言"只有真正打动学生的心灵,才能使人终身难忘。"

究竟什么才是终身难忘的教育?是把目光单纯地投注于分数、排名和升学率,殚精竭虑地只为给学生争得一纸大学录取通知书;还是以更深远的眼光,摆脱功利的羁绊,关注学生能力的培养、行为的完善和人格的健全，为学生未来的长远发展奠基。

对这个问题的回答，很难有唯一的标准答案。但毫无疑问，多年以来，在对"以学生发展为本"理念的一贯坚持中，在对教育细节、过程和小事的特别关注中，在对"精神特区"的诠释和探索中，衡水中学给出了一份既有独特魅力、又不乏启示性的答卷。

**附：《致力于办让学生"永远难忘"的教育》（作者：戴荣）**

在泰州市大浦中心小学百年校庆前夕，胡锦涛总书记亲自为母校发来贺信。胡总书记的贺信高屋建瓴、言简意赅、情深意切、语重心长，在表示祝贺和慰问的同时，充分肯定了学校教书育人的成绩，深情回顾了当年的美好学习生活，对学校和同学们寄予了殷切希望。

一遍遍读着总书记的贺信，联系当下的社会现状和教育实际，笔者思考得最多的是我们的学校就应该"致力于塑造学生美好品德，开启学生智慧人生，促进学生健康成长"，我们的教师就应该对学生"谆谆教诲"，我们同学之间就应该具有"纯真友情"，这样的学校、这样的老师、这样的教育，学生才会"记忆犹新"，才会"永远难忘"。我们学习贯彻总书记的贺信精神，就应该思考和实践如何"进一步提高教书育人水平"，努力办出让学生"永远难忘"教育。

让学生"永远难忘"的教育，应该是幸福的教育。时代进步了，教育发展了，人们对当下的教育却不够满意，最为突出的是：学生背上了沉重的课业负担和心理负担，教师充满了职业倦怠和心理压力，家长、校长也侈谈"幸福"。所以，当务之急必须实现教育本质的回归：让每个学生扬起希望的风帆，让每个教师领略教育的趣味，让每个父母享受成功的喜悦，一句话：让"教育"与"幸福"联姻，追求幸福教育。所谓幸福教育，就是以人的幸福情感为目的的教育，其起码包括三个方面的要求：一是把幸福作为一种有待于教、有待于学的情感内容，这样的"幸福教育"就是"教幸福，学幸福"。二是幸福既是教育的最终目的，也要贯穿于整个教育过程，幸福过程与幸福结果相统一，就是艰苦、漫长的过程，也应该在"以苦为乐，乐在其中"的心境中体会到幸福和快乐。三是把幸福当作教育过程中师生双方的情感体验，把教育当作一件幸福的事情来做，这样"幸福教育"就是"幸福地教、幸福地学"。要让学生感到学习过程是一种快乐的"旅行"，而不是一种劳役，让学生感受到生命成长是一种幸福和快乐，而不是一种痛苦和灾难，让他们听到自己拔节成长的声音。同时也要让教师能够感受到生活充满希望、充满阳光，工作过程是一种享受而不是一种劳役，是自我实现的过程而不是单纯的付出，只有这样，他才能创造出充满生命温暖的课堂，才可能为学生提供优质的教育服务。当前，我们要为学生今天的幸福负责，让每个学生都学好国家规定的课程，让每个学生得到全面而有个性的发展；要为学生明天的幸福负责，让那些愿意继续学习深造的学生，能够获得继续教育的机会；要为学生的终身幸福负责，不要因为近期的学习与明天的升学，而牺牲学生的长远发展，危及学生的长远利益。

让学生"永远难忘"的教育，应该是生活的教育。教育如果是远离生活的，它也就远离了儿童、远离了真实、远离了时代与社会，成为与儿童格格不入的东西。"生活即教育、社会即学校""行是知之始、知是行之成"，这两点是陶行知先生"生活教育"的基本理论。让学校充满生活的气息，让生活充满教育的阳光，是陶行知先生"生活教育"思想的昭示，也是学校教育应该遵循的原则。目前我国的学校教育存在着"去生活化"的倾向。一是"主知主义"用符号体系将学生从生活中抽离，将丰富的大千世界灰化为理论的单一色调；二是有意无意地回避生活，害怕生活中的"细菌"和"病毒"会感染上孩子，使他们身心失去健康，殊不知这种隔离不仅不能让他们呼吸到生活的新鲜空气，也让他们失去了形成抗体、增强免疫力的功能。忽略了儿童"生活世界"的真实意义。强调"生活的"教育，就是要让学生在真实的生活里，用自己的亲历去感悟。这样的教育是"实践着"的生活、这样的生活是充满"德性"的教育。学生在这样的生活情境中亲身经历，得到积极的启发和暗示，在感悟中发展德性素质。学生面对的，不再是符号化的道德理念，不再是被分数框限住的道德"题目"，不再是应试异化的道德"知识点"，而是他们真真切切的生活！很难设想，一个在学校没有积极充实生活体验，没有难以忘怀的生活印记，也从没有感动生活的情感跃动，会在日后走上社会成为一个热爱生活、享受生活、创造生活的建设者与接班人。

让学生"永远难忘"的教育，应该是情境的教育。在西方语境里，"情境"主要指客观情景，是一种背景、场景或环境，以及人的心理与这些客观情境的认知反映关系，英文用"situation"表示。格式塔心理学则提出"问题情境"。到了20世纪末，认知心理学提出了"情境认知"或"情境学习"，人类学家也不约而同地提出了"情境学习"理论，但他们所主张的情境仍然是一种生活背景、生活实境。西方的"情境"理论迥异于我国古代"意境说"、"境界说"。当代著名儿童教育家李吉林从我国古代文艺审美理论中汲取"意境说"的营养，借鉴外语情景教学的成功经验，以马克思主义认识论和现代脑科学的研究成果，在教学教育中创设了"情境"这一范畴，既强调生活的真实，也强调情感的融入，是"情"与"境"的和谐统一。在教育过程中，我们既要十分注重生活中的那一个个真实的人物、事件和场景，把生活的原生态（当然是富含教育意蕴的）呈现在学生面前，使学生在切实真切的体验中明是非，辨美丑，知得失；同时我们也要十分注重精心创设源于生活，又高于生活的教育情境，将优化的、美化的、净化的人物、事件、环境组合成教育心理场。用"场"的磁力紧紧抓牢学生的审美注意和情绪感染。经验课程组织的一个个活动，实际上正是创设的一个个情境，学生的受教育过程本身也是一种情境，连续呈现的情境就是多向折射的心理场。各种心理要素都在情境中不断得到跃动和提升。此情此境，是在他们青春年华的学生生活中经历过的、体悟过的。这不是平淡的，而是浓烈的，这不是浅近的，而是深远的，这不是随意的，而是精心的，这不是枯燥的公式推演，而是生动的情境呈现，这会给予学生经久难忘的回忆。

让学生"永远难忘"的教育，应该是智慧的教育。一流教师教智慧；二流教师教方法；三流教师教知识。2007年11月23日的《中国教育报》介绍了泰州大浦中心小学实施"智慧课堂构建"的课题研究情况和他们的初步探索。在课题研究中，他们尝试了课堂上促进学生智慧生长的途径与方法，探索了师生智慧共同构建与生成的有效策略。比如：他们构建的小学数学智慧课堂的教学模式是：自我初探——开启智慧；合作交流，智慧共生；思维训练——发展智慧；总结评价——丰富智慧。胡总书记的贺信对大浦中心小学"开启学生智慧人生"的做法给予了充分肯定，也是对我们今后教育工作的殷切期望，同时我个人认为这也是"永远难忘"教育的核心要义。温家宝曾在全国教育工作会议上明确指出："智育不是简单灌输知识，而是点燃人心智的火焰，把受教育者内在的潜质开发、启蒙出来，让学生积极主动地去追求新知。"因此，我们的教育关键是要开启智慧、生成智慧、发展智慧、丰富智慧，促进生生、师生智慧共生，特别是要增强学生的慧心，增添学生的慧根、让学生独具慧眼。

让学生"永远难忘"的教育，应该是创新的教育。陶行知先生早就批评过"死教书、教死书、教书死"的诟病。让学生"永远难忘"的教育应该是创新的教育，应该是常教常新的教育。教师在教育教学过程中应该不重复别人，也不重复自己。当前，教师特别是要在"讲什么""怎么讲"和"如何指导学生学"上花功夫。在"讲什么"的问题上，必须真正做到"讲得其所"，把握新课改的基本要领，认真研究各学科的教学要求，区分教学对象的要求层次，做到胸有成竹。在"怎么讲"的问题上，必须做到"讲得有效"，要创新教学模式，注重运用多样化的教学手段，注重调动学生的积极思维和主动参与，注重课堂教学的行为价值和有效性。要向洋思初中学习，尽量减少教师的"讲"，多增加学生自主、合作、探究的学。教师的"讲"要掌握火候、深入浅出、举一反三、画龙点睛，要让学生触类旁通、融会贯通。在"如何指导学生学"的问题上，要培养学生的积极、主动、自主的学习能力和习惯。要激发学生的学习兴趣，提高教学过程中的学生参与程度；要针对不同学科、课型和教学内容，根据学生的实际情况，实施最适合、最切合的教学；要将结论性知识变成过程性知识，将统一目标要求、统一学习过程、统一练习作业的、"流水线生产"式的教学方式转变为分层要求、更趋个性、更富针对性的教学范式，并通过小组互助的方式促进学生之间的互补互促，共同进步。要加强学生自主学习方法的指导。要将各学科教学与研究性学习、综合实践活动课程紧密结合起来，加强课外阅读指导，加强课外学习、课外实践的指导，通过研究性学习、参与性学习、体验性学习和实践性学习，实现学习方式的多样化，启发、引导、帮助学生自主学习。要组建各类学生社团，组织各类研究性学习小组，整合网络学习资源和搭建网络互动学习平台，为学生创造自主学习的环境。要从小开始，从小节开始，校内外携手，课内外并举，着力培养学生自学的习惯。

让学生"永远难忘"的教育，应该是情感的教育。作为人的认识发展的动力机制，作为人的行为选择的评价机制，作为人的意志形成的催化剂，情感的作用是不可替代的。更重要的是，情感本身就是人的生存和发展的需要，七情六欲，伴随着人的始终。后工业化社会之中，技术进步将一切便捷化、简单化，使青少年崇尚功能效用而轻视主体价值，崇尚手段而轻视目的，崇尚结果而轻视过程，实用主义、科学至上使艺术与情感发生很大的价值跌落；社会对儿童的宽容，家庭对儿童的迁就，特别是我国独生子女政策的某些负面效应，使儿童一方面妄自尊大，一方面脆弱自私，只要求别人爱自己，却不懂得去爱别人。薄情成为不少孩子的情感病。"薄情就会产生冷漠，冷漠会产生自私自利，而自私自利则是残酷无情之源。"（苏霍姆林斯基著《帕夫雷什中学》）所以，世界上所有坚持教育必须持有人类终极关怀理念的教育家都不约而同地高扬情感教育的旗帜，他们认为"离开情感层面，教育就不可能铸造个人的精神，个人的经验世界。不能发挥大脑的完整功能，不能保持道德的追求，也不能反映人类的人文文化世界。"要对学生进行情感教育,教育就不能无情,教育本身应该充满感情,应该用情去打动情。学生何以难忘,正是因为难忘教育的经验课程带给他们一段情感的体验,给予他们一种情感的震撼,让他们不能不去珍藏这一情感的记忆。而这种记忆,是在他们心田播下了情感的酵母,在他们日后的生活中,逐渐酿变为情感的琼浆,温暖其一生,护佑其一生,推动其一生。

如果学校已经成为孩子们的心灵花园,老远看到学校就欢呼雀跃,如果在长大成人之后,他们能带着爱恋和感激的深情,常常怀念起在学校里度过的时光,那么我们的教师就是"永远难忘"的教师,我们的学校就是"永远难忘"的学校,我们的教育就是"永远难忘"的。

## 第十三章
# 教育因有多种选择而伟大

### 一、给孩子选择优秀或平凡的权利

女作家刘继荣一篇《坐在路边鼓掌的人》的文章深深地震撼了众多的教育工作者。她在文中这样写道:

女儿的同学都管她叫"23号"。她的班里总共有50个人,每每考试,女儿都排名23。久而久之,便有了这个雅号,她也就成了名副其实的中等生。

我们觉得这外号刺耳,女儿却欣然接受。老公发愁地说,一碰到公司活动或者老同学聚会,别人都对自家的"小超人"赞不绝口,他却只能扮深沉。人家的孩子,不仅成绩出类拔萃,而且特长多多。唯有我们家的"23号",没有一样值得炫耀的地方。因此,他一看到娱乐节目里那些才艺非凡的孩子,就羡慕得两眼放光。

中秋节,亲友相聚,坐满了一个宽大的包间。众人的话题,也渐渐转向各家的小儿女。趁着酒兴,要孩子们说说将来要做什么。钢琴家,明星,政界要人,孩子们毫不怯场,连那个4岁半的女孩,也会说将来要做央视的主持人,赢得一阵赞叹。

12岁的女儿,正为身边的小弟弟小妹妹剔蟹剥虾,盛汤揩嘴,忙得不亦乐乎。人们忽然想起，只剩她没说了。在众人的催促下，她认真地回答："长大了，我的第一志愿是，当幼儿园老师，领着孩子们唱歌跳舞，做游戏。"众人礼貌地表示赞许，紧接着追问她的第二志愿。她大大方方地说："我想做妈妈，穿着印有叮当猫的围裙，在厨房里做晚餐，然后给我的孩子讲故事，领着孩子在阳台上看星星。"

亲友愕然，面面相觑，不知道该说些什么。老公的神情，极为尴尬。

其实，我们也动过很多脑筋。为提高她的学习成绩，请家教，报辅导班，买各种各样的资料。孩子也蛮懂事，漫画书不看了，剪纸班退出了，周末的懒觉放弃了。像一只疲惫的小鸟，她从一个班赶到另一个班，卷子、练习册，一沓沓地做。可到底是个孩子，身体先扛不住了，得了重感冒。在病床上，输着液体，她还坚持做作业，最后引发了肺炎。病好后，孩子的脸小了一圈。可期末考试的成绩，仍然是让我们哭笑不得的23名。

后来，我们也曾试过增加营养、物质激励等等，几次三番地折腾下来，女儿的小脸越来越苍白。而且一说要考试，她就开始厌食、失眠、冒虚汗，再接着又考出了令我们瞠目结舌的33名。

我和老公，悄无声息地放弃了轰轰烈烈的揠苗助长活动，恢复了她正常的作息时间，还给她画漫画的权利，允许她继续订《儿童幽默》之类的书报，家中安稳了很久。我们对女儿，是心疼的，可面对她的成绩，又有说不出的困惑。

周末，一群同事结伴郊游。大家各自做了最拿手的菜，带着老公和孩子去野餐。一路上笑语盈盈，这家孩子唱歌，那家孩子表演小品。女儿没什么看家本领，只是开心地不停鼓掌。她不时跑到后面，照看着那些食物，把倾斜的饭盒摆好，松了的瓶盖拧紧，流出的菜汁擦净，忙忙碌碌，像个细心的小管家。

野餐的时候，发生了一件意外的事。两个小男孩，一个奥数尖子，一个英语高手，同时夹住盘子里的一块糯米饼，谁也不肯放手，更不愿平分。丰盛的美食源源不断地摆上来，他们看都不看，大人们又笑又叹，连劝带哄，可怎么都不管用。最后，还是女儿，用掷硬币的方法，轻松地打破了这个僵局。

回来的路上堵车，一些孩子焦躁起来。女儿的笑话一个接一个，全车人都被逗乐了。她手底下也没闲着，用装食品的彩色纸盒，剪出许多小动物，引得这群孩子赞叹不已。到了下车的时候，每个人都拿到了自己的生肖剪纸。听到孩子们连连道谢，老公禁不住露出了自豪的微笑。

期中考试后，我接到了女儿班主任的电话。首先得知，女儿的成绩，仍是中等。不过他说，有一件奇怪的事想告诉我，他从教30年了，第一次遇见这种事。

语文试卷上有一道附加题：你最欣赏班里的哪位同学，请说出理由。除女儿之外，全班同学竟然都写上了女儿的名字。理由很多：热心助人，守信用，不爱生气，好相处等等，写得最多的是，乐观幽默。班主任还说，很多同学建议，由她来担任班长。他感叹道：你这个女儿，虽说成绩一般，可为人实在很优秀啊。

我开玩笑地对女儿说，你快要成为英雄了。正在织围巾的女儿，歪着头想了想，认真地告诉我说，老师曾讲过一句格言：当英雄路过的时候，总要有人在路边鼓掌。她轻轻地说："妈妈，我不想成为英雄，我想成为在路边鼓掌的人。"

我猛地一震，默默地打量着她。她安静地织着绒线，淡粉的线在竹针上缠缠绕绕，仿佛一寸一寸的光阴在她手里吐出星星点点的花蕾。我心里，竟是蓦地一暖。

那一刻，我忽然被这个不想成为英雄的女孩打动了。这世间有多少人，年少时渴望成为英雄，最终却成了烟火红尘里的平凡人。如果健康，如果快乐，如果没有违背自己的心意，我们的孩子，又何妨做一个善良的普通人。

长大成人后，她一定会成为贤淑的妻子，温柔的母亲，甚至热心的同事，和善的邻居。在那些漫长的岁月里，她都能安然地过着自己想要的生活。作为父母，还想为孩子祈求怎样更好的未来呢？

看了这篇文章，作为教育工作者的我们应该有何感想？现实社会，激烈的竞争性、淘汰性、功利性的教育让我们的学生整日忙忙碌碌，没有一点快乐可言，甚至部分学生生不如死，我们从来没有给过学生一种浪漫完整的教育。父母和老师越俎代庖，用社会的价值准则，代替了孩子的本真追求。当孩子感觉到不是在为自己而活，不是在为自己的理想而奋斗，而是他人的傀儡和附庸，是代替他人而活的工具，甚至自己越奋斗，离自己的人生理想反而越来越远，这种人生还有什么滋味？

理想的教育是，让孩子们眼界开阔，精神舒展，灵魂自由。帮助孩子，让他们意识到自己需要什么，并让他们独立给自己的人生赋予意义。因此，每个学生都有选择的权利，包括他们选择自己爱好的权利。然而，我们的学生却从来没有选择的机会。不管是家长，还是老师，我们应该告诉孩子们，你们有选择优秀的权力，也有选择不优秀的权力。我们不能强求，也不逼迫。了解不想优秀孩子所思所想，给他们指明新的方向；帮助希望优秀的孩子们增加能量，让他们选择一种适合自己幸福快乐的人生道路。

其实，社会精英层只占整个社会5%～10%的人数，绝大部分人都是平凡地度过一生，只要他认为自己的人生有意义，活得幸福快乐，这就是成功的人生。事实上，让孩子自主选择，绝大部分孩子不会放弃选择优秀的。但有了这样的包容和过程，结果就全然不同了。你理解他，给了他选择的自由，他是在价值澄清之后，勇敢地选择追求优秀的道路，那么，他就会自发努力，承担选择的责任。在这种选择中，他感觉自己不是一个被忽视的孩子，而是一个有担当的大写的人。

## 二、 尊重学生选择性的教育学价值

选择是人实现可能性的重要环节，是人的本质属性的重要体现，选择是人的自主性和自由意志的充分发挥，选择更是人接触自然、参与社会、认识自我的重要桥梁。个体的成长、成熟在选择中完成；社会的发展、进步在选择中进行。今天，高度发展的生产力和社会分工既是选择的结果又是新的选择的现实前提，日益扩展的选择空间孕育着无穷的发展契机。在对人的发展具有特殊影响的学校教育活动中，尊重学生的选择性有着深远的意义。

尊重学生的选择有利于参与热情的调动。学生愿意进行选择，这至少意味着愿意参与，而参与则意味着一种行为或兴趣取向。有参与就会有交流，有交流才会有沟通，才会有进步有发展。今天在学生中普遍流行的凡事不来气、凡事不合作的"无兴趣病"，让教育工作者头痛不已、施之无计，这其实就是学生对不尊重其选择性的一种消极反抗。我们对青少年说了太多的"不"，却很少聆听他们"要"什么。

尊重学生的选择有利于责任感的培养。如果选择是学生在自由原则下进行的自主选择，这可能更符合其自身实际，选择主体更容易把这种选择内容有效地整合到自己的价值体系中，进而形成坚定的信念，那么他会更容易珍惜这种选择，并为自己的选择自豪，视其为自己内在能力的表现和自己生活（非别人强加的生活）的一部分，会对这种选择有一种强烈的责任感。而这些不正是我们所期望的吗？如果一些东西是别人强加的，我们却去苛求他们承担相应的责任，这不是勉为其难吗？

尊重学生的选择有利于能力的发展。选择是培养独立性、批判性和创造性的土壤，是知识与能力协调发展的桥梁。选择并非简单地做出是与否的取舍，选择是一项综合能力的展现，意味着分析、比较、协调和决断。在对各种复杂的可能性进行客观、理性的分析，反复权衡利弊的过程中，毫无疑问，个人的思维水平、意志、情感以及社会责任等方面都会受到很好的磨砺，而这些磨砺是形成和发展能力的必要条件。

尊重学生的选择有利于自由、民主、平等观念的塑造。自由是选择的前提，民主是选择的土壤，平等是选择的条件。在无数次选择实践中，学生更容易体会到自尊与尊人的关系，容易在重新审视一系列交往关系中逐渐体会并学会尊重自由、民主和平等的精神实质和价值。

尊重学生的选择有利于对人生真义的领悟。在选择中，学生会越来越深刻地领悟到选择既是一种确定，也是一种放弃，更是一种境界。有得必有失，有舍方有取。多中选一，要么是追求卓越，要么是追求平衡。"鱼和熊掌不可兼得，舍鱼而取熊掌者也"，这是追求卓越；"水善利万物而不争，处众人之所恶，故几于道"，这是追求平衡。通常，追求卓越的选择只立足于一己或一因，是独秀；而追求平衡的选择则照顾众人或众因，是兼善。这是两种不同的选择，也是人生的两种不同境界。

### 三、 家长给孩子人生多样选择的权利

（一）选择在国内求学或国外求学的权利

近些年，随着中国经济的迅猛发展，越来越多的家长选择子女到国外求学，享受发达国家的优质教育。并且我国出国留学生低龄化的现象日趋越来越明显，以前主要是大学出去，现在是中学生，甚至是小学生大量出国求学。统计数据显示，2014年7月到2015年2月，在美国接受基础教育的中国留学生增长了23.4%，其中接受高中教育的留学生增长了50%，低龄留学生比例更高，超过了在美所有留学生总数的十分之一。即便不考虑低龄留学对青少年的成长以及价值观的影响，从经济角度来说也是不小的数额，统计数据显示，2014年留学生的境外消费达两千亿元。

当然，通过正规渠道到欧美、日韩等国著名大学留学，好处是非常明显的，首先，你可以领略国外的优美风光并开阔眼界，而且在国外生活几年之后你可能就有了西方国家那种先进的思想理念，这种理念的意义毫无疑问会对你的生活和工作有很深远的影响；其次，你可以更多地接触到世界最先进的技术和教育形式，在你原来学习的基础上你可以得到更好的发展，通过学习掌握最先进的技术，为你将来的工作打好基础，尤其是如果你毕业回国发展的话，你的这一优势更为明显；第三，在国外留学你将要

面对不同的文化,不同的种族得人,你必须学会与这些不同文化背景的人打交道,并同时形成新的生活方式和思想观念,这对你来说人生的一次飞跃。对你很有帮助,你会觉得世界在你的眼里便小了,你的世界变大了;第四,出国对你的毅力和独立生活的能力是一种极好的锻炼,能很好地培养你吃苦的精神,也许出国这几年就能让你拥有一辈子这样的顽强品质等。

当然,弊端也是显而易见的。比如留学生必须忍受心理孤独,你会发现你很难和外国学生打成一片,你很难融入他们的生活,大多数的国际学生在某一阶段都会体会到孤独。总是有一些场合你会想念你的家人。可能是圣诞节、开斋节、洒红节或其他任何宗教的节日,你第一份工作或你第一个好的考试结果——你想要与你的家人和爱人分享这些时刻,不幸的是远隔万里;学费和生活费用高昂,国际学生的财政危机往往在该列表的第一项。如果你住在像澳大利亚这样的国家,你需要支付大量费用。虽然澳大利亚的城市是一些世界上最宜居、最有吸引力的城市,他们也是最昂贵之列的城市;这也是一种赌博,赌注是你的青春,父母的期待,以及老爸老妈一辈子的积蓄,你会感到很大的压力,而且你要在这种压力下度过好几年;国外大学都是宽进严出,会发现毕业总是那么艰难,甚至有些时候你会想到放弃等。

眼前的现实是,面对低龄化留学国外初高中不断升温,无论基于何种理由决定选择送子女到国外读初高中,仍需要根据学生实际情况,谨慎权衡利弊,家长要慎重思考,尤其是充分尊重学生的选择。如一旦决定选择到国外读初高中,值得注意的,学生年龄普遍偏低、尚属于低龄化群体的现实,可能会导致因独处异国而感到不适。在选择出国留学时,不要只依赖中介,把孩子的命运完全交给中介安排非常冒险,即使是合法的中介也只是一个商业导向的机构。不要以为付给中介费用就万事大吉了。既然付高额服务费,家长更应该充分行使自己的权利,应该不厌其烦地向中介了解留学国家教育的方方面面。与中介深入探讨各种安排的可能和利弊。通过其他渠道尽可能了解和搜集丰富完整的信息,确保自己的决策不盲目不被误导。不要过分追求名校，父母必须尽力为子女选择教学质量有保障的学校，避免误入野鸡大学，同时也不宜让孩子一步跨入挑战过大的学校。那些天赋好、个性强、准备充分的孩子，很快能适应名校的生活，但对很多孩子，名校未必是明智的去处。中学生出国留学的第一步是建立自信，尽快适应国外主流课程体系。对大多数学生，比较恰当的途径是选择教学业绩中等偏上层次的学校，同时考虑学校的各种条件包括地理位置、生活设施、对国际留学生的支持等。不要以为国外课程很容易。中国的中小学课程和教学体系是世界上强度最高的，但不代表难度最大。

许多出国留下失败的教训告诉我们，出国留学并非天堂，国内教育并非地狱，经过几十年的发展，中国的教育规模和质量已经处于世界前列。是否出国留学，主要尊重孩子的选择，不要让家长的虚荣心毁了孩子的美好未来。

### （二）选择公办学校或民办学校就读的权利

新教育倡导者朱永新认为："选择自己最适合的教育，才是最公平的教育。"公平不仅和效率有关，也和选择有关。从政府的角度来说，为所有人提供优质均等的教育资源是确保教育公平的基本做法。但是从公民个人的角度而言，选择自己最适合的教育，才是最公平的教育。

随着国家对民办教育的大力支持，民办教育已蔚为大观，各地出现了一大批优质的民办学校或教育机构。民办教育与公办教育不同之处主要表现在经费来源、办学体制、管理体制等方面。而这些正是为我国教育资源的有效配置、办学体制的改革以及学校办学自主权的加大注入了活力。民办教育的兴起在一定程度上分解了政府的教育负担，弥补了国家教育投入的不足，进一步挖掘了现有的各种社会教育资源的潜力，有效地增加了教育投入，而且还改变了政府包办教育的状况，为教育建立了竞争机制，增加了教育供给方式的多样性和选择性，满足了社会不同层次的人对教育的需求。

中国教育学会副会长陶西平认为:"人民满意的教育应该考虑三个方面:公平的教育机会;优良的教育品质;同时满足教育的选择需求。"民办教育的重要任务是提供选择性教育。选择性教育是一种合理的教育需求,群众的选择需求总体上看是为了提高生存与生活的品质。比如适应不同家庭对子女的期望,适应不同学生的个性发展,适应社会对不同人才的需要,适应市场变化影响下的就业形势,适应转岗能力的培训,适应提升文化生活质量等。

在政府提供的公共教育资源和公民自身教育需求之间———这种落差就为选择提供了机会和可能。在一定程度上,选择可以提升品质,在更高层次上推进公平。而没有选择就没有竞争,也就没有教育质量的发展动力与压力。选择的存在,民办教育的存在,不仅仅会增加教育多样化、个性化,同时也会激发公办教育的活力和效率。从这个意义上来讲,加强教育供给侧改革,增加更多的选择,是从根本上推进教育公平的有效路径。

民办学校的发展增加了教育供给方式的多样化和选择性。民办学校在某种程度上满足了人们选择优质教育的需求。民办比公办学校有新型灵活的办学机制,能通过多种途径引进名优教师,民办学校往往走在课程改革和教学改革的前列,实行小班教学,分层教学,因材施教,能更好地培养和发展学生的个性,更重视对学生及家长的服务需求,有较高的办学水平和教育质量,形成自己的办学特色。

当然公办学校也有自己的优势。家长在选择孩子就读学校时,需要从各自需要出发,选择公民办学校的条件、选择就读形式、选择教育的特色等。要把选择权交给学生,不能盲目跟风,主宰学生命运。

（三）选择学校教育或私塾教育的权利

由于现行学校教育受市场经济负面影响,呈现功利化倾向。重分数和重升学的功利教育,正面临诚信、道德、感恩、仁义等文化教育缺失的尴尬局面,于是,部分学历较高、家庭经济条件良好的家长,在看到孩子学习负担重、学习压力大、心理脆弱等种种学校教育的弊端后,他们开始质疑如今的学校教育,而将目光转向了"现代私塾",开始选择将孩子送到私塾就读,他们中有商人、老师、政府官员。

2005年10月29日,苏州首家现代私塾——"菊斋私塾"正式开课。据悉,创办者创办私塾的主要目的是弘扬国学,培养儿童的古典文化底蕴和优雅情怀。私塾教学内容主要是经学、韵文、古乐、书画、茶道等。"日日新学堂"——2006年9月由四位家长共同创办于北京回龙观小区。课程设置分为人文类、科学类、艺术类、体育类和社会实践类,课程时间灵活。学堂努力实践将西方的理性精神和东方的感悟式智慧结合在一起,实现一种"真"教育。"苍山学堂"——2010年由家长陈阵创办于大理苍山。学校设各种活动区域,孩子自主安排一日生活,规则由孩子们和教职员工一起通过自治会制定。学堂效仿英国夏山学校,让孩子回归自然,拥有幸福童年。目前,学堂正在全球游学。"六月小学堂"——2010年8月由家长叶万红创办于广州佛山。语数外课程根据孩子不同的学习进度而定,欣赏课、科学课、劳作课等则混龄进行。延续孙瑞雪教育机构"爱和自由,规则与平等"的教育理念,让孩子在"完整的成长"中成为"完整的人"。"蔬菜超人妈妈教育共生社区"——2011年由宋夏艳创办于大理。不办学校,倡导将教育融化成"水"的生活方式。家长带着孩子共同深度参与。学堂内部的资金物资共享,无固定学费。家长可通过提供劳动力为社区盈利,社区亦计划开创其他盈利途径。2006年9月,中央广播电视大学文法学院吴鸿清教授在中国甘肃省天水市甘谷县土桥小学创办进行基础教育改革实验的"伏羲班"——"伏羲班"的宗旨是以人为本,全面实行素质教育,其教学不受现行教育大纲限制,自主设置课程,自主选择教材进行教学等。

"现代私塾"突出的优点是,让学生快乐学习,自由发展。互助教学模式加课外实践,培养出爱提问、会探索、明事理、爱生活、有梦想的世界公民;"私塾"让学生们在上大学之前学他们想学的,做他们想做的。在熏陶和自我探索之间,在自由自律之间,快乐学习。

正是不满于流水线作业般千篇一律的学校教育，近年来，越来越多的家长选择带领孩子"逃"出校园，自己在家教育孩子。受限于时间和能力有限，加上孩子成长过程中人际交往等需求，一部分家长正尝试将孩子集合起来，共建理想教育的实验田。近年来，越来越多的"私塾"出现，家长互助结联盟在全国各地涌现出来。21世纪教育研究院院长杨东平认为：我国"在家上学"的实践在教育理念、内容、方法上呈现多元，但重视家庭教育的价值，强调对儿童的爱和尊重，实施以每一个学生为本的个性化的教育。这一实践顺应了社会结构分化、教育需求多样化的发展趋势，对于增加教育的选择性、丰富性和提供高品质的教学，满足不同群体的教育需求具有重要价值。

"现代私塾"与"普通教育"，哪种方式更适合孩子？这两种不同教育方法教出来的孩子又有哪些区别？这种在中国兴起不到10年的新型教育方式，是否能接地气？发展下去是否会不可避免地成为另一种小型学校？"私塾"教育其目前面临的主要问题又包括哪些？这些都需要家长深入考察，认真斟酌，决不能贸然做出决定，让孩子的前途受损。

## 四、 学校给孩子提供选择的教育

前几方面是社会提供家长和学生的多元选择，作为学校教育也应该给学生选择的机会，比如班型设置、课程设置、教学进度安排、教师、教育活动，总之，要"尊重个性差异、提供多元选择、开发智慧潜能、多条路径走向成功"。

### （一）分层教学是最大的公平

长期以来，大家关注比较多的是外部的、显性的教育公平问题。比如区域教育发展不平衡，城乡教育发展不平衡，学校之间的教育发展不平衡以及不同群体受教育的发展不平衡等。但是，对于学校内部的隐性教育公平问题却一直没有引起足够的关注。所谓隐性的教育公平，是指高质量的、多样化的教育选择，让每一个人都能够选择适合自己的教育。

冰心说："让孩子像野草一样自由生长。"我们的教育应该是带着人格的魅力和灵性去关爱我们的孩子，而不是简单的知识和技能教育。那些认为进行分层教育违背教育公平原则的思想，源自于对孩子个性差异漠视和单纯强调教育中知识与技能教学。

分层教学就是教师根据学生现有的智力水平、能力水平和潜力倾向把学生分成不同的层次，在教学活动中按照层次的不同提出不同的教学目标、采用不同的教学方法和应用不同的习题进行检测的教学方式。分层教学体现了教学活动面向全体学生因材施教的思想，体现了教学活动以学生为主体思想，能够提高课堂教学效果。

分层教学就是教师根据学生现有的知识、能力水平和潜力倾向把学生科学地分成几组各自水平相近的群体并区别对待，这些群体在教师恰当的分层策略和相互作用中得到最好的发展和提高。又称分组教学、能力分组，它是将学生按照智力测验分数和学业成绩分成不同水平的班组，教师根据不同班组的实际水平进行教学。所谓的分层教学，比较集中地被强调了几点：学生的现有知识、能力水平，分层次，所有学生都得到应有的提高。分层教学在一些西方国家尤其是美国十分流行，一般在中学实行，有些学校在小学高年级实行。分层教学的主要模式有：

班内分层目标教学模式（又称"分层教学、分类指导"教学模式）。它保留行政班，但在教学中，从好、中、差各类学生的实际出发，确定不同层次的目标，进行不同层次的教学和辅导，组织不同层次的检测，使各类学生得到充分的发展。具体做法：了解差异，分类建组；针对差异，分类目标；面向全体，因材施教；阶段考查，分类考核；发展性评价，不断提高。

分层走班模式。可以根据学校进行的主要文化课摸底结果，按照学生知识和能力水平，分成三个或四个层次，组成新的教学集体。"走班"并不打破原有的行政班，只是在学习这些文化课的时候，按各自的程度到不同的班去上课。"走班"实际上是一种运动式的、大范围的分层。它的特点是教师根据不同层次的学生重新组织教学内容，确定与其基础相适应又可以达到的教学目标，从而降低了"学困生"的学习难度，又满足了"学优生"扩大知识面的需求。能力目标分层监测模式

能力目标分层监测模式。知识与能力的分层教学由学生根据自身的条件，先选择相应的学习层次，然后根据努力的情况及后续学习的现状，再进行学期末的层次调整。给学生以更多的自主选择权，学生在认识社会及认识自我的基础上，将自身的条件与阶段目标科学地联系在一起，更有利于学科知识和能力的"因材施教"。在教学上，此模式同时配合有"分层测试卡"（即分层目标练习册），由于"分层测试卡"是在承认人的发展有差异的前提下，对学生进行多层次评价，对每个学生的劳动成果给予应有的肯定。实施这一评价手段，对测试内容应当重在对当堂所学内容的检测（只要认真听就可达标），注意对学生新旧知识结构的有机结合的检验，较高层次的学生则侧重于创造能力和检测（要求动脑筋，有创新精神）。

个别化学习的模式。个别化学习实际上是一种广义的分层。它基于网络的个别化教学，关键是设计适合各类学生，又方便学生自主选择教学内容、教学目标、训练材料及考评资料等素材。学生利用网络进行循序渐进的分层学习，每达到一个目标就自动进入下一个知识模块。由于计算机数据库储存了大量的教学信息，学生在教师的指导下选择教学进度，大都能得到相应的提高。

课堂教学的分层互动模式。分层互动的教学模式，实际上是一种课堂教学的策略。这里的"分层"是一种隐性的分层，首先，教师要通过调查和观察，掌握班级内每个学生的学习状况、知识水平、特长爱好及社会环境，将学生按照心理特点分组，形成一个个学习群体。其次，利用小组合作学习和成员之间的互帮互学形式，充分发挥师生之间、学生之间的互动、激励，为每个学生创造整体发展的机会。特别是学生间人际互动，利用了

学生层次的差异性与合作意识，形成有利于每个成员协调发展的集体力量。

定向培养目标分层模式。这种模式多限于职业教育。指按照学生的毕业去向分层分班教学。具体做法是：入学时进行摸底调查，既了解学生的知识和能力水平，又了解学生对就业与升学的选择，在尊重学生和家长的意见同时，也反馈学生自身的学业情况，正确定位。然后，以学生的基础和发展为依据，分成两个层次，升学班与就业班。两个班的主要文化课安排同样的教材、同样的进度，只是教学的目标和知识的难度有区别，升学班更注重应试能力的训练，就业班则突出文化知识与职业实践的结合。当二年级学生参加水平测试并合格后，学校又给学生提供第二次选择，升学班进一步强化文化课与主要专业课，而就业班则以职业技能训练为主。

分层依据：以美国部分州为例，主要依据智力测验分数、学习成就、教师意见和家长意见决定分层；分层范围：通常在主要科目实行分层，如数学、英语、科学、社会；分层管理：一般实行弹性机制，分层不是固定的，每学期或每学年要进行调整，层次变化的主要依据是学生的学习情况，如进步显著就可以上调，学习吃力则可以下调。因为是按照科目分组，实际上所有科目都在 A 组或所有科目都在 D 组的学生很少，多数学生是不同的科目在不同层次的组中学习。分层教学的优点是，由于增加了智力测验和成绩作为依据，同一层次内学生的基础和水平较一般班级授课制条件下更为整齐，因此学生的学习和教师的教学都更加便利。由于不同科目各自分组，能够比较好地适应学生的兴趣和差异。分层教学的缺点是在管理上比较复杂。

（二）选课走班是未来教育的大趋势

北京十一学校校长李希贵认为，长期以来，我们给学生提供的课程太单一，不同能力、不同兴趣的学生都只能学同样的内容。课堂上大量的重复练习、机械训练，一刀切的管理方式，让学生在学校完全处于被管制的状态，缺少生长的空间。所以，北京十一学校率先取消行政班级，也不设班主任，每一个学生都有一张自己选择的、独一无二的课程表，他们每天背个书包从这间教室走到另一间教室去上课，实行"走班上课"。这场教育改革给学校带来了很多意想不到的收获。李希贵说，第一个意想不到的收获，是学生们渐渐有了独立人格、独立思想，随之而来的是他们的创新精神被激发出来。以前，老师总是觉得，学生只要不在眼皮底下，就是去做坏事了；老师看不到学生，心里就不踏实。而现在的事实证明，不在老师的眼皮底下，学生通过自主实践、自主学习，不仅实践能力增强了，而且充满了创造力，像学校的"学生银行"、学生影院、网店、模拟国际组织等，都是学生自己创办的。第二个意想不到的收获，是学生们有了社会责任感。有一次李校长问"学生银行"的行长："你们的利润打算用来干什么？"他回答说要拿出一半利润去从事公益事业。十一学校里有家"乐仁咖啡厅"，董事长是一名女生，她用咖啡厅的盈利设了一个"乐仁奖学金"，奖励从事公益活动的同学。在每年的颁奖典礼上，李校长颁发的是"校长奖学金"，她颁发的是"乐仁奖学金"。这真的让李校长感到非常欣慰，孩子们从为自己负责开始，逐渐建立起为家庭、为学校、为社会负责的态度。这种态度对于一个人来说，太重要了。李希贵校长说，这棵树与那棵树并不一样，我们没有权利通过竞争淘汰任何一个孩子。

2014年中国新一轮高考制度综合改革开始启动，首先在上海、浙江试点。高中不再分文理科，全国统一高考的语文、数学、外语三个科目的成绩，150分的分值不变。其中，外语科目提供两次考试机会，可选其一计入总分。根据报考高校提前发布的招生报考要求和自身特长，从思想政治、历史、地理、物理、化学、生物六科中自主选择三个科目的成绩，计入高考总分。

**深化课改，催生选课走班；高考改革，助推选课走班。**把选择权交给学生，是实施选课走班制的出发点。学校应基于扩大学生的选择权，来推进选课走班制度。这就要求学校开设更多的课程，提供尽可能多的选择，实现每名学生一张单独的课表。

学生需要从政治、历史、地理、物理、化学、生物、技术7门高中学业水平考试科目中，选择3门作为高考选考科目，即"7选3"。这就需要实施行政班与教学班并存模式，各校细则略有不同，如浙江天台中学、路桥中学所有科目均开课教学，除语、数、英在原行政班教学外，其他科目均实行走班教学，学生已选定"7选3"考试科目。台州一中除语、数、英外，开始走班教学的科目有物理、化学、历史、地理4门学科。按照"7选3"选课规则，将出现35种不同的组合，要尊重每个学生的个性选择，学校如何编班成为难题。

路桥中学学生共出现了33种选择，769个学生中，除了"政化技"和"地政技"组合没有人选，"物化生"选择人数177人，"物化地"选择人数66人，另外也不乏1人或2人选择的组合。该校高一年级共20个行政班级，以6—7个班为一个教学单元，共设3个教学单元，再按照学生选考科目编制走班教学班，走班教学班包含高考走班和会考走班。以1—6班组成的教学单元为例，首先按照所选的学科，三门学科是固定的，如"物理、化学、生物"选择的人数达到53人，则编成一个班叫"理化生"班，均在本班上课，不用走动。其次是按照二门学科相同的来分班，如"物理、化学、历史"组合26人和"物理、历史、地理"组合14人共40人，物理和历史两门固定，编成一个班叫"物理历史班"，当课时是物理和历史时，学生不用走动都在本班上课；当课时是化学课（人数多）时，选择"历史、物理、地理"组合的14个选考地理的学生到其他班级上地理课，而其他班级选考化学的学生到"物理历史班"上化学课。类似方法再分"物理政治班""化学生物班"。最后剩下的学生人数不多的，编成一个"混合班"。其他两个教学单元分班均以此类推。

考虑到学生基础差异，分学考类和选考类班级，根据学生单科综合成绩实施平行编班，台州一中按照分部编班，将20个行政班分成3个学部进行学科交错走班。如学部1为高一（1）班至（6）班，高一（7）班至（20）班根据学生实际选择选考人数和学考人数，重新组合分为两个学部，即学部 2 和学部 3，目前走班学科为物理、化学、历史、地理，平行编班时按学科组合"物化班"和"史地班"进行。天台中学实行分类分层相结合模式开展走班教学。学校校长郑志湖介绍，2014 年秋季入学的高一年级，在第一学期已经开设中学生职业生涯规划选修课。在学生成长导师的指导下，学生高考"7 选 3"已明确，学生根据自己生涯发展规划、自身兴趣、高校招生对选考学科的要求确定选考学科。每个学生都有一张个性化课表，上面清晰地标注出该学生每节课上课的内容和地点以及对应的老师，每个学生的课表都不一样。

学校选课走班的体系是专业分类和水平分层，专业分类可分为基础类，拓展类和创新类。

（三）给学生提供更多的选修课程

选修课的设置与实验是新一轮高中课程改革的一个亮点，它的设置有助于拓展学生的知识与技能，发展学生的兴趣和特长，培养学生的个性，促进教师的专业成长，促进学校特色的形成与办学模式的多样化。我国正在实验的高中选修课具有模块化、多样化、层次化、弹性化、学分制等特点。

选修课设置的意义：

拓展学生的知识与技能。必修课程关注学生基本的科学文化素质，追求知识与技能的基础性、全面性、系统性、完整性，为学生的一般发展奠定知识技能与情感态度基础。但是，随着知识的发展，知识在不断走向分化、深化、细化的同时也不断地交叉、渗透、融合。知识的不断分化与整合使传统的学校课程很难反映人类知识的当代成就，滞后于知识的发展。必修课的数量与内容总是有限的，它在知识的深度与广度上受到一定的限制，而选修课则可以弥补必修课的不足，它一方面可以对必修课的内容进行拓展或深化。另一方面，又可以发展学生的技能、特长。它扩展了学校课程的种类与范围，使学校课程生机勃勃，充满活力，强化了学校课程与知识世界的动态联系。

发展学生的兴趣和特长，培养学生的个性。由于遗传、环境、教育与个体主观努力程度不同，学生个体之间总是存在着或多或少的差异，他们在知识经验、能力基础、家庭背景、爱好、性格特征等方面均存在着一定的差异。哈佛大学心理学家加德纳（Gardner）经过多年的研究认为，人类智力多种多样，个体智力是一种多种能力的结合。在他看来，至少存在着九种智力元素：逻辑/数学、语言、音乐、空间、运动、交际、内省、自然、生存，不同个体智力元素的组合方式导致了个体智力类型的差异。发展心理学研究表明，随着年龄的增长，个体间的身心差异诸如爱好、性格特长越来越明显。在初中阶段开始分化，到高中更加明显。我国教育固然以学生全面发展为目标，但这并不意味着对所有的学生都统一要求，更不意味着要求每一个学生在每门课程上都平均发展或门门优秀。学校教育应该适应学生的个体差异，赋予每个学生选择性发展的权利，引导和促进学生个性的生动发展。可以说，没有"选择"的教育，不讲"个性"的教育，充其量不过是一种"训练"，而不是真正的教育。因此，我们必须改变过去必修课一统天下的僵化格局，在不加重学生负担的前提下，开设丰富多样富于弹性的选修课，拓宽学生的知识视野，促进其潜在能力和个性特长的充分发展。

促进教师的专业成长。在必修课一统天下的课程体制中，教师被排除在课程编制活动之外，他们仅仅是既有课程的实施者，忠实地、不折不扣地执行教科书的意图，严格按照统一的教科书、教参甚至教法进行教学。而选修课的开设，对教师提出了新的要求、新的挑战，同时也为教师的专业发展、工作品质和教学质量的提升提供更多的机遇。它改变了教师的传统角色和固定不变的职能分工，要求教师更新课程意识、教学观念，掌握课程开发所必备的知识、技术和能力，吸收当代知识研究的新成果。正是在参与课程开发，进行课程设计、实施与评价的过程中，教师不断地反思自己的教育实践，最大限度地发挥自己的专业自主性和创造潜能，发挥自己的优势和特长，获得专业的自主成长和持续发展。

### （四）促进学校特色的形成与办学模式的多样化

由于必修课数量、内容、范围有限，在必修课一统天下的格局之下，不可能实现办学模式的多样化，只有选修课才可能既在科目设置上有一很大的灵活性，又在科目的组合与内容拓展上有很大的自由度。选修课尤其是学校根据所在社区和学校的条件、资源、师资状况开设的选修课，有助于高中课程模式的多样化，而课程模式的多样化最终又形成各自的办学特色。因此，开设多种多样的选修课，是形成学校特色和办学模式多样化的重要途径。

总之，选修课不是必修课的陪衬，更不是必修课的附属，它是一个独立的课程领域，有自己独特的目标、任务、优势和作用，是现代学校课程制度的重要支柱，不可或缺。我们必须彻底打破中学课程结构封闭、僵化、萎缩的状态，重构高中课程结构，使必修课与选修课优势互补、动态平衡，充分释放各种课程的潜在功能，发挥每一个学生的聪明才智，为现代社会输送各级各类高素质人才。

高中选修课的模式：

高中选修课的类型与比例。从课程内容上，选修课可分为学术性选修课和职业性（或技术性）选修课。前者侧重于基础文化知识和基本技能方面的知识，包括高深型、拓宽型、趣味型学术性选修课。这类选修课有助于丰富学生的精神生活，开阔学生的视野，发挥特长，培养个性，对学生的学术走向有特别重要的意义。后者包括农业类、工业类和商业类选修课，目的在于使中学生了解一些工业、农业、商业发展的历史与现状，掌握一些知识与技能，为今后的就业做一定的准备。从开设方式上，选修课可分为限定选修课和任意选修课。限定选修课即按照学生发展的不同方向，将有关选修课分组设置，组成定向选修学科群，让学生进行选修（实际上是选组）。它能适应社会发展的需要和学生的能力侧向。任意选修课即不进行固定分组,开设数量足够的、既适于升学又兼顾就业的选修学科,让学生在教师指导下自由选择,它能避免过早专业分化所导致的狭隘性。

怎样确定选修课与必修课之间的比例呢?尽管必修课与选修课之间虽不是主次关系或主从关系,但它们各自所占的比重却有所不同。选修课太少,导致教育僵化、封闭,难以适应学生的个性差异和发展学生的兴趣特长。当然,选修课太多,又会影响学生基本文化科学素质的培养。在20世纪60~70年代,美国选修课膨胀,中学的选修课程曾多达一二百种,一些州的选修课比例甚至超过50%,课程变成"自助餐",学生"误把糕点当正餐",导致教育质量严重下降。鉴于正反两方面的经验与教训,我们认为,随着年级的提高,高一、高二、高三应逐年递增选修课比例,三年内选修课与必修课的比例定为3:7较为合理。至于选修课内部的关系,由于限定选修课的主要目标是促进学生的定向,因此,限定选修应成为高中选修课的主体部分,可占70%左右。而任意选修课对于学生兴趣、特长与个性的发展十分必要,可控制在30%以内,这样,才能既避免选修的盲目性和随意性,又给予学生一定的自由度,让学生有个性地发展。

高中选修课设置的基本模式:纵观世界高中选修课设置的状况,其基本模式主要有以下四种。

任选制(选课制)。选修课均以任选课的形式出现,学生选什么课以及选多选少,均依学生志愿确定。选修课所占比重在各国各地各校不尽相同,一般地讲,大体占30%~50%。

选科制(分科制)。选修课分科或分组设置,学生只有选科(或选组)的权利,而无选择某一具体科目的自由。即不是选修一门一门的具体课程,而是从总体上选修一大类课程。有的分文、理两科,有的分文、理、职业(或称实科)三科,名称不尽相同。

定向选修制。它将"选科"与"选课"结合起来,分科后的每一科既有必修课,又有选修课。限定选修保证了选修的方向性,任意选修又确保了选修的灵活性,较为理想。

全选修制。所有课程均具有选修的性质。如美国高中一般只规定必修的学科，如英语、数学、社会、科学等，而在每一门必修的学科中都开设有多种不同水平、不同名目的课程。比如英语这一学科，有基本水平、一般水平和高级水平等几种不同水平的英语课，同时还有多种文学和写作课，学生可根据自己的情况和志趣进行选择。这样，必修课也具有选修的性质。

上述课程模式各有利弊，它们适合一定的情况和条件。选课模式较灵活，能适应不同地区、不同学校、各种学生的情况和要求，但对于一些新课程，需要培训教师。如果缺乏指导，学生的选课容易导致盲目性和随意性。条件较好的学校可以实行，条件较差，则困难较多。选科模式大体上适应了学生明显分化的客观情况，在教学组织上简便易行，"一个班、一个教室、一张课表"，便于管理。但它从产生以来，就遭到人们的批评与指责，如它只把学生分为文、理科或几科，有些机械和简单化，容易造成学生在学习上的"偏科"现象，反而抑制了学生的发展。定向选修模式既保持了分科的特点，又克服了单纯分科的缺点，能在一定程度上适应同一科目下学生不同的发展要求。教学组织与教学管理上也易于操作。全选修模式可以完全适应学生的个人情况、爱好和发展需要，使他们的特长得到较为充分的发展，同时学生自选课程可大大提高他们学习的主动性和积极性。但该模式可能忽视学生发展需要的一些基础知识，使学生的知识面过窄，因此较适合高年级学生。

我国现行高中选修课的模式设计：面对多种选修课模式，我们应作何抉择？本次高中课程改革在充分吸收国外选修课模式的优点与总结我国选修课经验的基础上，对选修课（也包括必修课）的内容与结构进行了全新的设计，归纳起来，有以下五个特点。

模块化。所谓模块是指为实现一定教育目标，围绕某一主题，通过整合学习领域的相关内容和学生经验而设计的相对完整、稳定的学习单元。与以往选修科目相比，作为构成科目的基本单元，模块具有下述优点：相对独立，有一定的体系，能为学生提供完整的知识；开放灵活，相对稳定的模块可根据知识进步发展与社会需要适当更新和调整，在有限模块内增加或减少相关内容，既有利于解决学校科目设置相对稳定与现代科学迅猛发展的矛盾，又在一定程度上避免像美国那样选修科目过多、内容过滥的弊端，避免科目膨胀，有利于减轻学生的学业负担；内容整合，模块是按知识领域进行划分的，有机整合相关领域与学科的内容，有助于加强学科之间的交叉、渗透，实现知识的内在融合。因此，模块课程能较好地吸收多种选修课模式的优点，就目前而言不失为一种理想的选择。

多样化。首先，从课程结构看，选修模块之间的关系多种多样：既有递进关系，又有并列关系，还有交叉关系。其次，从课程功能看，模块功能多种多样，不像以往那样笼统，要么服务于升学，要么服务于就业，而是更加具体，已深入到学科甚至专题上，学生可在自己感兴趣的学科与方向上进行发展。再次，从课程类型看，模块类型增多了，既有学科内选修模块，也有学科外选修模块，学科内选修范围大大拓展，除增加艺术、技术课程外，每门课程的选修新增了很多与当代科技、社会、职业发展相关的知识与内容，学校设置的选修模块更加灵活多样，学生自主选择的空间得到拓展，从而有助于学生形成个性化的课程修习计划。

层次化。为了适应不同层次学生和同一学生不同层次的需要，本次高中课程改革的选修课可分为两个层次：国家规定的选修模块与学校自主设置的选修模块。前者主要着眼于保障学生的基本学力，大多具有较强的基础性、学术性和均衡性，以利于提高学生基本的科学文化道德素养，服务学生的终身发展。后者与个性发展、职业技术联系密切，更多地满足学生的爱好，发展学生的专长特长，有利于各校充分利用本地本校教育资源，开设丰富多彩的选修课程，走有特色、可持续发展之路。

弹性化。其一，必修课与选修课的定位有一定的弹性，并非泾渭分明。如艺术课程的必修模块实际上是在4个系列中的16个选修模块中选择6个模块加以确定的。其二，学生选课的弹性。学生可根据自己的兴趣、需要和志向进行选择，对于必修课程中的选修模块，只规定基本的学分要求，而对"学有余力"和"兴趣志向"的学生倡导多多益善。就一些科目而言，学生可选可不选，可多选也可少选，"下不保底，上不封顶"。其三，选修课与必修课的比例也有一定的弹性。尽管高中课程计划规定学生三年里，国家规定的选修模块达到22个学分，在学校自主设置的选修课程中达到6个模块（选修模块学分共计占总学分的19%），但这只是最低要求，而对上线不进行规定，这样，学生实际的选修模块可能不止28个学分，体现了选修课程与必修课比例的弹性。

学分制。为了保证选修课的实施，本次高中选修课（包括必修课）采取学分制的做法，即学生必须在选修系列Ⅰ（即科目选修）中达到22个学分，选修系列11（学校自主设置选修）中至少获得6个学分，加上必修课116个学分，总学分达到144方可毕业；否则不能毕业。这样的规定表面上看有一定的强制性，但它为选修课的实施提供了切实的制度保证，避免选修课流于形式，实施乏力的问题。

如杭州市源清中学建立了三维九类、三层百门的课程体系，即从经世之德、经世之识、经世之能出发，构建修身、致知、用世三个维度。每维度分三类课程，每类分三个层级，涉及身心、艺术、公民、语言、人文、科学、信息、商业、创意等九大类，以满足全体需要、部分需要和个别需要。其中，身心、艺术、公民类课程重在经世之德，突出本土特色，培养情感态度；语言、人文、科学类课程重在经世之识，提高思辨能力，培养自学能力；信息、商业、创意类课程重在经世之能，凸显学校特色，培养创新能力。

**附：杭州市源清中学特色课程群**

1. 杭州市源清中学基于修身的课程群
（1）身心类（体育健身、心理调节、健康管理）

| 序号 | 课程代码 | 课程名称 | 课程类别 | 教师组别 | 选修条件 | 课程层级（分三级） |
|---|---|---|---|---|---|---|
| 1 | P261 | 饮食安全与人类健康 | 知识拓展 | 生物 | 任选 | 拓展 |
| 2 | Q117 | 校园定向 | 兴趣特长 | 音体美 | 限选 | 基础 |
| 3 | Q119 | 健美操 | 兴趣特长 | 音体美 | 限选 | 拓展 |
| 4 | Q120 | 趣味射击 | 兴趣特长 | 音体美 | 限选 | 基础 |
| 5 | Q121 | 羽毛球提高班 | 兴趣特长 | 音体美 | 限选 | 拓展 |
| 6 | Q123 | 晴空心理 | 兴趣特长 | 心理 | 任选 | 基础 |
| 7 | Q126 | 二十四式太极拳 | 兴趣特长 | 政治 | 限选 | 基础 |
| 8 | Q127 | 轮滑 | 兴趣特长 | 音体美 | 限选 | 基础 |
| 9 | Q136 | Football | 兴趣特长 | 外教 | 任选 | 拓展 |
| 10 | Q147 | 围棋入门 | 兴趣特长 | 物理 | 限选 | 基础 |
| 11 | Q149 | 传统武术之少年行 | 兴趣特长 | 数学 | 限选 | 基础 |
| 12 | Q152 | 体育游戏 | 兴趣特长 | 音体美 | 任选 | 基础 |
| 13 | Q153 | 传统体育 | 兴趣特长 | 音体美 | 任选 | 基础 |
| 14 | Q154 | 瑜伽 | 兴趣特长 | 音体美 | 任选 | 基础 |
| 15 | Q156 | body balance | 兴趣特长 | 音体美 | 任选 | 基础 |
| 16 | Q157 | 简化太极 | 兴趣特长 | 音体美 | 任选 | 基础 |
| 17 | Q158 | 体育竞赛管理 | 兴趣特长 | 音体美 | 任选 | 基础 |
| 18 | Q159 | 健与美 | 兴趣特长 | 音体美 | 任选 | 基础 |
| 19 | Q160 | 趣味乒乓球 | 兴趣特长 | 音体美 | 任选 | 基础 |
| 20 | Q161 | 魅力S健身操 | 兴趣特长 | 音体美 | 任选 | 基础 |
| 21 | Q162 | 赛事欣赏 | 兴趣特长 | 音体美 | 任选 | 基础 |
| 22 | Q165 | 网球技战术与赛事组织 | 兴趣特长 | 音体美 | 限选 | 研究 |
| 23 | S118 | 幸福高中生 | 职业技能 | 数学 | 任选 | 研究 |
| 24 | Q174 | 网球爱好者 | 兴趣特长 | 学生 | 限选 | 基础 |

续表

| 序号 | 课程代码 | 课程名称 | 课程类别 | 教师组别 | 选修条件 | 课程层级（分三级） |
|---|---|---|---|---|---|---|
| 25 | Q185 | 体能拓展 | 兴趣特长 | 音体美 | 限选 | 拓展 |
| 26 | Q186 | 足球技能提高 | 兴趣特长 | 音体美 | 限选 | 拓展 |
| 27 | Q187 | 排球技能提高 | 兴趣特长 | 音体美 | 任选 | 拓展 |
| 28 | Q194 | ZOE网球社 | 兴趣特长 | 地理 | 限选 | 基础 |
| 29 | Q203 | 有氧跑练之瘦身篇 | 兴趣特长 | 音体美 | 任选 | 基础 |
| 30 | Q204 | 五子棋初步 | 兴趣特长 | 数学 | 任选 | 基础 |
| 31 | Q205 | 基本体操 | 兴趣特长 | 音体美 | 限选 | 基础 |
| 32 | Q143 | 街舞 | 兴趣特长 | 生物 | 任选 | 基础 |
| 33 | R106 | 健康与幸福 | 社会实践 | 物理 | 任选 | 基础 |
| 34 | R107 | 高中生积极心理拓展 | 社会实践 | 心理 | 任选 | 基础 |
| 35 | S120 | 化学与美容养生 | 职业技能 | 化学 | 任选 | 基础 |
| 36 | S102 | 源清礼仪 | 职业技能 | 音体美 | 任选 | 基础 |
| 37 | S146 | 西点制作 | 职业技能 | 中策职高 | 任选 | 基础 |
| 38 | S147 | 西餐制作 | 职业技能 | 中策职高 | 任选 | 基础 |
| 39 | S148 | 中餐制作 | 职业技能 | 中策职高 | 任选 | 基础 |
| 40 | S153 | 酒店服务与管理 | 职业技能 | 中策职高 | 任选 | 基础 |
| 41 | S162 | 插花艺术与欣赏 | 职业技能 | 旅游职高 | 任选 | 基础 |
| 42 | S182 | 服装新天地【新装芭比】 | 职业技能 | 青少年职业能力体验中心 | 任选 | 基础 |
| 43 | S186 | 篮球专项技术与裁判法 | 职业技能 | 音体美 | 限选 | 研究 |
| 44 | S213 | 服装新天地【情意十字绣】 | 职业技能 | 青少年职业能力体验中心 | 任选 | 基础 |
| 45 | S215 | 心理游戏 | 职业技能 | 青少年职业能力体验中心 | 任选 | 拓展 |

(2) 艺术类（音乐艺术、视觉艺术、美感品位）

| 序号 | 课程代码 | 课程名称 | 课程类别 | 教师组别 | 选修条件 | 课程层级（分三级） |
|---|---|---|---|---|---|---|
| 1 | Q134 | 30年华语流行歌曲欣赏 | 兴趣特长 | 数学 | 限选 | 基础 |
| 2 | Q104 | 7音盒声乐 | 兴趣特长 | 音体美 | 限选 | 基础 |
| 3 | Q173 | Hip Pop（街舞） | 兴趣特长 | 英语 | 任选 | 基础 |
| 4 | Q171 | Modern Dance（现代舞编排） | 兴趣特长 | 英语 | 任选 | 基础 |
| 5 | Q155 | 钢琴弹唱基础 | 兴趣特长 | 音体美 | 任选 | 基础 |
| 6 | Q131 | 韩剧效应 | 兴趣特长 | 语文 | 任选 | 基础 |
| 7 | Q102 | 瀚墨轩书画 | 兴趣特长 | 音体美 | 限选 | 基础 |
| 8 | Q105 | 合（奏）唱 | 兴趣特长 | 音体美 | 限选 | 基础 |
| 9 | Q112 | 黑胶片电影 | 兴趣特长 | 语文 | 任选 | 基础 |
| 10 | Q167 | 经典英文歌曲视听唱 | 兴趣特长 | 英语 | 任选 | 拓展 |
| 11 | Q142 | 莎士比亚戏剧表演 | 兴趣特长 | 英语 | 限选 | 研究 |
| 12 | Q188 | 摄影后期处理 | 兴趣特长 | 音体美 | 限选 | 拓展 |
| 13 | Q164 | 说话的艺术 | 兴趣特长 | 语文 | 任选 | 拓展 |
| 14 | Q128 | 笑的艺术 | 兴趣特长 | 语文 | 任选 | 基础 |
| 15 | Q125 | 造型基础（美术） | 兴趣特长 | 雅苑美术 | 限选 | 基础 |
| 16 | Q191 | 诗书画印雅趣艺术 | 兴趣特长 | 英语 | 限选 | 拓展 |
| 17 | Q124 | 书法艺术与实践（毛笔） | 兴趣特长 | 英语 | 任选 | 基础 |
| 18 | Q133 | 中英文硬笔书法 | 兴趣特长 | 英语 | 任选 | 基础 |

续表

| 序号 | 课程代码 | 课程名称 | 课程类别 | 教师组别 | 选修条件 | 课程层级（分三级） |
|---|---|---|---|---|---|---|
| 19 | S121 | 剪纸折纸 | 职业技能 | 手工活态馆 | 任选 | 基础 |
| 20 | S154 | T恤衫绘制 | 职业技能 | 手工活态馆 | 任选 | 基础 |
| 21 | S168 | 播音主持 | 职业技能 | 浙江在线 | 任选 | 基础 |
| 22 | S161 | 插花花艺及礼品包装 | 职业技能 | 手工活态馆 | 任选 | 基础 |
| 23 | S183 | 动漫制作 | 职业技能 | 青少年职业能力体验中心 | 任选 | 基础 |
| 24 | S115 | 风筝制作 | 职业技能 | 手工活态馆 | 任选 | 基础 |
| 25 | S171 | 服饰与搭配 | 职业技能 | 数学 | 任选 | 基础 |
| 26 | S116 | 工笔画——王星记扇及西湖绸伞制作 | 职业技能 | 手工活态馆 | 任选 | 基础 |
| 27 | S129 | 广电影视传媒 | 职业技能 | 江南艺校 | 任选 | 拓展 |
| 28 | S185 | 静态纸模 | 职业技能 | 物理 | 限选 | 基础 |
| 29 | S206 | 咔嚓空间摄影 | 职业技能 | 体音美 | 限选 | 拓展 |
| 30 | S166 | 立体贺卡制作 | 职业技能 | 手工活态馆 | 任选 | 基础 |
| 31 | S117 | 民间剪纸 | 职业技能 | 手工活态馆 | 任选 | 基础 |
| 32 | S167 | 七股盘扇制作 | 职业技能 | 手工活态馆 | 任选 | 基础 |
| 33 | S200 | 手绘POP海报 | 职业技能 | 体音美 | 限选 | 拓展 |
| 34 | S103 | 数码摄影技法 | 职业技能 | 数学 | 限选 | 基础 |
| 35 | S170 | 新闻记者 | 职业技能 | 浙江在线 | 任选 | 基础 |
| 36 | S156 | 音乐欣赏与节目编排 | 职业技能 | 中策职高 | 任选 | 基础 |
| 37 | S138 | 影视传媒 | 职业技能 | 江南艺校 | 任选 | 基础 |

续表

| 序号 | 课程代码 | 课程名称 | 课程类别 | 教师组别 | 选修条件 | 课程层级（分三级） |
|---|---|---|---|---|---|---|
| 38 | S114 | 竹编工艺 | 职业技能 | 手工活态馆 | 任选 | 基础 |
| 39 | S133 | 插花艺术与欣赏 | 职业技能 | 旅游职校 | 任选 | 基础 |
| 40 | S139 | 扇面绘画—团扇 | 职业技能 | 手工活态馆 | 任选 | 基础 |
| 41 | S140 | 麦秆剪贴扇 | 职业技能 | 手工活态馆 | 任选 | 基础 |
| 42 | S141 | 丝巾绘画 | 职业技能 | 手工活态馆 | 任选 | 基础 |
| 43 | S142 | 天竺筷—烙花 | 职业技能 | 手工活态馆 | 任选 | 基础 |
| 44 | S144 | 皮雕 | 职业技能 | 手工活态馆 | 任选 | 基础 |
| 45 | S145 | 蛋雕—蛋壳彩绘 | 职业技能 | 手工活态馆 | 任选 | 基础 |

（3）公民类（尊重包容、社会参与、公益慈善、环境意识）

| 序号 | 课程代码 | 课程名称 | 课程类别 | 教师组别 | 选修条件 | 课程层级（分三级） |
|---|---|---|---|---|---|---|
| 1 | P106 | 形势与政策 | 知识拓展 | 政治 | 任选 | 基础 |
| 2 | P136 | 生活中的法律常识 | 知识拓展 | 政治 | 任选 | 基础 |
| 3 | P182 | 全球性环境问题选修 | 知识拓展 | 地理 | 任选 | 基础 |
| 4 | P241 | 营养学 | 知识拓展 | 物理 | 任选 | 拓展 |
| 5 | P272 | 生活中的国际政治学 | 知识拓展 | 政治 | 任选 | 拓展 |
| 6 | Q116 | 军事爱好者联盟 | 兴趣特长 | 数学 | 任选 | 基础 |
| 7 | Q139 | 化学基本应用素养 | 兴趣特长 | 化学 | 任选 | 基础 |
| 8 | Q169 | 食用化学 | 兴趣特长 | 化学 | 任选 | 拓展 |
| 9 | R112 | 研究性学习＆入社 | 社会实践 | 研究 | 必选 | 研究 |
| 10 | S197 | 生活中的法律问题 | 职业技能 | 外聘 | 任选 | 拓展 |

| 序号 | 课程名称 | 专题教育 | 选修方式 |
|---|---|---|---|
| 11 | 社会调查 | 社会实践 | 必选 |
| 12 | 社区服务（志愿者服务） | | 必选 |
| 13 | 军训 | | 必选 |
| 14 | 生涯规划——职业体验 | | 必选 |
| 15 | 春、秋游 | | 必选 |
| 16 | 研究性学习 | | 必选 |
| 17 | 艺术节 | | 必选 |
| 18 | 辩论赛 | | 自选 |
| 19 | 社团文化节 | | 自选 |
| 20 | 创意文化节 | | 自选 |
| 21 | 生命教育主题班会课 | 三生教育（生活、生存、生命） | 必选 |
| 22 | 励志教育（军训、走近名人、"走运"活动） | | 必选 |
| 23 | 法制教育（法律知识讲座、禁毒禁赌宣传） | | 必选 |
| 24 | 安全教育——（急救知识培训、消防、灾害逃生知识培训及演习） | | 必选 |
| 25 | 心理辅导课 | | 必选 |
| 26 | 生涯教育课 | | 必选 |
| 27 | 青春期教育课 | | 必选 |
| 28 | 健康教育课（健康知识、"防艾"、防传染病等） | | 必选 |
| 29 | 礼仪课程 | | 自选 |
| 30 | 水质监测 | 环境保护 | 自选 |
| 31 | 源清气象（气象、大气监测） | | 自选 |
| 32 | 源清环保社团 | | 自选 |
| 33 | 友好学校交流培训与实施 | | 限选 |
| 34 | 高雅艺术进校园 | 应急课程 | 自选 |
| 35 | 源清讲坛 | | 自选 |

2. 杭州市源清中学基于致知的课程群

(1) 语言与文学

| 序号 | 课程代码 | 课程名称 | 课程类别 | 教师组别 | 选修条件 | 课程层级（分三级） |
|---|---|---|---|---|---|---|
| 1 | P112 | 英语基础写作 | 知识拓展 | 英语 | 任选 | 基础 |
| 2 | P132 | 悦听英语 | 知识拓展 | 英语 | 任选 | 基础 |
| 3 | P150 | 英语美文鉴赏之心灵鸡汤 | 知识拓展 | 英语 | 任选 | 基础 |
| 4 | P156 | 美国乡村音乐鉴赏 | 知识拓展 | 英语 | 任选 | 基础 |
| 5 | P157 | 旅游英语 ABC | 知识拓展 | 英语 | 任选 | 基础 |
| 6 | P158 | Places of Interest around the World | 知识拓展 | 英语 | 任选 | 基础 |
| 7 | P159 | 初级英语语法与修辞 | 知识拓展 | 英语 | 任选 | 基础 |
| 8 | P162 | 生活英语零距离 | 知识拓展 | 英语 | 任选 | 基础 |
| 9 | P164 | 新概念英语第二册 | 知识拓展 | 英语 | 限选 | 基础 |
| 10 | P166 | 英语经典影视赏析 | 知识拓展 | 英语 | 任选 | 拓展 |
| 11 | P167 | 高中经典英美文学作品选读 | 知识拓展 | 英语 | 任选 | 研究 |
| 12 | P168 | Oral English（口语） | 知识拓展 | 外教 | 任选 | 拓展 |
| 13 | P171 | 趣味英语 | 知识拓展 | 英语 | 任选 | 基础 |
| 14 | P172 | 英文赏析及翻译 | 知识拓展 | 英语 | 任选 | 基础 |
| 15 | P173 | 英语演讲与辩论（上） | 知识拓展 | 英语 | 任选 | 基础 |

续表

| 序号 | 课程代码 | 课程名称 | 课程类别 | 教师组别 | 选修条件 | 课程层级（分三级） |
|---|---|---|---|---|---|---|
| 16 | P192 | 英语美文赏析 | 知识拓展 | 英语 | 任选 | 基础 |
| 17 | P200 | 趣味语文 | 知识拓展 | 语文 | 任选 | 拓展 |
| 18 | P204 | 中国好歌词 | 知识拓展 | 语文 | 任选 | 拓展 |
| 19 | P205 | 从多类电视节目中挖掘写作素材 | 知识拓展 | 语文 | 任选 | 拓展 |
| 20 | P210 | 走进汉语的奇幻世界 | 知识拓展 | 语文 | 任选 | 拓展 |
| 21 | P211 | 广告语言的文化研究 | 知识拓展 | 语文 | 任选 | 研究 |
| 22 | P224 | 英语写作背后的思维逻辑 | 知识拓展 | 英语 | 任选 | 拓展 |
| 23 | P225 | 大学英语体验 | 知识拓展 | 英语 | 任选 | 研究 |
| 24 | P226 | 英文经典阅读 | 知识拓展 | 英语 | 任选 | 拓展 |
| 25 | P229 | 成功阅读策略 | 知识拓展 | 英语 | 任选 | 拓展 |
| 26 | P231 | 英语词汇记忆—新东方乱序版 | 知识拓展 | 英语 | 任选 | 拓展 |
| 27 | P232 | 动听英语 | 知识拓展 | 英语 | 任选 | 拓展 |
| 28 | P233 | 英语时文选读 | 知识拓展 | 英语 | 任选 | 基础 |
| 29 | P234 | The Story of Words | 知识拓展 | 英语 | 任选 | 基础 |
| 30 | P235 | VOA听力入门 | 知识拓展 | 英语 | 任选 | 基础 |
| 31 | P237 | 英语演讲与辩论（下） | 知识拓展 | 英语 | 限选 | 拓展 |
| 32 | P257 | Global English | 知识拓展 | 外教 | 任选 | 基础 |
| 33 | P290 | 英语快速阅读 | 知识拓展 | 英语 | 任选 | 拓展 |

续表

| 序号 | 课程代码 | 课程名称 | 课程类别 | 教师组别 | 选修条件 | 课程层级（分三级） |
|---|---|---|---|---|---|---|
| 34 | p294 | 初识雅思（IELTS）考试 | 知识拓展 | 英语 | 任选 | 拓展 |
| 35 | P295 | 法语入门 | 知识拓展 | 外教 | 任选 | 基础 |
| 36 | P297 | 英语演讲学习与欣赏 | 知识拓展 | 外语 | 任选 | 拓展 |
| 37 | Q146 | 学说杭州话 | 兴趣特长 | 生物 | 任选 | 基础 |
| 38 | S109 | 普通话水平测试培训 | 职业技能 | 物理 | 限选 | 基础 |
| 39 | S168 | 播音主持 | 职业技能 | 浙江在线 | 任选 | 拓展 |
| 40 | S170 | 新闻记者 | 职业技能 | 浙江在线 | 任选 | 拓展 |

（2）人文与社会

| 序号 | 课程代码 | 课程名称 | 课程类别 | 教师组别 | 选修条件 | 课程层级（分三级） |
|---|---|---|---|---|---|---|
| 1 | P101 | 杭州运河文化 | 知识拓展 | 语文 | 任选 | 研究 |
| 2 | P102 | 数学那些事 | 知识拓展 | 数学 | 任选 | 拓展 |
| 3 | P103 | 明清小说史话 | 知识拓展 | 语文 | 任选 | 基础 |
| 4 | P104 | 杭州"名人名家" | 知识拓展 | 语文 | 任选 | 研究 |
| 5 | P105 | 杭州的特色文化 | 知识拓展 | 政治 | 任选 | 基础 |
| 6 | P107 | 各国政治制度漫谈 | 知识拓展 | 政治 | 任选 | 基础 |
| 7 | P109 | 诗词里的红颜往事 | 知识拓展 | 语文 | 任选 | 基础 |
| 8 | P110 | 杭州小巷文化研究 | 知识拓展 | 语文 | 任选 | 基础 |
| 9 | P113 | 浙江文化名人名作欣赏 | 知识拓展 | 语文 | 任选 | 基础 |

续表

| 序号 | 课程代码 | 课程名称 | 课程类别 | 教师组别 | 选修条件 | 课程层级（分三级） |
|---|---|---|---|---|---|---|
| 10 | P114 | 中国好歌词 | 知识拓展 | 语文 | 任选 | 基础 |
| 11 | P115 | 从孔子看人生 | 知识拓展 | 语文 | 任选 | 基础 |
| 12 | P116 | 语言文化的魅力 | 知识拓展 | 语文 | 任选 | 基础 |
| 13 | P117 | 旅游地理 | 知识拓展 | 地理 | 任选 | 拓展 |
| 14 | P120 | 大国发展简史之美国史 | 知识拓展 | 历史 | 任选 | 基础 |
| 15 | P123 | 走进西方文化 | 知识拓展 | 英语 | 任选 | 基础 |
| 16 | P127 | 学老子悟人生 | 知识拓展 | 语文 | 任选 | 基础 |
| 17 | P128 | 浅谈茶文化 | 知识拓展 | 化学 | 任选 | 基础 |
| 18 | P130 | 饮食地理知多少 | 知识拓展 | 地理 | 任选 | 拓展 |
| 19 | P134 | 历史上重大改革回眸 | 知识拓展 | 历史 | 任选 | 拓展 |
| 20 | P141 | 节士风骨玉精神 | 知识拓展 | 语文 | 任选 | 基础 |
| 21 | P142 | 西方文化面面观 | 知识拓展 | 英语 | 任选 | 基础 |
| 22 | P143 | 李叔同的艺术与人生 | 知识拓展 | 政治 | 任选 | 研究 |
| 23 | P147 | 晚清史 | 知识拓展 | 历史 | 任选 | 基础 |
| 24 | P148 | 从民族特征看国家的发展 | 知识拓展 | 政治 | 任选 | 研究 |
| 25 | P169 | 杭州老街巷 | 知识拓展 | 语文 | 任选 | 研究 |
| 26 | P183 | 卓越地理 | 知识拓展 | 地理 | 任选 | 基础 |
| 27 | P184 | 地理ABC | 知识拓展 | 地理 | 任选 | 基础 |
| 28 | P186 | 你还不知道的历史 | 知识拓展 | 历史 | 任选 | 拓展 |
| 29 | P187 | 民国春秋 | 知识拓展 | 历史 | 任选 | 拓展 |
| 30 | P188 | 杭州文化 | 知识拓展 | 政治 | 限选 | 拓展 |
| 31 | P194 | 历史中的那些事儿 | 知识拓展 | 历史 | 任选 | 拓展 |

续表

| 序号 | 课程代码 | 课程名称 | 课程类别 | 教师组别 | 选修条件 | 课程层级（分三级）|
|---|---|---|---|---|---|---|
| 32 | P195 | 同读《论语》，共话人生 | 知识拓展 | 语文 | 任选 | 拓展 |
| 33 | P196 | 咬文嚼字 | 知识拓展 | 语文 | 任选 | 基础 |
| 34 | P197 | 中外现代散文经典 | 知识拓展 | 语文 | 任选 | 基础 |
| 35 | P199 | 古诗词里的花开花落 | 知识拓展 | 语文 | 任选 | 拓展 |
| 36 | P202 | 唐诗那些事儿 | 知识拓展 | 语文 | 任选 | 拓展 |
| 37 | P203 | 宋词那些事儿 | 知识拓展 | 语文 | 任选 | 拓展 |
| 38 | P206 | 诗词意境欣赏和创作 | 知识拓展 | 语文 | 任选 | 研究 |
| 39 | P208 | 中外短篇小说欣赏 | 知识拓展 | 语文 | 任选 | 拓展 |
| 40 | P209 | 被埋没的英雄 | 知识拓展 | 语文 | 任选 | 拓展 |
| 41 | P227 | 英语视听之舌尖上的智慧 | 知识拓展 | 英语 | 任选 | 拓展 |
| 42 | P228 | 旅游英语 | 知识拓展 | 英语 | 任选 | 拓展 |
| 43 | P230 | 跟着奥斯卡学英语 | 知识拓展 | 英语 | 任选 | 拓展 |
| 44 | P236 | 老底子的杭州 | 知识拓展 | 英语 | 任选 | 研究 |
| 45 | P242 | 文史知识探秘 | 知识拓展 | 语文 | 任选 | 研究 |
| 46 | P246 | 环境 生活 化学 | 知识拓展 | 化学 | 任选 | 拓展 |
| 47 | P263 | The American Way of Life | 知识拓展 | 外教 | 任选 | 基础 |
| 48 | P264 | 词汇一站到底 | 知识拓展 | 英语 | 任选 | 基础 |
| 49 | P265 | 二战风云 | 知识拓展 | 历史 | 任选 | 拓展 |
| 50 | P266 | 杭州历史文化 | 知识拓展 | 历史 | 任选 | 拓展 |
| 51 | P267 | 历史材料的研习 | 知识拓展 | 历史 | 限选 | 拓展 |
| 52 | P270 | 走进名人世界 | 知识拓展 | 历史 | 限选 | 拓展 |

续表

| 序号 | 课程代码 | 课程名称 | 课程类别 | 教师组别 | 选修条件 | 课程层级（分三级） |
|---|---|---|---|---|---|---|
| 53 | P271 | 生活中的区域地理 | 知识拓展 | 地理 | 限选 | 拓展 |
| 54 | P275 | 文史知识探微 | 知识拓展 | 语文 | 任选 | 研究 |
| 55 | P277 | 梨花一枝春带雨—历代女诗人的诗生活 | 知识拓展 | 语文 | 任选 | 研究 |
| 56 | P278 | 会得美人无限意—《红楼梦》女性形象赏析 | 知识拓展 | 语文 | 任选 | 研究 |
| 57 | P279 | "红楼"初探 | 知识拓展 | 语文 | 任选 | 研究 |
| 58 | P280 | 哭哭笑笑话"红楼" | 知识拓展 | 语文 | 任选 | 研究 |
| 59 | P281 | Melodic English | 知识拓展 | 英语 | 任选 | 拓展 |
| 60 | P292 | 哲人故事 | 知识拓展 | 政治 | 任选 | 拓展 |
| 61 | Q122 | 实用文体的写作 | 兴趣特长 | 语文 | 任选 | 基础 |
| 62 | Q130 | 寻找身边的历史——杭州老字号 | 兴趣特长 | 历史 | 任选 | 研究 |
| 63 | Q137 | 英语成语背后的故事 | 兴趣特长 | 外语 | 任选 | 拓展 |
| 64 | Q206 | 国际政治经济观察 | 兴趣特长 | 数学 | 任选 | 基础 |
| 65 | Q107 | 影子戏剧 | 兴趣特长 | 语文 | 限选 | 基础 |
| 66 | Q108 | "源清之声" | 兴趣特长 | 语文 | 限选 | 基础 |
| 67 | Q101 | 韶华文学 | 兴趣特长 | 语文 | 任选 | 基础 |
| 68 | R111 | 西湖文化探寻 | 社会实践 | 历史 | 任选 | 拓展 |
| 69 | S127 | 杭州景点导游实务 | 职业技能 | 旅游职校 | 任选 | 基础 |
| 70 | S176 | 新闻媒介类导论 | 职业技能 | 浙江大学城市学院 | 任选 | 基础 |

(3) 数学与逻辑、科学与技术

| 序号 | 课程代码 | 课程名称 | 课程类别 | 教师组别 | 选修条件 | 课程层级（分三级） |
|---|---|---|---|---|---|---|
| 1 | P108 | 代数要义品鉴 | 知识拓展 | 数学 | 任选 | 基础 |
| 2 | P111 | 生物前沿科学 | 知识拓展 | 生物 | 任选 | 研究 |
| 3 | P118 | 反三角函数 | 知识拓展 | 数学 | 任选 | 拓展 |
| 4 | P119 | 复数及其应用 | 知识拓展 | 数学 | 任选 | 基础 |
| 5 | P121 | 高中数学高效学习策略 | 知识拓展 | 数学 | 任选 | 基础 |
| 6 | P122 | 提升数学的知识技能与思维方法 | 知识拓展 | 数学 | 任选 | 基础 |
| 7 | P124 | 地球日记——埋在地下的故事 | 知识拓展 | 地理 | 任选 | 基础 |
| 8 | P125 | 维生素与人体健康 | 知识拓展 | 生物 | 任选 | 基础 |
| 9 | P126 | 中学数学的建模初步 | 知识拓展 | 数学 | 任选 | 基础 |
| 10 | P129 | 几何画板在高中数学中的应用 | 知识拓展 | 数学 | 任选 | 基础 |
| 11 | P131 | 线性代数 | 知识拓展 | 数学 | 任选 | 研究 |
| 12 | P133 | 人体健康中的化学知识 | 知识拓展 | 化学 | 任选 | 基础 |
| 13 | P135 | 好山好水好风光 | 知识拓展 | 地理 | 任选 | 拓展 |
| 14 | P138 | AP数学 | 知识拓展 | 数学 | 任选 | 研究 |
| 15 | P139 | 竞赛数学 | 知识拓展 | 数学 | 任选 | 拓展 |
| 16 | P140 | 地理·中国 | 知识拓展 | 地理 | 任选 | 拓展 |
| 17 | P144 | 平面几何证明 | 知识拓展 | 数学 | 任选 | 拓展 |
| 18 | P145 | 数学问题"微"透视 | 知识拓展 | 数学 | 任选 | 拓展 |
| 19 | P146 | 数学中的美 | 知识拓展 | 数学 | 任选 | 拓展 |
| 20 | P151 | 材料世界 | 知识拓展 | 物理 | 任选 | 基础 |
| 21 | P152 | 汽车科技发展史 | 知识拓展 | 物理 | 任选 | 基础 |

续表

| 序号 | 课程代码 | 课程名称 | 课程类别 | 教师组别 | 选修条件 | 课程层级（分三级） |
|---|---|---|---|---|---|---|
| 22 | P153 | 故事趣说数学逻辑 | 知识拓展 | 数学 | 任选 | 拓展 |
| 23 | P154 | 新有机化学 | 知识拓展 | 化学 | 任选 | 拓展 |
| 24 | P155 | 物质结构探秘 | 知识拓展 | 化学 | 任选 | 研究 |
| 25 | P161 | 几种特殊函数 | 知识拓展 | 数学 | 任选 | 拓展 |
| 26 | P163 | 化学科学史 | 知识拓展 | 化学 | 任选 | 基础 |
| 27 | P165 | 弹簧与物理 | 知识拓展 | 物理 | 任选 | 研究 |
| 28 | P175 | 原子结构 | 知识拓展 | 化学 | 任选 | 基础 |
| 29 | P176 | 当化学与舌尖碰撞 | 知识拓展 | 化学 | 任选 | 基础 |
| 30 | P177 | 常见物质中元素成分的简单推断 | 知识拓展 | 化学 | 任选 | 基础 |
| 31 | P178 | 走进实验，感受化学魅力 | 知识拓展 | 化学 | 任选 | 基础 |
| 32 | P180 | 处处生活，处处生物 | 知识拓展 | 生物 | 任选 | 研究 |
| 33 | P181 | 化学智慧与化学史 | 知识拓展 | 化学 | 任选 | 基础 |
| 34 | P185 | 数学与生活 | 知识拓展 | 数学 | 任选 | 基础 |
| 35 | P190 | 运动中的生物学 | 知识拓展 | 生物 | 任选 | 研究 |
| 36 | P193 | 化学实验与体验 | 知识拓展 | 化学 | 任选 | 基础 |
| 37 | P198 | 数学思维训练 | 知识拓展 | 数学 | 任选 | 拓展 |
| 38 | P213 | 函数与方程基础与应用 | 知识拓展 | 数学 | 任选 | 基础 |
| 39 | P214 | 坐标系与曲线方程拓展 | 知识拓展 | 数学 | 任选 | 拓展 |
| 40 | P215 | 数列趣题赏析 | 知识拓展 | 数学 | 任选 | 拓展 |
| 41 | P216 | 三角函数拾珠 | 知识拓展 | 数学 | 任选 | 拓展 |
| 42 | P217 | 数学的实际应用 | 知识拓展 | 数学 | 任选 | 拓展 |

续表

| 序号 | 课程代码 | 课程名称 | 课程类别 | 教师组别 | 选修条件 | 课程层级（分三级） |
|---|---|---|---|---|---|---|
| 43 | P218 | 函数问题研究与拓展 | 知识拓展 | 数学 | 任选 | 拓展 |
| 44 | P219 | 几何思维拓展 | 知识拓展 | 数学 | 任选 | 拓展 |
| 45 | P220 | 初高中数学衔接 | 知识拓展 | 数学 | 任选 | 基础 |
| 46 | P221 | 高中数学疑难问题解决方法与技巧 | 知识拓展 | 数学 | 任选 | 拓展 |
| 47 | P222 | 数学名题趣题赏析 | 知识拓展 | 数学 | 任选 | 拓展 |
| 48 | P238 | 走向高校自主招生（物理） | 知识拓展 | 物理 | 任选 | 拓展 |
| 49 | P239 | 多学点热力学 | 知识拓展 | 物理 | 任选 | 拓展 |
| 50 | P240 | 天体物理 | 知识拓展 | 物理 | 任选 | 拓展 |
| 51 | P244 | 应用物理竞赛 | 知识拓展 | 物理 | 限选 | 研究 |
| 52 | P245 | 电学攻略 | 知识拓展 | 物理 | 限选 | 拓展 |
| 53 | P247 | 厨房化学 | 知识拓展 | 化学 | 任选 | 基础 |
| 54 | P248 | 传感器与化学实验 | 知识拓展 | 化学 | 任选 | 拓展 |
| 55 | P249 | 化学与饮食健康 | 知识拓展 | 化学 | 任选 | 拓展 |
| 56 | P251 | 化学实验中的定量分析 | 知识拓展 | 化学 | 任选 | 研究 |
| 57 | P252 | 生活处处皆化学 | 知识拓展 | 化学 | 任选 | 基础 |
| 58 | P253 | 舌尖上的化学 | 知识拓展 | 化学 | 任选 | 拓展 |
| 59 | P255 | 神奇的化学反应 | 知识拓展 | 化学 | 限选 | 拓展 |
| 60 | P256 | 现代功能材料 | 知识拓展 | 物理 | 任选 | 拓展 |
| 61 | P258 | 生物技术实践 | 知识拓展 | 生物 | 任选 | 拓展 |
| 62 | P259 | 遗传与优生 | 知识拓展 | 生物 | 任选 | 拓展 |
| 63 | P260 | 走近身边的微生物 | 知识拓展 | 生物 | 任选 | 拓展 |

续表

| 序号 | 课程代码 | 课程名称 | 课程类别 | 教师组别 | 选修条件 | 课程层级（分三级） |
|---|---|---|---|---|---|---|
| 64 | P262 | 健康生活的生物学原理 | 知识拓展 | 生物 | 任选 | 拓展 |
| 65 | P268 | 民俗的地理缘由 | 知识拓展 | 地理 | 任选 | 拓展 |
| 66 | P269 | 身边的地理学 | 知识拓展 | 地理 | 任选 | 拓展 |
| 67 | P276 | 在生活中的数学 | 知识拓展 | 数学 | 任选 | 拓展 |
| 68 | P282 | 趣味物理课堂 | 知识拓展 | 物理 | 任选 | 研究 |
| 69 | P283 | 生活中的高中物理问题 | 知识拓展 | 物理 | 任选 | 研究 |
| 70 | P284 | 化学竞赛 | 知识拓展 | 化学 | 限选 | 研究 |
| 71 | P286 | 海洋世纪 | 知识拓展 | 地理 | 任选 | 研究 |
| 72 | P287 | 宇宙探索 | 知识拓展 | 地理 | 任选 | 研究 |
| 73 | P288 | 探访世界自然和文化遗产 | 知识拓展 | 地理 | 任选 | 研究 |
| 74 | P293 | 近代物理学 | 知识拓展 | 物理 | 限选 | 拓展 |
| 75 | P250 | 化学应用实践 | 知识拓展 | 化学 | 任选 | 拓展 |
| 76 | Q129 | 化学发展前沿 | 兴趣特长 | 化学 | 任选 | 基础 |
| 77 | Q172 | 地理小讲台 | 兴趣特长 | 地理 | 限选 | 基础 |
| 78 | Q176 | 数码摄像的拍摄及处理初步 | 兴趣特长 | 地理 | 限选 | 基础 |
| 79 | Q132 | 数字地球和生活 | 兴趣特长 | 地理 | 任选 | 研究 |
| 80 | Q170 | 繁星天文 | 兴趣特长 | 地理 | 任选 | 拓展 |
| 81 | R105 | 源清气象 | 社会实践 | 地理 | 任选 | 研究 |
| 82 | S106 | 无线电测向 | 职业技能 | 教务 | 限选 | 基础 |
| 83 | S122 | 花卉栽培与管理 | 职业技能 | 化学 | 任选 | 基础 |
| 84 | S123 | 食品中的化学 | 职业技能 | 化学 | 任选 | 拓展 |
| 85 | S119 | 化学清洗剂的原理及制备 | 职业技能 | 化学 | 任选 | 拓展 |

续表

| 序号 | 课程代码 | 课程名称 | 课程类别 | 教师组别 | 选修条件 | 课程层级（分三级） |
|---|---|---|---|---|---|---|
| 86 | S124 | 常见植物的鉴别和应用价值 | 职业技能 | 生物 | 任选 | 拓展 |
| 87 | S130 | 安全用电 | 职业技能 | 浙大城院 | 任选 | 基础 |
| 88 | S131 | 医学急救 | 职业技能 | 浙大城院 | 任选 | 基础 |
| 89 | S137 | 汽车概论 | 职业技能 | 交通职校 | 任选 | 基础 |
| 90 | S149 | 电子产品制作 | 职业技能 | 中策职高 | 任选 | 基础 |
| 91 | S150 | 水质监测 | 职业技能 | 中策职高 | 任选 | 基础 |
| 92 | S155 | 计算机硬件拆装与系统安装 | 职业技能 | 中策职高 | 任选 | 基础 |
| 93 | S172 | 医学药学类导论 | 职业技能 | 浙大城院 | 任选 | 基础 |
| 94 | S173 | 工程类导论 | 职业技能 | 浙大城院 | 任选 | 基础 |
| 95 | S177 | 汽车大世界【汽车养护】 | 职业技能 | 职业体验中心 | 任选 | 基础 |
| 96 | S179 | 趣味园艺【植物小瓶景】 | 职业技能 | 职业体验中心 | 任选 | 基础 |
| 97 | S189 | 家庭小实验 | 职业技能 | 物理 | 任选 | 拓展 |
| 98 | S205 | 实验"悟"理 | 职业技能 | 物理 | 任选 | 研究 |
| 99 | S210 | 汽车大世界【汽车构造】 | 职业技能 | 职业体验中心 | 任选 | 基础 |
| 100 | S212 | 趣味园艺【多肉组合种植】 | 职业技能 | 职业体验中心 | 任选 | 基础 |

3. 杭州市源清中学基于用世的课程群

（1）信息类

| 序号 | 课程代码 | 课程名称 | 课程类别 | 教师组别 | 选修条件 | 课程层级（分三级） |
|---|---|---|---|---|---|---|
| 1 | P189 | 信息安全与管理 | 知识拓展 | 技术 | 任选 | 基础 |
| 2 | P191 | 数据管理基础 | 知识拓展 | 技术 | 任选 | 基础 |

续表

| 序号 | 课程代码 | 课程名称 | 课程类别 | 教师组别 | 选修条件 | 课程层级（分三级） |
|---|---|---|---|---|---|---|
| 3 | P273 | Javascript编程基础 | 知识拓展 | 技术 | 任选 | 基础 |
| 4 | P291 | Pascal语言编程与算法初探 | 知识拓展 | 技术 | 任选 | 研究 |
| 5 | Q113 | 智能机器人 | 兴趣特长 | 技术 | 限选 | 研究 |
| 6 | Q115 | FLASH动画驿站 | 兴趣特长 | 技术 | 任选 | 拓展 |
| 7 | Q151 | 智慧校园与数字生活 | 兴趣特长 | 技术 | 任选 | 研究 |
| 8 | Q178 | 移动互联网 | 兴趣特长 | 技术 | 任选 | 基础 |
| 9 | Q181 | 智能控制 | 兴趣特长 | 技术 | 任选 | 研究 |
| 10 | Q182 | Photoshop图像设计与处理 | 兴趣特长 | 技术 | 任选 | 基础 |
| 11 | Q183 | App Inventor的应用 | 兴趣特长 | 技术 | 限选 | 拓展 |
| 12 | S101 | VB趣味程序设计 | 职业技能 | 技术 | 任选 | 研究 |
| 13 | S128 | 智能家居应用初步 | 职业技能 | 技术 | 任选 | 拓展 |
| 14 | S134 | 网络管理 | 职业技能 | 电子信息职校 | 任选 | 基础 |
| 15 | S135 | 动漫制作 | 职业技能 | 江滨职校 | 任选 | 基础 |
| 16 | S158 | 通信电子 | 职业技能 | 浙大城院 | 任选 | 基础 |
| 17 | S163 | 网页设计 | 职业技能 | 电子职高 | 任选 | 基础 |
| 18 | S174 | 信息电子类导论 | 职业技能 | 浙大城院 | 任选 | 基础 |
| 19 | S184 | 网页设计与家庭网络 | 职业技能 | 青少年职业能力体验中心 | 任选 | 基础 |
| 20 | S191 | 技术与应用（通用） | 职业技能 | 技术 | 任选 | 拓展 |

续表

| 序号 | 课程代码 | 课程名称 | 课程类别 | 教师组别 | 选修条件 | 课程层级（分三级） |
|---|---|---|---|---|---|---|
| 21 | S195 | 超强大脑（奇妙认知） | 职业技能 | 心理 | 任选 | 基础 |
| 22 | S196 | 动漫绘画 | 职业技能 | 浙大城学院 | 任选 | 拓展 |
| 23 | S198 | 网页设计 | 职业技能 | 浙大城学院 | 任选 | 拓展 |
| 24 | S199 | 影视后期处理技术（初级） | 职业技能 | 数学 | 任选 | 基础 |
| 25 | S203 | DV爱好者联盟 | 职业技能 | 技术 | 限选 | 基础 |
| 26 | S207 | 技术与应用（信息） | 职业技能 | 技术 | 任选 | 拓展 |
| 27 | S208 | 超强大脑（玄机在握） | 职业技能 | 心理 | 任选 | 基础 |

（2）商业类

| 序号 | 课程代码 | 课程名称 | 课程类别 | 教师组别 | 选修条件 | 课程层级（分三级） |
|---|---|---|---|---|---|---|
| 1 | P137 | 学点财经 | 知识拓展 | 政治 | 任选 | 拓展 |
| 2 | P170 | 浙商探微 | 知识拓展 | 政治 | 任选 | 拓展 |
| 3 | P179 | 消费化学 | 知识拓展 | 化学 | 任选 | 拓展 |
| 4 | P274 | 生活中的经济学 | 知识拓展 | 浙大城院 | 任选 | 基础 |
| 5 | Q135 | 浙商故事 | 兴趣特长 | 物理 | 任选 | 基础 |
| 6 | Q175 | 启明商业 | 兴趣特长 | 学生 | 限选 | 拓展 |
| 7 | Q177 | 社会消费心理学之马年马役 | 兴趣特长 | 生物 | 任选 | 拓展 |
| 8 | R102 | 蜡烛线基础知识 | 社会实践 | 数学 | 任选 | 基础 |
| 9 | R104 | K线图 | 社会实践 | 语文 | 任选 | 基础 |
| 10 | R108 | 生活理财 | 社会实践 | 政治 | 任选 | 基础 |

续表

| 序号 | 课程代码 | 课程名称 | 课程类别 | 教师组别 | 选修条件 | 课程层级（分三级） |
|---|---|---|---|---|---|---|
| 11 | R109 | 寻找梦中的家园——房产选择中的地理知识 | 社会实践 | 地理 | 任选 | 拓展 |
| 12 | S104 | 国际通用理财 | 职业技能 | 数学 | 任选 | 拓展 |
| 13 | S105 | 创业指导 | 职业技能 | 政治 | 任选 | 拓展 |
| 14 | S107 | 商务英语（外贸商函） | 职业技能 | 英语 | 任选 | 拓展 |
| 15 | S112 | K线图 | 职业技能 | 语文 | 任选 | 基础 |
| 16 | S113 | 实用创业指导 | 职业技能 | 数学 | 任选 | 基础 |
| 17 | S125 | Miss Missing咖啡屋 | 职业技能 | 生物 | 任选 | 基础 |
| 18 | S126 | 金融投资基础 | 职业技能 | 浙大城院 | 任选 | 基础 |
| 19 | S132 | 商品经营（市场营销） | 职业技能 | 开元商贸 | 任选 | 基础 |
| 20 | S136 | 商务礼仪 | 职业技能 | 人民职校 | 任选 | 基础 |
| 21 | S151 | 企业经营沙盘 | 职业技能 | 中策职高 | 任选 | 基础 |
| 22 | S165 | 走近浙商 | 职业技能 | 浙江工商大学 | 任选 | 基础 |
| 23 | S175 | 经济管理类导论 | 职业技能 | 浙江大学城市学院 | 任选 | 基础 |
| 24 | S188 | 社会消费心理 | 职业技能 | 心理 | 必选 | 研究 |
| 25 | S190 | 国际贸易 | 职业技能 | 吉特 | 任选 | 研究 |
| 26 | S193 | 市场营销 | 职业技能 | 索菲亚 | 任选 | 研究 |
| 27 | S194 | K线基础知识 | 职业技能 | 数学 | 任选 | 基础 |
| 28 | S209 | 电子商务应用 | 职业技能 | 青少年职业能力体验中心 | 任选 | 研究 |

(3) 创意类

| 序号 | 课程代码 | 课程名称 | 课程类别 | 教师组别 | 选修条件 | 课程层级（分三级） |
|---|---|---|---|---|---|---|
| 1 | P149 | 超强大脑（学习问道） | 知识拓展 | 生物 | 任选 | 基础 |
| 2 | P160 | 家庭小实验 | 知识拓展 | 物理 | 任选 | 研究 |
| 3 | P201 | 创意与表达 | 知识拓展 | 语文 | 任选 | 拓展 |
| 4 | P207 | 语言规范创新 | 知识拓展 | 语文 | 任选 | 拓展 |
| 5 | Q106 | 书法欣赏与创作 | 兴趣特长 | 语文 | 任选 | 基础 |
| 6 | Q109 | 飞指魔方 | 兴趣特长 | 数学 | 任选 | 拓展 |
| 7 | Q110 | 静态纸模 | 兴趣特长 | 物理 | 任选 | 拓展 |
| 8 | Q118 | 校园编剧 | 兴趣特长 | 语文 | 任选 | 基础 |
| 9 | Q145 | YQ创新社 | 兴趣特长 | 物理 | 任选 | 基础 |
| 10 | Q148 | 手工布艺DIY | 兴趣特长 | 技术 | 任选 | 基础 |
| 11 | Q163 | 设计基础训练 | 兴趣特长 | 浙大城院 | 任选 | 基础 |
| 12 | Q179 | 平面设计 | 兴趣特长 | 技术 | 任选 | 拓展 |
| 13 | Q190 | 机器人创意设计与竞技 | 兴趣特长 | 技术 | 限选 | 研究 |
| 14 | R103 | 创意与发明 | 社会实践 | 物理化学 | 必选 | 研究 |
| 15 | R110 | 高中地理创意实验 | 社会实践 | 地理 | 任选 | 研究 |
| 16 | S110 | 学做中西美食 | 职业技能 | 数学 | 限选 | 基础 |
| 17 | S111 | Honey Room 手工烘焙坊 | 职业技能 | 音体美 | 任选 | 基础 |
| 18 | S169 | 微电影编导 | 职业技能 | 外教 | 任选 | 拓展 |
| 19 | S180 | 创意生活【烘焙】 | 职业技能 | 青少年职业能力体验中心 | 任选 | 基础 |
| 20 | S192 | 摄影与平面设计 | 职业技能 | 外教 | 任选 | 拓展 |
| 21 | S201 | 不织不乐 | 职业技能 | 生物 | 任选 | 基础 |
| 22 | S214 | 创意生活【电商速卖通】 | 职业技能 | 青少年职业能力体验中心 | 任选 | 基础 |

4. 杭州市源清中学校级精品课程

| 课程名称 | 课程类别 |
| --- | --- |
| 中国梅文化与画梅技法 | 兴趣特长类 |
| 旅游地理 | 知识拓展类 |
| 源清气象 | 社会实践类 |
| 杭州中医文化——胡庆余堂 | 知识拓展类 |
| 智能机器人 | 兴趣特长类 |
| 健美操 | 兴趣特长类 |
| 源清礼仪 | 职业技能类 |
| 校园剧的编排（影子戏剧） | 兴趣特长类 |
| 明清小说史 | 知识拓展类 |
| 杭州名人名家 | 知识拓展类 |
| 课程名称 | 课程类别 |
| 数学那些事儿 | 知识拓展类 |
| 西湖文化探寻 | 社会实践类 |
| 手工布艺DIY | 兴趣特长类 |
| 中国竹文化与墨竹艺术 | 兴趣特长类 |
| 几种特殊函数 | 知识拓展类 |
| Photoshop图像设计与处理 | 知识拓展类 |
| 化学科学史 | 知识拓展类 |
| App Inventor的应用 | 知识拓展类 |
| 弹簧与物理 | 知识拓展类 |
| 英语经典影视鉴赏课 | 知识拓展类 |
| 课程名称 | 课程类别 |

续表

| 课程名称 | 课程类别 |
| --- | --- |
| 高中英美文学作品选读 | 知识拓展类 |
| 奇妙的弹簧 | 知识拓展类 |
| 杭州老街街巷 | 知识拓展类 |
| 学点财经 | 知识拓展类 |
| 浙商探微 | 知识拓展类 |
| 网球技战术与赛事组织 | 兴趣特长类 |
| 学点传统文化，做个有雅趣的文化人 | 知识拓展类 |
| 运动中的生物学 | 知识拓展类 |
| 学习问道 | 知识拓展类 |

第二篇
# 精致成就教育

# 第一章
# 实施精致教育,追求卓越发展目标

## 一、 中外教育教学理论及教学方法论综述

我们都知道,缺乏教育理论指导的实践,只是一种盲目的实践活动,其结果是难以预判的。教育是一种培育人的神圣工作,不允许出现丝毫偏差和重新塑造。因此,有一种先进且可行的教育理论和教育模式指导学校实践工作,无疑是让大家欢欣鼓舞的。

翻开中外教育史,各种教育理论和流派纷呈,各具特色。从苏格拉底到杜威的西方教师教育思想,博大精深,值得我们学习和借鉴。如苏格拉底"作为无知者的教师",柏拉图"教师就是解放心灵",亚里士多德"成为知性的教师",昆体良"善良是教师的第一要素",培根"善于剔除假象的教师",夸美纽斯"教师要有不断学习的精神",洛克"教师是学生精神成长的决定者",卢梭"教师是使人成为一个人",康德"做一个理性教师",裴斯泰洛齐"教师是爱的化身",赫尔巴特"教师是关注学生未来的人",第斯多惠"善于进行自我教育的教师",斯宾塞"快乐教育",杜威"教师是把儿童当太阳的人"。从 19 世纪以来,教学论孕育出了众多的流派,在理论上和实践上均产生了比较大的影响,促使教学观念正在从传统向现代转变。

（一）赫尔巴特主义教学论

赫尔巴特主义教学理论是一种历史悠久、影响广泛的流派，常被人称为"传统教育"教学理论，主要创始人是赫尔巴特。其主要内容表现在以下几个方面：一是关于教育目的。他们坚持，教育的必要目的是培养道德人，教育的选择目的是培养儿童多方面的兴趣和一切能力的和谐发展。前者的实质是人对现存制度的服从和迎合传统，后者的实质则是为了使儿童的发展与现实和未来社会分工就业匹配起来。二是关于教育目标。他们认为，教育的最高目标是培养儿童的德性，较近的目标是培养儿童多方面的兴趣，包括经验的、思辨的、审美的、同情的、社会的和宗教的六种兴趣。这样就在教学层面上，把其提出的有着内在矛盾的教育目的观念统一了起来。三是关于课程形态。他们建构起来了规范化的"学科"课程与教学形态，追求古典人文学科与现代实科相结合。主要设置有自然（博物）、物理、化学、地理、数学、逻辑、文法、自然哲学、文学、音乐、绘画、雕刻、古典语、现代外语、本国语、历史、政治、法律、神学等19个科目。四是关于课程横向结构。面对分科导致的知识割裂问题，赫尔巴特主义提出并实践了科目主题中心整合法。赫尔巴特首先提出了统觉心理学的整合原理，齐勒继承了赫尔巴特的衣钵，建构起了以"历史、文学、宗教"为中心和以历史为核心的课程整合法。五是关于教学方法。赫尔巴特认为，儿童要扩大观念就得依靠经验的积累，并主要地在教学中获得知识。立足于统觉心理学的基础，他将教学分成了四个阶段，后经其弟子引申发展，形成著名的"五段教学法"，长期风行于欧美学校教育理论和实践之中。"五段教学法"：包括预备，即问题的提出，教学目的和目标的说明等；提示，即新材料的传授；比较，通过新旧知识的比较，使它们实现联合；总括，即在比较的基础上，知识还不系统，需要一种静止的审思活动，寻求结论和规律；应用，即将学到的知识进行运用。

### （二）儿童社会活动中心教学论

从 19 世纪末到 20 世纪初开始，美国兴起的进步教育运动，对赫尔巴特主义教学论进行了彻底的批判和超越，进而建立和发展起了儿童社会活动中心教学论。儿童社会活动中心教学论，彻底否定各种以学科主题为中心的传统观点，主张以学生兴趣、爱好、动机、需要等为价值取向，以儿童社会活动为中心来研制课程和组织教学。它的代表人物，最著名的有杜威。其基本观点：包括一是教育的根本目的是儿童发展。杜威批判传统教育目的来自教育之外，是社会强加给教育的。他提出，教育在自身之外，是没有目的的；他主张"教育即发展"，就是说，教育的自身目的是促进儿童的身心发展。二是课程的实质是经验。杜威以他的经验自然主义哲学思想作为手术刀，对强调一切从儿童出发的极端"儿童中心"论与强调一切从教学出发的"科目中心"论进行了解剖批判，指出它们均走进了割裂儿童与课程的极端的、片面的误区。他坚持用整体的、变化发展的和联系的观点来看待儿童与课程，这样它们便成了一个整体，具有统一性。他说："我们认识到，儿童和课程仅仅是构成一个单一的过程的两极。正如两点构成一条直线一样，儿童现在的观点以及构成各种科目的事实和真理，构成了教学。从儿童的现在经验进展到以有组织体系的真理即我们称之为各门科目为代表的东西，是继续改造的过程。"这样，实质上儿童与课程并不是分裂的，而是有机统一在一起的，它们的统一点就是经验。三是社会活动是教学的中心。针对已有的科目主题中心论的偏颇，杜威宣称："学校科目相互联系的真正中心，不是科学、不是文学、不是历史、不是地理，而是儿童本身的社会活动。"通过儿童的社会活动，从而实现科目主题里的成人经验内化到儿童自身经验之中。教师、课本和课堂都不再是中心了，教学中各个科目的联络中心也变了，变成了儿童的社会活动。这些社会活动，又被叫作"作业"，它们既是社会生活中存在的，也是家庭生活里不可缺少的，还是学校可以组织进行的。合乎这三个条件的，当时主要是缝纫、建筑、木工和烹饪等。四是以活动为课程与教学的根本形态。20世纪30年代，美国进步教育协会为了将新的理论形态的活动课程与教学转变为实践形态，组织实施了史称"八年研究"的课程改革运动，促使美国中小学幼儿园普遍实施了活动课程与教学。这一理论和实践模式，以后逐步传播到东西方许多国家，逐步占据了教学的主导地位。

（三）发展主义教学论

发展主义教学论，是苏联著名心理学家和教育家赞可夫，从20世纪50年代末开始，经过长达20年的大规模学校实验，总结升华形成的。赞可夫突出的主题是"教学与发展"，所以这一理论也突出地表现了赞可夫格外强调学生发展的特征。这一理论主要内涵：包括作为理论基础的"文化—历史"理论和"最近发展区"学说，以实验为基础，天才地提出了心理学的历史原理和意义原理。进而在发现了儿童自生概念向科学概念的发展趋向后，他敏感地感觉到了儿童发展过程本身所具有的生长可能性。于是，他大胆地用以观照儿童的智力发展，提出，在儿童的发展中，存在着两种水平，第一种是儿童的现有发展水平；第二种水平则是指儿童能够做到、但不能独立地而只能是根据模仿来做到的那个区域，它是儿童在以后能独立完成的，所以应包括在儿童现有发展水平之中。这一区域，就被维果茨基命名为最近发展区。教育教学的根本功能是促进学生的一般发展。赞可夫所说的一般发展，基本含义有三：一是指个性发展而不仅仅是智力发展；二是指心理一般发展而不是指身心的一般发展；三是包括动机、情感和意志的发展。但是，在他的实验中，能够操作并实际操作了的发展内容，主要仍然仅仅是智力发展。所以，这一理论实质上打上了深深的科学主义烙印。儿童的最近发展区只是可能的，而不是必然的。在儿童的发展历程中，教学创造着最近发展区。赞可夫以发展为目的的教学论，提出了教学设计的五大基本原则，即高难度原则，高速度原则，以理论知识为主的原则，使学生理解教学过程的原则和使全体学生、包括差生都得到发展的原则。

(四)结构主义教学论

结构主义教学论,其主要依据是结构主义心理学,最著名的代表人物是布鲁纳,是在20世纪50年代苏美争霸世界的背景下产生的。结构主义教学论的基本原理为:一是教育的根本目的是培养社会精英。它热衷于追求教育的卓越性,追求教育培养大量社会精英,特别是培养大批科技精英。二是一个大胆的假设。布鲁纳提出,任何学科都能够用在智育上是正确的方式,有效地教给任何发展阶段的任何儿童。这个大胆假设往往被人误解,然而它的实质是,使问题配合学生的能力,或者找出该问题的某方面以便做出这种配合。它要求内容的选择和组织,与课程和教学实施方式相配合,形成"在智育上是正确的方式"。三是以学科结构为教学中心。布鲁纳主张,不论我们教什么学科,务必使学生理解学科的基本结构。所谓学科的基本结构,就是学科的基本原理、基础公理和普遍性主题。学科的结构不是只有单一的模式,故可重组为各种特殊的结构。学科的基本结构的教育价值是丰富的,主要表现在四方面:懂得基本结构可以使学科更容易理解,有利于识记,特别有利于意义识记;能促进知识技能的迁移;可以沟通高级知识与初级知识。四是重视培养儿童的直觉思维。直觉是不经过复杂智力操作的逻辑过程而直接迅速地认知事物的思维活动,它是直接观察而不是间接认识,可经由某种捷径而不循惯常的逻辑法则快速地进行。直觉在生活实践中具有重要价值,也是创造活动的重要特征。逻辑思维是重要的,直觉思维也是重要的。已有的教育和教学,忽视了儿童的直觉思维,所以要格外重视儿童直觉思维的挖掘、运用和培养。直觉与学科基本结构之间,存在辩证关系。直觉有助于理解和把握基本结构,但是直觉好的人可能生来有些特殊,不过只有以牢固的、熟悉的学科知识作为背景或基础,直觉的创造性特征才能有所作为。五是提倡发现学习法。发现学习,是人通过独立思考、改造材料、自己掌握原理原则的一种学习方式。发现学习法的优点主要有四个方面:有利于掌握知识的体系和学习方法;有利于启发学生的内在学习动机、提高学习的自信心；有利于培养学生的发现与创造的态度和探究的思维定式；有利于知识、技能的巩固和迁移。六是建构起了螺旋形课程。到20世纪50年代末，布鲁纳首次提出了螺旋形课程的概念。螺旋形课程，实质上就是在课程内容组织上采取的螺旋排列方式，这种排列方式按照学习的巩固性原理，在相邻的两个以上主题、单元、年级或阶段里安排课程相同但深度或广度不同的内容，以便让学生逐步深入学习某门课程或某门课程的一个方面。布鲁纳主张以螺旋形课程来组织和实施学科的基本结构，通过螺旋形课程，促进儿童对学科基本结构的学习和掌握。

（五）范例教学论

以德国著名的教育家瓦根舍因和克拉夫基为代表提出来的范例教学论，与发展主义教学论以及结构主义教学论一起，构成了二战后五六十年代世界上最有影响的三大教学论流派。所谓范例教学，就是通过典型的事例和科目主题中关键性的问题的教授、探索，来带动学生理解普遍性的材料和问题。在二战以后，许多国家都通过扩充教材内容、增加课时来适应社会发展的要求，结果导致中小学的课程变得十分庞杂，学生负担加重，学生的智力活动窒息，教学质量下降。实际上，精神世界的各种固有的现象（规律），可以依靠个别真正能为学生所理解的事例来说明。这就启示人们，要克服传统教学的弊端，就要重视、重构教学内容，选择学科材料中最典型的材料，形成认识的"稠密区"或"岛屿"。在这个稠密区里，各种知识汇集、交融，通过对这个稠密区的探究、思考，形成一种整体的认识结构，达到把握其他各种材料的目的。

一是选择范例的原则。选择范例需要遵循三个基本原则，即基本性、基础性和范例性。所谓基本性，就是指教给学生的内容应当是一门学科的基本要求，如基本概念、基本知识结构、基本原理、基本规律等。基本性的着眼点在于教材的客观内容。所谓基础性，就是着眼于学生基础，学生的基本经验和智力发展的水平。教学内容的选择应当切合学生的生活经验，适应学生的知识水平和智力的发展水平，同时，又要通过教学，促进学生智力的发展。所谓范例性，就是指所选择的例子必须像一面镜子那样，能够反映某一阶段教学的全部材料，使学生窥一斑见全豹。例如教力学原理时，可以用"杠杆"这样一个被广泛应用的工具作为实例，来推导出力的公式。"范例"的另一层意思还指某一范例对认识其他事物具有启发性，例如讲热带森林，以非洲的热带森林为典型，通过非洲森林同其他森林的同异比较，来认识热带森林的特征。在范例教学中，往往打破原有的学科体系，用课题形式来代替相同的系统教材。如在语文教学中，一个课题可以是一篇范文或一首诗，也可以由许多文学作品组成；在物理教学中，可以把自由落体现象作为一个课题，从中引出关于质量、能量守恒，惯性定律和万有引力等概念和规律来；在历史教学中，可以打破年代式的课目结构，选择典型人物、典型事件加以组串。范例教学的课题选择不能是随意的，而应当是引导学生发现规律的突破点，这个突破点又是整个教学链上的关键点，能够同前后的课题、同学生横向的知识发生有机的联系。每个课题既是相对独立而完整的，又是彼此有内在联系的。这样，一个课题接着一个课题，学生就能够把握学科内容，能够发展智力和能力。

为了实现上述要求，教师必须对教学内容做教学论的分析。克拉夫基指出，这种分析包括以下五个方面：一是基本原理的分析。分析该特定课题所表示和阐明的内容有哪些是重要的、带有普遍意义的，并通过这些内容的教学使学生"范例性"地把握那些基本现象和基本原理。二是智力作用的分析。分析课题对学生有何种现实意义，使学生在这个课题中能开展何种智力活动。三是未来意义的分析。分析课题对学生今后生活有何种意义，只有具有未来意义的课题才能使学生有兴趣，对一些不能直接看到其意义的课题，教师应该对学生进行启发。四是内容结构的分析。要分析课题在全部内容中的位置并对本身进行细致分析，分析课题的内容要素，要素之间的联结、层次，难点和重点等。五是内容特点的分析。即课题有哪些特点能引起学生兴趣和认知的冲突，通过什么手段才能有效地突现课题等。

二是范例教学的程序和方法。范例教学的程序一般有四个阶段：第一阶段——教师用特例，以具体直观的方法，范例地阐明"个"，使学生认识某一事物的本质特征。第二阶段——根据范例"个"所获得的知识，推论特点，分析掌握整个"类"的特征，使对"个"的认识上升为对"类"的认识。第三阶段——范例地掌握规律和范畴的阶段，即根据对"个"所获得的认识，进一步过渡到对"类"的认识，从而达到对更本质的关系——规律的认识。第四阶段——范例地获得关于世界的关系的经验，认识更为抽象或总结性的规律。这四个阶段仅是范例教学的一般程式。其实，同传统教学相比，范例教学的本质特征并不是在于教学过程上的区别，更重要的区别在于它的教学目标——教养性教学目标。这种教养性目标包括，培养学生的问题意识，培养学生的独立能力。

（六）社会改造主义教学论

社会改造主义教学论，又被称为社会中心教学论。社会改造主义教学论，是从进步主义教育中逐渐分化出来的，其早期的代表人物有克伯屈、拉格和康茨等；20世纪50年代后，使改造主义以新的面貌出现并引起人们关注的是布拉梅尔德。社会改造主义教学论主张：一是教育的根本价值是社会发展。社会改造主义批判学生中心教学论过于注重学生的个人需要、兴趣、自由以及活动，没有考虑到社会变革的需要；在教育和教学中，学生中心教学论仅注意过程从而忽视了结果，只注意了手段而忽视了目的。社会改造主义认为，学校教学的价值，最终是社会的价值，教学乃是实现未来理想社会的运载工具。二是教育的根本目的在于改造社会。社会改造主义指出，学生中心教学实质上是帮助学生"适应"而不是"改造"社会。社会改造主义也强调教学的经验性质，主张经验是第一位的，但却坚定地认为，经验是团体的而非个人的，所以社会改造主义格外强调的是团体经验。团体经验实质在于改造社会，因此，教育的目的是推动社会的变化，设计并实现理想的社会。教学设计不应从学生掌握知识、发展智力和人格出发，而应从社会改造的要求出发，使教学在统一的社会整体内完整地联系起来。从而通过教学实施后，帮助学生摆脱对社会制度奴隶般地服从，明确社会改革的需要，形成参加各种社会运动、塑造新的社会秩序和社会文化的能力，从而成为改造社会、推进社会发展的主人。三是超越科学技术主宰教学的现状。社会改造主义认为，传统的课程是一个不相连贯的学科主题的大杂烩，其内容过分强调了技术，而忽视了人类团体的其他经验，所以要实现社会发展的教育价值和社会改造的教育目的，就必须加强美学、道德、社会和人文方面的教学。四是构建社会问题中心的核心课程。社会改造主义批判儿童中心教学论夸大了儿童个人的自由，主张把教学的中心放到社会现实问题、社会改造和社会活动上；主张教学应由教育者按照社会需要来决定，而不是由学生自己来决定；应以解决实际的社会问题的逻辑而不是学科知识的逻辑为主线来组织教学，使教学同社会生活联系起来，增强学生适应和改造社会生活的能力。

（七）人本主义教学论

人本主义教学论，是以人本主义心理学为基础，在批判结构主义教学论存在的严重问题中，逐步发展起来的，最著名的代表人物是马斯洛和罗杰斯。人本主义教学论的主要观点：一是教育的根本价值是实现人的潜能和满足人的需要。人本主义敏锐地指出，结构主义教学论对培养社会和科技精英的目的追求，导致了人的畸形化，遗失了人的价值。因此，教学必须走出英才教育思想的笼罩，建立新的教育价值。人本主义指出，人是具有心理潜能的，潜能的实现具有内在的倾向性；需要是潜能的自然表现，潜能是价值的基础，需要表现着价值；所以，教学的教育价值不是别的，就是实现人的潜能和满足人的需要。二是教育的根本目的是培养"完整人"。人本主义教学论指出，结构主义教学培养出来的是人格不健全的人；其大肆鼓吹的学科分化，其实是倒行逆施；而且，科学逻辑与学习逻辑同一性是值得怀疑的，探究—发现学习也存在着适切性的问题。人本主义提出，教育的目的是培养人格健全、和谐发展和获得自由的"完整人"。这样的"完整人"，首先是多种多样的潜能得以发挥，表现为各个层次的需要得以和谐实现。其次是情意发展与认知发展的和谐统一，包括情意、感情和情绪的发展，认知、理智和行为的发展，以及情意与认知、感情与理智、情绪与行为发展的统一。三是平行课程与并行课程。为了实现人本主义的教育价值和目的，需要建立和实施平行课程体系，包括学术性课程、社会体验课程和自我实现课程。进而，一种人本主义的并行课程与教学整合模式也应运而生，它由知识课程、情意课程和体验整合课程有机结合而成。四是组织意义学习。罗杰斯指出，人类学习有两种类型：一是无意义学习，比如无意义音节的学习，这类学习只涉及心智，不涉及感情或个人意义，与"完整人"无关；二是有意义学习，是指一种使个体的行为、态度、个性以及在未来选择行动方针时发生重大变化的学习。这不仅是一种增长知识的学习，而且是与每个人的各部分经验都融合在一起的学习。意义学习理论的基本观点包括：人类有一种天然的学习倾向。意义学习通常是在学生认识到学习材料与自己的目的有关的情况下出现的。当学生看出他所学习的东西能够保持和发展自我时，他就会进行意义学习。对学习的意义理解不同，会影响到学习的方向、分量和速度。许多意义学习是通过学生的实际活动进行的。学生的整个人（包括他的认知活动和情意活动）灌注其中的自发学习，往往是最持久和最深入的学习。自发学习的关键是获得学习的自由。凡是引起自我概念变化的学习往往对个体是一种精神威胁，因而容易遭到拒绝。自我概念是指一个人的价值观、信念和基本态度。意义学习在当代多变的世界中应是对学习过程的学习。

（八）后现代主义教学论

伴随着人们对现代化负效应的反思批判，各种后现代主义思潮席卷全球。与此相伴随，从 20 世纪 70 年代以来，欧美逐步孕育出了后现代主义教学论。从 80 年代后期开始，全球许多教育家和课程与教学论学者都接受了后现代主义教学论的旨趣，从而形成了一股强劲的后现代教学思潮。其中，作为后现代主义教学论旗手的，有美国著名的教育家派纳和小多尔等。后现代主义教学论的意旨主要表现为：一是"工具理性还原"的人性主张。后现代主义并不否定现代理性文明，而是希冀在继续享用现代化带来的文明成果的同时，医治好现代化的人性疾患。美国学者贝斯特和凯尔纳对后现代主义进行过比较全面的考察，结果表明，"后现代不仅已经介入我们所能设想的从人类学到企业管理到政治到科学的每一领域"，而且已经孕育出了"后现代总统制""后现代爱情""后现代心灵""后现代神学""后现代电视节目"等一系列当代大众文化的各种不同主题。集中到人性问题上，后现代主义旗帜鲜明地反对把人的本质理性化和抽象化，反对至高无上的理性主体。指出，传统哲学以普遍性、同一性和理性为人的最高本质，以主体的普遍性压抑对象的差异性，以同一性统治特殊性，以理性支配情感，只能使人成为丧失个性的、无血无肉无感情的抽象的人，从而压抑了人的具体性、个体性。因此，理性是重要的，但不是至上的，只不过是"谋求人的幸福的工具"。二是建构主义和经验主义的认识论基础。现实生活世界的意义和价值，是人在亲身经验和体验中主动建构起来的。人们是以共同的历史为背景，参与到彼此之间的活动和对话之中，通过多重解释和转换而寻求或创造意义和价值。教学就是为着人们以历史性的体验和反思，寻找和安置好自己在社会变化潮流之中的位置的。

以上教育理论为我们构建新的教育模式提供理论借鉴和支撑。

## 二、精致教育

我们知道，教育理论是通过一系列教育概念、教育判断或命题，借助一定的推理形式构成的关于教育问题的系统性的陈述。教育理论具有三个基本特征：第一，教育理论是由教育概念、教育命题和一定的推理方式构成的。因为任何理论必定是通过概念、判断或命题等基本的思维形式来构成的，如果没有教育概念、教育命题，仅仅是对教育现象的系统描述，即使是系统的，那也不是教育理论，而只是教育现象陈述。第二，教育理论是对教育现象或教育事实的抽象概括。理论在本质上超越于具体的事实和经验，尽管它在形式上是一种陈述体系，但它在内容上是以浓缩的形式来阐述教育事实和经验的，不是对教育事实和现象的直接复制，而是间接的抽象反映。第三，教育理论具有系统性。单个的教育概念或教育命题，不借助于一定的逻辑形式，不构成一定的系统性，也不能构成教育理论，即使它是对教育现象和事实的概括反映，那也许只是一种零散的教育观念或教育思想。

（一）精致与精致教育

精致，从字面上讲，即精巧、细致。精，就是经过提炼或挑选的精华，有完美、最好的含义；致，就是给予或达到、集中、精细的意思。《辞海》把"精致"解释为细密、精密。《辞源》中一个义项则解释为"工美的情趣"。如唐代司空图《疑经后述》："今钟陵秀士陈用拙出其宗人岳所作《春秋折衷论》数十篇，赡博精致，足以下视两汉迂儒矣。"《新唐书·文艺传下·崔元翰》："其好学老不倦，用思精致，驰骋班固、蔡邕间以自名家。"宋代李清照的《〈金石录〉后序》："纸札精致，字画完整，冠诸收书家。"《梁书·儒林传·崔灵恩》中有："性拙朴，无风采，及解经析理，甚有精致。"英文中"精致"的意思来自拉丁文，含有规范或标准之义。随着近代科学技术的不断发展，人们的劳动分工越来越细化，科学技术研究愈趋细密，细致象征着人类的进步、文明的发展。总的说来，精致既有精美精巧的意思，又有精益求精、追求卓越的意思在里面。

精致一词还比较常用于形容现代生活，如精致的生活，指的是人们日常生活中的一种品味和质量，属于纯粹精神范畴。包括了个人爱好的独特、事业追求的坚持、感情生活的独立、居家生活的惬意、精神世界的丰满等。

精致的生活讲究品位，讲究内涵。精致生活也是一种睿智的流露，是一份博雅的情怀。

其实，精致在某种意义上可以说与国家近段时间大力提倡的工匠精神相吻合，工匠精神是指工匠对自己的产品精雕细琢，精益求精的精神理念。工匠们喜欢不断雕琢自己的产品，不断改善自己的工艺，享受着产品在双手中升华的过程。工匠精神的内涵：包括一、精益求精。注重细节，追求完美和极致，不惜花费时间精力，孜孜不倦，反复改进产品，把99%提高到99.99%。二、严谨，一丝不苟。不投机取巧，必须确保每个部件的质量，对产品采取严格的检测标准，不达要求绝不轻易交货。三、耐心，专注，坚持。不断提升产品和服务，因为真正的工匠在专业领域上绝对不会停止追求进步，无论是使用的材料、设计还是生产流程，都在不断完善。四、专业，敬业。工匠精神的目标是打造本行业最优质的产品、其他同行无法匹敌的卓越产品。当今一些企业追求"短、平、快"（投资少、周期短、见效快）带来的即时利益，从而忽略了产品的品质灵魂。另外一些坚持工匠精神的企业，依靠信念、信仰，不断改进、完善产品，最终，通过高标准要求历练之后，成为众多用户的骄傲，无论成功与否，这个过程，他们的精神是完完全全的享受，是脱俗的也是正面积极的。教育也何尝不是这样！

精致教育的概念于1987年由台湾伍振鷟先生率先提出，20世纪90年代，大陆也有个别学校提出精致教育理念，但都没有系统阐释精致教育概念的内涵、特征、实施策略与步骤，只是在管理上取得一些精致教育经验。

笔者认为，精致不仅可以应用于工艺，可以应用于生活，还可以运用于教育；不仅是一门科学，还可以成为一门艺术。把科学与人文两种思想及模式有机整合，把两者的优势因素融为一体，将其含有的雅致、情趣、诗意、美感、卓越等核心思想应用于教育，倡导一种有精致文化的教育。精致教育，就是一种追求卓越、精益求精、至真、至善、至美的教育境界。精致，更注重过程和细节的管理。要求做到周到、精致、精细入微、精雕细刻。

因此，精致教育可以这样定义：卓越发展，和而不同。以伟大的发展目标为引领、以精良师资为保障、以精品课程为载体，实施精细管理，培育精英人才。

精致教育，就是追求精细，追求精品，追求极致，追求卓越。其具体内涵是：确立办伟大学校的办学目标和培养目标，组建精干、高效的管理团队，建设精英化的教师队伍，实施精细化的教育教学管理，创造精美的校园环境，打造精诚的学校文化，开展精心、有魅力的德育，追求精湛的课堂教学艺术，培育迈向未来的精英人才，打造精品化的学校品牌。

因此，精致教育，是一种充分为学生服务的高品质教育，与素质教育一脉相承，是对教育卓越品质的追求，是关注差异、关注过程、关注细节、关注个体生命成长需要、尊重生命的一种原则与态度。

精致教育，作为一种重视过程规范和细节完善的教育、关注个性和精益求精的教育，已成为追求高品质教育的趋势。

实施精致教育就是创办学生高素质、教师高水平、办学高品位的伟大学校的最好路径。

我们还可以把精致教育诗化为：着眼优质高效的科学与艺术有机结合的教育，是规律性和艺术性有机统一的现代教育，是一种有高远目标追求且注重追求过程完美的理想教育。精致教育是一种润物无声的教育境界，是一种完美的教育追求；是一种关注细节的严谨，也是一种欣赏差异的开放；更是一个让学生生命个体得到更充分的尊重与发展，让教师的生命价值得到更充分的体现与提升，让孩子与教师一道收获生命成长幸福的教育旅程。

精致教育，它是一种态度，一种严谨细致的教育态度；它是一种品质，一种追求高效的育人品质；它是一种做事的方式，一种追求卓越的精益求精的教育方式。

精致教育的内核：

精致教育的目标追求——卓越发展，和而不同。卓越，就是杰出，超出一般,如卓越人才,卓越功勋,卓越才能,卓越成就。让我们培养的学生成为既具有科学精神,又具有人文情怀;既具有民族精神,又具有世界眼光;既具有创新精神,又具有实践能力的高素质人才。

精致教育的出发点——以人为本。教育的真正主体是个体的"人"。精致教育就是要把所有的重点放在师生的发展上。

精致教育的主线——情感教育。重视情感教育与认知教育,贯穿于德、智、体、美、劳诸育之中。

精致教育的追求——个性化培养。学校追求的个性化培养,是以保护学生的个性为出发点,通过严谨科学的教学实践,培养学生对问题的敏感性,对理性思考的信仰与依赖,从而培养学生在学习过程中独立解决问题、克服困难的能力,挖掘出每一个学生的潜力。

精致教育对管理的要求:精细化管理源自企业管理领域,但是其所代表的理念却能够为所有的组织带来不同程度的启示。现代企业对精细化管理的定义是"五精四细",即精华(文化、技术、智慧)、精髓(管理的精髓、掌握管理精髓的管理者)、精品(质量、品牌)、精通(专家型管理者和员工)、精密(各种管理、生产关系链接有序、精准),以及细分对象、细分职能和岗位、细分每一项具体工作、细化管理制度的各个落实环节。吸收企业精细化管理理论。"精细化管理"本质上强调的是一个持续改进、不断完善的过程。管理精细化、质量精细化、服务精细化、物流精细化、业务流程精细化、宣传广告精细化、企业文化精细化等等,精细化的结果是促进产品或服务更具有竞争力。精致教育的精致管理理念脱胎于此。

精致教育必须要经历精细化的过程,但又必须超越精细化的阶段,让师生走向自主与自觉,让管理实现科学和有序,让学校充满人文关怀,达到一种教育的和谐与自然,人的自由与解放。这是教育的使命,也应是精致教育与管理的使命,更是教育的力量源泉之所在。这是教育发展的趋势,也是教育人崇高的使命。精致管理落实在教育教学中,有四个特点:落实到学生;致力于发展;体现在细节;形成于文化。此外,精致管理要真正落实在教育教学中，应突出五个要点：精心的态度；智慧的研究（具有务实的态度，不一定规范但要体现教师的智慧，个性化、原创性的探索很重要，千万不要机械地借鉴照搬）；敏感的心灵（注意要呵护学生）；坚持的到位；优质的效果。

精致教育对教学的要求：精心，是对教育教学态度的要求；精选，是对教育教学内容的要求；精细，是对教育教学过程的要求；精当，是对教育教学形式的要求；精彩，则是精心态度、精选内容、精细过程、精当方法的必然结果，是学生获得最大限度发展的坚实基础。

精致教育关注"师生中的每一位、过程中的每一环、校园中的每一角"，体现出对"细节"的关注和对"差异"的尊重。

精致教育最终是要反映到学生的发展、教育质量的提升。在教育方式、教学模式上，要从过去比较习惯于拼时间、拼体力这种粗放型教学转向注重质量和效益、降低能耗的集约型教学上来，实现教学质量增长方式的转变，促进学生的可持续发展。

打造精品课堂，推进五大策略，是教学精致化在课堂中的表现。一是互动教学策略，通过教师多种感官的全方位参与，促进认识与情感的和谐和互动的教与学关系的形成，它包括探究和深化两步；二是角色教学策略，师生在教学过程中教师和学生的角色互换或设置一个或多个认知角色进行教学活动的方法；三是分层教学策略，以因材施教，以人为本为教学原则，根据学生不同情况采用"同步教，异步学"的方法进行教学；四是兴趣教学策略，即寓教于乐；五是弹性教学策略，即灵活性、柔性、机动性，以减轻学生课业负担和精神负担为使命，力求学生学得轻松愉快，教学注重过程而不是结果，真正自觉地把教学目标着眼点落到学生的素质发展上来。弹性教学力求通过多维活动对问题进行多维表征，以获得对知识的全面而深刻的理解。"多维活动"过程不仅使学生的个性得到张扬，而且使教师的个性也得到张扬。弹性教学的独到之处就是教学有弹性才有活性，有活性才有灵性，有灵性才有创造性。

精致教育的内容主要包括六个方面：常规管理精细，队伍建设精良，教学设计精心，活动设计精彩，课程设计精当，环境设计精美。精致教育是一种基于发展人的潜能和创造性，以精致化为价值取向，确立精准的教育目标、精致的实施策略、精心的教育教学过程，重视细节，关注个性，促进学校、教师、学生可持续发展的高品质教育。

好的教育，必然是精致的、精美的、精妙的、精彩的教育。

### （二）精致教育研究的历史

西方近现代的贵族教育、精英教育模式从开始就具有精致教育的特征。创办于1854年的法国巴黎高等师范学校堪称当今精英教育的典范，学校提倡基于个人自由选择基础上的、多学科式的教育体制，教师辅导必须保证学生兴趣和未来走向选择的多样性，由此培养出无数科学、人文艺术领域的大师和众多的政治精英。10位诺贝尔奖得主和法国前总统乔治·蓬皮杜等政治精英均出自这所世界名校。英国伊顿公学是英国最著名的贵族中学，由亨利六世于1440年创办。伊顿以"精英摇篮""绅士文化"闻名世界，也素以军事化的严格管理著称，学生成绩大都十分优异，被公认是英国最好的中学，是英国王室、政界、经济界精英的培训之地。精致教育思想正是精英教育精巧细致的逻辑延伸与自然发展。

1983年，美国的教育评估报告——《危机中的国家教育》，成为他们追求卓越教育的重要开端，同时也是世界各国教育改革的发端，其核心理念是：充实学生学习的内容和范围，改善学习的环境和条件，提升学习的品质和能力。也可以看作世界精致教育的新潮流。

目前我们有一些学校拿来"精致教育"作为自己的办学追求甚或是对自己办学进行包装，也有不少区域在"精致管理""精致教学"等某些点位进行重点研究，且取得了一些研究成果。

### 三、 精致教育的特征

精致教育是面向每个学生最优发展、关注个性的教育。多元化是推动社会进步的重要动力，而个性化是多元化的源泉。发展学生个性始终是教育的一种理想，而教育制度化、标准化和班级授课制的推行使学生的个性发展与统一的教育要求之间的冲突难以调和。学生的能力差异、兴趣差异、个性差异、观念差异在教育过程中很难得到足够的重视与尊重。精致教育以主体性教育理论、情感教育理论、人本哲学思想为立论基点，在教育中追求精巧细致、精耕细作、精益求精，奉行精准目标导向，以促进人的发展为本，把教育目光聚焦到每一个学生，聚焦到每一个学生的每一个方面，关注学生差异，为学生的个性发展努力创设各种条件，充分挖掘学生潜能，塑造学生个性，使不同层次的学生在原有基础上获得最大限度的发展，为人的终身学习和终身发展服务。

精致教育是突出教育教学过程、重视细节的教育。学生的健康成长与个性发展是和教育教学相伴相生的持续演进的历程。在这一日常而又漫长的过程中，学生将自己的经验世界与生活、与社会、与外部的知识世界相关联，在遗传和环境因素的共同作用下，不仅实现自身的变化，而且通过连续的渐进的与不连续的突变的统一进程给自己打上了时间的烙印，打上了过程的烙印。精致教育倡导精细的过程观，即追求教育的每一个领域、每一个过程和每一个环节的整体精细、精致与完美，是管理中全面质量理念的体现。在这样的教育教学过程中，细节对学生的影响是不容忽视的。细节的重轻、强弱、多少、隐现、详略等等，既是对教育教学内容的整合，也是对教育教学过程的调控，更是对学生基础学力、习惯教养形成的外在驱动和直接影响。"天下大事必作于细"，重视对学生健康成长与个性发展具有重要意义的细节是精致教育的关键所在。从这个意义上说，如果没有对细节的重视，没有对细节的打磨，就没有学生在知识、能力、情感、人格等方面的相互支持、融合与统整，就没有学生的知识人与道德人的合一。

精致教育是实现学校自身特色发展、着眼优质的教育。实现学校自身特色发展、扩大优质教育资源是当前我国深化教育改革的必然趋势，同时也是建设具有中国特色教育体系的需要。我们推行精致教育，就是以精致的教育策略和管理策略，将立足超越、追求卓越的理念渗透于学校教育的办学理念、培养目标、课程体系、教学风格、教学管理、师资建设等各个方面，使学校办学符合教育方针、遵循教育规律、切合教育实际，使学校品质得以提升，内涵发展得以凸显，教育教学质量和学校管理水平得以优化，达到以精致创精品、以精品求发展的目标。

优质教育资源的扩大还关涉教育的公平正义与均衡发展。精致教育不仅是精英教育，它还关注教育的公平与均衡，把教育公平视作精致教育的理想、原则和过程，追求区域教育的整体优化。精致教育中的公平观念主要是通过精致教育的过程体现出来的，从微观层面讲，就是做好每一件事，上好每一堂课，教好每一个学生；从中观层面上看，就是在一个区域，坚持均衡配置教育资源，办好每一所学校，普遍提高所有学校的办学水平，让每一个学生拥有公平的教育机会，参与公平的教育过程，享受公平的教育质量。

精致教育是不断追求超越的科学与艺术有机结合的教育。"追求卓越"是精致教育的核心理念，通俗地讲，就是让每一棵小树长成风格各异、异彩纷呈的盆景，长成枝繁叶茂的参天大树。要追求卓越，要不断超越，必须树立发展意识、创新意识。用可持续发展的观念来谋划教育、规划未来，用发展的观念、创新的举措来解决教育发展中的困难和问题；精致教育追求教育的创新，在贯彻教育方针上，努力培养具有创新精神和实践能力的一代新人；在落实办学方向上，要依托管理创新，办出学校特色；在实施教育过程中，根据国家要求和教育改革趋势，及时调整目标、措施，以取得新的教育成果；在创设教育环境上，注重创造并优化教育发展的外部环境，把握教育发展机遇，挖掘教育发展的内部潜力，营造有利于教育整体发展和人的全面发展的良好氛围。

## 四、教育精致化是教育发展的趋势

实施精致教育，这是教育改革向深层次推进的重要标志，也是向教育科研提出的新课题。精致化管理理论与实践问题，需要我们进行比较系统而深入的思考、研究和应答。

### （一）教育要求学校管理精致化

精致化是当代教育改革的重要发展走向，是教育改革与发展的新理念、新策略，是指交融、整合科学管理与人本管理的思想，以真善美为目标，注重管理过程和管理细节，以求得质量和效益同步提高的双重效应的管理理念和策略。

台湾学者较早提出精致教育、精致教育管理的思想。他们认为，追求精致化的过程绩效是当代教育管理的目标之一。精致化是指品质管制与效率讲求的整合，即追求卓越、提升品质的"精致文化"。精致管理有三个标准：卓越性、绩效性和科技性。

精致化，首先倡导一种精致文化的管理，即把科学管理与人本管理两种思想及模式有机整合，把两者的优势因素融为一体，避免它们各自的片面性。长期以来，学校管理中存在一种"钟摆现象"，人为地把科学管理与人本管理对立起来，视为水火不相容的思想与模式。其实，科学管理在注重科学原则、科学方法，强调制度管理、规范管理、标准化管理的同时，并没有否定人的因素的作用。"科学管理之父"泰罗曾说过，科学管理"不是一套效率机械"，"也不是一套计件给酬的制度"，"乃是工作于某一机构或某一产业的员工的一种完全心理革命——是一种关于他们对工作的责任"。他认为，"任何制度都离不开人"，"采用最好的制度之后，成功与否取决于管理人员的能力、坚韧和权威"。可见，科学管理并没有否定人的因素及其作用。同样，作为确立人在管理过程中主导地位的，围绕着调动人的主动性、积极性和创造性去开展管理活动的人本管理，也不能被认为仅仅就是尊重人、信任人、关心人，而是人力资源的开发与利用。人本管理也十分重视组织结构的科学管理和规章制度的变革。学习型组织就是人本管理的基本组织形式。精致化管理正是融会科学管理与人本管理的各自优势，形成一种以文化为特征的管理理念与模式，其价值取向是科学精神与人文精神的融合，是可持续发展的生态哲学观。

精致化，是一种追求卓越、精益求精、至真、至善、至美的管理境界。从造就素质全面发展和个性和谐发展的国家人才、培育和谐社会的现代公民的教育目的出发，精致管理把人的发展放在至高无上的地位，根据不容有失的管理思维，追求真善美的理想境界。求真，以科学精神规范人；求善，以人文精神、伦理道德充实人；求美，以审美情趣、高尚情操陶冶人。通过打造精致化课程，实施精致化教学，营造精致化校园环境及精致和谐的人际氛围来实现这一真善美的理想目标。正如一句广告词所说，"没有最好，只有更好"。最好是一时的追求，更好是永恒的目标。精致化管理，就是追求学校持续不断、永不停息的发展，追求一个又一个更好的发展目标。

精致化，十分注重过程和细节的管理。要求做到周到、精致、精细入微、精雕细刻。没有精致化管理，优质教育只能是一句空话，必然会流于形式，流于做表面文章。注重过程和细节，是优质教育的必要保证。重视细节，既体现了一种严格、严密、严谨的科学态度，又体现了高度重视人的地位的人文关怀。"细节决定成败"，细节在特定意义上也会影响全局，影响发展的走向。"细节见证品质"，是否重视细节，在细小问题上处理是否得当，反映了学校领导者的人格素养。海尔总裁张瑞敏说得好，"把每一件简单的事做好就是不简单；把每一件平凡的事做好就是不平凡"。做好简单的、平凡的事，就表现了管理者不简单、不平凡的精神和品质，就表现了他们不同常人的气质与境界。苏霍姆林斯基领导的帕夫雷什中学，每年安排两个铃声节，开学第一天是为一年级新生举办的铃声节，毕业班学生向新生赠书赠言,与新生同栽友谊树;学期结束的最后一天是为毕业班举行的铃声节,毕业班学生代表致感谢辞,最年长的老师代表全校教师作临别赠言。澳大利亚的一些中小学为每一个学生制订课程计划,还征求家长和学生的意见。这些学校的管理工作和活动都充分展现了精致化的理念,以精致化思想为指导,围绕学生的发展精心设计、精心安排、精心组织,使学生从中受到感染,受到潜移默化的教育。

精致化,还强调学校管理的质量与效益的同步提高,学校投入与产出的均衡。质量是学校的生命线,是学校生存与发展的基础,有了质量,就有学校的生源、知名度与影响力,才会得到家长与社会的认可与支持。学校管理不仅要提升质量,而且要放大优质教育的效益,即追求学校的绩效。学校绩效主要表现在四个方面:实现社会主义教育目的,促进学生全面发展和个性和谐发展;实现学校事业发展目标,促进学校事业的发展;实现学校组织自身发展目标,促进学校组织发展;充分开发利用校内外教育资源,以最少投入取得最大可能的效果。投入与产出的均衡,也是精致管理的题中之意。学校办学、管理,既要注重投入,又要讲究产出。如今学校投入问题困扰着中小学校长,但是在投入不足的情况下,学校浪费现象普遍存在。投入与产出不均衡,对资金不精打细算,对资源不充分利用,就谈不上精致化管理。

由此可见,精致管理是科学精神与人文精神相互交融的管理,是追求卓越、精益求精、周到细致、精雕细刻的管理,是既注重细节、过程,又重视结果的管理,是质量与效益同步提高,教育投入与教育产出均衡的管理。

(二)精致教育彰显一种责任心和敬业精神

精致化的内在机制是学校管理者的责任心和敬业精神,对广大校长和老师提出更高的职业素养要求。没有高度的责任感、事业心,没有崇高的敬业精神,就不可以做到精细入微、周到细致、尽善尽美。责任心,意味着忠于职守，尽职尽力，全力履行职责和义务；意味着兢兢业业，勤勤恳恳，认认真真，踏踏实实，不敷衍，不推诿拖拉，不得过且过，勇于承担自己应当承担的责任，不将自己应承担的责任推给别人；意味着有高度的原则性，坚持公正、平等的原则，一视同仁，不亲疏有别，让每一个学生都能抬起头来走路，不让一个孩子落伍，学生都能享受公平的优质教育，得到和谐发展。总之，责任心意味着对教育专业、对本职工作的满腔热忱，执着追求，不折不挠，全身心地投入，富有奉献精神，正如陶行知先生所说："捧着一颗心来，不带半根草去"。

社会角色不仅是代表个体在社会群体中的地位与身份，同时也包含着社会所期望于个人表现的行为模式。每个人都是在扮演特定的社会角色中创造自己的人生。个人的角色行为总是对社会和他人产生这样或那样的直接或间接、有意或无意的影响。因此，每个人都必须承担对社会、对他人的责任，必须对社会、对他人负责，按一定的社会规范去行动。

从伦理学的意义上说，责任心是一个人的道德良心和责任伦理。一个人有道德良心，就能够自觉自愿地为社会和他人尽义务，同时也把它作为对自己的责任。没有这种深刻的责任意识，就很难说有一种道德良心。一个人有了责任心，就能自觉、主动、积极地尽职尽责，与此同时，个人的价值也才能得到充分体现。责任心也是一种责任伦理，它是指一个人必须具备做人的热情、超越虚荣的责任感和与人与事保持一定距离的判断力，对自己行为的可预见后果承担责任。这一责任伦理的思想对于学校教育、学校管理同样具有重要的价值。精致化学校管理所遵循、倡导的责任伦理，既是一种热情、一种责任感、一种判断力，又包含"对自己行为可预见后果承担责任"，即对学生的未来发展、终身发展负责，对教师的专业发展负责，对学校组织的持续发展负责。精致化不仅面对现实，而且要着眼未来，要有终身负责的理念和策略，为学校持续发展精心策划，为学生生涯发展精细导航，为教师的发展精心搭建成功舞台。

### 五、精致教育的实施原则和有效推进策略

精致教育的实施原则：一是坚持以人为本的原则，实行人性化管理；二是坚持科学发展的原则，实行科学化管理；三是坚持繁简适度的原则，实行多样化管理；四是坚持效益优先的原则，实行低成本管理；五是坚持民主开放的原则，实行合作式管理。

精致教育的有效推进策略：

精致教育要求学校发展的决策、策划既要有战略思维，又要有精致化思维。

精致教育要求确立以学生发展为本的服务意识，精致管理最终指向是促进每一位学生的发展。少数学生或部分学生的发展，还不是精致教育、精致管理。精致教育、精致管理必须确立以学生为中心的服务意识，确立教育服务的理念。学生是教育对象，也是服务对象，学校理所当然地要为学生提供优质服务。有人认为，把学生视为服务对象，就降低了学校与教师的档次，把教师等同于服务行业的人员，这种看法是不正确的。实际上，国内外早已把教育纳入第三产业，归属于服务业。学校、教师为学生服务，为家长服务，为社区服务，就是无比崇高的事业、光荣而伟大的事业。教育就是服务，应当成为广大教育工作者的教育理念和教育信念。学校要响亮地提出教育服务的口号，并转化为教师的教育行为、管理行为，并取得突出成绩，受到广大学生和家长的欢迎。

精致教育要求学校追求适度规模发展。规模经济理论有规模经济与规模不经济两个概念，这一理论运用到教育领域，也存在教育规模经济和教育规模不经济两个概念。有学者研究，教育规模经济具有教育资源利用的充分性、教育资源使用的适当性、教育规模扩大的有限性等特征。这一观点对于我们审视当前我国规模办学问题具有指导意义。我国规模办学现象，是教育规模经济，还是教育规模不经济？一些学校的投入与产出究竟是什

么样的比例？这些值得我们去探究。根据规模教育经济理论，也从教育工作自身的周期性、时效性、复杂性、育人的"不容有失"等特点，学校办学规模应以适度发展为原则，适中规模，小步前进，不宜提"超常规发展"的激进口号，规模适度，才可能实施精致教育、精致管理，才可能有条件面向每一个学生，因材施教，使所有学生都能享受优质教育资源，实现质量与效益的同步提高。

我国教育改革与发展的历史告诉我们，急功近利的价值取向，"一窝蜂""大呼隆"运动式的思维方式，头脑发热以情感代替理智的狂热浪潮，都曾使我们吃过极大的苦头。教育事业的改革与发展，必须老老实实、认认真真地按规律办学，既要有满腔热情，又要有冷静的科学态度和脚踏实地、周到细致的科学作风，不能违背客观规律做蠢事。精致化管理则体现的是符合客观规律的实事求是的科学精神。

精致教育要求学校积极探求精致化的人才培养和管理模式。实现学校的培养目标，必须要有相应的人才培养管理模式。把技术化、个性化的人才培养规律转化为现实性的可操作的实践体系，必须要有中介性的因素发挥支撑、保障作用，这就是人才培养和人才管理的模式。在学校里最重要的是课程、教学改革及管理模式，课程改革是教育改革的核心，是人才培养的基础工程。从学校层面来说，要根据时代性、基础性、选择性的原则，在认真学习、领会并努力实践国家课程标准的同时，积极探索校本化课程体系，充分挖掘、开发校内外课程资源，建设自主开发和编制可供学生多种选择的校本课程。校本课程开发实质上就是从课程层面探索人才培养的有效模式与途径，从课程层面来打造学校办学特色。有了精品化的校本课程，也就能形成学校课程特色，学生与教师的发展也才有坚实的基础。

教学是学校的中心工作。教学工作包含教学思想、教学行为和教学质量三个要素。保证教学工作育人的有效性，就必须变革教学思想，转变教学行为，提高教学质量。对教学质量的追求，始终是教学改革永恒的主题，它既是教学改革的动力，也是教学改革的终极目标。传统教学在基础知识学习和基本技能训练方面有其不可替代的作用，但是它忽视了学生创新精神和学习能力、实践能力的培养。精致教育中的教学改革就是改变这种单一的教学方式，要把接受学习与自主学习、合作学习、发现学习、选择学习有机地结合起来，不仅要使学生学会，更重要的是要会学。在教学改革中必须加强精致管理，精致管理是教学改革的必要保证，更有利于推进教学改革，可以说，教学改革与精致管理是相辅相成的，提高教学质量，必须在教学改革中加强精致化管理。

总之，精致教育是实现办伟大学校的最佳途径，它倡导的是一种精致化的文化管理，把科学管理与人本管理两种思想及模式有机整合，把两者的优势因素融为一体，避免它们各自的片面性；精致教育是一种追求卓越、精益求精、至真、至善、至美的教育境界；精致教育是一种注重过程和细节的管理，做到周到、精致、精细入微、精雕细刻；精致教育强调学校管理的质量与效益的同步提高，学校投入与产出的均衡；精致教育是一种责任心和敬业精神，对我们广大教师提出更高的职业素养要求；精致教育是一种有效推进的策略，学校发展的决策、策划既要有战略思维，又要有精致化思维，确立以学生发展为本的服务意识，追求学校适度规模的发展，积极探求精致化的人才培养和管理模式。

## 第二章
# 锻造精良队伍，促进教师华丽嬗变

教育既是一种职业，也是一个享受生命的成长过程。教师不仅要教书育人，更需要自身的不断成长。优秀教师这一光荣称号要求我们具有更广的学识，更高的生命智慧，更坚的生命毅力，更强的教育责任。在工作中，我们不仅要研究教育对象，而且要不断地研究自己，终身学习已成为教师生命发展的内涵。这要求教育同仁不断地感悟获取新知的充实，不断地收获生命发展的喜悦；还要求学校在推进精致教育过程中，以教育理想引领，以教育情怀感染，以教育创新驱动，锻造一支精良的教师队伍，不断打造学校核心竞争力，把精致教育推向新的高度。

名优教师是一所学校保持可持续发展的核心竞争力。抓名优教师队伍建设就是抓教育质量，就是抓教育事业发展，就是抓教育更好地满足人民群众对优质教育的需求。学校要努力营造有利于名优教师群体成长的良好环境，创造有利于名优教师健康成长的有效机制，建立有利于名优教师各尽其才的用武之地，实现名优教师培养的新突破，努力造就一支师德高尚、业务精湛、结构合理、充满活力的精良教师队伍。

### 一、重视内驱力作用，打造学校核心竞争力

精致教育的目标是打造学校核心竞争力。学校核心竞争力是学校在一

定时期形成的、蕴含于组织内质中的、学校独具的、支撑学校过去、现在和未来的竞争优势,是使学校在较长时间的竞争环境中取得主动权的核心能力。学校的核心竞争力由"五力"构成,即:先进的学校文化——内驱力;优秀的教师队伍——生产力;领导班子的决策力和中层的执行力——行动力;必要的办学条件与和谐的外部环境——支持力;教育创新能力——创新力。在学校的建设和发展中,应注重通过对"五力"的整合来提升学校的核心竞争力,即以学校内驱力为根基,以学校支持力为保障,凭借学校的行动力,激发学校的创新力,打造出学校的生产力,从而培养出一批批优秀的教师和学生,提升学校的核心竞争力。在"五力"中,提升学校内驱力的重点是形成优良的学习风气、工作作风和文明积极的校风校貌,构建师生共同的价值观念与行为方式;提升学校生产力的关键是提升广大教师的业务素质、教学水平和科研能力与水平。在提升教师教学水平的途径上,提高教师间的听课效果、学科组教研效果以及科学的评价教师的教学效果是其中的咽喉所在;提升学校行动力,重点应在领导班子的决策力上下功夫,提高领导者本身的各项领导素质和对事物判断的准确性与预见性,从而提高领导者的决策水平;提升学校的创新力就是要激发干部、教师的创造性,鼓励他们在学校管理和教学内容、方法、手段上不断创新,从而使学校的管理水平和教学水平持续提高。

打造学校核心竞争力的动力是激发师生的强大内驱力。内驱力是在需要的基础上产生的一种内部唤醒状态或紧张状态,表现为推动有机体活动以达到满足需要的内部动力,简单地说就是驱使有机体产生一定行为的内部力量。内驱力一旦激发出来,常表现为强烈的发展愿望、饱满的奋进冲劲和坚韧的拼搏精神。在我们的教育教学及管理工作中,如果我们能有效地激发师生发展的内驱力,就一定能够打造教育教学的高质量。学校要以"让教师发展事业,让学生收获幸福"为办学宗旨,以"卓越发展,和而不同"为价值追求,以"信仰、激情、智慧"为内核,以"创新"为手段,来激发师生的内驱力,营造强大的育人气场氛围,让教育产生极大的吸引力，吸引广大的教职工全身心投入教育事业，并以收获事业成功为幸福；让教育产生极大的魔力，促使莘莘学子奋力拼搏，并以收获学业成功为幸福，让教育在这里彰显生命的活力。

## 二、激发教师发展内驱力，让教师做最优秀的自我

我们清楚地知道，人的内驱力是有层次的。低位的内驱力是功利之心；中位的内驱力是兴趣之乐，让人在前进的道路上，始终保持昂扬的精神和意志；高位的内驱力，则是价值追求与信仰之魅，人们孜孜以求，不计较功利得失。所以，我们力求打造教师的高位内驱力，激发教师卓越发展。

### （一）注重文化建设，培养一支有教育信仰的教师队伍

教育信仰本身是一种巨大的教育力量，是伟大教育精神的源泉。学校应响亮地提出"以教育理想铸造理想的教育""以爱育人，建设有教育信仰的学校"。我们知道，教育是需要信仰的。这意味着全心全意地献身于自己所钟爱的事业；意味着将信仰与职业、生活价值观与教育价值观最紧密地结合起来；意味着最少功利的考虑，最大限度地自控、摒弃与职业要求相悖的种种私欲；意味着毫不勉强地接受在他人看来十分苛刻的职业要求。所以，我们要求教师在教育中应保持学生的自信，在教育中应关注学生的生活，在教育中应唤醒学生的潜能，用爱心和责任感铸就师魂！

学校要积极建设"卓越发展，和而不同"的学校文化，激发这支育人队伍的内驱力，提升他们的群体育人气场，用"以教育理想铸造理想的教育"的崇高信仰来感召他们，用"艰苦创业，追求卓越"的精神来激励他们，让他们以积极的心态对待工作和生活；以强烈的成功意识达成自己的预期目标；以主动出击的方式，把机遇牢牢握在自己手中；以满腔热情和笑脸去对待同事和工作；热爱教育事业，愿意奉献，让爱心成为事业成功的源泉；不断学习，随时充电，让自己永远站在教改前沿；乐观自信，相

信自己的实力，不断地争取成功，并不断地想象成功，随时保持十足的信心力。

同时，我们理解、尊重和善待每一位教师，积极营造良好的校园人文环境，尊重教师的情操，理性地看待教师作为"人"的需要，尽可能促成教师在事业成功、生活幸福等方面的追求，让校园成为教师寄托情感的精神家园，从而极大地激发教师的工作积极性、创造性。

### （二）强化执行力，打造一支有战斗力的教师队伍

执行力，就是执行并不折不扣地完成任务的能力。就教职工而言，执行力就是践行学校的战略意图，履行各自的职责，实现既定的目标，提升工作效率的实际操作能力，就是把握各自工作特点和学科特点，狠抓落实，富于创造性地高质量地完成工作的能力。

执行力客观反映的是工作的绩效，折射的是教职工的工作品质、工作能力和工作作风。我们着力建设"目标明确、简洁高效、监督有力、卓越发展"的执行力文化。为培育"卓越发展"的执行力文化，首先，通过学校"卓越发展，和而不同"的共同价值追求的引领，使每位师生都心系学校，将自己的卓越发展与学校的卓越发展紧密联系在一起，与学校荣辱与共、唇齿相依。其次，制定了完善的监督措施和奖惩制度。恰当运用激励机制，奖罚分明，激发教职工的工作积极性、主动性和创造性。第三，加强执行力的培训，聘请专业培训公司到校进行学校执行力培训。

建立风清气正的学校良好风气，让"卓越发展"的执行力内化为学校每位教职工躬身实践、亲力亲为、脚踏实地朝共同的目标努力的行动力。提升干部队伍的学校发展规划能力、制度设计能力、决策执行能力、道德引领能力；强化每位教职工的主人翁意识、敬业精神和终身学习的能力。让相当多的教职工能不断挑战个人的潜能极限，推动学校整体事业奔向卓越。

### 三、增强四个意识，树立敬业奉献精神

#### （一）增强责任意识，用心教书

责任就是对自己所负使命的忠诚和信守，就是对工作质量的不懈追求。负责任的人很清楚自己承担的责任，在实践中会自觉、认真履行这份责任，把责任转化为实际行动。高校教师要高质量地上好每一堂课、每一次辅导，批改好每一份作业、每一篇论文，做好每一次谈心等等，这既是教师增强责任意识的具体要求，也是履行好责任的有效途径。

#### （二）增强仁爱意识，用爱育人

教师要从以下三点入手，以仁者之心关爱学生，用爱赢得爱、培育爱，有效激发学生的学习兴趣和求知欲，充分调动学生成长成才的主动性、积极性和创造性：第一，了解学生，用心发现学生的兴趣、特长和发展潜质，呵护每一名学生"神圣的好奇心"，给予学生个性化的指导。第二，站在学生成长的角度，理解和宽容每一名学生，客观评价学生的缺点，允许学生犯错误，宽容学生的"离经叛道"，在平等地尊重、关爱学生的基础上严格要求、正确引导学生健康发展。第三，关心学生的身心发展，关心学生的生活，关心学生的情感体验，让学生感受到被关怀的温暖，达到润物细无声的教育效果。

#### （三）增强终身学习意识，不断提高学术水平

随着科学技术的迅猛发展，现代社会已经进入学习化时代，只有不断学习、终身学习，才能更好地适应社会、更好地发展。教师要想有学问、学识渊博，必须树立终身学习理念，坚持不懈地学习新知识、新技术，增强科研能力，探索学术前沿，不断提高学术水平。

### （四）增强教学意识，不断提高教学艺术水平

教师要树立"教育教学能力是教师安身立命之本"的理念，做教育教学的有心人，逐步养成研究教学问题的意识，边学习，边研究，边实践，不断增强对教学活动和教育规律的认识，不断提高教书育人的本领。

## 四、促进教师华丽嬗变，锻造高水平的智慧教师

学校的发展离不开教师的发展，没有教师的高品质发展，就没有学校的快速发展。在日益残酷的生存与发展压力之下，学校的每位教师必须跟上时代的节拍，在新的教育历程中华丽嬗变，努力做到以下五方面的华丽嬗变：

### （一）人生境界的智慧转型，做一个有追求的教师

中国著名哲学家冯友兰把各种不同的人生境界划分为四个等级，即自然境界、功利境界、道德境界、天地境界。这四种人生境界之中，自然境界、功利境界的人，是人现在就是的人；道德境界、天地境界的人，是人应该成为的人。前两者是自然的产物，后两者是精神的创造。

"人生最大的幸福莫过于进入自由王国的境界。"教师要追求道德境界，甚至天地境界，因为教师的工作是培育生命质量的工作，教师生命质量的高境界，必将产生教育的高效率。教师既要用真情实感、真才实学、真知灼见去真实地面向学生、面对教育工作，更要用向往美好、向往崇高、向往幸福的生命激情去感染学生，引导学生追求生命的高境界。

### （二）价值取向的智慧转型，做一个有尊严的教师

人生价值观是人们在对人生目的和实践活动进行深层认识和评价时所持的基本观点和态度。人生本身即是一种价值形态，人生的过程也是一个

持续实践的过程。在我们的社会里，选择了教师这种职业，也就选择了守候，守候我们共同的精神家园。

"卓识远见，和而不同"，就是每一个教师应该坚守的价值追求。追求有形的物质是人类生活的重要目标之一，但是，一个人如果只追求物质生活，没有任何精神上和灵魂上的追求，就会沦为被物质所奴役的人，生活即便富裕，但绝不会优雅而富有内涵。当你以满腔热情投入工作的时候，你就会发现比起其他工作而言，教育有着更多的乐趣和幸福——自身专业发展了，感到幸福；学生成人成才了，感到幸福；工资收入增加了，感到幸福；工作得到大家认可了，感到幸福；人品得到大家尊重了，感到幸福。人生应当追求幸福、价值的体现，教育就是这样一个不断创造幸福和尊严的地方。

### （三）教育理念的智慧转型，做一个有信仰的教师

教育信仰是人们对教育的育人价值和社会发展作用的极度信服、无限尊崇和执着忠诚，并以此作为自己的行动指导。教育信仰主要体现的是教育思想、精神状态、潜在动力和理想境界。德国思想家雅斯贝尔斯指出："教育需要信仰，没有信仰就不成其教育，而只是一种教学技术而已。"一代文学大师朱自清也认为"教育者须对教育有信仰心，应努力成为以教育为信仰的人"。这些不同寻常之见告诉我们，教育是需要信仰的事业，教师应成为有教育信仰的人。

教育若没有教育信仰作为灵魂，就会陷入盲目、浮躁、平庸的状态，难以发挥出价值作用；教师若没有教育信仰导航，就会迷失方向，精神匮乏，不能有效地发挥陶冶情操、提升人格、开发潜能的作用。"以教育理想办理想教育"，"全心全意为学生设计幸福人生"，这是我们教育人的教育信仰。我们以教育为信仰，把教育作为事业，全力创造教育辉煌；把教育作为科学，精心探索卓同教育规律；把教育作为艺术，不断创新教育活力。

### （四）教育姿态的智慧转型，做一个有爱心的教师

教师不仅要注重智力的作用，更要加大情感的投入。教育实践使我们深深体会到：没有情感投入的教育是不完全的教育，没有引起师生生命激情碰撞的教育是不成功的教育。教育是教师与学生心灵的约会，教师的工作是用自己生命的真情，去催化一颗颗幼小心灵的实感，不断欣赏着生命的光彩。

用我们的语言唤起学生的爱，用我们的情感滋润学生的情感，培养学生的兴趣特长，促进学生主动学习，宽容赏识，帮助学生树立信心，尊重学生，平等地对待每一位学生。我们要以真诚、零距离沟通、无条件关注对待每个学生，重视每个学生的成长能力，发现闪光点，找准结合点，激发共鸣点，严而有度，爱之有方，建立平等民主的师生关系，树立以人为本的教育理念，在理解、信任、尊重的基础上进行师生之间的有效沟通。

### （五）教育方式的智慧转型，做一个有智慧的教师

教师要不断更新教育理念，掌握最新的教育方法，学习发展教育、结构教育、愉快教育、过程教育、活动教育等教育思想，遵循民主原则、延迟判断原则、激励原则、需要原则、实践原则，激发和培养学生的学习兴趣。

每位教师都要争做智慧型教师，并进行智慧教学。智慧教学是能够给学习者提供更多选择性、更加适应性的教育。智慧教学的核心追求，即实现信息技术与教育的深度融合，实现教学手段的创新、教学组织形式的创新、内容呈现形式的创新、教学内容的创新、教与学关系的创新，最终实现教书育人的创新，从而促进教学课程的转型、学习的转型、教学管理的转型、教学评价的转型和学校的转型。通过学校举办的教研节，将以"打造品牌学科"为目标，以"建设智慧课堂"为主题，开展专题研究，认真提升自己的专业水平，做一个有教育智慧的教师。

## 五、加强校本教研,促进教师专业发展

### (一) 重视校本教研的目的和意义

校本教研,是学校教学质量提升的助推手段。学校举办教研节的目的就是要在全校掀起教学研究与实践的高潮,学校教研包括课题研究和校本教研,学校教研节的主要形式就是校本教研。校本教研,就是一线教师在工作实践中对于学校管理、教学规律、教学问题、课程与教学的关系、课程的开发与利用、教学方式、教学效能、学习方式、教师成长、师生关系、教学环境等方面的研究。校本教研的主体就是我们全校教职工,研究方向直接指向学校的教育、教学及管理等方面的问题,将学校发展与校本教研结合起来,将教师的专业化发展与校本教研结合起来,促进教师教学水平的提升,促进学生学习方式的转变,把"学·讲·练·悟"智慧教学模式更加优化,从而大幅提升学校的教育教学质量。

校本教研,是教师专业发展的有效途径。随着新课程改革的逐步深入,尤其是高效课堂教学模式在全国逐步推进,广大教师的教育思想、业务素质、价值取向等经受着前所未有的冲击,面对形势的变化,每个教师都需要发展。学校教研节包括校本培训、走进课堂、优化学案、育才论坛等方面的内容。而在这些不同的教研板块和类别中,却蕴含着一个共同的核心,那就是关注教师的发展。其中,教师的专业发展是关键,它以教师作为实践的主体,对教师的素质提出了较高的要求,也为教师的专业成长提供了很好的平台,教师的专业提高,必将带动学校办学水平的提升。教师专业发展,是指教师内在结构不断更新、演进和丰富的过程,即教师通过接受专业训练和教学研究与实践,逐步成为一名专家型、学者型教师,不断提升自己专业水平的持续发展过程。"经营人才,经营人心"是学校工作的一个重点,促进教师的专业成长,是学校发展的一个核心问题,立足新课程改革下的校本教研,就是想通过校本培训提高教师的业务素质,通过教学

反思升华教育活动的意义，通过课题研究拓展教育教学行动的范畴，通过文化建设铸造学校综合品牌，在教师专业发展取得良好成效的同时，学校教育事业也得到长足发展。

（二）实施有效的校本教研

对于如何开展校本教研，仁者见仁，智者见智，教育界普遍推崇华南师范大学刘华良博士提出的校本教研操作模式，即"教学问题——教学设计——教学行动——教学反思"。他山之石，可以攻玉，我们不妨加以借鉴。

基于教学问题的课题研究。校本教研强调解决教师教学的问题、真实的问题、实际的问题。不过，并非任何教学问题都构成校本研究的课题，只有当教师持续地关注某个有意义的教学问题（即追踪问题），只有当教师比较细心地设计解决问题的思路之后，日常的教学问题才可能转化为校本研究的课题，教师的问题意识才上升为校本课题意识。

强调对问题的追踪和设计意味着所研究的课题来自教师自己的教学实践，课题产生的途径往往是自下而上而不是自上而下的，它是教师自己的问题而非他人的问题，它是教室里发生的真实的问题而非假想的问题。

强调对问题的追踪与设计，意味着校本教研不是随意性问题解决或经验性问题解决。教师虽然在日常教学中从来就没有远离过解决问题，但如果教师只是以日常经验和惯用策略去解决问题，而不是想方设法之后采取行动并持续地反思其效果，那么，这种问题解决只属于日常性教学活动，算不上研究。

基于高效课堂教学理念的教学设计。校本教研意义上的设计虽不完全等同于一节课或一个单元的教学设计，但它实际上离不开教师日常的、具体的、以一节课或一个单元教学为单位的教学设计。校本教研中的设计意味着教师在发现某个值得追究、追踪的教学问题之后，在接下来的一系列的课堂教学的设计（即导学案）中寻找和确定解决该问题的基本思路和方法。

集体备课和集体教研实际上是借鉴他人的经验或智慧。当教师在集体备课、说课中借鉴他人的经验或智慧来设计解决教学问题的基本思路与方法时，这种备课活动或教学设计活动就具有校本教研的意味。

就此而言，校本教研就是以研究的意识来强化教学设计活动。但校本教研中的设计又不只限于备课或集体备课。或者说，当教师期望借鉴他人的经验、智慧来设计自己的教学方案以便解决某个教学难题时，教师还可以从另外的地方获得他人的经验或智慧，比如与专家对话，以及阅读相关的教学论著。也就是说，一个有责任感的教师总是想方设法地教学，而想方设法又意味着教师既反思自己的经验，又琢磨他人的经验。当教师将自己的经验与他人的经验做比较时，自己想方设法的教学便有了着落、有了灵感。

基于教学对话的教学行动。教学行动是指将已经设计好的方案付诸实践。如果校本教研所设计的方案是一节课或一个单元的教学过程，那么，接下来的行动既包括教师的上课，也包括相关的合作者的听课。

就教师的上课而言，行动不仅意味着观察事先所设计的方案是否能够解决问题，而且意味着在教学对话中创造性地执行事先设计的方案。教师一旦进入真实的课堂，面对具体的学生，就不得不保持某种教学对话的情境，在教学对话中根据学生的实际学习状况、根据教学过程中生成的问题，去灵活地调整教材，调整导学案。

基于问题解决的教学反思。在整个校本教研的过程中，反思实际上是贯穿始终的。问题之所以能被提出来，设计之所以能成为可能，行动之所以能成为创造性地执行方案的过程，都有反思的介入和参与。也有人因此将设计的过程称为行动前的反思，将行动的过程称为行动中的反思，将回头思考的过程称为行动后的反思。不过，所谓反思，一般指回头思考，它指教师以及合作研究者在行动结束后回头思考解决问题的整个过程，查看所设计的方案是否能够有效地解决问题；如果问题没有很好地被解决，就需要进一步搞清究竟是由于所设计的方案本身不合理,还是因为方案的执行发生严重偏离,如此等等。

无论是教学设计,还是教学反思,其关键都在于开放自己的眼界,汲取他人的经验,并将他人的经验转化为自己的设计和行动。其实,由于对别人的经验缺乏了解,教师不仅无法解决问题,而且无法提出问题,导致对自己的教学问题因为习以为常反而视而不见。只有反思自己的经验并使自己的经验与他人的经验相互关照,教师才能真正发现和解决问题。

### 六、 提升教师职业幸福感, 做有职业尊严的教师

教师的职业幸福感,可以简单地理解为,一名教师能得到学生的尊重、认可、热爱和怀念,自身的价值就能得到充分的体现,这就是教师的职业幸福感。其实人的职业幸福是一种心态,也是信念与追求的体现。因此,如果你想做一个幸福的教师,就应该在每一天的工作中,尽量奉献你的爱,让你的爱悄悄地润泽孩子的心田;尽量奉献你的微笑,让孩子感受到教师的爱,鼓起孩子向上的勇气。因为教育是爱的事业,教师的爱不同于一般的爱,它高于母爱、大于友爱、胜于情爱。母爱容易出现溺爱,友爱需要回报,情爱是专一、自私的爱。而师爱是严与爱的结合,是理智的科学的爱、是积极的主动的爱,这种爱是教育的桥梁、是教育的助推力、是后进生转变的催化剂,这种爱是博大无私的爱,它包含了崇高的使命感和责任感。当我们用真爱、宽容、尊重、信任赢得学生的爱戴,我们就成了学生真正的朋友,望着快乐的学生,我们的心中就洋溢着幸福。

做幸福的教师,是目标;幸福地做教师,是践行;尝到做教师的幸福,便是成功。追寻教育人生的幸福,便是寻求教师生命的意义。

对于教师来说,是否能时时处处感到幸福是很重要的,因为这不仅仅影响着其人生是否快乐,更影响着学生的人生幸福;只有教师时时处处洋溢着幸福,学生才会真真切切感受到幸福。那么教师如何去感受幸福呢?

## （一）胸中有梦

教师的幸福首先在于"胸中有梦"。我们之所以强调要做到"胸中有梦"，是因为有梦的人生才是幸福且充实的人生，有梦的人生才是幸福且快乐的人生。从成功心理学角度来看：人的抱负层次越高，成就也越大；从人文角度来看：人活着，一定要有生活的目标。

对于"胸中有梦"的幸福的教师来说，教育不是牺牲，而是享受；教育不是重复，而是创造；教育不是谋生的手段，而是生活的本身。"胸中的梦"就是我们人生奋斗有明确的目标。胸中有目标，认定方向的人，成长得快而平稳；没有志向而彷徨犹豫的人，不但成长得慢，且容易出错。

我们中间有许许多多"胸中有梦"的人，他们在自己的教育生涯中，有着十分明确的奋斗目标，在成就学生的过程中，同时也成就着自己。

## （二）身上有情

情感是人一切行为的动力，一个幸福的教师，必然拥有亲情、友情、爱情，是一个感情上的富翁！一个幸福的教师，在他的身上，必然洋溢着满腔的热情和澎湃的激情，必然充满着暖暖的温情和甜甜的柔情，同时还拥有高雅而有品位的闲情！

热情在每一个人的人生旅途中有着十分重要的作用，因为热情是人的"内心之神"，没有热情，便没有伟大的成就"。幸福的教师大多拥有热情、激情，在事业上非常投入，热爱学生、热爱学校、热爱工作。在教育引领学生成长的过程中，幸福的教师都会以海洋般深沉宽广的爱去拥抱每个孩子，让他们在爱的洗礼中长成大树，长成栋梁，并且懂得以爱去回报社会，回报生活。

作为幸福的教师来说，要努力使自己成为一团熊熊燃烧的火，用自己这把火去点燃学生求知、求美、求善的火把。作为幸福的教师来说，要保持住自己的热情、激情，就要努力地挖掘自己所从事的工作的内在价值与趣味性，使自己对工作、事业有一种日日新、月月新、年年新的感觉，使自己始终保持一种良好的状态。

（三）手中有书

作为一个教育者来说，我们教师就应该更广泛地去阅读，积淀知识，跟上时代的脚步。一个老师，没有渊博的知识，何以去引导学生、升华学生呢？陶行知说："很多教师不能抵达心灵宁静的港湾，甚至与读书作了一场告别式的'演说'。"读到这句话，让我们不禁不寒而栗，有如坐针毡之感。反思自己，是不是这样呢？自己那颗浮躁的心能在读书中净化吗？

朱永新曾经指出："人类的精神史就是一部阅读史。"金庸先生有一句名言："只要有书读，做人就幸福。"还有人说："对于女性来说，书籍是最好的美容品；对于男性来说，书籍是挺酷的一张名片。"

俄国作家契诃夫认为，人应当有三个头脑：生来的一个头脑；从书中得来的一个头脑；从生活中得来的一个头脑。幸福的教师都明白：只有多读书，方可重新认识自己，保持头脑的清晰，在竞争日渐激烈的社会中永远立于不败之地。读书会让枯燥的生活变得有意义，会让工作永葆活力，会丰富我们的精神世界，让我们的心灵永远保持纯净、宁静、浪漫、激情……

幸福的教师都会热爱读书，把读书当作一种生活方式，当作一种生活习惯；他们永远不会等有时间才阅读，而是见缝插针，想读就读；永远不会坐进书房才阅读，因为他们知道任何地方都可以阅读；永远不会有用才阅读，因为他们清楚急功近利、立竿见影是妄想；永远不会嫌自己读得太晚，因为他们深知只要行动，就有收获。

读点孔子的著作，读点老子的《道德经》，这些书相随人生，转变心态，改变脸态，工作环境中谁也不做气氛的污染者。所以，多读书，读经典的书，这样我们才不愧于教师这个神圣的职业。

阅读是学习之本，是立教之根，是生存之道。阅读应该成为每一个教师最重要的事情。我们一定要努力做到：每天有阅读的时间，有思考的时间。阅读，让我们归于平静，与伟人、名人对话；思考，让我们穿越岁月的迷雾，锤炼教育的智慧。

（四）眼中有事

一个幸福的教师是一个有眼力的人，能够从别人想不到的地方想到问题，能够从别人看不到的地方发现事情。所谓眼中有事，这事是什么？是课堂中学生生命活力的激发，是操场上学生生命动力的张扬，是寝室中学生生活的多姿多彩，是食堂里学生身体发育过程中的营养，是大自然中长大的一草一木，是日常生活中自己的一言一行。

幸福的教师在工作中善于观察事物，善于发现问题并及时跟进。可以说，幸福的教师个个是眼中有物、眼中有事、眼中有人、眼中有活，并且能够做到用眼睛表达，用眼睛说话，随时发现学生与家长欲言又止的问题，提前看到学生与家长的下一步要求、打算，把问题解决在学生与家长提出要求之前。

要懂得研究教育教学：把教育教学工作看作是一种简单的重复，那必然厌倦，也无言幸福。应把研究教育、研讨教学当成提高自己素质的必走之路，应把教育作为自己实现人生价值的一个体现。

我们应当好好学习并实践英国教育家斯宾塞的快乐教育观点：一是不要在自己情绪很糟时去教育孩子，因为这种时候，很容易把自己的糟糕情绪不经意间发泄到孩子身上，这样的后果是相当严重的，因为孩子会感到莫名的委屈；二是努力营造快乐的、鼓励性的环境气氛，让孩子们有自我价值的实现感和成就感；三是努力做一个乐观、快乐的人，因为一个快乐的人将更容易看到孩子的优点，而一个不快乐的人则更容易看到孩子的缺点。

"做好每一件小事"是幸福的教师获得幸福的一个基本的条件。事实上，名人和伟人都是从平常人走过来的，他们善于做小事情，善于坚持不懈地做好他们认为正确的小事情，这也是许许多多普通人与名人和伟人的最大区别之一。

（五）工作有心

一个幸福的教师在工作中十分注意讲究方式方法，用心去做，不断争取获得成功，换言之，"用心"是幸福教师一个重要的特征。幸福教师用心地在自己的工作中发现和品尝工作的甜头——一次学生矛盾的及时化解；一个后进生的转化提高；一个重要的概念通过反复讲解终于让学生们理解；一次班队活动取得的优异名次；还有学生脸上那真挚的笑容……幸福教师的快乐之情都会流溢而出。要懂得享受学生给予的职业幸福感：教师职业幸福感最重要的源泉一定是学生的成功和他们对你的真情回报，影响教师职业幸福感的许多不利因素都可以从学生对教师的尊重、理解、感激中得到弥补。但要让学生感恩你，你就必须学会感恩学生、呵护学生、尊重学生。不断地给自己增加成功的体验，是幸福的教师持续快乐、不断快乐的关键因素。

幸福的教师的"心"表现在有一颗认真细致的心。一位优秀的教师工作的有心表现在：把事情做透。这个事包括工作和休息，上班时投入、高效；下班时放下、放松。他和学生们提出的共同口号是：紧要的事马上就做，重要的事坚持固定时间做；活在今天的方格里；做了就是机会，开始就会成功；眼是懒汉，手是好汉等等。注意培养学生的效率行动意识，同时注意培育学生的细节意识，注意抓"大"放"小"。所谓抓"大"就是抓学习的效率、学生的状态、学习思维的方式，学生的尊严意识、责任意识、集体意识、尊重他人权利意识、合作意识等等；所谓放"小"就是允许学生犯"小乱子"，引导学生自我消化小矛盾、小摩擦。

一个幸福的教师的有心还表现在有一颗博大宽容的心，这是因为学生的成长像蛇蜕皮似的一次次挣扎，老师要帮他们完成这一次次的成长，彼此必然会有摩擦、冲突，如果我们没有一颗博大宽容的心，学生就会经常失去学习、进步甚至活下去的信心。天空收容每一片云彩，不论其美丑，故天空广阔无比；高山收容每一块岩石，不论其大小，故高山雄伟壮观；

大海收容每一朵浪花，不论其清浊，故大海浩瀚无比——这是一位哲人对"宽容"最生动直观的诠释。作为一名教师，我们应当认识到：宽容，不但是一种仁慈和关爱，更是一种信任和激励，宽容并不等于纵容。如果教师一味面慈心软，对学生疏于管理，致使学生纪律松散，无所顾忌，这是软弱无能的表现。事实上，宽容是另一种意义上的严格，宽容的态度是对每一个学生而言的，但宽容的方式却应该因人而异、因事而异。作为教师，我们在拥有宽容的同时，也应该做到：原则问题不让步，是非面前不糊涂。一个教师如果能学会宽容，碰到事情多从学生的角度来看问题，替他们设身处地地思考问题，工作效率就会事半功倍。

有人说得好：如今我们身上的全部长处都是以前老师曾经夸奖过的地方，我们身上的大部分缺点也是当年老师曾经批评过的地方。所以，教师应有一颗宽容的心，能够成为孩子的良师益友，要学会赏识孩子。在评价孩子时，要能保持鼓励性的倾向，使孩子时刻感到自信，能激发孩子的学习欲望和兴趣；孩子犯错时，能给孩子一个台阶下；孩子取得成绩时，别忘了给孩子送上一片掌声；孩子有疑难时，是孩子最好的心理医生和真诚的朋友；孩子大胆表现自己时，让自己成为最好的欣赏者。

### （六）生活有色

一个幸福的教师绝不能把工作当作生活的全部，更不是唯一。我们不提倡做"工作狂"，除了工作还是工作的人，是苦行僧，是清教徒，活着是没有什么意思的，这也偏离了人的本性，背离了马列主义的观点："不会休息的人就不会工作。"不懂得休息便不懂得工作，不懂得工作便不懂得生活。同时，我们也不提倡带病工作。

作为人来讲，教书育人是享受，我们应当还有别的享受，这才构成完整的幸福。一定要善待自己，对得起自己，要树立"留一点时间给生活，留一点生活给自己"的观念。

业余生活中最好的是丰富的文化生活，它可以极大地改善一个人的心态，调节一个人的情绪。无论工作多么忙，都应该善于忙里偷闲，参与一些有益身心健康的活动，培养自己的业余爱好，学一点浪漫，多一点情调。闭着眼睛听听音乐，让优美的旋律从全身的毛孔中慢慢地进入我们的心泉，这是最好的心理按摩；看看电视，了解外面的世界，与电视剧中的角色一起喜怒哀乐；养几盆花，种几棵草，拉拉琴，练练字，看看书；利用寒暑假，彻底放松身心。"仁者乐山，智者乐水"，把工作上的事情暂时抛在脑后，尽情地徜徉在大自然的山山水水之间。

幸福的教师常常表现出来的是：说话不死板，做事灵活机动，活得有趣味，自己一生都开心，走到哪里，就把欢笑和快乐带到哪里，给家人、亲人、同事、朋友、学生，乃至路人，都带来笑声，使他们都活得愉快开心，让大家都一起快乐、幸福！我们一定要努力让自己的生活提升到"工作再忙心不忙，生活再苦心不累"这样的幸福境界。

## 第三章
# 推行精细管理,全面提升办学效益

## 一、细节决定成败

西方流传的一首《帝国亡于铁钉》的民谣:"铁钉缺,马蹄裂;马蹄裂,战马蹶;战马蹶,骑士跌;骑士跌,军团削;军团削,战事折;战事折,帝国灭。"民谣讲述的是英国国王查理三世与里奇蒙德公爵决一死战前,他让一个马夫去给自己的战马钉马掌,铁匠钉到第四个马掌时,差一个钉子,铁匠当时不以为然,便偷偷敷衍了事。不久,查理三世和对方交火,大战中忽然一只马掌掉了,国王查理被掀翻在地,随之国家易主。这个"一钉损一马,一马失社稷"的故事,弹奏着一个远去的王朝风中的悲鸣,它告诉了人们:关注细节,细节决定成败!

2003年2月1日,美国"哥伦比亚"号航天飞机返航时发生爆炸解体,飞机上的七名航天员全部遇难,全世界一片震惊。美国宇航局负责航天飞机计划的官员罗恩迪特莫尔被迫辞职。事后的调查结果表明,造成这一灾难的凶手竟是一块脱落的泡沫。可见,有时候一个小小的细节,就可以将全局毁于一旦。

麦当劳,全球三万多家连锁店,每个店几乎都是门庭若市。麦当劳服务员,每接待一个顾客,从点餐到拿到食品,平均时间是55秒。每天进出的人流量那么大，麦当劳是怎么做到这一点的？成熟精细的管理体系，这就是麦当劳的秘诀。

## 二、精细成就现代企业

现代管理学认为，科学化管理有三个层次：第一个层次是规范化，第二层次是精细化，第三个层次是个性化。精细化管理是由过去的粗放型管理向集约化管理的转变，是由传统经验管理向科学化管理的转变。

精细化管理是企业管理者用来调整产品、服务和运营过程的技术方法。它以专业化为前提、系统化为保证、数据化为标准、信息化为手段，把服务者的焦点聚集到满足被服务者的需求上，以获得更高效率、更多效益和更强竞争力。精细化作为现代工业化时代的一个管理概念，最早是由日本的企业在20世纪50年代提出的，主要运用在大规模工业制造业如汽车、家用电器等产业中，企业通过精细化管理优化其生产流程、管理流程。"零缺陷""准时化生产""零库存"等都已经成为精细化管理的代名词，已被许多知名企业广泛应用。精细化管理对企业最大的贡献在于成本控制。

精细化管理其基本原理来自于系统论、控制论、信息论等综合科学，强调的不是某一个要素的精细化，而是所有环节的共同作用的结果，精细化的精髓就是各种教学与服务流程的细化、标准化、量化。按照"木桶理论"，任何一个要素的短缺都会使整个质量失去优势，只有各环节、各流程在精细化水平达到一种均衡，精细化才能发挥其最佳效应。

精细化首先是一种意识，是一种理念，是一种认真的态度，是一种精益求精的文化。其次，精细化应该是在现有规范化的程序、环节、部位上的行为或状态等向更准和细致的方向发展，精细化后形成的标准或规定又成为更高层次的规范，也就是说精细化和规范化是相辅相成、互为基础、循环递进式发展或形成的。学校精细化管理，是学校为适应规模化办学方式，建立办学目标细分、办学标准细分、教育任务细分、教学及服务流程细分、实施精确计划、精确决策、精确控制、精确考核的一种科学管理模式。

精细化管理是超越竞争者、超越自我的需要，是构筑流程卓越型企业的需要。精细化管理不仅是企业适应激烈竞争环境的必然选择，也是企业成为一个基业常青的百年老店的必然选择。精细化的背后是对科学的执着追求，是一种上下一心追求极致的大众思维模式，它建立在法制的社会基础之上。在发达国家，民众普遍崇尚科学，做事严谨、善于思考，凡事希望能发现背后的规律与理论依据。

精细化管理的理论已经被越来越多的企业管理者所接受。精细化管理就是一种先进的管理文化和管理方式，精细化管理就是落实管理责任，将管理责任具体化、明确化，它要求每一个管理者都要到位、尽职。第一次就把工作做到位，工作要日清日结，每天都要对当天的情况进行检查，发现问题及时纠正，及时处理等等。

清华大学刘先明是国内精细管理工程创始人，于2001年创立了"精细管理工程"，首次提出"岗位主人翁"的概念；指出了"五精四细"的核心内容。目前已有上海铁路局、九寨沟风景区等40多家单位借鉴了精细管理工程。他对精细化管理的定义是"五精四细"。"精"可以理解为更好、更优，精益求精；"细"可以解释为更加具体，细针密缕，细大不捐。

精细化管理最基本的特征就是重细节、重过程、重基础、重具体、重落实、重质量、重效果，讲究专注地做好每一件事，在每一个细节上精益求精、力争最佳。

精细化是一种意识、一种观念、一种认真的态度、一种精益求精的文化。

## 三、学校发展的决策既要有战略思维，又要有精致管理思维

管理的本质是决策，学校发展最重要的环节就是决策、策划工作，决

策是学校管理者在一定条件下运用科学的方法对学校发展方案进行研究和选择的过程，策划则是根据决策的理念谋划、设计学校的发展，决策与策划是一种前瞻性、预测性、全局性、长远性的思考与研究，是从发展战略的高度设计、规划学校发展的蓝图和模式，开发并优化组合教育资源，以提高学校适应社会发展、变化的能力和自我发展的能力。

学校发展的决策与策划，既是一项战略性的工作，同时又是一项细致入微的工作，一着不慎，满盘皆损。科学合理的决策、策划是学校成功的一半，它能够引领学校走向成功，拙劣、平庸、粗糙的策划，只能导致学校失败或业绩平平。决策与策划学校发展绝不能大而化之，我们不仅要从战略发展的高度，而且也要以精致化理念设计、规划学校发展；既要有发展理念、发展定位、发展目标的策划，也要有发展环境、发展策略、保障机制的策划；既要有全局性、创新性、特色性，又要有操作性、可行性；既要有高屋建瓴的方案，又要从多视角设计各种可能方案；既要有发展的前景，又要把方案内容细节化、具体化。

## 四、 精致管理对打造优质教育的作用

首先要深刻理解学校推行精细化管理的内涵。精细化管理就是把管理的计划、组织、控制、领导工作更细化，通过具体的细节操作，按格式化的优化流程有序地实施管理，从而达到规范人的行为，落实管理责任目的，达成一种滴水不漏的管理境界，实现管理的无隙化、全覆盖。精细化管理是建立在规范管理基础上，坚持以人为本的管理理念，是一种将常规管理引向深入精细的管理模式，是一种以精心的态度、精细的过程，实现管理效益最大化的管理方式。学校精细化管理简言之，就是"精确定位、合理分工、细化责任、量化考核"。精确定位就是学校各岗位的工作人员都明确自己的角色定位，知道自己该做什么、做到什么程度、什么时间完成，并按照自己的岗位职责规定开展工作，落实工作，不越位、不缺位。合理分

工就是将学校的工作按照职责和学校实际，落实到每个人的肩上，实现千斤重担人人挑、人人肩上有担子的格局。细化责任就是把岗位职责进一步细化，直至操作层面不能细化为止，做到岗位职责要求、标准具体明确。量化考核就是要将工作任务以目标考核的办法，确定要达到的具体数字目标。精细化管理的基本特征是：精、准、细、严。管理方法是：把复杂的事情简单化，简单的事情流程化，流程的事情定量化，定量的事情信息化，即管理目标精准明确，管理过程严格到位，管理考核公正落实。精细化管理的核心在于实行刚性的制度，规范人的行为，强化责任的落实，以形成优良的执行文化。

教育精致化是当代教育改革的重要发展走向，是教育改革与发展的新理念、新策略，是指交融、整合科学管理与人本管理的思想，以真善美为目标，注重管理过程和管理细节，以求得质量和效益同步提高的双重效应的管理理念和策略。

## 五、 实施精细化管理需要树立的六大理念

确立管理是服务的理念。以学生发展为本是学校一切工作的出发点和归宿，为学生个体的健康发展提供保证，尽一切可能关注学生的需求是学校的核心功能，也就是说学校一切工作都要为学生的发展服务。因此，精细化管理的核心理念应是主动服务，学校工作的重点、各方面工作的规划与实施均要紧紧围绕提高服务质量这一基本点。

确立管理全面性的理念。学校教育包括德育、教学、后勤保障、督导与评估等环节，这些环节都是环环相扣，相互影响制约的。因此要对各项工作进行全面统筹，做到凡事有准则、凡事有程序、凡事有监督、凡事有负责，以此为前提，将管理的重点紧紧围绕促进学生的全面发展这一中心，以教学管理为纲，带动其他工作"管理链"，达到纲举目张之目的。

确立管理全员性的理念。精细化管理把学校中各级各类人员都视作管

理链中的一环,强调用聚合的方法使团队、个人、业绩成为整体,紧紧围绕质量、效益、发展的内在统一,培养团队精神,凝聚整体发展意识,强化全员的教育和培训,人人都要树立"为别人服务,让被服务者满意"的理念,使学校每个部门、每个人都有强烈的质量意识、发展意识、超越意识,不断提高管理水平和教育质量。

确立管理全程性的理念。凡事都是由许多细节组成,只要把细节做好了,把每一件小事做好了,大事也就很容易完成了。实施精细化管理,从小事入手,对每个细节都要精益求精,以阶段性目标的达成保证高质量结果的实现;注意对管理、教育、教学工作的各个层面、各个环节的"接口"进行设计和质量控制,做到事事有人管、处处有人管、事事有检查、时时有计划、事事有总结,杜绝管理上的空白点,消除管理上的盲点,提高管理效能。

确立持续提高管理质量的理念。精细化管理更加注重自身管理效能的提高和改进,通过自身的不断完善,达到精益求精。学校可通过日常管理、内部质量审核、内部教育教学视导等审核系统活动,评审学校的目标达成度、质量体系运行的有效性,发现管理和教育教学中存在的重大问题,并采取有效的预防措施,及时加以修正,使学校的管理始终处于监控、反馈、持续改进与提升的状态。

树立以学生发展为本的服务理念。教育就是服务应当成为广大教育工作者的教育理念和教育信念。尤其是民办学校更应响亮地提出教育服务的口号,并转化为教师的教育行为、管理行为。如为学生提供个性化的课间餐,尽量满足每个学生的要求;教室内外的板报、宣传橱窗都布置在学生能够看得清楚的高度;实行教育投诉制和选师制。校长的主要任务是围着师生转,根据师生需求建设优良环境,提供优质服务。真正确立以学生为中心、以学生发展为本的服务意识,学校所有工作都为学生精心设计与实施。教育无小事,事事见匠心,这正是精致管理、精致教育的本质、精髓。

## 六、学校实施精细管理的要求

学校实施精细管理,强化教育精品意识是一种进取精神,一种亲和力和凝聚力,是追求卓越、不甘落后的体现。强化教育精品意识,实施精细管理,强调教育对教育对象的震撼力,强调教育者精心策划、精致营造、精细施教,让学生更好地学会做人、学会学习、学会生活和学会创造。

学校实行精细化管理,能够把成本控制到最优,能够优化流程,提高教育质量,降低不必要的损耗。企业精细化管理的内容:精细化的规划、精细化的流程、精细化的控制、精细化的核算、精细化的分析。精细化在学校教育教学中表现为:行政管理精细化、教育精细化、教学过程精细化、后勤服务精细化、校园文化精细化等。

学校实行精细化管理,首先要达到以下几个方面要求:

规范化。指学校根据战略发展需要,合理地制定学校工作规程、基本制度以及各类事务管理的作业流程,以形成统一、规范和相对稳定的管理体系,并在管理工作中严格实施这些工作规程、制度和流程,达到管理工作的井然有序和协调高效,规范化是精细化管理的最基本要求和必要前提。

系统化。指学校为了达到一定的目的,对构成系统的各种要素进行最佳的链接,以求效果最大化。一方面,要通过细分,把工作流程、工作岗位细分成为一个个不可再分的"单元",根据学校每一个"元素"的作用,合理地建立"元素"与"单元"间的对应关系,在做好每一个"单元"上下功夫;另一方面,要摒弃"本位主义""个人主义",从整个学校的发展出发,甚至从整个区域教育发展的大局出发,按照系统思维的方法观察问题、思考问题、解决问题,既重视精细化管理带来的当前效益,又重视精细化管理潜在的、可持续的效益。

流程化。是将管理过程细分为工序流程,然后进行分析、简化、改进、整合、优化。学校精细化管理,必须贯穿流程管理的思想,借助于学校各职能部门间建立的立体交叉管理系统，以流程化为基本方式，以"工作流"为载体，从管理流程的启动、分配、作业、监控、评价等细节工作形成连续的"流水线"，把各岗位紧密衔接起来，实现无缝管理。

数据化。量化是实行科学管理的重要标志，衡量学校管理工作是否精细化的最好标准就是让数据说话。数据化是精细化管理的基本要求，它能一目了然地掌握精细化管理的达成度。

信息化。一步领先，步步领先。实施学校管理精细化就必须有效地利用现代高科技手段，集先进学校管理理念与现代网络技术为一体，利用信息技术改造学校管理工作，从而实现学校管理的高效化，这是学校管理精细化在未来发展中最为本质的要求。

### 七、 学校精细化管理的十项原则

导向性原则。精细化管理作为实现学校发展目标的一种管理方式，必须体现导向性原则。首先，要对学校内的教育资源优势、劣势以及人员结构、状况等要素进行综合分析和研究、确定精细化管理的目标要求。其次，要以精细化管理的目标为纲，细化分解目标，变为可操作的一个个具体目标。再次，将具体目标落实到团体或个体，使学校的一切工作朝着学校既定的方向前进。

民主原则。学校的一切工作必须服从于、服务于教育教学，而实施这些工作的落脚点，必须依靠每一位教职员工的共同努力，要通过让教职员工充分行使民主权利，调动他们参与学校管理的积极性，增强管理工作透明度，确保教职员工的知情权，使他们参与管理制度化、经常化。

责任原则。学校管理的关键在落实，落实也就是责任到人，只有把管理责任与管理目标进行分解，并将责任落实到各个部门，直至各个岗位——谁的岗位谁负责、谁分管谁负责，按计划分步实施。

创新原则。精细化管理要在充分总结和吸收以往教育管理经验的基础上与时俱进，不断改革提高，以创新求突破，以创新求效益，以创新促发展，按照学校教育发展规划和教育发展趋势的要求，遵循教育发展规律，积极推进学校管理制度、体系、模式、方法、手段等方面的改革创新，促进学校科学、持续、快速、和谐发展。

人本原则。以人为本就是以尊重人、理解人、发展人为前提，充分调动人的工作积极性、主动性和创造性、最大限度地发挥人的潜能，让精细化管理深入人心，成为每个教职工的自律行为。

系统原则。精细化管理要求层层完善、系统健康，形成一个决策正确、落实迅速、上下流畅、左右协调、信息互通、资源共享的循环系统。

协作与控制原则。实现精细化管理是全体员工的事，没有任何特殊部门和特殊人物，发生了问题不论何人都要接受处罚，教职工发生问题，部门领导要负有连带责任。管理在于过程控制与监督，精细化管理要实行个人自查、部门互查、学校督察和主管部门不定期抽查相结合的策略，及时检查、及时公布结果，增强管理的透明度，强化问题的警示性。

激励原则。精细化管理是一项攀高工程，在分步实施中，对达标的个人和部门适时给予奖励，对工作中有创新的个人和部门给予及时奖励，做到典型激励。

适度超前原则。鉴于教育是一项超前的事业，必须走在时代的前列，因此，超前发展的教育，必须有与之相匹配的管理，这就要求学校精细化管理要有适度超前的意识，即具有前瞻性。通过调查和科学分析，把握教育发展的脉搏，弄清教育发展的动向和趋势，以学校内在需求为基础，抓住时机，创造条件，不断丰富精细化管理内涵，拓展其外延，适应不断发展的教育需求。

效益最大化原则。众所周知，学校管理是一项复杂的管理工程，其效益既有显性效益、隐性效益，又有长期效益、短期效益。如何正确处理它们之间的关系是一门科学，也是一门艺术。精细化管理追求的是效益最大化，讲究的是可持续发展。因此，在实施精细化管理时，既要考虑学校发展的效益最大化,又要注重处理好当前与后续发展的关系,统筹兼顾,合理安排,注重实效和长效,注意规模、质量、效益的协调发展,做到灵活、科学、适时,使学校发展效益获得科学意义上的最大化。

## 八、实施精细化管理的主要步骤与要求

### (一)精心策划实施方案

学校要把精细化管理作为一项重点工程来抓,根据学校实际,客观诊断,充分发现和暴露问题,贯彻"哪里不精细,就从哪里入手"的原则,以点到线,由线到面,通过"望闻问切"等手段,寻找"病因",对问题认真分析,系统(体制)问题就从系统(体制)层面入手,操作问题就从操作层面入手,开出对应的"药方",既要确定精细化工程实现的总目标,也要制定阶段性的子目标;既要规划精细化工程实现的总体方案,也要设计阶段性的专门计划和具体方案。

### (二)严格执行精细化方案

学校要建立专门的组织,有计划、有步骤、有措施阶段性实施和推进精细化工程。其中要注意几个要点:

注重精细管理的培训。通过会议、讲座、宣传、资料等形式培训,让学校上下达成精细化共识,使精细化知识、精细化的重要性、如何精细化和精细化的标准深入人心,让精细化在教职工大脑里打下烙印。

形成制度化。围绕学校内部所有教育教学流程和师生生活要求,梳理并制定完整、系统的管理体系和规章制度,不仅包括政策导向性文件,还应包括详尽的操作性程序,使各项工作有章可循。制度化是实现学校管理精细化的保障和体现。

要求专业化。精细化就要求组织专业化、人才专业化,越专业化,结果就越精细化。对于每项大型教育活动(包括行政会议、德育活动、教研

活动、艺体活动等）都要求相关部门事前制订详尽的工作方案，召开专门的研讨会，经学校领导审批后执行。要求每位管理干部都能编制工作流程，制订工作方案。

建立反馈机制。认真检查实施效果，建立及时反馈机制，及时发现在过程中的各种问题，及时分析，客观评价，提出整改方案，进一步改善提高。其中检查内容和标准要科学，尽可能量化；检查方式可以多种多样，以求反映真实客观的情况。学校真正实现精细化，形成精细文化，那么每位教职工将自发形成脑到、心到、行为到，养成精细化的工作习惯。

（三）推行素质教育，开展优质化办学

实施精细化管理的要求是：目标定在优化上，功夫下在管理上，文章做在精细上，最终要体现在教育教学质量上，实现优质办学。

树立学生主体意识、面向全体的观念。教育的根本目的是育人，对象是学生，因此要以学生为本，一切为了学生，创造适合学生的教育，而不是选拔适合教育的学生。

重视对创新精神和实践能力的培养。创新意识、创新精神和创新能力是人才素质高低的重要标志，创新教育是素质教育的核心内容。学生创新精神和实践能力的培养是学校所有学科、全部教育工作综合的结果，这种培养要贯穿在所有学科的教学活动过程中，贯穿在整个素质教育过程中。

重视让学生掌握现代的信息技术。在互联网＋教育时代，要重视现代信息技术在教育教学中的运用。掌握现代信息技术是我们培养的学生将来走向社会，在学习工作中进一步发展的基本能力，是教育实现"三个面向"的最基本的要求之一，在学校教育教学中，一定要重视现代信息技术的学习和运用。

重视抓基础，抓常规，重平时。在教育、教学、后勤，在处室、年级、班级，在全校各层面工作中，都要体现管理的规范。不抓规范就没有示范，有示范才能促规范。要重措施、重过程、重实效，岗位职责明确，层层管理有要求,有检查,有反馈,有总结,有评价。真正精细到位的管理,必然在全体师生员工中形成良好的行为规范,形成良好的教风、学风、校风、形成良好的教育环境与氛围,也必然提高教育质量,实现优质办学。

(四) 积极探求精致化的人才培养和管理模式

实现学校的培养目标,必须要有相应的人才培养管理模式。把技术化、个性化的人才培养规律转化为现实性的可操作的实践体系,必须要有中介性的因素发挥支撑、保障作用,这就是人才培养和人才管理的模式。

人才培养、管理模式。在学校里最重要的是课程改革、教学改革及管理模式,其中课程改革是教育改革的核心,是人才培养的基础工程。从学校层面来说,要根据时代性、基础性、选择性的原则,在认真学习、领会并努力实践国家课程标准的同时,积极探索校本化课程体系,充分挖掘、开发校内外课程资源,建设自主开发和编制可供学生多种选择的校本课程。校本课程开发实质上就是从课程层面探索人才培养的有效模式与途径,从课程层面来打造学校办学特色。有了精品化的校本课程,也就能形成学校课程特色,学生与教师的发展也才有坚实的基础。

教学是学校的中心工作。教学工作包含教学思想、教学行为和教学质量三大要素。保证教学工作育人的有效性,就必须变革教学思想,转变教学行为,提高教学质量。对教学质量的追求,始终是教学改革永恒的主题,它既是教学改革的动力,也是教学改革的终极目标。传统教学在基础知识学习和基本技能训练方面有其不可替代的作用,但是它忽视了学生创新精神和学习能力、实践能力的培养。教学改革就是要改变这种单一的教学方式,把接受学习与自主学习、合作学习、发现学习、选择学习有机地结合起来,不仅要使学生学会,更重要的要会学。在教学改革中必须加强精致化管理,精致化管理是教学改革的必要保证,更有利于推进教学改革。可以说,教学改革与精致化管理是相辅相成的,提高教学质量,必须在教学改革中加强精致化管理。

# 第四章
# 开发精品课程,培养学生个性特长

## 一、 学校课程体系建设的价值

国际课程论专家菲利浦·泰勒指出:"课程是教育事业的核心,是教育运行的手段。没有课程,教育就没有了用以传达信息、表达意义、说明价值的媒介。"做精致教育,就需要加强学校课程体系建设,尤其是开发有本校特色的精品课程。

关于课程,从广义来说,是指学生在学校获得的全部经验。其中包括有目的、有计划的学科设置、教学活动、教学进程、课外活动以及学校环境和氛围的影响。从狭义来说,是指学校为了实现培养目标而开设的学科及其目的、内容、范围、活动、进程等的总和,它主要体现在教学计划、教学大纲和教科书之中。

学校课程体系是指学校在把握国家教育目标的基础上,在国家、地方、学校三级课程管理体制不变、国家课程设置不变、学生发展基础目标不变的前提下,对现行国家、地方课程内容进行适当整合重组,依据学校育人理念、学生需要、校内外教育资源,进行校本课程、隐性课程的科学规划和建设,进而构建学生发展所需要的、具有学校特色的、融国家、地方、校本三级显性课程与学校隐性课程为一体的学校课程体系。

关于精品课程，是指优质高效、具有很强辐射力的示范性课程。精品系指包括先进的课程理念、优质的课程资源、精良的教师队伍、精当的教学方法、精细的教学管理、精准的教学评价在内的高品质课程框架系统。系统集成由课程资源库、教学方法群、骨干教师网、管理策略集构成。精品课程建设涵盖各类课程，包括学科课程、综合课程、活动课程，国家课程、地方课程、校本课程。

学校课程体系建设具有如下重要价值：

（一）课程体系建设可以优化学校课程结构和课程资源，创新人才培养模式，提升人才培养质量。大量丰富优质的必修课程、选修课程和实践活动类课程，能充分满足学生个性发展的需要，培养学生的创新能力、实践能力和社会责任感，使学生的综合素养不断提升。

（二）课程体系建设可以增强全体教师对学校教育教学的价值认同，成为凝聚教师发展共识、指导教师从事教育教学工作的依据和信条，加快教师专业成长的步伐。

（三）课程体系建设可以提高教师的课程意识，拓展教师的课程能力，让众多的教师感受到成功。通过教师开发校本课程，挖掘自身潜能，发展自我、实现自我。

（四）课程体系建设可以培养学生良好的思想品德，使之具有创新精神和实践能力，具有健康的身体和心理素质，是全面推进素质教育的关键环节。

（五）课程体系建设可以进一步打造学校的办学特色，提升学校的品牌内涵，全面推进素质教育的实施，使学校赢得更多社会美誉度。

## 二、三级课程管理制度

《中共中央国务院关于深化教育改革全面推进素质教育的决定》指出，要"试行国家课程、地方课程和学校课程"三级管理的课程政策。

国家课程——国家教育部主管，负责制定国家课程政策，决策重大课程改革，制订指导性课程计划；制定必修科目国家课程标准（包括教学标准、评价标准）；审查并向全国推荐学科教材，指导、检查地方课程管理工作，审批地方重大课程改革试验，制定升学考试制度，指导升学考试的实施，确定某些课程管理权限的下放。

地方课程——省（自治区、直辖市）教委主管，根据国家有关规定和本省（自治区、直辖市）实际，确定本省（自治区、直辖市）执行的课程计划和必修科目课程标准，制订本省（自治区、直辖市）课程改革方案，报教育部审批；审批县以上教育行政部门组织编写的选修课教材、乡土教材；审查省（自治区、直辖市）编教材（包括经批准编写的、在相应行政辖区内使用的教材），指导市（地）、县（区）教委选用教材，指导、检查各地课程管理工作；确定中考实施办法，指导考试工作；确定某些课程管理权限的下放。

学校课程——学校主管，根据上级教育行政部门有关规定，确定本校必修科目的实际课程标准；确定选修教材的编写、选用，开发活动课程，制订重大课程改革方案，报上级教育行政部门审批，课程实施的管理。

学校精品课程建设的方向：国家课程校本化，校本课程特色化，活动课程系列化。

## 三、 课程体系建设的科学原理

在历次课堂教学改革实践中，一条重要的成功经验就是要有教育科学的原理与方法作为改革的坚实基础。许多改革的成功，就是因为比较好地运用了现代教育科学的原理与方法。如生本教育改革，就是因为有科学发展观的指导，比较注重人的内在潜能激发，强调学生的主动，追求学生的全面发展；再如成功教育，也是因为结合了人的成就需要，结合了人对于客观事物反映的主观能动性，结合了人的正面评价等教育的原理与方法。

学校课程体系建设的科学原理：包括一是发展性原理，也就是深化改革同样是发展的要求，发展才是学校办学最为重要的要求，没有课程体系建设，也很难有学校的快速发展；二是结构性原理，课程体系是有结构的，课程体系建设是课程育人的科学建构，是立德树人根本任务的细化；三是资源整合的原理，优化系统与整体推进是深化课程改革、加快学校课程体系建设的重要途径；四是课程体系建设离不开高素质的教师队伍，离不开现代教育技术的手段与平台；五是课程体系的建设是基于学校、利于学校、助推发展学校和打造特色的必然选择。

## 四、课程体系建设实施原则

规范性原则。严格执行国家课程计划，开足开齐课程，尤其不能忽视综合实践活动、通用技术和音体美等课程的开设，同时要科学合理地开发与实施校本课程。

主体性原则。充分发挥教师的主体作用，调动教师参与课程改革的积极性、主动性和创造性，逐步增强教师的课程理解、规划、开发和执行能力；学校支持教师依据课程特点、课程标准和学生的需求制定课程发展纲要，构建课程评价机制，增强课程实施过程中的自我反思、自我完善、自我发展能力。

生成性原则。学校课程体系建设是一个动态生成的过程，必须本着在创新中求发展、在实践中创特色的精神，系统建构课程体系，分阶段确定实施课程发展目标，认真思考不同课程之间、同一课程不同模块之间、同一模块不同内容之间的整合问题，在实践中建构符合学校实际的课程体系。

差异性原则。充分重视不同类型学校的差异性和多样性，切实做到因地制宜、因校而异。优质学校应为学生提供更多门类的校本课程，切实加大课程统整力度。

### 五、 精品课程建设的基本思路

精品课程是指具有一流教师队伍、一流教学内容、一流教学方法、一流教材、一流教学管理等特点的示范性课程。学校根据各自发展实际，整体设计课程方案，加大课程统整力度，逐步形成专题突破、系列整合、形成体系、循序渐进的课程开发格局。

专题突破。在课程体系建设的起步阶段，以专题形式梳理、整合学校比较成熟的教育教学活动，对这些活动提出课程化要求，逐渐将之课程化，逐步形成若干个"课程包"。

系列整合。在学校活动逐渐课程化之后，以让学生获得丰富的体验为目标，选择一定的主线或系列构成方法对学校所有课程进行再次整合，如以学生兴趣为主线，以社会热点为主线，以生活情境为主线等；如采取学科中心、学习者中心或问题中心的构成方法，采取自然科学、人文科学、文化艺术、身心健康、实践活动等系列的构成方法，也可采取专题文化（如民族文化、生态文化、国际理解文化等）、学科拓展、文体活动技能等几大门类的构成方法。

形成体系。对形成系列的成熟课程进行深度加工，如提炼出学校特色课程模式，编辑成目标序列，明确各专题之间的相互关联等，使学校课程逐步形成一个紧密联系的有机整体。

学校可根据各自实际，自主研究、确定本校课程体系建设的基本思路和推进时序。

### 六、 学校精品课程建设途径

必修课程校本化。必修课程重视知识与技能、过程与方法、情感态度与价值观等方面的基础，强调促进学生基本素质的形成和发展。根据学科课程标准要求，按照学科知识能力的系列和序列而划分成若干相互联系的课程体系模块，这些模块之间既要相互独立，又要反映学科内在的逻辑联系。每一个模块有明确的教育目标，并围绕某一特定内容，整合学生经验和相关内容，构成相对完整的学习单元，既有对教师教学行为和学生学习方式的要求与建议，又将育人和教学有机整合在一起，做到每个模块都是灵活的、动态的、个性化的学习实践活动。学校可以组织学科核心成员，以编制导学案为依托，通过研究课程标准和考试说明，选择不同版本教材，采用删减、合并、改编、补充、拓展等方式，打破学科课程章节界限、章节顺序或学科间壁垒，大胆对学科课程进行整合，形成学校主题单元教学同步配套的导学案或整编教材，让教师的教和学生的学融合在一起，使之更符合学生特点和学生学习需要；建立各学科的教学资源库，每个年级都可以利用，并在原有的基础上优化和补充，最后形成成熟的导学案或整编教材，尤其是高考的九大学科（语文、数学、英语、物理、化学、生物、政治、历史、地理）形成独具特色的整编教材。

拓展课程系列化。拓展型课程着眼于培养、激发和发展学生的兴趣爱好，开发学生的潜能，促进学生终身学习意志的养成和学校办学特色的形成。新课程倡导民主、开放、科学的课程理念，要求教师在新课程中发挥主体性、创造性作用，既是课程实施的执行者，更应成为课程的建设者和开发者。对国家课程进行合理、适度、准确的二度开发是学生全面发展、教师专业成长的需要，也是学校形成办学特色的需要。在学校办学理念的指导下，为了提升学生的综合素养和实践能力，积极构建学科拓展课程，如以培养学生人文素养为主的文史类课程系列，以培养学生科学素养为主的探究类课程系列，以培养学生良好习惯为主的德育类课程，以培养创新人才思维的奥赛、自主招生培训类课程等。

选修课程特色化。选修课程全部是校本课程，通过校本化课程建设，有助于推进现代学校文化建设，有利于落实学校个性化办学思想，有利于整体规划课程内容，有利于提高学生的综合素养，有利于促进学生的全面发展。

### 七、学校校本课程开发

校本课程开发是学校精品课程建设的有效途径,学校应在校本教材开发上多做文章。

**指导思想**:拓展学生广阔的视野,全面提升学生的综合素养;不断增强教师理解、规划、开发与执行校本课程的能力,提高教师的专业品质;进一步完善学校课程体系,加大校本课程设置的开放性和灵活性,增强课程与教学的选择性,提高学校主动发展的能力。

**课程目标**:成就在教育变革和学校发展中具有健康生命、高尚师德、民主精神、精湛专业、追求卓越的优秀教师团队,并以这样的优秀教师和合作团队培养在未来社会中具有健康生命、理性精神、主动发展的杰出公民,使学生诚实守信,知恩图报,有强烈的社会责任心和使命感;视野开阔,充满自信,有深厚的文化底蕴和顽强的毅力;尊重自然,热爱生命,有高尚的生活品位和积极的人生态度;渴望学习,自主探究,有独立获取知识的能力和创新实践的品质;主动交流,善于合作,有开放包容的气度和追求真理的精神。

**开发原则**:主体性原则。教师是校本课程开发的主体,在课程的开发和实施中要重视教师的主动精神;学生是学习的主人,学校在校本课程开发过程中要重视学生的参与,根据学生的需要不断优化校本课程。

开放性原则。以生为本,尊重学生的主体地位,学生对校本课程的选择具有自主权。在实施中,教师要灵活地创造性地使用教材并不断反思出现的各种问题,对教材随时予以补充、调整。

互补性原则。校本课程的开发,是对国家课程的补充和拓展。

多样性原则。校本课程的科目设置力求丰富多彩,可供学生充分选择。

个性化原则。学生可根据自己的兴趣爱好,打破班级界限,选择不同的课程,使全体学生都得到发展。

可行性原则。在确立校本课程开发目标时，充分考虑教师队伍的整体实力、科研水平，根据现有条件最大限度地挖掘、利用校内外课程资源，努力使校本课程实用、可行。

课程种类：校本课程是国家授权学校自主开发的课程，是学校课程体系的重要组成部分，也是形成与体现学校办学特色的课程。校本类课程可以分为多种类型：

科学素养类：如环境与资源、生命科学、学习策略、创造技术、物理与生活、现代农业科技等。

人文素养类：如地方民俗文化、艺术实践活动、法制教育、科技发展史、中国传统文化、美文诵读、新闻采访与写作、演讲与辩论、艺术教育活动等。

身心健康类：心理辅导、健美体操、篮球、乒乓球、武术、旱冰、文明礼仪、安全伴我行等。

生活职业技能类：如小提琴、口风琴、声乐、摄影、书法、剪纸、实用美术、国画、制图、舞蹈、插花艺术等。

学科拓展延伸类：语文课中的经典作品赏析、演讲与口才，外语中的英语听力会话、西方语言习俗，理科中的物理与生活、生活中的数学、生物与心理健康等。

也可分成：

生命教育课程，反映人与自身，体现对生命的高度重视，教会学生保护生命、指导学生爱惜生命、引导学生尊重生命，把握生命的价值和意义。包括安全教育、应急避险、营养与健康等课程。

环境、人口、可持续发展教育课程（简称EPD课程），反映人与自然，旨在培养学生关注环境、人口、健康与社会可持续发展的责任意识，养成环境保护的习惯。包括生活与环保、生态环境与自然资源保护、自然灾害防治等课程。

能力提升课程，反映人与社会，主要是通过学科知识的延伸来培养学生创新精神、实践能力以及与他人交流合作的能力，涵盖了如创新教育、学习方法指导、时政论坛、人际交往辅导、话剧表演以及演讲与辩论等课程。

民族文化课程，反映人与历史，开设国学、京剧、中国传统节日文化等课程，让学生了解、体会和传承中华文化的精髓。

国际语言类课程，反映人与世界、旨在培养学生的跨文化交往能力和国际视野，提升学校办学的开放性、国际化和现代化。如英语、日语、法语、德语、西班牙语、俄语、韩语等，AP（物理、化学、生物、历史、经济）课程、IP课程等。

特长发展课程，突出学生潜能的发挥，促进学生特长与个性全面和谐地发展，让每一个学生拥有广泛的兴趣爱好。可分为两部分：学科竞赛课程和兴趣特长类课程。学科竞赛课程现阶段还是高考保送和自主招生的重要依据，包括数学、物理、化学、生物、信息学奥林匹克竞赛和科技创新大赛、电脑制作、机器人大赛课程、拔尖人才创新实验课程、数学思维学校课程等。兴趣特长类课程突出的是个人的爱好特长的培养，如艺术类、体育类、写作类。兴趣特长类课程对于学生综合素质的提高、身心的全面发展都具有重要的教育意义。

当然，校本课程不是越多越好，要根据学校师资水平和培养目标而定，一定要做成精品课程，涵盖精品课程的七大要素：课程理念、课程目标、课程功能、课程内容、课程实施、课程评价、课程管理。

## 附：一、卓同教育（包括遂宁市安居育才中学、遂宁卓同国际学校）的高中卓越双选精品课程

为培养高素质的创新人才，卓同教育高中部构建了国家与校本结合的课程体系，打造了分类课程、分层课程、德育实践类课程、个性化类课程系列，实行学生卓越双选走班制教学，根据学生学科发展和人生规划需求，选择不同的学科模块、授课教师和学习时段，让学生接受有选择性的教育。

分类课程系列，包括语言类课程（语文、英语），人文类课程（历史、地理、政治），艺术类课程（艺术、体育），技术类课程（信息技术、通用技术）。

分层课程系列，包括数学课程，科学类课程（物理、化学、生物）。

德育实践类课程系列，包括卓识课程（人生规划、职业体验、名人讲堂、成人仪式、业余党校、学段规划、援学支教、励志交流），卓品课程（社区活动、社团活动、公共管理、军训磨砺），卓慧课程（创意设计、课堂智慧、研究探索、提案建议），卓行类（学校通识、常规自律、星级争锋、卓越才艺）。

个性化类课程系列，包括援助课程（延迟补齐、弱科个辅、整体提高），特训课程（超前学习、自招小灶、竞赛培训），专才课程（偏才扶正、特长艺体、专才拔尖）。

同时，卓同教育自主开发了80种校本教材，开设了200余个学生社团。

## 附：二、上海市建平中学的"模块课程建设"方案——以模块课程建设提升课程品质

上海建平中学课程改革的主要重心是放在学校一级的层面上整合、优化课程：在课程功能上基本实现基础型课程与拓展型、研究型课程相结合；在课程形态上完全实现必修课与选修课相结合，在选修课中实现限定性选修与自主性选修相结合。

基础型课程改革方面：打破学科之间主科与副科概念，加强基础型课程的横向联系和纵向深入。为了让师生全面重视基础学科的学习，对所有学科在课时工作量的认定标准一视同仁，没有主课、副课的偏颇，大大提高了除语、数、外学科以外其他学科的教学积极性；同时倡导学科之间互相渗透融合，有理科之间的渗透，如理化科目、生化科目之间的渗透；文科之间的渗透，如语文和历史、政治和历史之间的渗透；有一定程度上的

文理渗透，计算机课与各门学科的相互渗透。还有以问题数学化为特征的数学建模，网络与德育结合形成的网络德育，形成了一些跨学科的校本课程，开阔了学生的视野，拓宽了学生的知识面，造就了一些能从事跨学科教学的教师。在拓宽课程面的同时，注重单科的纵向深入，开发优秀学生的潜能，使得他们在此学科领域有超前的发展。

校本课程建设方面：本着"合格＋特长"的理念，学校非常注重学生的个性化发展，这也是在进行校本课程开发时所着力追求的价值取向，力图满足学生个性发展的需要，充分发掘学生的个性潜能。为此，每个学期都为学生开设近60多门拓展型课程以供学生自主选择。语文组还专门进行过关于选修课的学生问卷调查，根据学生需要及时调整，有针对性地开设选修课。这些选修课根据课程发展规划主要分为科学激趣类、信息技术类、竞赛辅导类、文学艺术类、人文素养类、语言工具类、休闲健身类、社团活动类等方面的拓展型课程。这些课程通过选修课、活动课等形式进行，也通过讲座和学生社团活动来进行。其中双语会话听力、语文阅读课、劳动技术、音乐欣赏、美术欣赏、心理辅导、研究课程、体育与健身、应用数学、周三人文科技讲座等课程为限定性选修课，其余为学生自主选修课。校本课程建设不仅积淀形成了一批特色课程，编写并出版了14套"校本课程"教材作为国家课程教材的有益补充，更重要的是摸索总结了校本课程建设的一些经验，编定了选修课管理条例，确定了一整套课程开发程序，汇编出版了《建平校本课程大纲》，使校本课程建设更具科学性、规范性、示范性、可操作性。

研究型课程：为了适应社会的要求，还开设了研究型课程并保证每周一课时。当然，"研究性"应该是更多体现在教师教学方式和学生学习方式的改变上，着力改变师生的思维方式，由此带来课堂教学方式的变化。让"教"和"学"真正体现出"研究性"，把学习的过程等同于一个重新发现的过程，从过去那种重视教师的"结果教学"转而也重视"过程教学"，从重视学生的"结果学习"转而也重视"过程学习"，研究型课程应该与基础型课程和拓展型课程形成一个有机的整体。

建平中学研究型课程在注意与基础型、拓展型课程结合的同时，也非常重视这种课程外延的扩大。基于这种思路，在学生中间广泛开展以"项目设计"为载体的课题研究，学校教务处、教科处、学生处共同参与"项目设计"的组织、辅导。首先是与教研组、备课组组长们共同研讨"研究"的"内涵"与"外延"，明确中学生"研究"的度；其次在各门课程中探索"研究"的方法。通过"项目设计"活动课的形式，拓展学生学习的时间和空间，强调学生的自主学习和自主研究，强调学生直接的生活体验，培养其能力，培养其合作精神，培养其探索真理的态度和方法，使之成为顺应时代潮流的创新人才。学生可以从学习生活和社会生活等各个方面选择和确定研究的专题和题目，主要以小组合作方式进行探究，制订"项目设计"的方案。这一活动开始是在假期中实施，项目设计定出四项原则：主题性、开放性、过程性、自主性。通过一段时间的实践，结出了丰硕的成果。学生项目设计的各种案例，有《电子商务调查》《高中生心理问题现状及其成因调查》《上海废电池现状及改革方案》《我国铁路提速研究》《家庭装潢中的电路设计》《绿化中的数学》《关于自来水余氯的测定及研究》《逆反心理的成因及其防治》等等，强烈的生活气息、社会气息扑面而来。这些成文的活动过程大大开阔了学生的视野、提高了学生学习研究的能力，也从一定程度上培养了学生的人格和社会责任感。一般的课堂教学不能与之相提并论。

建平中学的新课程观。不能把课程视为学科，而要把课程理解为教师、学生、教材、环境四因素的整合。课程本质上是一种教育进程，是一种实践状态的教育，把课程理解为学习者的经验，把教师和学生更主要地理解为课程开发者，在"以学生发展为本""以改变学习方式为特征"的课程理念指导下，构建体现基础性、整体性、选择性的课程结构。

推出特色套餐课程，增加学生自主选择机会。推出双语班、理科班的套餐课程。开发充分体现学生个性要求的模块化课程，鼓励学生选择符合自己个性发展的课程模块,按照课程模块对学生进行分班教学与管理。在学校实施多年的双语班、理科班基础上,大力改革现有的过于共性化的课程结构,在双语班开展除语文学科以外的全部科目的双语教学实验,继续强化英语;在理科班提高自然科学、数学、计算机的教学要求,开发学生的理科潜能,培养一批数学、物理、化学、生物、计算机等方面的竞赛选手。

尝试推出学分制管理下的套餐课程,通过学分制的调控、分层次教学的形式,进行套餐式课程学习,拿出适合不同层次的配套课程,在课程设置、教材选择上有大动作,最大限度满足学生个性发展需要。数学、英语两门课实行走班制分层次教学,数学按照学生水平从低到高分为A、B、C、D四种班级,英语按照学生水平分为A、B、C三种班级。

## 附:三、北京十二中"融合式"课程改革的实践之路——以课程建设引领学校内涵发展

### 打破藩篱,力求会通:"融合式"的课程设计

以办学理念为旨归,把学校的全部课程作为一个整体来考察,根据培养学生的学术素养、国际视野、社会责任、创新能力的目标,分类型、分层次地提出了"四大系列课程",即学科综合课程、国际理解课程、社会适应课程和科技创新课程。每个系列又分为基础课程和卓越课程两种类别,这样纵横交织构成了一个完整的课程体系。国家课程和校本课程的界限已经有机打通,有的只是十二中教师们利用自身的智慧开设的"经过改造的国家课程"和丰富多样的校本课程。"四大系列课程"面向在校的每一位学生,分别重点针对某一种人才培养目标而设置,四股合力共同塑造真善美合一的人才。以学科综合课程为例,它以必修必选的国家课程为主,同时兼顾能提高学生学识的、与学科相关的选修课,提倡跨学科、跨部门、跨地区合作来建设学科综合课程,从而造就复合型人才。在校本选修课程方面,学科综合课程建设的重点有"学科史和学科前沿""哲学史""大学先

修课程"等课程,它们作为基础课程的补充和拓展,从更高的层面完善了学生的知识结构。

"让每一个孩子都能找到适合自己发展的课程",是课程建设的最高追求。十二中"四大系列课程"体系的设计在重视学生升学需求的前提下,着力发展学生的个性,培养学生的兴趣和创新能力,进而引导学生进行生涯规划,为学生将来的幸福生活打下良好的基础。为此,国家课程和校本课程并举、校内引导和校外活动结合、课内和课外联系共同构建了丰富多彩的课程。

科技教育是十二中的一大特色,2012年十二中成为北京市金鹏科技团成员校。十二中的科技教育以选修课、社团活动和竞赛队相结合的形式为学生创新能力和实践能力的提升提供发展平台,如"化学创新教育实验室"、钱学森航天实验班、机器人项目等。仅以"化学创新教育实验室"为例,该实验室以此前的"化学探究实验室""化学数字化实验室"为基础,拟建成由三个主题实验室和五个主题展示区构成的实验项目群。实验室面向全体学生开放,感兴趣的学生可以在8门化学选修课如"实验化学""环境化学"等中任意选择,这样不仅加深了学生对学科知识的理解,也锻炼了学生的科学思维能力、综合实验能力和科学创新能力。而学校机器人项目则主要以社团活动和竞赛队的形式开展,从最初的兴趣小组到几百人组成的社团,机器人项目在学校的发展逐渐壮大。该项目吸收全体学生参与,动员全校相关科目的教师为学生提供智力支持,开设机械和程序设计方面的必修课程,综合利用各种实验设备,为学生的发明创造提供全方位的支持。

"人文奠基,科技特长",深厚的人文积淀和人文情怀,是科技教育必要的文化支撑,使科技教育有长远的发展。在这方面,十二中的教师们坚持以正确的教育理念,开发多样的综合课程、学科课程和社会课程等来满足学生的需求。就拿学科课程中的形体艺术课来看,十二中就做出了特色。作为学校的品牌校本必选课,形体课主要面向全校初一和高一的男女生开设，旨在培养与塑造学生的气质、形象，培养学生的礼仪习惯、审美品位，做美的体现者和传播者。这种教育方式使得十二中的形体课真正做成了"形体艺术综合课"，达到了陶冶情操、提升品位、美化生活、润泽生命的学科目的。虽然形体课每周只有一节，每学期仅18次课，但是学生们的学习热情很高，这反过来激发了艺术教师们研究课程的积极性，从而率先出版了全国通用的中学生形体艺术课教材，在全国很多中学中使用，这种教学相长的过程是十二中整个课程和教学活动的一个缩影。除此之外，定期举行的人文、艺术大讲堂，则是拓宽学生认识、帮助学生发现自身兴趣的又一渠道。在大讲堂中，学校不仅邀请科学家和学者来为学生举办高端讲座、邀请学科教师为学生开设专题讲座，而且鼓励学有所长的学生也小试牛刀，向师生展示自己感兴趣的内容。这样一来，一节节鲜活灵动的课堂就诞生了！提到艺术教育，就不得不提十二中颇为著名的金帆民乐团，这个有着30年辉煌历史的艺术社团让很多非艺术特长学生取得了同艺术类学生一样的成绩。1986年它就被北京市教委授予"北京市学生金帆艺术团"这一学生艺术团最高荣誉，此后更多次获得北京市中小学艺术节比赛一等奖和全国民乐团比赛特等奖、第一名等奖项，而且多次在国家大剧院举行专场音乐会。这赫赫战绩的取得与十二中人注重学生人文艺术素质培养的理念是不可分割的。

如果说人文艺术与科技课程是十二中人武装学生头脑的两大法宝，那么类型多样的体育课则是强健学生体魄、完善学生人格的另一支柱。这所国家级体育传统项目校为学生提供了田径、游泳、羽毛球、排球、足球、篮球、板球、健美操等体育活动机会，其中游泳被列为所有学生的必修课，田径则是学校历史最为悠久的体育项目。这些体育项目以选修课和社团活动、兴趣小组的形式对全校学生开放，为提高学生的身体素质提供了最佳的舞台。

除国家课程之外，十二中共开发出校本课程150多门，包括小语种、国际游学、心理健康、学术辩论等，每学期开设50门左右，这些课程与社团活动、大讲堂等相结合，共同为学生创设了一个多样化的课程体系。

## 第五章
# 构筑精致课堂,点燃学生智慧火花

### 一、学生、老师心目中的理想课堂

课堂,学生学习的场所,育人的主渠道。师生心目中的理想课堂是什么样子?

(一)学生理想中的课堂

一位学生在《我理想中的课堂》一文中这样形象化地描述:

对于理想的课堂,我一直在想,也一直在问自己:什么样的课堂才是理想中的课堂?理想的课堂里有些什么?我想,学生有学生的要求,教师有教师的理解,就我个人而言,我觉得理想课堂的"理想"两字,是没有最好,也没有更好,只有理想而已!

我理想中的课堂就是一朵盛开的美丽花朵,它必须用汗水和心血一天天地去浇灌和呵护;一天天地去吸收泥土的芬芳和雨露的滋润!

手捧着一本书,你可以不去读写,随意地翻开一页或另一页,听着指尖萦绕的声音、耳畔琅琅的读书声,抚摸着文字,在质朴的语言中感受着文字韵味,以及数字和字母、行距之间的美!或把书本放在座位上,什么也不做,听着老师的一言一语,随着他的思绪去跳动,跨越;或轻轻地闭上双眼，什么也不要去想，什么也不要去做；仔细地去倾听课堂的"旋律"和脑海中漂浮的韵味，陶醉在学习氛围中，这何尝不是一件乐事！累了，困了，你也可以看着窗外，听一听雨点打在玻璃窗上的声音。

我理想中的课堂就是一幅水墨画。我们可以用我们稚嫩的双手，去描绘出属于自己的一片天空，画出自己喜欢的一山一水一世界；写下自己粗俗的一笔，心情不好的时候，可以画出一叶扁舟，也可以画出一条绿波荡漾的河流，在两旁加上一排排的杨柳或画上自己喜欢的荷花，泛舟于湖上，看着层层的叶子中间，零星地点缀着些荷花，有袅娜地开着的，有羞涩地打着朵儿的，正如一粒粒的明珠，又如碧天里的星星，又如刚出浴的美人。

身在一片花丛中，其实也是一件乐事！这时我会明朗一笑，躺在扁舟之上，仰望着蔚蓝的天空，随着自己的思绪，想入非非；微风吹来，香气漂浮，河水上便泛起朵朵浪花，发出有节奏的哗哗声，好像一支乐曲，悦耳动听。生气之时我们可以在上面随意地涂改，给它加上几笔，淅沥沥的雨，像断了线的珍珠般下了一天一夜仍不休止。当把整瓶墨水洒在上面时，风呼呼地刮着，雨哗哗地下着。透着窗外，校园里一个人影也没有，白花花的全是水，简直成了一条流淌的河，上面争先恐后地开放着无数的水花；远看，楼房和树木都是模模糊糊的。不管我怎么去画，怎么样的去描绘，但我永远不能出画框之外。

似乎每个下雨天，心思都要百转千回，总有一股突如其来的伤感萦绕心际，久久不散。此时的我，什么也不想做，什么也不愿去想，也不想去听课，这时的我也会忧伤也会哭泣。我只想暂时沉寂于自己的一片小天地静一会。您也可以斥责，也可以批评；但请您坦诚对待我的情感。

我理想中的课堂应该是富有诗意的，没有一堆大道理，有的只是人生中的哲理，可以像流水且慢且行一样的叮咛，水一样的温柔，水一样的清澈见底，当我涉水跌倒之时，您可以用那双布满老茧的手，抓住我的小手。教室里可以有诗人的六月天空："黑云翻墨未遮山，白雨跳珠乱入船。卷地风来忽吹散，望湖楼下水如天。荷香清露坠，柳动好风生。微月初三夜，新蝉第一声。"八月的"中庭地白树栖鸦，冷露无声湿桂花。今夜月明人尽望，不知秋思落谁家。"九月的"行云递崇高，飞雨霭而至。潺潺石间溜，汩汩松上驶。"我想出去感受这些，感受大自然给我的不同气息，但每次上课都在教室，说真的，我已经感到枯燥无味了。我们何不换个地方！你看，浅蓝色天空透出宁静，朵朵白云在空中悠闲地飘着，随着风儿翩翩起舞，有时伫立在学校的上空，俯视下面的种种风景；有时看向琅琊山麓，远处缥缈跌宕起伏的山峦；又如一条轻轻流淌的小溪；她们款款轻移，仿佛在舞池里摆动自己的脚步，风儿也轻轻地抚着她们的腰身变幻着玲珑的身影，于是纱裙摆动……虽然现在是暮秋了，可是校园的景色依旧光彩怡人，树木依旧那么绿；画儿好像不知道深秋已经到了，依旧那么鲜艳欲滴，依旧竞相开放，依旧用它那美丽的身姿吸引着来往同学的目光。如果偶尔上课的时候，选择在校园的某一个角落，或在草地上，和大家谈谈，或交流；让大家独立思考，打开心中那扇窗户，在知识的海洋中去远航。

　　有时候我在想，课堂也像一个舞台，我们每个人在上面都扮演者着不同的角色；舞台是宽广的，我们披着知识的裙衫，舞着属于自己的舞步，可以从每个人身上发现，有时你忽而侧身垂睫表现出低回婉转的娇羞；忽而张目嗔视，表现出叱咤风云的盛怒；忽而轻柔地点额抚臂……只想引起大家的共鸣，希望精彩时刻大家拍手叫好，希望出错时，大家只会抿嘴一笑，因为这是舞台，应该有掌声和欢笑声。我不喜欢教室那种静得有时连一根针掉下也听得清楚，喜欢说话带动一些气氛，知道那里不是茶馆，不是菜市场，更不是聊天说废话的地方，是一个神圣的地方，您上课时，不要神情严肃、古板，令人敬而远之，会让大家产生顾虑、压力和恐惧；有时可以幽默风趣点，我想我们会更加配合和投入一点；一句鼓励的话，一个温馨的微笑，适度的宽容！另外，不是万不得已不要随便批评学生，现在学生的心灵都是脆弱的，可以给点意见或者提醒！我只想里面装满了爱，希望，理解，鼓励，温暖。

　　听着教室里，琅琅读书之声，同学之间的嬉戏打闹声，老师的批评之声，同学之间的友情，善良……

快毕业了，我只想在剩下的日子里，好好地珍惜着这些，做一个简单快乐的孩子；每天早上拿着一本书，走在这个熟悉的校园，坐在教室里；上课或下课，和同学一起去食堂吃饭。

（二）教师眼里的理想课堂

叶澜教授和肖川博士曾以追问的形式，描绘了真正充满生命活力的课堂情景以及理想课堂下的老师形象：

当学生茫无头绪时，我能否给他以启迪？当学生没有信心时，我能否唤起他们的力量？我能否从学生的眼中读出愿望？我能否听出学生回答中的创造？我能否使学生觉得我的精神、脉搏与他们一起欢跳？我能否使学生的思维擦出火花？我能否使学生在课堂上学习合作，感受和谐的欢乐、发现的欣喜？我能否让学生在课堂上"豁然开朗""茅塞顿开"或者"悠然心会"？我能否让学生在课堂上"怦然心动""浮想联翩"或者"百感交集"……这应该就是我们每一个教师梦寐以求的理想课堂。

一位有多年教学经历，尤其是经过新课改实践探索的教师这样评价他心目中的好课标准：

我认为一堂好课最起码应该具备"真、活、趣"几个特点。下面以语文课为例，具体谈谈这方面的认识。

真，是指课堂教学要真实。一堂好课首先应该做到真实，也就是教师要用真实的情感，真实的行为构造真实的课堂。可是，每次公开课或观摩课，我们经常会看到一些所谓的"好课"，教学过程行云流水，师生配合默契有序，课堂气氛活跃，教学课件美不胜收。其实，真实的课堂应该是没有花架子，没有假探究，不逢场作戏，不煽情作秀，朴实无华、毫无雕饰的。如有位老师上《春雨的色彩》，在学习了春雨是绿色的、红色的、黄色的之后，让学生闭上眼睛想象，并问学生："你们看到了什么？听到了什么？"不少学生做闭眼沉思状，努力去聆听、去想象，可是有的学生诚实地说:"老师,我什么也没看到呀!"老师想了想说:"那,我们一起再去看一看、听一听吧。"于是,老师开始配乐朗读课文,学生听后说:"老师,我现在看到了,春天的田野是花花绿绿的。"这是真实的课堂教学。当学生把自己的真实感受说出来时,老师没有按自己设计的程序生搬硬套,而是马上调整自己的教学,让学生在悠扬的乐曲声中感受语言文字的美。我们常说:"千教万教,教人求真。"向学生传授真知是教师的神圣使命,也是尊重爱护学生的一种表现,并且,只有真实的课堂,才能发现值得研究的问题,才能锻炼老师驾驭课堂教学的能力,才能更好地培养和发现学生思维的创新点。

活,表面上是指教学方法的灵活,实质上意味着改变"以教师为中心",突出学生主体地位和教师主导作用的课堂教学模式,是师生双方经验的共享与精神的感召。如有位教师讲《社戏》时,为了让学生能体会课文中的美,他设计了"社戏探美"活动,让学生自读课文,找出自己认为很美的地方并概括这种美。课堂上同学们都在找美,找相关描写的句子品读分析,并概括了八种美:社戏的景美、情美,看戏朦胧美,偷豆美,农家兄弟情感美,童趣美,行文构思美,意境美,语言美,这些美几乎囊括了全文的所有内容。有很多同学在品读这些东西给人以美感的同时,也说到了修辞、句式与形成这种美感的关系。可见,学生是不是课堂活动的主体,教师有没有给学生提供思考的时间,教师是否根据需要给予不同程度的学生指导,是新时期评价一堂好课的重要标准。

趣,孔子曾说过,"知之者不如好知者,好知者不如乐知者"。兴趣是最好的老师。作为一名教师,如果课堂教学能注重培养学生的学习兴趣,让学生在愉快的气氛中学习,就能调动学生的学习积极性,提高学习效率。如有位教师教读《雷雨》,在谈剧中周朴园怀念鲁侍萍这一问题的看法时,教师有意将学生分成两派进行辩论,正方说虚伪,反方说真实,这个教学活动引起了全班同学的兴趣。于是,双方开始引"书"据"典",各抒己见。在热火朝天的辩论中,学生认识了人性的复杂性,体会到了作品中人物形象的鲜活性、立体感。可见，学生有了学习兴趣，学习就不再是负担，而是一种享受，一种愉快的体验，自然会越学越愿学、越爱学，这样的课无疑就是一堂好课。

北京华师教育研究院副院长、中国特色品牌学校共同体培训专家、资深语文教师梁恕俭认为，正如美学中对"美"的定义莫衷一是一样，一堂好课中"好"的标准也是难以界定的。因为界定的标准太多了，观测的角度太多了，评价的内容太多了，主观的判断太多了，所以，只能是见仁见智，各赋春秋。梁恕俭老师的"一堂好课的十条评价标准"：

**精神面貌**：手握钢枪上战场。评价一堂好课的第一标准就是看师生的**精神面貌**，是精神抖擞还是吊儿郎当，是全神贯注还是心不在焉，是勤学好问还是冷漠懒散，是字正腔圆还是含糊其声，是群情激昂还是七零八乱……这从上课的起立动作中，从问好口号的呼喊中，从上台展演的争抢中，从积极发言的争辩中，都能看出来。好的精神面貌应该是和谐、活跃、民主、高效、务实的，由此营造的课堂气氛能让每个参与者都有见贤思齐的上进心、分秒必争的紧迫感和舍我其谁的表现欲，身处其中都感到振奋、激昂、欢快、充实。这种氛围似乎是玄妙而无从把握的东西，其实它体现在师生交往与活动中间，体现在课堂的物质存在与精神存在中，完全是可以被当事双方与观察者感知的客观存在，是一种可以左右课堂教学活动效能的关键因素。

**知欲望**：追根究底探黄泉。兴趣是最好的老师，关键怎样提高兴趣。概括说来，教师应选择适当的学习内容，设计科学的教学方案，营造宽松的教学环境，采取灵活的教学形式，组织得当的教学过程。内容、形式、过程、环境，都会引发学习兴趣，也可能转移学生的注意力。所以，评价一堂课的第二个标准就是看学生学习的兴趣是否浓郁，看老师的"煽风点火"是否奏效，看课程设计是否能激趣，看合作探究有没有吸引力，看研习收获有没有成就感，看多元互动有没有感召力，看学生的注意力有没有分散转移。如果一堂课，师生均进入状态，物我两忘，两耳不闻窗外事，一心只读圣贤书，那么，这样的课堂一定是最好的。

**教学方式：自主互动求实效**。真正的好课，学生是教师的同僚而不是单纯的执行者，是课堂的主宰而不是作业的奴隶。学生在教师的引导下，积极发挥自身的能动性，借助与同学合作的力量，应用最适合自己的方式，去获取新知锻炼能力，并在不断进取中感受学习的快乐。所以，评价一堂课的第三个标准就是学生是否自主，有没有互动，有没有因人而异体现个性化教学，有没有优势互补倡导合作学习，有没有站在学生的立场上从学的角度去设计问题，有没有关注学生的发展差异并提供阶梯式套餐……如果仅是老师大显神通，将教材讲得淋漓尽致，而学生只是听众观众，那么，这样的课堂不算好课。

**教学效率：张弛有度分劳逸**。综前所述，一堂好课的标准，即学生学习的主动性、多元的互动性、自行获取知识的实践性等等。其实，还可以用一个词来总而言之，那就是有效性。教学效率表现在两个方面：一是全员参与的影响面，二是个体效率的平均值。效率可以有高低，但如果流于形式没有效益或者只是对少数学生有作用，那么这节课都不能算是比较好的课。好课首先是充实的、紧张的、有序的、提高的，不同的学生有不同的事干，都在忙忙活活，还能井然有序。当然，一味地紧张并不可取，一张一弛是文武之道，劳逸结合也是学习的法宝。

**知识容量：科学合理有梯度**。教学内容是课堂教学质量的根本保证，好课堂的教学内容具有如下特征：教师正确理解并根据学生的实际发展水平和特点创造性地使用教材，合理确定重点和难点，精选具有基础性、范例性和综合性的学科知识。内容具有挑战性，能激发学生的学习兴趣和求知欲望，让学生跳一跳摘桃子。重视教学内容的文化内涵，体现科学性、人文性和社会性的融合。关注教学内容的实践性，密切联系社会实际和学生生活实际。完美的课堂还具有生成性——这节课不完全是预先设计好的，而是在课堂中有教师和学生真实的、情感的投入，又有智慧思维的启迪，既有学习资源的生成，又有过程状态的生成，还有创新领悟的生成。

能力训练：立竿见影搞反馈。课堂讨论是课堂教学活动的高潮，是深化认知、发散思维、发展能力、提高觉悟的重要途径，是学生主体作用的生动体现。师生互动、生生互动，把教育、教养、发展三者有机地统一起来，实现了知识与个性、实践与能力、觉悟与品德的和谐发展。但仅有讨论还不够，一堂好课应有适当的训练与检测，让所有的学生都能得到成功的体验，以激发学生学习的内在动机，不断促进和强化不同层次的学生建立学习的自信心和自尊心，特别是要体现出对学困生学习自尊心的保护，真正落实新课标"面向全体学生"的课程理念。经常检测并及时反馈，相当于给学生提供了一面展示自我、认可自我、修正自我的镜子，有了这面镜子就可以温故知新、查漏补缺。

目标达成：当堂检测要灵活。按理说，评价一堂课，本应把教学目标放在前头，却把它列在第七位，因为更看重的是目标的达成和为达成目标而采取的教学措施。评价一堂课，着眼点在课堂，行家却能瞅到备课。备课的首要考虑因素就是教学目标，从"知识和能力""过程和方法""情感态度和价值观"三个方面设计课程目标，才能做到有的放矢，才能避免"放空炮"。设置好教学目标，教师教什么才心中有数，怎样教才心中有路。如果目标不明确或干脆无目标，形如漫无边际地乱教瞎学，势必一团糟。好的课堂，师生对目标都了然于胸，教学指向"直捣黄龙"，教学过程尽量避免旁逸斜出。这样的课堂自然目标明确，思路清晰，提纲挈领，直奔主题。

延展带动：余音绕梁怕下课。"您的每堂语文课，我都很期待，课堂上真的希望时间停滞，特别害怕听到下课铃声。"这是学生恭维老师的一段话，却觉得道出了最佳课堂的真谛，那就是余味悠长、影响深远。期待着上课，意味着视学习为享受；害怕铃声，则说明这样的课堂趣味横生。鉴于此，评价一堂课不仅要看学生在课堂上的表现，还要询问学生的心情体验。好课应是教师巧妙地创设课堂情境，激发学生的学习兴趣，让学生自主探究，乐于训练，每一个学生都有参与的机会和表现的舞台，使每一个学生在参与的过程中体验学习的快乐，获得心智的发展。

师生关系：融洽和谐春满园。教育是探索、是启蒙，而不是宣传和灌输；是平等对话与自由交流，而不是指示和命令；是丰富知识，而不是统一思想；是尊重和信任，而不是消极防范。一堂好课给人的感觉，师生应该都是学习者，都在超越自我教学相长，学生不但能看到教师思维的结果，还能领略整个过程，而且能得到教师智慧的引领和闪光的启迪。老师传授的是"点金术"而不是简单地送金子，学生掌握的是能力而不仅仅是知识。好的课堂注重通过教师与学生间的情感交流形成民主和谐的教学气氛，让各个层次的学生都能获得创造或成功的心理体验，感受生活的乐趣和学习的美好，并借助这种美好憧憬去不懈追求，自觉回馈老师和社会。

课堂情景：胜似联欢喜洋洋。一堂好课必须形成学生的兴趣和持续学习的动力。这就要求：教学过程流畅，知识过渡自然；课堂气氛活跃，"形"散而"神"聚。教师设计的问题要准确，要环环相扣，要能不断启迪学生的思维，让学生真正地"思"起来、"活"起来。但课堂气氛的活跃并不是简单的欢声笑语，更不是肤浅的师生对话，而是教师与学生间心灵的碰撞、情感的沟通，是师生互信、互动的一种美好境界，是师生在共同探究、共同学习中分享快乐的一种情感体验。同时，课堂气氛的活跃还要有"度"，既要学生"动"，又不能让学生"乱"。教师要用一根"线"始终牵引着学生，从而很好地把握课堂的节奏。要体现有效的师生对话，教师要巧妙设疑，留给学生思考的时间和空间，引导学生思考，使其积极参与到学习活动中，并由此激发学生大胆质疑、主动探究的潜能。

## 二、 目前流行的高效课堂

从21世纪初，一些学校针对传统课堂低效的弊端，提出高效课堂概念，并不断探索，衍生众多的高效课堂模式。

（一）山东杜郎口中学的"10＋35"模式

杜郎口中学因"改"而名扬天下，成为当下中国教育最火爆的风景。其实，杜郎口中学的经验也没有多么神秘，就是一句话，"让学生动起来、让课堂活起来、让效果好起来"，而核心是一个"动"字，围绕"动"千方百计地彰显学生学习的"主权"。杜郎口课改的精髓体现在最大限度地把课堂还给学生上，主张能让学生学会的课才是好课，一切以学生的"学"来评价教师的"教"，课堂必须体现出"生命的狂欢"。

杜郎口模式到底有多大的可操作性，它是不是真正具有普适性？《中国教师报》试水课改的"田野研究"，在杜郎口中学挂牌成立了第一个"《中国教师报》全国教师培训基地"，为学习和研究杜郎口课改经验的学校和单位提供针对性服务。以鲜明的"行动研究"特色，秉承"问题即课题"的务实态度，追求课堂理想和理想课堂的建设，全情致力于课堂教育改革"途径与方法"的研究与推广。

杜郎口"10＋35"模式，即教师用10分钟分配学习任务和予以点拨引导，学生用35分钟"自学＋合作＋探究"。

杜郎口模式，呈现出三个特点，即立体式，大容量，快节奏。杜郎口课堂在结构上有三大模块，即预习，展示，反馈。

杜郎口的课堂展示模块突出六个环节，即预习交流，明确目标，分组合作，展示提升，穿插巩固，达标测评。

（二）山东昌乐二中的"271"模式

远在课改之前，昌乐二中就是闻名遐迩的高考名校了！被外界称为"山东省领跑高中"。

重新出发的昌乐二中从研究学生、重视自学开始，从新课改自主、合作、探究的理念里找到出路。

如今，送孩子进昌乐二中上学，早已成为许多家长的一个梦想。在昌乐二中，几乎所有人都不屑于谈论升学率。如果你一定要打破砂锅问到底，那他们会说：高考只是教育的副产品，"高考其实就是考人品，考的是学生的学习能力"。

昌乐二中"271"模式，即课堂45分钟按照2∶7∶1的比例，划分为"10＋30＋5"，要求教师的讲课时间不大于20%，学生自主学习占到70%，剩余的10%用于每堂课的成果测评。

"271"模式还体现在学生的组成划分上：20%是优秀生，70%是中等生，10%是后进生。"271"模式还体现在学习内容上：20%的知识是不用讲学生就能自学会的，70%是通过讨论才能学会的，10%是通过同学之间在课堂上展示，互相回答问题，加上老师的强调、点拨，并通过反复训练才能会的。

每一间教室里都有三个小组，一个是行政组，一个是科研组，一个是学习小组，称为学习动车组。

此模式强调"两案并举"，两案即导学案和训练案。导学案要实施分层要求——分层学习，分层目标，分层达标，分层训练。

（三）山东兖州一中的"循环大课堂"模式

山东兖州一中在师法杜郎口经验的基础上，根据高中教学的特点，渐变形成了"循环大课堂"模式。通过改变课堂结构，一改传统的课后辅导、写作业练习这样的旧制，后段变前段，前置变成了预习，课后变成了课前，"把练习变成预习"，从而创造性地解决了课下低效的难题。

"循环大课堂"模式注重学生课堂上的学习状态，让学生带着"？"进课堂，通过独学（自学）、对学（对子间的合作）、群学（小组间合作探究），形成"！"，然后再通过展示交流把新生成的"？"最终变成"。"。

兖州一中的突出亮点是围绕着课堂改革构建"课改文化"。尤其是注重发挥学生的"自主"和"主体"作用，他们不仅把学习权交给了学生，甚至连学校的管理权也交给了学生。

"循环大课堂"模式把课分为两截,"35+10",即"展示+预习"。其中的"三步六段"是课堂的组织形式,前 35 分钟的课堂展示内容是上节课的后 10 分钟加课下自主预习的成果,而预习的内容正是下节课将要展示的内容。

导学案是"循环大课堂"模式的核心要素,一般要具有以下要素:学习目标、学习任务、重点难点、学法指导。做到"四化":知识问题化,问题层次化,层次梯次化,梯次渐进化。

导学案一般要在难度、内容和形式上设计分为 ABCD 四个级别:A 级为"识记类内容",要求学生在课前时间必须解决;B 级为"理解级",要求学生能把新知识与原有知识和生活挂钩,形成融会贯通的衔接;C 级为"应用类",要求学生学以致用,能解决例题和习题;D 级为"拓展级",要求学生能把知识、经验和社会以及最新科研成果挂钩。

**(四)江苏灌南新知学校的"自学·交流"模式**

校长徐翔认为,仅仅像杜郎口不行。他又发明了新理论,他说新知的学习不光要临帖,还要"入帖"直至"破帖"。

所谓"破帖",当然是破茧成蝶的生成。

于是,特色自主学习模式在新知诞生了。在这套模式里,自主是核心,而托起自主的是学生的自学和交流。然而随着特色自主学习模式的实施,"主体"被唤醒了的学生在学习中发挥出极大的能动作用,这也无形中将教师置于一个尴尬的境地:在新的教学模式中,有个别教师的步子总比学生慢半拍,有意无意地成为学生进一步发展的"障碍",甚至失去了自己的角色,渐渐成为"边缘人"。当然,也有另一种情况,个别教师渐渐跟不上学生学习的节奏,他们的知识半径笼罩不了学生的求知范围。怎么办?徐翔校长说,那就干脆一改到底,再"偏激"一次,完全把学习的权利和课堂时空还给学生——不准教师进课堂。

徐翔校长说,不管是什么教育,只要开始尝试着去遵循本质和规律,那就一定会在路上"遭遇"杜郎口的。

"自学·交流"学习模式，从提前一天将学案发放给学生，新知学校即开始了引导学生自学的过程。把原属于学生的思维权利通过"自学"还给学生，让学生通过"交流"表达自我。

新知学校对学生的自学有三个层次的要求。一是完成学案上老师预设的问题，了解学习文本需要掌握的知识、考查的技能等；二是要对学案中涉及的问题进行质疑，提出自己的问题，对未涉及的问题要进行补充，丰富完善；三是敢于否定书本中既成的事实和结论，并发表自己的见解和结论。

## （五）河北围场天卉中学的"大单元教学"模式

与新知的徐翔校长一样，天卉中学的胡志民校长也是一个主张"学习即临帖"的校长。因为"临帖"的"不走样"，天卉中学的课改很快就显现出了成效，在中考中，不仅一举在全县夺魁，而且有四门主要功课成绩竟然名列全承德市第一。

如今，天卉中学每天都有来自全国各地的老师参观学习，其"临帖"杜郎口而"破帖"形成的"大单元教学"模式，因其更具课程的变革意义，愈发引起教育界的广泛关注，被誉为"当代最先进的课改理念"。

学生这样评价："这种新的课堂，让我感觉学习不再是一件苦差事了。过去怕上课，现在我怕下课。在这种课堂里，不但学到了知识，又锻炼了胆识和表达能力，现在只要放假一天，我就立刻想回学校。"

"天卉文化"最突出的是他们独创的"高效课堂班级文化巡展"。每到周五下午，他们借助各种文艺手段，说学逗唱演，比的正是谁的班级文化更出彩。

"大单元教学"模式具有三大特色：大整合，大迁移，大贯通。其具体表现形式是"三型、六步、一论坛"。

在"大单元教学"模式中，核心是"展示教育"。"预习展示课"环节，先期让学生达到掌握70%～80%的目标，并在小组内部由组长带领，要求每个成员对自己的学习成果进行展示；"提升展示课"是对小组合作学习成果进行展示，通过教师的追问、质疑，进一步明确学习目标，拓展联系更多的相关内容，让学生能够举一反三，达到提升的目的；"巩固展示课"则是追求知识的再生成，教师要善于利用某些奇思妙想，让有创见的学生展示自己的独到思维见解，通过学生"兵练兵""兵教兵""兵强兵"的过程，达到对知识的再认识和巩固的目的。

"大单元教学"模式立足于"破"，对传统教学中的教材编排、课时安排、学期计划、学年任务等进行重新组合，实现了对教材的整体感知与把握。

**（六）辽宁沈阳立人学校的整体教学系统和"124"模式**

教育绝不可单纯以成绩论英雄，但立人学校在升学成绩上的"不讲理"却在沈阳市成为美谈。这所学校的中考成绩竟然要超出县里平均分273分之多。

立人学校的高升学率来自于一直研究如何让学生学得轻松、学得愉快、学得高效。

立人首先立的是"人"。立人敢于实现"零作业"，是因为他们早就自信课堂上发挥了每一分钟的效能，用不着再"堤内损失堤外补"。

立人的课堂完成了"六个变身"，变教师"讲"为学生"做"，让学生在"做"中思考，主动探究；变教"书"为教"学"，变灌输知识为指导学习方法；变集中精力批改作业为集中精力备课；教师走下讲台参与，学生走上讲台展示；教师下海精选习题，学生上岸探究创新。

中国教育学会初中专业委员会的李锦韬理事长说，立人的课堂处理好了三个度：一是活与实，二是动与静，三是收与放。

整体教学系统和"124"模式，包括整体整合、两案呼应、两型四步三大板块。"整体教学"是"三加工""三导"循环式的教学过程。

一是教师加工知识导图，编制导学案，以图导案；二是教师加工导学案，实施教学，以案导学；三是学生加工学案，理解、应用、归纳总结，形成学习导图，以学导图。

"整体整合"包括整合教材、整体呈现、整体组合、整体包干、整体验收五个方面。

"124"模式，"1"即整合后一节课的教学内容；"2"即自学课和验收课两种课型；"4"即四大教学操作环节：目标明确，指导自学，合作探究，训练验收。

从整合教材、整体呈现、整体组合到整体包干、整体验收，立人学校的整体教学体系，使师生在教与学的过程中享受课堂，从而使课堂走向重生。

### （七）江西武宁宁达中学的"自主式开放型课堂"

类似于"杜郎口旋风"，宁达中学的崛起被媒体称之为"宁达现象"。

宁达到底有什么样的经验？宁达的经验是不是"二手货"？是杜郎口的翻版，还是对杜郎口经验"继承与生成"的持续性发展？

宁达的经验其实就是"把学习的权利还给学生"。

张项理校长说过：教育必须完成进化，既然要课改，就绝不做拖着尾巴的"类人猿"。

他七下杜郎口，和大多数中国名校共同体的校长达成共识：要提高办学质量，就必须在"高效课堂"上做足文章，唯有"课堂"优质，才能真正把学生从应试教育的模式里"解救"出来。

他们提出"把问题学生当成生病的孩子"这样的育人理念，他们想方设法激活每一个孩子，让每一个孩子努力成为学习的主人。

现在只要随意走进宁达中学的任何一间教室，都如同走进了人声鼎沸的"学习超市"。这里几乎就是杜郎口中学的"孪生"课堂。

宁达中学"自主式开放型"课堂在操作上主要包含了四个模块：自学，

交流，反馈，巩固拓展。

课堂划分为三个模块：预习，展示，测评。课堂三模块大致按照时间划分为：15（分钟）＋25（分钟）＋5（分钟）。

以学习小组为基本合作单位，每间教室分为 9 个小组。每个小组依据好、较好、一般三个层次组合，每组 6 到 8 人，设立小组长和副组长两名。

预习课围绕的学习目标叫"课堂指南"，"课堂指南"主要由五部分构成：一是学习目标，二是重点、难点，三是学习过程，四是当堂测评，五是拓展提升。

（八）河南郑州第 102 中学的"网络环境下的自主课堂"

香港《文汇报》曾以《郑州第 102 中学课改事件调查》为题大篇幅报道了第 102 中学的课堂改革，引起了相关领导的高度关注。

班额过大如何实施课改？崔振喜校长说，找到一种东西取代黑板。这种东西就叫交互式电子白板。

他们巧借地处省会、硬件条件好的优势，把杜郎口模式的"预习展示、调节达标、教学探索"通过电子白板技术呈现出来，从而生成了郑州第 102 中学具有自主特色的"交互白板环境下的高效课堂"。

崔校长介绍说，这种交互式电子白板，充分发挥了计算机、投影、音响、实物展台和校园网络等多媒体设备的功能，推进了新课程理念下新的课堂模式，师生的交互合作成为一种常态和现实。人机互动、师生互动、远程互动成为现实。

"网络环境下的自主课堂"模式由预习、展示、调节、达标四个环节组成。

学生们把预习好的导学案及课堂展示的内容课前上传，板书、展示、表演、提升，上课时不用忙着记笔记和在黑板上临时书写，挤出的大量时间可以用于师生之间、同学之间的交流互动。借助白板的快捷、方便，展示过程可以十分紧凑、高效，而且交互式电子白板还有储存、记忆功能，自由调用，学生巩固和反馈也变得十分方便快捷。

每个班级的电子白板还依托网络充分联通，"班班通"，每一节课后，包括老师的课件，学生的解答过程、修改过程，教师的讲解、圈注等都可以储存下来，自动上传至校园网络，供全体师生调阅、反馈、总结、互动。

网络环境下的课堂主要依托交互式电子白板，推进新课程理念下新的课堂模式，使师生的交互合作成为一种常态，使人机互动、师生互动、远程互动成为现实。

（九）安徽铜陵铜都双语学校的"五环大课堂"

校长盛国有给改革确立了16个字：立足校本，自主构建，经营课堂，内涵发展。而在具体的行动研究中，他们以转变教师的教学方式和学生的学习方式为突破口，构建并完善了一系列应对新课程背景、符合现代有效教学理念的校本科研体系，"三模五环六度"高效课堂模式因此诞生。

原创性、前瞻性、本土化的教学模式一经问世，旋即引发了巨大的效应。有人说，他们是安徽大地上的又一处"小岗"。如今的铜都双语学校已经因其课改而成为全国名校，每天前来参观学习的人络绎不绝，人们评价说，铜都双语学校的课改破解了民办学校"教师流动性大"的难题，变"留人才"为"造人才"，使学校具有了师资自主再生能力；突破了民办学校"生源基础差"的瓶颈，变"选学生"为"育英才"，使学校具有了"促进每一位学生成功"的核心教育能力。

"五环大课堂"，建构"三模五环六度"课堂运行机制，其中"自学指导""互动策略""展示方案"三大课堂核心元素的设计，将自主、合作、探究的课改理念化为高效课堂的实际生产力；自研课、展示课、训练课、培辅课、反思课等五种课型架构成"五环大课堂"。

"三模五环六度"模式在操作上，"结构"和"方法"是两大原点。

"三模"是指定向导学、互动展示、当堂反馈三大导学模块；"五环"是指导学流程中要经历自研自探——合作探究——展示提升——质疑评价——总结归纳五大环节;"六度"是要求教师导学设计及课堂操作过程中要重视学习目标的准确度、自学指导的明晰度、合作学习的有效度、展示提升的精彩度、拓展延伸的合适度、当堂反馈的有效度。

(十)山东平邑一中的"学案导学"

"学案导学"以学生学会学习、学会创新为宗旨,打破过去只以教案教学的常规,以学案为载体,通过"先学后教,问题教学,导学导练,当堂达标",让学生直接参与、亲身体验和感悟知识形成的过程,探索发现问题、解决问题、形成结论、创新知识程序和方式方法。在整个教学过程中,教师不是"授人以鱼",而是"授人以渔";不是奉送真理,而是教学生发现真理。他们的做法划清了传统教育与现代教育的界限,对于培养学生的创新精神和创新能力具有重要意义。

山东平邑一中"学案导学"是以"学案"为载体,以"导学"为方法,以教师的指导为主导,以学生的自主学习为主体,达到生生、师生共同合作完成教学任务的一种教学模式。通过学生的自主学习,培养学生的自学能力,提高教学效益,让学生真正学会学习,成为学习的主人。

学案导学的一般过程:

教师编"学案"。教师对学案的设计,应从教材的编排原则和知识系统出发,对课程标准(大纲)、教材和教参资料以及自己所教学生的认知能力和认识水平等进行认真的分析研究,合理处理教材,尽量做到学案的设计重点突出,难点分散,达到启发和开拓学生思维、增强学生学习能力的目的。

学生自学教材。完成学案中的有关问题是学案导学的核心部分。它要求教师将预先编写好的学案,在课前发给学生,让学生明确学习目标,带着问题对课文进行预习。同时,教师在学生自学过程中应进行适当辅导。

讨论交流。在学生自学的基础上,教师应组织学生讨论学案中的有关问题,对教学中的重点、难点问题应引导学生展开讨论交流,达成共识。

而学生在讨论中不能解决或存在的共性问题，教师应及时汇总，以便在精讲释疑时帮助学生解决。

精讲释疑。精讲释疑就是在学生自学、讨论交流的基础上，教师根据教学重点、难点及学生在自学交流过程中遇到的问题，进行重点讲解。

练习巩固。练习的设计应紧扣本节课的教学内容和能力培养目标及学生的认知水平。练习题要求学生当堂完成，让学生通过练习既能消化、巩固知识，又能为教师提供直接的反馈。教师对练习中出现的问题应及时发现，给予指正，做出正确的评价。

"学案"可分为：学习目标、诊断补偿、学习导航、知识小结、当堂达标测试五个环节。

学习目标：目标的制订要树立"一切为了学生发展"的新理念，针对本节的课程标准，制定符合学生实际的学习目标。目标的制定要明确，具有可检测性，并与本节当堂达标题相对应。

诊断补偿：首先设置的题目重在诊断和新知有联系的旧知学生掌握的情况，目的是发现问题后进行补偿教学，为新知的学习扫清障碍；其次有利于导入新课，激发学生的学习兴趣。

学习导航：学案设计思路：树立"先学后教"理念，学案要以"学"为中心去预设。主要解决学什么、怎样学的问题。教师在设计本部分内容时，要用学生的眼光看教材，用学生的认识经验去感知教材，用学生的思维去研究教材，充分考虑学生自学过程中可能遇到的思维问题。给学生充分的学习时间，每个知识点学完后，要配以适当的题目进行训练，使学生理解和掌握所学知识。

知识总结：当堂形成知识网络，及时复习，力避遗忘。最好是学生自我总结。

达标测试：紧扣本节课的学习目标，选择能覆盖本节课所学内容的题目；对学生进行达标测试，以查看本节课学生的学习效果，并针对学生反馈情况及时进行补偿教学；难度不可太大，以考查知识的掌握及运用为主。

评价：课堂教学是实施素质教育、培养学生创新能力的主渠道。如何在课堂教学中突出学生的主体地位，体现学生主体参与意识和自主发展的教学目标，培育学生的实践能力和创新精神，打牢创新性人才成长的基础，是当前教育界普遍关注的一个重要课题。

山东平邑一中自1996年起在全校开展"自主探究学案导学"实验，取得了丰硕成果，为解决上述课题提供了成功的范例。学校以学案教案为载体，强化学生的自学行为，充分发挥学生的主体作用，通过引发、诱导、启迪、导学、导练，把学生由听众席推向表演舞台；让学生在动眼看、动脑思、动耳听、动口说、动手做的过程中，参与知识获取的创新过程，自我领悟知识的内涵，从而牢牢地掌握知识，学会学习，学会创新。山东省教育厅党组书记、厅长、博士生导师齐涛教授在全国第二届创新教育学术研讨会上，对平邑一中的课题研究成果评价：平邑一中在广泛学习中外现代教学理论的基础上，密切结合本校教学实际，创新性地构建了"自主探究，学案导学"课堂教学模式……使用学案改革教案，变以教师为中心为以学生为中心，变重知识传授为重能力发展，学案导学教学模式是对传统教学方式的一次本质意义的革命。它以学生的自学信息反馈为依据，以师生活动为载体，以发现问题、自我探究为主线，以学生的多种能力的养成为目标，注重对学生进行学法指导和学习策略教育，有效地弘扬了学生的主体性，体现了现代教育的特征。

在此基础上，全国各地掀起了学习和探究高效课堂的热潮，也衍生出多种高效课堂模式，如卓同教育的"学·讲·练·悟"高效课堂模式，仁沙学校的"五学法"高效课堂模式，邵刚中学"三步四查"高效课堂模式等。

所谓高效课堂，就是高效型课堂或高效性课堂的简称，顾名思义是指教育教学效率或效果能够有相当高的目标达成的课堂，具体而言是指在有效课堂的基础上、完成教学任务和达成教学目标的效率较高、效果较好并且取得教育教学的较高影响力和社会效益的课堂。高效课堂是有效课堂的最高境界，高效课堂基于高效教学。

高效课堂之高效，一是效率的最大化。也就是在单位时间内学生的受益量。主要表现在课堂容量，课内外学业负担等。二是效益的最优化。也就是学生受教育教学影响的积极程度。主要表现在兴趣培养、习惯养成、学习能力、思维能力与品质等诸多方面。纵观各种高效课堂模式，他们共同的特点是克服了传统课堂以教师讲授为主的单调状况，充分体现了新课改"自主·合作·探究"精神，落实了教师主导、学生主体地位，学生学习积极性大大增强，在自主学习、合作探究、展示提升、质疑升华中提升了主体意识，锻炼了多种能力，提高了学习效率。

当然，各种高效课堂模式在实践中也暴露出一系列问题，如模式的僵化，教学进度缓慢，问题探讨难以深入，形式化严重，教师教学个性泯灭等，高效课堂模式还需要不断改进。

## 三、方兴未艾的翻转课堂

目前，国内不少学校正在学习和运用翻转课堂教学模式。所谓翻转课堂，就是教师创建视频，学生在家中或课外观看视频中教师的讲解，回到课堂上师生面对面交流和完成作业的这样一种教学形态。2000 年，美国 Maureen J. Lage，Glenn Platt 和 Michael Treglia 在论文 "Inverting the Classroom：A Gateway to Creating an Inclusive Learning Environment" 中介绍了他们在美国迈阿密大学教授 "经济学入门" 时采用 "翻转教学" 的模式，以及取得的成绩。但是他们并没有提出 "翻转课堂式" 或 "翻转教学" 的名词。2000 年，J. Wesley Baker 在第 11 届大学教学国际会议上发表了论文 "The 'Classroom Flip'：Using Webcourse Management Tools to Become the Guide by the Side"。

### （一）翻转课堂的起源

在美国科罗拉多州落基山的一个山区学校——林地公园高中，教师们常常被一个问题所困扰：有些学生由于各种原因，时常错过正常的学校活动，且学生将过多的时间花费在往返学校的巴士上。这样导致很多学生由于缺课而跟不上学习进度。直到有一天，情况发生了变化。2007年春天，学校的化学教师乔·伯格曼（Jon Bergmann）和亚伦·萨姆斯（Aaron Sams）开始使用屏幕捕捉软件录制 PowerPoint 演示文稿的播放和讲解声音，他们把结合实时讲解和 PPT 演示的视频上传到网络，以此帮助课堂缺席的学生补课，而那时 YouTube 才刚刚开始。

更具开创性的是，两位教师逐渐以学生在家看视频听讲解为基础，节省出课堂时间来为在完成作业或做实验过程中有困难的学生提供帮助。不久，这些在线教学视频被更多的学生接受并广泛传播开来。由于很多学生在每天18时至22时之间下载教学视频，以至于学校的视频服务器在这个时段经常崩溃。"翻转课堂已经改变了我们的教学实践。我们再也不会在学生面前花费30～60分钟来讲解。我们可能永远不会回到传统的教学方式了。"这对搭档对此深有感触。

两位教师的实践引起越来越多的人的关注，以至于经常受到邀请向同行介绍这种教学模式。他们的讲座已经遍布北美，逐渐有更多的教师开始利用在线视频在课外教授学生，回到课堂时间则进行协作学习和概念掌握的练习。

传统课堂与翻转课堂的区别

|  | 传统课堂 | 翻转课堂 |
| :---: | :---: | :---: |
| 教　师 | 知识传授者、课堂管理者 | 学习指导者、促进者 |
| 学　生 | 被动接受者 | 主动研究者 |
| 教学形式 | 课堂讲解＋课后作业 | 课前学习＋课堂研究 |
| 课堂内容 | 知识讲解传授 | 问题研究 |
| 技术应用 | 内容展示 | 自主学习、交流反思、协作讨论工具 |
| 评价方式 | 传统纸质测试 | 多角度、多方式 |

## (二）翻转课堂流程及特点

翻转课堂流程：课程开发——E学习——课堂活动——学习检测。

其中课程开发，即教师根据教学内容开发微课程，可以是视频、文档，也可以是PPT＋音频等，载体：网络、DVD、U盘、电子书包、平板电脑等。

E学习，即学生学习先行，课前、课始观看、阅读、听讲老师开发的微课程。

课堂活动，师生进行学习交流、讨论，完成作业，进行个性化指导，形成新知认知结构等。

学习检测，通过当堂练习，或考试进行评价，针对问题再进行集体辅导与个性化指导。

翻转课堂力求通过教师发展促进学生发展，其主要特点包括：

第一，教学视频短小精悍。不论是萨尔曼·汗的数学辅导视频，还是乔·伯格曼和亚伦·萨姆斯所做的化学学科教学视频，一个共同的特点就是短小精悍。大多数的视频都只有几分钟的时间，比较长的视频也只有十几分钟。每一个视频都针对一个特定的问题，有较强的针对性，查找起来也比较方便；视频的长度控制在学生注意力能比较集中的时间范围内，符合学生身心发展特征；通过网络发布的视频，具有暂停、回放等多种功能，可以自我控制，有利于学生的自主学习。

第二，教学信息清晰明确。萨尔曼·汗的教学视频有一个显著的特点，就是在视频中唯一能够看到的就是他的手，不断地书写一些数学的符号，并缓慢地填满整个屏幕。除此之外，就是配合书写进行讲解的画外音。用萨尔曼·汗自己的话语来说："这种方式似乎并不像我站在讲台上为你讲课，它让人感到贴心，就像我们同坐在一张桌子面前，一起学习，并把内容写在一张纸上。"这是翻转课堂的教学视频与传统的教学录像的不同之处。视频中出现的教师的头像，以及教室里的各种物品摆设，都会分散学生的注意力,特别是在学生自主学习的情况下。

第三,重新建构学习流程。通常情况下,学生的学习过程由两个阶段组成:第一阶段是"信息传递",是通过教师和学生、学生和学生之间的互动来实现的;第二个阶段是"吸收内化",是在课后由学生自己来完成的。由于缺少教师的支持和同伴的帮助,"吸收内化"阶段常常会让学生感到挫败,丧失学习的动机和成就感。"翻转课堂"对学生的学习过程进行了重构。"信息传递"是学生在课前进行的,老师不仅提供了视频,还可以提供在线的辅导;"吸收内化"是在课堂上通过互动来完成的,教师能够提前了解学生的学习困难,在课堂上给予有效的辅导,同学之间的相互交流更有助于促进学生知识的吸收内化过程。

第四,学习检测方便快捷。学生观看了教学视频之后,是否理解了学习的内容,视频后面紧跟着的四到五个小问题,可以帮助学生及时进行检测,并对自己的学习情况做出判断。如果发现几个问题回答得不好,学生可以回过头来再看一遍,仔细思考哪些方面出了问题。学生对问题的回答情况,能够及时地通过云平台进行汇总处理,帮助教师了解学生的学习状况。教学视频另外一个优点,就是便于学生一段时间学习之后的复习和巩固。评价技术的跟进,使得学生学习的相关环节能够得到实证性的资料,有利于教师真正了解学生。

### (三)翻转课堂教学模式的优势

第一,"翻转"让学生自己掌控学习。翻转课堂后,利用教学视频,学生能根据自身情况来安排和控制自己的学习。学生在课外或回家看教师的视频讲解,完全可以在轻松的氛围中进行;而不必像在课堂上教师集体教学那样紧绷神经,担心遗漏什么,或因为分心而跟不上教学节奏。学生观看视频的节奏快慢全在自己掌握,懂了的快进跳过,没懂的倒退反复观看,也可停下来仔细思考或笔记,甚至还可以通过聊天软件向老师和同伴寻求帮助。

第二,"翻转"增加了学习中的互动。翻转课堂最大的好处就是全面提升了课堂的互动,具体表现在教师和学生之间以及学生与学生之间。

由于教师的角色已经从内容的呈现者转变为学习的教练,这让教师有时间与学生交谈,回答学生的问题,参与到学习小组,对每个学生的学习进行个别指导。当学生在完成作业时,教师会注意到部分学生为相同的问题所困扰,于是就组织这部分学生成立辅导小组,往往会为这类有相同疑问的学生举行小型讲座。小型讲座的美妙之处是当学生遇到难题准备请教时,教师能及时地给予指导。

第三,"翻转"让教师与家长的交流更深入。翻转课堂改变了教师与家长交流的内容。多年以来,在家长会上,父母问得最多的是自己孩子在课堂上的表现,比如:安静地听讲,行为恭敬,举手回答问题,不打扰其他同学等等。这些看起来是学习好的特征,教师回答起来却很纠结。在翻转课堂出现后,课堂上这些问题不再是重要的问题。现在真正的问题是:孩子们是否在学习?如果他们不学习,教师能做些什么来帮助他们学习呢?这些更深刻的问题会带领教师与家长商量:如何把学生带到一个环境,帮助他们成为更好的学习者。

中国教育学会会长钟秉林教授在《"翻转课堂"颠覆了什么?》(《中国教育学刊》2016年第三期)一文中写道:

"翻转课堂"的概念源自于21世纪初的美国,后来在美国的一些高中进行了实践尝试,并逐渐形成一种教学模式。我国的中小学也在结合国情和校情进行积极的探索,并冠之以"开放课堂""高效课堂""先学后教"等不同的名称。"翻转课堂"到底翻转在哪里,颠覆了什么?这是探索这一教学模式的重要前提。

一是学习过程与学习方式的颠覆。"翻转课堂"教学模式的发展正在颠覆着传统的学习过程和学习方式。学生的学习过程包括知识传输和知识内化两个阶段。传统的知识传输过程在课堂上完成,通过以教师为中心的课堂讲授等方式来实现;知识内化过程则一般在课后完成。"翻转课堂"则借助信息技术手段,将学习过程的两个阶段进行翻转:知识的传输从课堂上迁移到课外,通过学生课前个性化的自学来实现;知识的内化则从课后转移到课堂,在教师引导下通过合作探究、练习巩固、反思总结、自主纠错等方式来实现。显然,这种教学模式可以更加有效地激发学生的学习主动性,促进学生自主学习和合作学习,有利于教学效率的提高和教学效果的改善。

二是教育教学观念的颠覆。"翻转课堂"教学模式的发展正在颠覆着传统教学观念。要遵循教育教学规律和人才成长规律,践行"因材施教"的教育理念,突破传统"千校一面""万人一面"培养模式的禁锢,重视研究学生的差异性,尊重学生的选择权,鼓励学生兴趣特长的发展,不断深化人才培养模式的改革;要在教学活动中坚持以学生学习为中心的现代教学观,摈弃以教师、教材和课堂为中心的陈旧教学观,探索先进的教学方式和学习方式,鼓励学生自主学习与合作学习,不断提高教学效率,改善学习效果。

三是教师角色与课堂教学模式的颠覆。"翻转课堂"教学模式的发展使学校教师的角色发生根本转变,正在颠覆着传统的课题教学模式乃至教室布局。教师正在从知识的传授者和课堂教学活动的组织者,转变为学生学习伙伴和学习活动的引导者,在师生学习共同体中通过师生互动以及与学生合作来实现教学目标;探索探究式学习、讨论式教学和合作式学习,推进课堂教学模式与学习方式的改革;要对"翻转课堂"进行本土化设计和校本化探索,在有效调控学生已有知识、优化知识组织方式、科学设计和组织学习过程、激励学生自主学习热情和活跃课堂气氛等方面大胆尝试,提高学生自主学习能力,实现多样化和个性化培养;要调整以教师课堂讲授为中心的教室布局,构建有利于教师对学习活动进行协调与引导、有利于学生之间谈论与合作的学习小组式的教室布局,为创建群体教学与个别教学相结合、分组学习与个体学习相结合的教学与学习方式创造条件。

四是教学组织形式与管理机制的颠覆。"翻转课堂"教学模式的发展对学校的教学组织形式、教学管理和学生管理体制带来了冲击。要加强系统研究和顶层设计，协调推进人才培养体制改革，探索教学组织的优化和教学管理体制与学生管理机制的创新；要完善学校内部教育教学质量监控和保障体系，优化学生学习效果评价标准，建立学习效果跟踪和评价机制，强化评估结果反馈和改进工作机制。

### 四、值得追求的精致课堂

笔者认为的精致课堂，不是一种教学模式，而是一种教学理念，一种教学方式，一种教学手段。因为，任何一种模式一旦定性，它就必然走向僵化。比如高效课堂，把一节课40分（或45分钟）机械地分成10＋20＋10，15＋25＋5或35＋10几个时段，学科不同，每节课的教学内容不同，课型（如新授课、复习课、讲评课）不同，如果都按这样的时间模式去操作，必然是东施效颦，顾此失彼。比如把一节课机械地分成自学、群学、展示、质疑、点拨、练习等几个环节，师生为了完成这几个环节，教学必然出现走形式，热闹但不深入的现象。比如翻转课堂，注重课前、课后的线上学习，没有现场感，缺少情景，包括语文在内的人文学科就很难有较好的效果；缺少了导学案的运用，学生知识的掌握，能力的提升就难以落实。

因此，笔者认为的精致课堂应该包括以下几个方面：

#### （一）教学理念的多元化

笔者认为的精致课堂，是一种全面为学生教学服务的高品质教育，是与素质教育一脉相承的教育理念，是对教育卓越品质的追求，是关注差异、关注过程、关注细节、关注个体生命成长需要的一种原则与态度。精致课堂强调的是通过提供优质的教育质量和教学服务，追求更为美好的教育发展过程和结果。

精致课堂应是师生互动、心灵对话的平台；精致课堂应是师生共同创造奇迹、唤醒各自沉睡潜能的空间；精致课堂不是提前预设而是随时生成的课堂。

精致课堂应该是学生学习的场所，是学生生命成长的原野。因此，在教学中，教师要根据教学实际，运用自己的智慧和创造力，创设必要的情境，把课堂营造成生动活泼的学习乐园，让学生在愉快的学习环境中自然、有序地学习和操练，并给学生提供操作实践的机会，让学生在特定的环境中进行实践体验，使他们在活动中感悟道理，体验情感，规范行为，体验成功的快乐。

**精致课堂**是师生平等交流、互动生成、智慧碰撞、情趣横生、心灵融合、共同发展的课堂。具体地表现为：

**精致课堂**，是充满人文情怀的课堂。在课堂中教师能关注学生的生活世界，打开书本世界与学生生活世界之间的大门；关注学生的生命价值，给学生以主动探索、自主学习的时空；关注学生的生存方式，构建民主平等合作的师生关系；关注学生的心理需要，创设对学生有挑战意义的问题与情境；关注学生独有的文化，增强师生之间以及生生之间的多维有效的互动；关注学生的个体特征，实施个别化的差异教学。理想课堂以学生的发展为本，呵护自尊，培育自信，激励自强。

**精致课堂**，是闪耀智慧光芒的课堂。在课堂中教师能创造性地运用教材与其他课程资源，使教学内容生活化、问题化、活动化、情趣化；依靠知识本身内在的魅力或者创设童趣化的课堂情景诱发学生的学习热情；巧妙地引导学生发现问题，提出问题；组织学生自主探究问题，解决问题；开展合作学习；灵活地处置好生成性教学资源；实施发展性的教学评价。精致课堂能唤醒沉睡的潜能，激活封存的记忆，开启幽闭的心智，放飞囚禁的情愫。

**精致课堂**，是洋溢成长气息的课堂。在课堂中学生受教师的启发与鼓励，满怀兴趣和探究热情，主动地参与智慧性、挑战性的学习活动，通过调动自己的知识、经验和创造力，将外在的知识进行选择、重组，以个性化方式纳入自己的认知结构,并从中获得丰富的情感体验,使个性不断发展。与此同时,教师也通过自己的生命实践活动——教学,使自我价值不断得以实现,并在实践与反思中不断提高自己的教学水平和教学质量,从而使教学过程真正成为教与学相长的过程。

### (二) 教学模式的多元化

精致课堂应该是吸收传统课堂的优点,结合高效课堂元素,运用翻转课堂原理的生成课堂。

对传统课堂,我们不能一概否定。传统课堂教学注重传授系统的科学知识,有助于学生在短时间内形成知识结构与体系。传统课程教学是以"传递——接受"为特征,强调教师的主导作用,教师能充分驾驭课堂,有助于学生思维的集中。提倡班级授课制,便于教师组织、监控整个教学活动进程,扩大了单位教师的教学能量,有助于提高教学效率,而且使全体学生共同进步;便于师生的情感交流,能充分考虑情感因素在学习中的重要作用,有利于学生语言表达、意志品质、情感目标的培养;以"课"为教学活动单元,能保证学习活动循序渐进,并使学生获得系统的科学知识,扎实而又完整;固定的班级人数和统一的时间单位,有利于学校合理安排各科教学的内容和进度并加强教学管理,从而赢得教学的高速度;在班集体中学习,学生彼此之间由于共同目的和共同活动集结在一起,可以互相观摩、启发、切磋、砥砺;学生可与教师及同学进行多向交流,互相影响,从而增加信息来源或教育影响源;它在实现教学任务上比较全面,从而有利于学生多方面的发展。它不仅能比较全面地保证学生获得系统的知识、技能和技巧,同时也能保证对学生经常的思想政治影响,启发学生思维、想象能力及学习热情等。传统课堂的这些优点,我们要根据精致课堂教学的需要加以选择性继承和灵活运用。

高效课堂的优点非常突出,许多方面值得学习和借鉴。高效课堂在知识、技能、过程、方法与情感、态度、价值观"三维目标"的协调发展上有较高的达成度；课前准备、教学实施、教学评价等环节安排较为合理、科学；教师在规范培训之后，教学流程的操作较为简单；在高效课堂上，学生思维普遍较为活跃，语言表达逐渐流利、有感情，课堂普遍充满激情，学生的精力流失率比传统课堂低；高效课堂对师资水平和学生层次不高的学校较为适用。但高效课堂是自主的课堂，不是自由的课堂；是展示的课堂，不是演戏的课堂；是差异的课堂，不是差生的课堂。尤其不能机械地把课堂时间和环节限定得过死，不唯模式唯元素，充分吸收高效课堂的高效元素，灵活变通运用。

在互联网＋教育时代，我们不能抱残守缺、故步自封，我们要学习翻转课堂模式利用现代信息技术条件改革教学方式的思想，充分利用大数据时代云平台的强大功能，让老师们广泛深入地开发教学资源，让学生利用网络媒体及教学终端设备（平板电脑、电子书包、智能手机等）在线上学习，把学习的自由交给学生，随时与学生在线上保持互动，并可以利用相关技术随时监控学生的学习状态。

教育需要模式，但精致教育切忌模式化，切忌用唯一来替代多样，用刻板来替代灵活。

对于一般学校，首先，应该多方考察、深入思考、充分论证，根据学校实际，组织名优骨干教师构建先进的教学模式，这种模式还必须根据小学、初中、高中学段的不同、学科的不同、课型的不同而衍生出多种样式，然后局部实践，逐步完善，最后在年级乃至全校普遍推广。其次，这种教学模式在经过一定时期（一般在三年左右）的运用后，就要考虑进行教学模式升级，不断提升教学模式内涵，吸纳新的教育理念和教学手段，改进不适应发展的僵化环节。最后，这种教学模式经过一定时期的运用，学校教师专业发展水平有较大提升之后，就要"破模"，鼓励优秀教师自创个人教学风格，自由、灵活运用先进的教学手段和方法。

对于历史名校，或新兴的优质民办学校，学校名优教师比例大，教学教研的水平较高，学生也非常优秀。这样的学校就不要盲目学习和追捧别的学校的高效课堂模式、翻转课堂模式,而应鼓励充分吸收借鉴传统课堂、高效课堂、翻转课堂的优点,结合自身多年成功的教学经验,每位老师的教学风格自成一派,呈现百花齐放的良好发展态势。在新高考制度下普遍实行选课走班制的今天,这样的老师最受学生欢迎,同时,每位学生将受到多位不同教学风格的名师的教诲,其综合素质比一般学校的学生要高得多。

### (三) 教学方式的多元化

精致课堂要求教学方式和手段的多元化,不能僵化地使用一种固定教学模式和方法。应该实施生成性教学策略,鼓励师生自主形成教学目标、确定教学内容,并自主地进行组织、理解、强化和迁移。让每一位教师在教学中构建自己特有的教学特色,形成自己的高水平教学风格。

精致课堂要求教师可以运用以语言文字为传递媒介的教学方法,即讲授法、案例教学法、情景教学法、谈话法、讨论法、读书指导法、练习法、检查法等;也可以灵活运用以实物为媒介的教学方法,具有培养实际技能、操作能力的功能的教学,即演示法、实验法、参观法、实习作业法、课堂讨论法等。

还可以鼓励教师将信息技术手段与该学科课程整合,通过有效的整合建构出一种理想的学习环境,这种环境可以支持真实的情境创设、快速灵活的信息获取、丰富多样的交互方式,培养学生进行创造性的自主发现和自主探索,在此基础上实现一种能充分体现学生主体作用的全新学习方式——例如研究性学习与合作式学习。

精致课堂还可以充分利用高效课堂、翻转课堂的元素,先学后教,先练后讲,先看(教学微视频)后讨论等多种方式。

每位教师要牢记,课堂不是教师表演的舞台,而是师生之间交往、互动的舞台;课堂不是对学生进行简单训练的场所,而是引导学生发展的场所;课堂不只是传授知识的场所,而且更应该是探究知识的场所;课堂不是教师教学行为模式化运作的场所，而是教师教育智慧充分展现的场所。课堂只要达到具有蓬勃的生命活力、持续的内在动力、适度的思维张力、强大的团队合力、快乐的成功魅力、持续的发展潜力这六个维度，就是高效课堂，就是精致课堂。

### 五、 好课的标准是什么

华东师范大学叶澜教授认为，一堂好课没有绝对的标准，但有一些可供参考的基本要求，即可以去努力做到"五实"：扎实、充实、丰实、平实和真实。

#### （一）一堂好课的标准——"五实"：扎实、充实、丰实、平实和真实

一堂好课应该是有意义的课，也就是一堂扎实的课，而不是图热闹的课。在一堂课中，学生的学习首先必须是有意义的。初步的意义是他学到了新的知识，进一步是锻炼了他的能力，往前发展是在这个过程中有良好的、积极的情感体验，产生进一步学习的强烈要求；再进一步发展，是他越来越主动投入到学习中去。这样学习，学生才会学到新的东西。学生上课，"进来前和出去的时候是不是有了变化"，如果没有变化就没有意义。如果课堂一切都顺利，教师讲的东西学生都知道了，那你何必再上这堂课呢？换句话说，有意义的课，它首先应该是一堂扎实的课，不是图热闹的课。

一堂好课应该是有效率的课，也就是充实的课，是有内容的课。有效率表现在两个方面：一是从面上而言，这堂课下来，对全班中的多少学生是有效的，包括好的、中间的、学习困难的；二是效率的高低，有的高一些，有的低一些，但如果没有效率或者只是对少数学生有效率，那么，这节课就不能算是比较好的课。在这个意义上，一堂好课应该是充实的课。整个过程中，大家都有事干，通过教师的教学，学生都发生了一些变化，

整个课堂的容量很大。有效率的课,也就是充实的课,是有内容的课。

一堂好课应该是有生成性的课,也就是丰实的课,内容丰富,多方活跃,给人以启迪。一堂课不应该完全是预先设计好的,在课堂中应有教师和学生情感、智慧、思维和精力的投入,有互动的过程,气氛相当活跃。在这个过程中,既有资源的生成,又有过程状态生成。

一堂好课应该是常态下的课,也就是平实的课。不少教师受公开课、观摩课的影响太深,一旦开课,容易出现的毛病就是准备过度。教师课前很辛苦,学生很兴奋,到了课堂上就拿着准备好的东西来表演,再没有新的东西呈现。当然,课前的准备有利于学生的学习,但课堂有它独特的价值,这个价值就在于它是公共的空间,需要有思维的碰撞及相应的讨论。在这个过程中,师生相互生成许多新的知识。公开课、观摩课更应该是"研讨课"。因此,告诫教师们:"不管是谁在你的教室里,你都要旁若无人,你是为孩子、为学生上课,不是给听课的人听的,要'无他人'。"这样的课称为平实的课,并强调这种课是平时都能上的课,而不是有多人帮着准备才能上的课。要淡化公开课,多上研讨课。不管谁在听课,教师都要做到旁若无人,心中只有学生。

一堂好课应该是真实的课,也就是有缺憾的课。课不可能十全十美,十全十美的课造假的可能性最大。只要是真实的东西就会有缺憾。公开课、观摩课要是上得没一点点问题,这个预设的目标本身就是错误的。这样的预设会给教师增加很多的心理压力,然后做大量的准备,最后的效果往往是出不了"彩"。生活中的课本来就是有待完善的,这样的课称之为真实的课。课应该是一堂有待完善的课,它应该是真实的、不粉饰的、值得反思的,可以重建的课。只要是真实的,就是有缺憾的,有缺憾恰恰是真实的指标。这种课可以称为真实的课。

扎实、充实、丰实、平实和真实这"五实"并不是一个完善的评价标准,但是教师在追求"五实"的过程中提高了专业化水平。说起来好像很容易,真正做起来却很难,但正是在这样的一个追求过程中,教师的专业水平得到提高，心胸才能开阔起来，同时也才能真正享受"教学作为一个创造过程的全部欢乐和智慧的体验"。

（二）评价一堂好课的三个标准：真实的学习过程，科学的学习方式，高超的教学艺术

一堂好课，必须所有学生都经历"真实的学习过程"。急于求成的浮躁心态和功利主义的心理作祟，再加上社会上严重的弄虚作假和形式主义对教师的影响，使我们本应该圣洁无比的教育领地上，出现了一些虚假作秀的课堂教学，尤其在公开教学和举行评优课的时候。这些虚假作秀的课，追求的是虚情假意的表演，危害的是诚信的道德风范和学生真情实感的学习过程，毒害的是孩子们的纯洁心灵和他们的健康成长；最为严重的是使人们产生了对课程改革的怀疑甚至反感，破坏了课程改革的可持续发展！于是，来自课改第一线的最强烈的呼喊之一，就是课堂教学必须追求学生真实的学习过程！真实体现在学生从不懂到懂、不会到会、模糊到清晰、错误到正确、失败到成功的过程之中；体现在教师的循循善诱、真诚帮助、严格要求和规范训练的方法之中；体现在学生不同方法不同过程的交流和不同思想不同观点的怀疑、争论、发散、统一以及自圆其说之中；体现在教师真情实感的批评和表扬之中；体现在学生有充分的时间独立思考、有个性的语言表达和有胆魄的对一切权威的否定之中；体现在教师机敏地捕捉动态生成的教育教学资源，对预设教案的必要调整和舍弃之中……真实的，才是最美的、最精彩的！

一堂好课，教师必须精心设计在班级授课制条件下学生群体的"科学的学习方式"。课堂教学中，学生群体学习方式的"科学性"体现在以下方面：

实事求是。该听讲接受就听讲接受，该观察模仿就观察模仿，该独立思考就独立思考，该探索发现就探索发现，该小组讨论就小组讨论，该大组交流就大组交流，该动手实践就动手实践，该抄写就抄写，该背诵就背诵……该做的不做，是不科学的。

讲究实效。本着对学生综合素质发展、主动发展和可持续发展负责的精神,从班级容量、教学时间、学生基础的实际出发,深入思考各种学习方式的可行性和产生的效应——基础知识的有效获取、认知结构的有效构建、学习和分析解决问题能力的有效提升、创新意识创新精神的有效培育等,而不是短期效应的一味讲授、模仿记忆、机械训练,或形式主义的探究、故弄玄虚的讨论、毫无价值的合作等等。该否定的否定……不该做的做了,这也是不科学的。

任何时期,一堂好课永远离不开教师"高超的教学艺术"。教师高超的教学艺术能使学生学得扎实而又灵活、轻松而又愉快,使学生陶醉于一种艺术享受的课堂教学,留下难以磨灭的美好回忆。

### (三) 教师优质教学的追求

有思想的课。教师应该对教材有自己深刻和独到的见解,对教学有自己独特的思路和设计,简而言之,课应该反映教师自己的思想,反映自己对教育教学的追求,让听课的人耳目一新。

有智慧的课。智慧不是技巧,更不是雕虫小技,有智慧的老师在课堂上才拥有可供发挥能动性的自由度,从而真正做到亲切自然、游刃有余、指点有方、循序渐进、触类旁通,使课堂散发出磁性和魅力,达到以灵性启迪学生悟性,并激发学生产生观念的最高境界。

有文化的课。教师应该有丰厚的文化底蕴,这底蕴来自不懈地阅读、思考、积累和创新,这样才会达到"扬弃"教材,"超越"教材的境界,真正做到用教材教,而不是教教材。当然更高的要求则是教师自己要成为一部书,一部非常生动、丰富和深刻的教科书。

体现新课程理念的课。不管教师原来是多么优秀的教学能手,教学风格是多么的奇特和成熟,都要接受新课程的洗礼,都要自觉地以新课程的理念为导向重建自我、超越自我,每一堂课都应该无一例外地体现和反映新课程的理念。

## 第六章
# 设计精彩活动,深刻体验成长快乐

学校教育活动丰富多彩。从形式来看,有教学活动、课外活动、实践活动;从活动主体来看,有管理者的活动、教师的活动、学生的活动;从内容来看,有课内外进行的德育、智育、体育、美育、劳动技术教育,发展个性特长等各种活动。做精致教育,就必须将学校各类教育活动课程化、规范化、精致化,精心设计精彩的教育教学活动,使之有的放矢,达到最佳的教育效果,让学生深刻感受到成长的快乐。

### 一、处理好学科课程与活动课程的关系

学科课程也叫分科课程,即从各门科学中选取最基本的内容,组成各种不同的学科,分学科安排教学顺序、学时和期限的课程。同时也相应地编写不同学科的教科书作为学科课程内容的基本依据。它的特点是,各学科课程各自有明确的研究对象,有属于自身的研究方法,彼此界限清楚,各自自成一体;以知识的逻辑体系为中心来编排课程;重视学习的理论知识。其缺点是,由于学科各自独立,割裂了各学科之间的联系,学科课程只重视系统学科和学科知识,不注意发挥教育的社会职能与人的发展职能;学科课程注重学科知识,而置能力培养于不顾,使获取知识与培养能力相脱离。

活动课程也称儿童中心课程或经验课程,即以儿童活动为中心来组织

教学过程。这种理论认为，课程应是一系列儿童自己组织的活动，儿童通过活动获得经验，从中培养学习兴趣，学会独立解决问题，锻炼能力。它重视学生的主动性和发展学生的个性，注意学生的动机和兴趣，强调经验，但违背了教学认识规律，排除了人类积累的间接知识的系统学习，暴露了它致命的弱点。

学科课程的优点是它的逻辑性、系统性和简约性，有利于学生学习和巩固知识，同时也便于设计和管理。相对于学科课程而言，活动课程具有以下优点：第一，重视学生的需要与兴趣，尊重学生的主体性，有利于学生学习的主动性、积极性的发挥；第二，强调教材的心理组织，有利于学生在与文化、与科学知识的交互作用的过程中，获得人格的不断发展；第三，强调实践活动，重视学生通过亲身体验获得直接经验，有利于培养学生解决实际问题的能力；第四，重视课程的综合性，主张以社会生活问题来统合各种知识，有利于学生获得对世界的完整认识。

因此，学校在注重学科教学的同时，应该高度重视活动课程的开展，不能因为分数而牺牲学生的身心健康，不能因为安全而禁锢学生涉足大自然，不能因为便于管理而将学生关在教室里，而要让学生真正感受到成长的快乐，让教育者听得见学生成长拔节的声音，看得见学生脸上洋溢的幸福。

## 二、遵循精彩活动课程的设计特点

实践性。活动课程以活动为主要开展形式，以实践学习为主要特征。通过引导学生亲身经历各种实践的学习方式，积极参与各项社会实践活动，在调查、考察、实验、探究、设计、操作、制作、服务等一系列活动中发现和解决问题，积累和丰富经验，自主获取知识，发展实践能力和创新能力，引导学生在实践中学习，在实践中发展。

开放性。活动课程超越了封闭的学科知识体系和单一课堂教学的时空局限，面向学生的整个生活世界，其课程目标和内容具有开放性；综合实践活动强调富有个性的学习活动过程；关注学生在这一过程中获得的丰富多彩的学习体验和个性化的表现，其学习活动方式与活动过程、评价与结果均具有开放性。

自主性。活动课程尊重学生的兴趣、爱好，注重发挥学生的自主性。学生是综合实践活动的主体，它客观要求学生主动参与实践性学习的全过程，在教师的有效指导下自主学习、自主实践、自主反思。指导教师对学生实践学习的全过程进行有针对性的指导，不包揽学生的活动。

生成性。活动课程注重发挥在活动过程中自主建构和动态生成的作用，处理好课程的预设性与生成性之间的关系。一般来说，学生的活动主题、探究的课题或活动项目产生于对生活中现象的观察、问题的分析，随着实践活动的不断展开，学生的认识和体验不断丰富和深化，新的活动目标和活动主题将不断生成，综合实践活动的课程形态随之不断完善。

综合性。综合性是由综合实践活动中学生所面对的完整的生活世界所决定的。学生的生活世界是由个人、社会、自然等彼此交织的基本要素所构成。学生认识和处理自己与自然、社会、自我的关系的过程，也就是促进自身发展的活动过程。因而，学生个性发展不是多门学科知识的杂烩，而是通过对知识的综合运用而不断探究世界与自我的结果。综合实践活动的综合性，要求课程的设计和实施要尊重学生在生活世界中的各种关系及其处理这些关系的已有经验，运用已有知识，通过实践活动来展开。从内容上来说，综合实践活动的主题范围包括了学生与自然、与社会生活、与自我关系等基本问题；无论什么主题，其设计和实施都必须体现个人、社会、自然的内在整合。

### 三、设计精彩的教育活动课程需注意的原则

教育性原则。任何教育教学活动都必须要有目的意义，能让师生在活

动中获得某种体验，得到某种人生启迪。

经验性原则。注重通过经验的获得与重构来学习。

主体性原则。尊重学生的主动精神并以此作为活动课程开展的出发点与目标综合性原则，打破传统教育活动的单调性，以丰富多彩的活动来丰富学生的学习生活。

校本性原则。可以结合不同地区、不同类别学校、不同学段特点设计与开展形式多样的教育活动。

兴趣化原则。所有的教育活动都要体现趣味性，要师生乐于参与，主动参与。

## 四、精心设计精彩的教育活动

学科教学活动。各学科可根据学科特点精心设计并开展系列学科活动，如语文学科可开展演讲比赛、课本剧表演比赛、朗诵比赛、书写比赛、辩论大赛、汉字书写大赛、各类征文比赛，还可开展郊游采风、自办手抄小报、名著读书报告会、成语接龙、文化寻根之旅、奇妙对联欣赏、中外影视欣赏等活动；数学学科可开展数学游艺会、"愉"戏数间、"数"立理想、数学天地、爱上数学、数学迷宫、中外数学家的故事会、趣味数学等活动；英语学科可开展精彩英语角、英语手抄报、英语演讲比赛、中外原版影视欣赏、校园英语广播、英语课本剧表演、英语名曲演唱、校园英语节等活动；物理、化学、生物等学科可以举办理化生学科节、科普知识大赛、理化生学科知识竞赛、学科讨论会，组织学生制作科技模型、观看实验表演、到科技馆现场参观、撰写科学小论文、参加理化生信息技术学科竞赛等；文科类的教育活动就更丰富多彩了。只要用心设计，精心组织，都能激发学生的兴趣，培养学生的特长和综合能力。

德育活动。德育即为思想品德教育，它包括政治教育、思想观点教育和道德品质教育等。在我国它的内涵非常丰富，主要包括爱国主义教育、理想教育、集体主义教育、劳动教育、人道主义与社会公德教育、自觉纪律教育、民主与法制教育、科学世界观和人生观教育，主要培养学生知、情、意、行，可以开展大量的教育活动，如社会实践系列活动，课外、校外系列活动，共青团、少先队系列活动，校会、班会、周会、晨会、时事政策报告会等系列活动。

心理健康教育活动。近年来，由于社会发展带来的种种变化，学校教育受到了冲击和挑战。调查表明，约1/5的儿童青少年都存在着不同程度的心理行为问题，如厌学、逃学、偷窃、说谎、作弊、自私、任性、耐挫力差、攻击、退缩、焦虑、抑郁等外显的和内隐的心理行为问题。这些心理行为问题不但严重地影响着儿童青少年自身的健康发展，而且也给正常的教育教学工作带来巨大的困扰，直接影响学校教育任务的完成与教育目标的实现。因此，非常有必要在学校配备专业心理辅导教师，在教育中开展心理健康教育活动，如通过心理知识讲座、心灵辅导、心理按摩、心理剧场、心理沙龙、心理咨询、心理运动会等多种形式的教育活动，广泛普及心理健康知识，提高学生的心理素质。

艺术活动。艺术教育作为素质教育的一个实施手段，在实现学生的全面发展中起着不可替代的作用。艺术教育如同一把开启人类心智与情感大门的钥匙，在塑造人类超越自我、超越功利、超越自然的崇高精神境界的同时，也孕育着人们真、善、美的追求，所以有人把艺术教育形象地称为培养"全人的教育"。艺术教育不仅可以提高学生的审美观念，而且对提高学生思想道德素质和科学文化素质都有着深远的意义。学校可以设计丰富多彩的艺术教育活动，如举办校园艺术节，开展心连心大合唱比赛、书法摄影大赛、招贴画大赛、表播编学生才艺表演大赛、"民歌、民舞、民乐"大赛、校园"十佳歌手"大赛、校园生活短剧比赛、服装文化创意设计大赛、礼仪表演、歌舞会演、个人才艺展示、朗诵合唱、器乐比赛、学生风采大赛等。

科技创新活动。传播科学思想，倡导科学方法，普及科学知识，举行校园科技节、科技周、科技夏令营等活动。开展科技讲座，看科幻电影，创作科幻画，鼓励学生进行小发明小制作，倡导学生阅读科普图书，撰写科技小论文等。

绿色环保教育活动。学校绿色环保教育的主旨是打造绿色学校，宣传绿色文明和环保知识，学校教育的目的是培养有社会责任感的现代公民。开展绿色环保活动，可以让学生在参与中树立起环保意识、公德意识和爱国意识。可以开展系列活动，如组织学生开展"节约一滴水、节约一粒米、节约一张纸、节约一度电""爱我绿色家园，共建生态文明"等环保活动，争当"绿色小卫士"；开展地方环保状况调查，撰写调查报告；积极开展"绿色生活，你我同行"的主题活动课，学习环保知识，增强生态道德观念，提高生态文明素养。

体育活动。学校体育是指以在校学生为参与主体的体育活动，通过培养学生的体育兴趣、态度、习惯和提升学生的体育知识、能力来增强学生的身体素质，培养学生的道德和意志品质，促进学生的身心健康。学校体育活动主要由以下部分构成：体育教学活动（以体育课为主要形式）；课外体育活动（由学校或学生自行组织，以学生体育锻炼为主要内容）；运动代表队训练和各种形式的体育比赛（如班级赛、校际赛、各类选拔赛，以及参加地区和全国性比赛等）；早操和课间操（前者多由学生个人自由锻炼或学生自由组合锻炼，后者多为有组织的徒手体操活动）；科学的作息和保健措施（旨在保证学生足够的睡眠、休息和锻炼时间，同时要讲究卫生，注意营养，预防疾病发生等）。

安全卫生教育活动。进行安全知识的宣传讲座，开展法律知识竞赛，邀请消防官兵到校开展防灾减灾应急演练活动，举办"珍爱生命，安全第一"的征文活动等。

国内外游学活动。为了开阔学生的视野，历练学生的阅历，增进各种文化的交流与融合，可以利用寒暑假开展国内外的游学活动。如魅力北京行，精彩内蒙游，神奇东方上海观，感受世界屋脊奇异风光，热带之旅海南行等,还可以与相关有资质的中介机构合作,组织到美国、加拿大、英国、法国、德国、新加坡、日本、韩国等发达的资本主义国家进行游学活动。

社会实践活动。扎实认真开展普通高中综合实践活动课程,包括研究性学习、社区服务和社会实践三部分内容。这三部分有着共同的课程目标和任务,但又各有不同的内容和要求。

研究性学习。研究性学习是指学生基于自身兴趣,在教师指导下,从自然、社会和学生自身生活中选择和确定研究专题,主动地获取知识、应用知识、解决问题的学习活动。研究性学习强调学生通过实践,增强探究和创新意识,学习科学研究的方法,发展综合运用知识的能力。学生通过研究性学习活动,形成一种积极的、生动的、自主合作探究的学习方式。研究性学习主要分为课题研究和项目设计两大类。课题研究是以认识和解决某一问题为主要目的,有调查、实验和文献研究等方式;项目设计是以解决一个比较复杂的操作问题为主要目的,包括社会性活动设计、科技项目设计等。

研究性学习的内容既可以由学生自行确定主题或项目,也可以由教师提供选题或项目建议;要结合学生已有的知识基础和生活经验,重视与社会生活实际的联系,引导他们从自然、社会、自我等方面提出感兴趣的问题,进行探究。可以把科技小发明、小制作纳入研究性学习的范围;要注重与现代科学发展的联系,让学生了解一些当代科技发展的最新成就,启迪思维,激发探究热情;要加强与学科课程的联系,包括学科知识的拓展和应用中生成研究性学习的内容,引导学生有效地应用各科知识。

研究性学习作为综合实践活动的重要组成部分,要引导学生经历提出问题、确定主题、制订方案等过程,学习调查研究、实验研究、观察研究、文献研究等科学方法的基本规范和操作要领,养成探究习惯,形成科学的态度和初步的创新精神。可参阅《普通高中研究性学习指南》进行整体规划与实施。

社会实践与社区服务。社会实践与社区服务是指学生在教师的指导下,参与社区和社会实践活动,以获得直接经验、发展实践能力、培养社会服务意识、增强公民责任感为主旨的学习领域。

社会实践与社区服务的内容主要包括以社会调查和考察为主的社会体验性活动、以社会参与为主的实践性活动、以社区服务为主的公益性活动等。其中社会实践还包括学校传统活动如军训、社会生产劳动、参观、社会公益活动等内容;社区服务包括拥军优属、敬老服务、帮贫扶困、环境保护、主题宣传、科普活动、定向服务以及维持交通秩序、支援农忙、扫盲辅导等其他志愿活动。社会实践与社区服务的重点在于通过尽可能多地为学生提供体验和实践的机会,促使他们关心和了解社会,培养他们认识社会、探究社会问题的能力;培养他们的公民意识、参与意识、服务社会的意识、社会责任感和主人翁精神;培养他们善于沟通、乐于合作以及适应环境的能力;促使他们形成关心他人、诚恳助人、乐于奉献的积极态度和情感,养成综合思考问题的习惯和能力;使他们深入了解社会生活和社会环境,增长从事社会活动所需的知识,增强适应现代社会生活的能力。

研究性学习、社区服务、社会实践总的目标是一致的,属于同一个课程领域,但各自的具体目标、内容、实施时间及组织方式等又不尽相同,因此,不能相互替代。学校在具体实施时必须严格按照《普通高中课程方案(实验)》规定设置课程,按照规定的学分开足研究性学习、社区服务、社会实践的课时。学校可根据自身的条件和传统以及当地课程资源情况对三个方面进行整合与规划,还可以有效地整合班团队活动、校传统活动(科技节、体育节、艺术节等)、学生的心理健康教育、环境教育、科技教育、"绿色证书教育"等内容,构成丰富多彩、形式多样的活动内容,开发出个性化的综合实践活动课程。

## 五、 精彩活动评价的科学性

各项精彩的教育活动必须形成系列化、规范化。

系列化。学校的各项教育活动一定要形成系列化，逐渐形成学校特色教育活动，如学校德育十大经典教育活动、学校十大传统文化活动、学校十大艺术科技活动、学校十大风云人物评选活动、十佳班级风采大赛等，可以形成上学年以德育为主开展活动、下学年以教学活动为主、艺术体育科技等活动贯穿全年的传统。

规范化。学校每学年初对全年的活动进行统筹规划，包括每项精彩教育活动开展的目的意义、时间、地点、参与对象、活动范围、组织机构、物资保障、人员安排、过程监督、效果考核等方面。

为确保各项精彩教育活动的有效开展，必须对活动进行科学评价。

激励性原则。指导者对学生的评价要多激励、少批评，多引导、少说教，让学生自觉、自主地完成活动任务。

差异性原则。活动评价要做到因人、因题而异，注意个体的纵向发展，不要用同一尺度对不同学生进行评价。

全面性原则。学生在活动过程中参与的热情、对他人与社会的态度、搜集整理和加工信息的能力、社会调查和社会交往能力、合作精神和协作能力、实验设计和操作能力、语言表述能力以及创新精神，尤其是在原有基础上的发展与提高等等，都应该作为评价的重要内容。

过程性原则。评价活动要贯穿在活动的全过程当中，要对学生在活动中的表现及时做出评价，并作为学生在课程当中总体表现的评价依据。

多元化原则。学生个人、小组以及教师个人、教师集体甚至学生家长、社区代表都要参与到对学生的评价中来。

# 第七章
# 做好衔接教育，确保持续发展能力

伴随着2014年9月3日国务院颁布的新高考政策和教育部出台的高中学业水平考试、综合素质评价、加分项目瘦身与自主招生等变革，引起社会的极大关注，国家对人才选拔模式极大改变，社会对教育改革的要求日益强烈。我们深切感到责任重大，从幼小到小初，小初到初高，再到高考，不能仅就某一年级或某学段割裂式地看待，错误地局部认识教育质量，基础教育应有更多的思考。办让学生终身发展的教育，办让学生有选择的教育是我们教育工作者的追求，基于此，我们必须在衔接教育方面进行有益的探索和大胆的实践。

## 一、衔接教育的意义

基础教育阶段的衔接教育，特指学段之间的衔接，是一种基于教学方法论和教育心理学意义层面的阶段性教育模式。包括幼小衔接、小初衔接、初高衔接。

衔接教育是教育改革和发展的需要。《国家中长期教育改革和发展规划纲要》指出"人才培养体制改革要树立系统培养观念，推进大中小学有机衔接"。《基础教育课程改革纲要》指出："课程改革结构过于强调学科本位、科目过多和缺乏整合的现状，要整体设置九年一贯的课程门类和课时比例，并设置综合课，以适应不同地区和学生发展的需求。"因此，进行中小学学科衔接教育的研究适应了教育改革与发展的需要。

衔接教育是教育教学规律的需要。现行的基础教育被人为地分割成了学前教育、小学、初中、高中四个组成部分，而这四个阶段在学校管理、教学内容、教学方式、教学评价等方面都存在着巨大的差异，致使学生在升入高一学段后由于学科数量增加、教学内容丰富、教学难度加大、教师授课方式变化，在学习、心理、生活等方面出现了很大的不适应。这样必须在各个学段搞好衔接教育，使基础教育保持连续性和系统性，确保学子可持续发展能力。

衔接教育是学校教育现实的需要。基础教育因学段的不同，往往又分成学前教育、小学、初中、高中四个学段，虽有九年义务教育学校、十二年一贯制学校，但在某些区域，四个学段又是独立的几所学校，加之不同学段的教材编写各自独立、版本多样，因此就造成小学、初中、高中教育的割裂和脱节，每年因衔接教育脱节掉队的学生有很多。幼小衔接、小升初衔接、初升高衔接，学生难免会有很多不适应，特别是新初一和新高一的学生，这种情况更加明显。因为每个衔接阶段，相对于原来的学习，科目增加，知识面拓宽，难度提高，就会有很多学生难以适应；还有一些原本成绩不错的学生，因对新的环境和学习方法不适应而掉队。因此，搞好衔接教育对于九年一贯制、十二年一贯制学校教育有现实的需求。

## 二、衔接教育的现状

教育界开始重视衔接教育的价值，不少学校也在衔接教育方面进行了有益的探索，但总的来看，目前衔接教育还存在如下问题：

重视不够，冷热不均。高学段学校，九年一贯制、十二年一贯制学校比较重视衔接教育，低学段学校就不热心衔接教育，认为这与我们学校关系不大，学生毕业了，衔接教育就是高一学段学校的事。即使学校开展衔接教育，由于衔接教育考核难度很大，往往衔接教育的措施不力，难以见效。

机制不活，体系不全。相当多的学校没能建立起幼小衔接、小初衔接或初高衔接教育体系，在教育模式的建立、师资的配备、教材的开发、时间的安排、效果的考核、质量的监控等方面没有系统的建构，缺少可运行的机制和操作的方案，往往是行政命令的多，系统落实的少。

学段割裂，沟通较少。因为学前教育、小学、初中、高中几个学段相对独立，教材、教师、教学地点、教学质量考核等方面割裂，即使是同一所学校，不同学段的教师也很少进行教研交流，师生很难沟通，就造成许多学校的衔接教育流于形式。

整合不够，缺乏教材。基础教育要保持连续性，必须整合小学、初中、高中课程体系，每一位教育工作者都应该熟悉自己教授的那一门学科的知识、能力体系，分解到各学段进行系统培养。然而，现实情况是，教师不愿意学习，学校又缺乏整合的力度，又没有可用的衔接教材。

重知识传授，轻学法指导。许多学校衔接教育存在明显的重知识传授、轻学法指导。我们都知道学前教育、小学、初中、高中的学习方法是不一样的。从方法和思维方式上看，小学、初中的学习大多还是模仿式学习，但是高中强调的是探究、创新与实践，这种学习方法的改变能够体现一个人的学习能力，引导学生从具体形象思维向抽象逻辑思维过渡。

重能力培养，轻心理辅导。相当多的学校也非常重视衔接教育，对学生将要在高一学段要运用到的知识进行弥补和拓展，但对学生可持续发展素质的培养重视不够，这包括对学生的心理辅导。小学到中学，学生的心理发展有着明显的时代特征：成熟冷静与幼稚浮躁，多愁善感与冷漠无情，活泼外向与孤僻内向，自我表现与自我封闭，如果疏于心理辅导，衔接教育也难以成功。

### 三、衔接教育的策略与方法

如果你所在的学校是九年或十二年一贯制学校的话，衔接教育在本校就大有可为。首先对学生九年或十二年的素质教育做整体规划，进行顶层设计，小学以最优质的服务让孩子幸福快乐成长，初中以个性化的培养为学生终身发展奠基；高中以最优异的成绩实现学子人生梦想。如课程分类，学生分层，教师分部，翻转教学，走班上课，社团建设，师生都能找到自己的发展支撑点。特别注重小初高衔接教育，具体做法如下：

#### （一）学校方面

要加强衔接教育研究，做到科学衔接。学校可成立小初高衔接教育工作领导小组，校长任组长，小学部、初中部、高中部三位执行校长任副组长，统筹三部的衔接教育工作。同时，成立学科衔接公关领导小组，学校分管教学的副校长担任组长，学校三部教学质量处主任为副组长，小初高各部各学科的教研组长、备课组长和学科名优教师为成员。学科公关领导小组具体研究衔接教育工作，包括时间安排、课程设置、教材开发与整合、教学方法探讨、教学教研开展、质量监控等；确定重点学科和衔接教育的工作重难点，小学主要学科为：语文、数学，初中重点学科为：语文、数学、英语、物理、化学；高中重点学科为：语文、数学、英语、物理、化学、生物、地理等；制订相关的工作方案和实施的工作流程，严格考核，阶段性工作结束后，实施奖惩。学校可在教研节中，专门设置小初高衔接教研课题，集中名优教师进行专题公关。

要加强质量评价改革，做到有序衔接。要使衔接教育取得理想的效果，学校必须制定相应的教学质量评价体系，否则，不同学段的教师只会完成相应教学大纲要求的教学内容，不会进行拓展和加深。学校可在学科教学质量的评估体系中加入衔接教育考核的内容，学校教师的教学业绩可由三部分构成，其中半期校考占 20%，期末校考占 30%，期末全县（高中全市）统考占 50%，其中小初高期中、期末校考中必须加入衔接教育内容的考核，这样就确保衔接教育落在了实处。同时在学校提倡这样的质量观：小学的教学质量由初中的教师说了算，初中的教学质量由高中教师说了算，高中的教学质量由高考成绩说了算；营造这样的文化氛围：要坐十年冷板凳，办学要看十年后，学校教育是否成功，要看十年、二十年后学生的发展状况。

要加强师资队伍培训，做到高质衔接。衔接教育质量的高低，关键因素在教师。为此，学校要加强师资队伍的校本培训，一方面增强教师对衔接教育重要性的认识，另一方面加强教育教学水平的提升，通过请专家到校培训、校本教研、教材整合与校本教材的开发、赛课与名师论坛等方式，促进教师教学水平的提升。在师资培训中，学校特别强调教学方法的调整，小学教师要了解初中的教学方法，初中教师要知道高中常用的教学方法，在自己的教学中有意识地渗透高段的教学方法；小学教师要了解初中学生的学习方法，初中教师要在自己的教学中渗透高中学生学习的思维方式，这样让衔接教育了无痕迹。

要加强衔接教材开发，做到体系衔接。目前市面上还没有系统的衔接教材，导致教师很难把握和操作。因此，学校在这方面可以做些工作，制订校本教材开发方案，发动小初高各科教师研发校本课程，比如小学可开发《经典诵读》《阅读留下的足迹》等数十种校本教材，初中可开发出《墨韵书香》《国际理解教育》《奥数思维探秘》等数十种校本课程，高中可开发出《作文系列训练》《阅读教学系列》《语文基础知识宝典》等数十种校本教材。学校要组织学科专家认真遴选，把有较高价值的校本教材作为衔接教育的教材使用，突出效果。

要加强知识体系整合，做到规范衔接。现行中小学教材的版本特别多，其中小学教材版本有新人教版、新课标人教版、苏教版、北师大版、浙教版、西师大版、沪教版、湘教版、外研版、牛津上海版、牛津苏教版等；

初中教材版本有人教版、苏教版、鄂教版、鲁教版、北师大版、沪教版、冀教版、浙教版、河大版、京教版、华师大版、湘教版等，高中教材版本以人教版为主。各种版本的编写体例不同，侧重点不同，学校可组织学科带头人按照课程纲要和考试大纲整合相关学科知识，做到有的放矢。同时梳理在高学段需要直接运用而低学段教材又没有涉猎的知识清单，让低学段教师在衔接教育中进行弥补，让学生在知识能力上没有盲区，做到规范衔接。

要开展多种形式教育，做到多元衔接。学校可根据自身实际选择运用多种衔接教育模式，如学制改革衔接教育模式，夏令营、冬令营衔接教育模式，跟班就读衔接教育模式，学段学区融合衔接教育模式。

学制改革衔接教育模式。通过我们的研究实践发现，优秀学生小学五年即可完成六年的课程，初中两年半时间即可完成初中三年的课程，可以节省一年多的时间。同时高中又有一个补习效应，即高中多读一年的学生，高考成绩比只读三年的学生普遍要好得多。基于这样的认识，我们可以对小学实现分层教学，对最优秀的班小学只读五年，第六年开始加入初中的课程，逐渐过渡到初中；对初中最优秀的班实现2.5＋3.3衔接教育模式，即初中两年半上完初中课程，第六期数理化就上高中课程，高中读三年半。

夏令营、冬令营衔接教育模式。在小升初、初升高的时段，对学校被初中、高中预录的学生，利用寒暑假组织冬令营和夏令营，集中10－20天时间开展衔接教育。

跟班就读衔接教育模式。对被学校预录的小学、初中学生，在条件许可的情况下可以在小学六年级下期、初中三年级下期到学校对应班级跟班就读，提前享受衔接教育。

学段学区融合衔接教育模式。学校可将初三年级纳入高中学部管理，离开初中校区，融入高中校区，年级教学区又保持相对独立。在学生的行为管理、教学管理等方面与高中一视同仁，让初三年级同学在思想上、学习上、纪律上、心理上等方面提前进入高中，实现了初高中的完美无缝衔接。

## （二）教师方面

在教学内容上互相渗透，让衔接更加有序。高低学段的教师在吃透教材的基础上，与高段教师互相沟通，在各自的教学内容中对相关知识互相渗透，互相补充，互相拓展，确保学生知识能力的提升。

在教学方法上互相沟通，让衔接更加平稳。高低段的教师要在教学方法上交流，以兴趣为导向，逐步培养学生良好的学习习惯。通过课前预习、课后复习、反思等方式，让学生体会到方法的重要和会学习的功效及乐趣，逐步培养学生良好的学习习惯。

在评价方式上互相借鉴，让衔接更加自然。小学、初中、高中教师的课堂评价是各不相同的，各学段教师加强沟通，互相学习、借鉴评价方式，让学生在不同学段不要产生心理落差。

在情感沟通上互相融洽，让衔接更加和谐。加强师生情感交流，让学生对未来的学习和生活产生向往。在人际关系方面，教师要指导学生排除交往中的害羞、孤僻、自卑、封闭等异常心理，正确估计自己，了解他人，主动与人交往，赢得他人的理解、信任。掌握克服不良心境的方法，保持健康的情绪。

在心理辅导上互相衔接，让衔接更加完美。要依据学生心理成长特点，做到学习心理的衔接。特别注重这一过渡时期学习动机的教育。遵循中学生的心理发展特点，应构建九年或十二年一贯制的学生管理及评价体系，跟踪学生从小学到初中、高中的每个阶段的足迹和进步，做好重要阶段心理状态的衔接，有计划、有步骤、适时、得当地进行心理健康教育，构建学校、家庭、社会三位一体的教育体系。

## （三）学生方面

主动适应，让生存能力变得更强大。来到新的环境，面对新的班集体、新的老师和同学，不同于过去的学习内容和学习方法，以及自我身心的变化，每个同学都有一个适应的过程。在这个过程中，暂时的苦闷、彷徨和茫然都很正常。在这种情况下，学生应尽快调整认知，调整情绪，主动适应新的学习环境，不断提升自己的适应能力。

主动交友，让师生关系变得更融洽。刚刚进入新环境的同学更需要同龄朋友的理解与支持，所以应主动结交新的朋友，敞开心扉与老师交流。这样不仅可以有效减少孤独感，能与老师、同学分享快乐，分担忧愁，还能帮助自己更好进步。

主动认知，让人生态度变得更自信。在新的环境里，只有为自己准确定位，才能制订适合自己的目标和计划，才能形成前进的动力。要做到这一点，首先要学会认识自己，既了解这个年龄所具有的普遍心理特征，又要了解自己的个性特征，了解自己的优势和不足，悦纳自己，建立自信，同时又要努力学习，主动学习；其次还要学会客观地认识和评价他人的优点和缺点，宽容他人的不足，学习他人的长处，弥补自己的不足，获得不断进步。

主动学习，让衔接教育变得更轻松。在进入新的学段之前，要及时了解高一学段课程学习的差异，要主动学习，合理安排学习时间，要为自己及早定好目标，计划安排，自主学习、探究学习。要重点培养自己的表达能力、感知能力、记忆能力、思维能力、创新能力，重视感知能力的完整性、细致性、抽象性的培养，更重视逻辑思维能力和创造性思维能力的培养。事实证明，那些成绩优异的同学大多能主动发展自己，都是学习的主人。

主动反思，让未来发展变得更清晰。新生进入青春期突变阶段，自我意识发展较快，同学应善于进行自我反思、自我评价，通过正确的归因分析，不断修正自己的目标，促使自己积极健康地成长。如通过考试反思自己的学习品质、学习方法和习惯，查找问题根源，提出矫正措施，确定达到目标；通过参加活动，对人际交往、组织与协作的能力与技巧进行反思评价，提出努力目标，以积极的自我暗示实现自我发展。

## 四、衔接教育成效及困惑

**成效**：通过衔接教育，可以让学生不再因为学段的提升而迷茫；通过衔接教育，可以让教师的研究能力和教学水平有较大提升；通过衔接教育，可以让学生的学习能力和综合素质有较大提高。

**困惑**：作为一个新的教育课题，教育界还没有完美的解决方案；衔接教育涉及的面太宽，费时费力，收效甚微，难以量化考核；在基础教育相当浮躁的当下，很难凭学校一己之力建立起较为完备的小初高衔接教育体系。

# 第八章
# 打造精美校园，发挥环境育人功能

## 一、高度重视创设精美校园环境的功能

我国古代教育家荀子说："蓬生麻中，不扶自直。"欧洲文艺复兴时期的意大利教育家维多里诺认为："良好的学校环境有助于学生的学习和教师的工作。"创设精美的校园环境，是学校打造精致教育重要的一环，也是学校显性文化建设的重要内容。校园环境包括校容校貌、校园布局、校内景观绿化、各类建筑雕塑、文化设施、环境卫生等，它直接表现出师生所处的文化氛围。创设精美的校园环境就是要在自然环境的建设上充分体现学校的文化特色，创造出一种具有生命灵性、丰厚人文底蕴、和谐幽美高雅的环境。身处这样的环境，给人一种幽雅、宁静的感觉，不仅可以让学生得到美的享受，也可以让学生陶冶情操，净化心灵，使他们形成良好的道德品质。

育人功能。精美的校园环境是一门隐性的课程，它是一本内涵丰富的书、一幅立体可感的画、一首情味绵长的诗、一部值得玩味的德育教材。校园环境对学生教育起着潜移默化的熏陶和启迪的作用，一个布局合理、生机盎然、整洁优美、宁静有序、蓬勃向上、健康和谐的校园环境，对学生的健康成长和发展，必然产生巨大的影响。因此，在学校环境建设中一

定要注重环境的育人功能,让每一处景点能启智、每一块墙面会说话、每一方空间飘出翰墨书香,让校园充满育人气息。优美的校园环境有着春风化雨、润物无声的作用。如诗如画的校园风光,整齐光洁的道路交通,美观科学的教室布置,文明健康的文化教育设施……无不给学生以巨大的精神力量。学生在优美的校园环境中受到感染和熏陶,触景生情,因美生爱,从而培养学生热爱学校,进而热爱家乡、热爱祖国的高尚品德。学生在幽静的环境中学习,感到舒心怡神,从而增强环境保护意识。

审美功能。春来百花竞开,夏至绿树成荫,秋临桂花飘香,冬到蜡梅迎笑。优美的校园绿化能潜移默化培养学生健康向上的审美情趣,让师生在工作和学习生活中感受到生命的激昂和生活的丰富多彩。学校精心设计的每一座建筑、每一处景点、每一个文化雕塑,都成为一种思想的传递,一种文化的表达。精致校园环境总能以无声胜有声的审美效果,熏陶感染着师生,丰富净化着师生的灵魂,在潜移默化中提高师生的审美感受能力、审美想象能力、审美理解能力和审美创造能力。

一流学校靠文化,二流学校靠制度,三流学校靠校长。学校管理者要高度重视学校文化建设,不仅要重视学校多年形成和发展的精神文化,还要重视建筑景观、绿化美化等校园物质文化的打造。

## 二、遵循创设精美校园环境的设计原则

在整体规划学校精美校园时一定要赋予其文化内涵,要融入学校的理念文化(包括办学理念、教育思想、办学目标、培养目标等),要充分挖掘学校的历史文化、办学特色,还可以融入地域文化特色。坚持以人为本,面向未来的设计理念,在深刻挖掘、提炼、整合学校的内在精神、核心理念的基础上,将学校理念体系、制度体系、视觉识别系统、整体和局部的文化营造进行合理的规划设计,确定校园环境文化体系的景观性、标志性、人文性、特色性、和谐性。总之要特色鲜明,文化内涵独特,教育意义丰

富，这样才能形成学校特有文化。现实情况是，不少学校盲目学习、借鉴其他学校校园文化建设经验，在教学楼上刷几条通识性的教育标语，塑几尊粗糙的名人雕像，栽几株高大的树木，培植一些花花草草，就算是优美校园了。

校园的园林景观设计是营造优美、舒适的校园环境的重要组成部分。在不断强调创建和谐生态校园的今天，校园园林景观设计尤其关键，它影响着整个校园的风貌。校园环境形象不同于其他文化性、商业性环境，它承载着人文历史的传承，是学生接受知识的场所，典雅、庄重、朴素、自然应该是其本质特征。不同功能区域的环境可以通过不同的设计手法来处理，诠释对校园精神的理解，从而反映校园的多元性、自由性，兼容并蓄，记载不同时期校园发展的历程。

校园园林景观设计规划更注重内外部空间的交融，强调空间的交往性。校园不仅是传授知识职能的教育场所，也是陶冶性情全面发展的生活环境。校园通过环境的景观化处理使校园在满足感官愉悦的同时，可为校内师生提供娱乐、交流、休闲的场所，达到舒缓压力、疏松心理的作用，具有人文韵味的景观还寓教于乐，这是校园的一种文化潜力。

校园园林景观设计中，最基本的前提是要充分了解校园空间利用者的各种需求，从而决定如何设置相应的绿地空间。所以在精美校园打造上应该有一个合理的规划和构思，要遵守一定的原则。

功能使用的原则。学校主要包括校前区、教学区、生活区、课外活动区等功能区，设计时应根据各功能区的不同特点进行布置，既要满足教学、工作、学习、生活的物质功能，更要满足增进师生交流、激发灵感、创造智慧、提高修养、陶冶情操的精神功能，如校前区是学校对外形象宣传的重要展示区，故设计采用简洁、大方、明快的手法；生活区则采用休闲、亲切的设计手法，创造宜人的空间，设置较多的圆桌、圆凳，为师生的休息、交流提供方便。

以人为本的原则。学校的主体是教师和学生，这就要求充分把握其时间性、群体性的行为规律，如学术报告厅、食堂等人流较多的地方，绿地应多设捷径，园路也适当宽些。空间的组织与划分应依据不同层次需要，组织不同活动空间，各种设施设置、材料的选择、景观的创造要充分考虑师生的心理需求。校园园林绿化首先是要为人服务，让人在繁杂的学习间隙享受到宜人的校园景观环境，身心得到休养；能利用现状地形、配植色块及色叶植物，达到良好的视觉效果和环境效果，营造人性化的空间环境，体现以人为本的校园景观设计思想。

因地制宜的原则。植物是生命体，每种植物都是进化的结果，它在长期的系统发育中形成了适应不同环境的特性，这种特性是很难改变的。景观生态规划是指应用景观生态学原理，以区域景观生态系统整体优化为目标，在景观生态分析、综合和评价的基础上，建立区域景观生态系统优化利用的空间结构和模式。应尊重客观规律，在因地制宜的原则下，合理选配植物种类，避免种间竞争，避免种植不适应本地气候和土壤条件，植物以本地树种为主，适当选用经过多年引种和驯化的外来植物品种。以生态理论做指导，坚持以植物造景为主，尽可能进行乔、灌、草多层次复式绿化，增加单位面积上的绿量，以有利于人与自然的和谐，使其可持续发展。

统一规划的原则。校园景观设计规划要遵循统一规划、合理安排的原则。从整体上确立校园景观的特色是设计的基础，统一规划校园园林景观绿地，无论绿化区域，还是整个图书馆（室）周边，都是整个校园内园林绿化计划的一部分，根据校园园林景观总体绿化的具体情况来安排布局。在统一的基础上有灵活的变化，在调和的基础上有对比的活力，使整个造景富有节奏与韵律，要使用正确的比例尺度，讲究造景的起伏与层次，要有丰富的比拟联想。

突出文化特性。校园景观设计要做到渗透文化，追求艺术。水域孕育了环境和文化，成为园林发展的重要因素。自古以来，环境因水而发展，商贸因水而繁荣，建筑因水而灵秀，园林因水而旷幽。在设计时追求品位的同时，也应该注重人文景观的开发。可以在设计的过程中，充分挖掘校园环境特色和文化内涵，运用雕塑、廊柱、浮雕、标牌等环境小品，结合富有特色的植物来强化校园的文化气息。

突出多样化原则。开放空间多样化包括功能、形式及配置的多样化。功能多样化，如隔离、交通、交往、运动等不同用途；形式多样化，如形状、尺度、色彩、材质、构图等多种变化；配置多样化，如草坪、树林、山、水、建筑等不同设置，有利于满足校园的基本功能（校园开放空间需要交通、集会、运动等多种功能），有利于满足师生不同心理需求，有利于强化教学环境氛围。生机勃勃、丰富多变的校园景观可以激发学生的学习兴趣，强化教育氛围。

强调安全原则。安全是人性化设计中的第一要素。校园园林景观设计的安全性包括两方面的内容：物理环境安全和心理安全。物理环境安全主要体现在校园环境建设要把好质量关，工程质量经得起时间考验，优化建筑结构，提升防震、防火及其他防灾功能，确保师生人身安全。如道路的路面不能过窄，弯度不能很急，坡度不能太陡，增设人行道；不能种植有害花木，起阻隔空间作用的植物可以选择不易接近的植物，供观赏的则应选择对人体不会造成伤害的植物；危险之处应设置护栏等等。

特色性原则。创新校园文化环境建设的途径和方法，丰富校园文化的内容和形式，在传统中挖掘新意，通过新事物来领悟传统文化，用融合的手段来为校园文化注入生机与活力。

继承与发展原则。校园文化建设要坚持继承与发展的原则，精心设计、主题鲜明、内容丰富、形式多样、特色明显，做到硬化、净化、美化，各个场所布置要个性鲜明、具有特点，要使用规范字，体现浓厚的学校文化底蕴和办学特色。

### 三、恪守精美校园环境的创设理念

功能分区。功能分区且使各功能区域之间相互交融、渗透，就必须运用"以人为本"的理念。

校园特色。在规划中传承学校文化、地域特色反映各自学校人文精神和特色的校园环境。

生态环境。在精美校园打造中应充分利用自然条件，保护和构建校园的生态系统。

可持续发展。在精美校园规划时，应充分考虑到未来的发展，使规划结构多样、协调、富有弹性，适应未来变化，满足可持续发展。

整体设计，精心打造。由全校师生共同探讨，由专业文化传播公司专业整体设计，由专业施工队伍精心打造。学部文化、班级文化、寝室文化等由师生自己设计，自己动手制作，定期更换。

在不断强调创建和谐生态校园、文化校园、书香校园的今天，精美校园环境设计尤其关键，它影响着整个校园的风貌和发展，除了应该注重校园设施的功能性以外，关键还是要从校园园林规划设计效果的角度，运用园林景观设计的基本手法，把校园各组分之间进行合理配置，极力打造出一个安静、幽雅、舒适、风景优美的校园。使生活区温馨，运动区热烈，教学区安静，休闲区轻松。

精美校园环境的打造，可以让历史名校深厚的文化底蕴更加彰显，古朴典雅；让新兴学校朝气蓬勃、积极向上、清新自然；精美校园环境的打造可以让人文风景与自然风光相得益彰；让书香气息弥漫校园，让师生气质更加儒雅。

# 第九章
# 开展家校共育,营造健康成长氛围

## 一、家校共育的重要性

苏霍姆林斯基说:"教育的效果取决于学校和家庭影响的一致性。如果没有这种一致性,那么学校教育就会像纸做的房子一样倒塌下来。"做精致教育,就必须既做好学校教育,又要做好家庭教育,让学校教育、家庭教育、社会教育有机结合,形成合力,共同培养全面发展的高素质人才。

孩子的教育分为家庭教育、学校教育、社会教育,其中学校教育是由专业人员承担,在专门的机构,进行目的明确、组织严密、系统完善、计划性强的以影响学生身心发展为直接目标的社会实践活动。家庭教育是在家庭生活中,由家长对其子女实施的教育,即家长有意识地通过自己的言传身教和家庭生活实践,对子女施以一定教育影响的社会活动,也包括生活中家庭成员(包括父母和子女等)之间相互的影响和教育。广义的社会教育指一切社会生活影响于个人身心发展的教育;狭义的社会教育则指学校教育以外的一切文化教育设施对青少年、儿童和成人进行的各种教育活动。其中,社会教育我们难以掌控,家校共育却可以做大量有效的工作,并且取得显著效果。

学校和家庭是孩子接受教育的两个最重要的环境,老师和家长需要在孩子的习惯养成、性格发展、知识学习、潜力发掘等各方面，常沟通、多交流、密切配合，帮助孩子健康发展、快乐成长。家校共育的重要性显而易见：

（一）教育的互补性

学校教育是对学生传授知识、培养能力和塑造人格的主阵地，对孩子的健康成长起主导的作用。在家庭教育中，"父母是孩子的第一任教师"，具有学校教育所不具备的不可替代性，成为学校教育的有效延伸和补充。具体体现在：

在教育目标上：学校教育更侧重从国家、民族和社会出发，向学生提出发展目标，客观上是和个人发展目标统一的，但由于家庭教育最有利于从个人的角度规划学生的发展方向。如果孩子从小在家庭中感受和体验到诸如在学习、品德等方面的个人意义，那么对孩子成长会有极大的促进作用。

在教育内容上：家庭教育更侧重在培养孩子的人格和基本生活技能与态度、社会风俗习惯、私人生活、安身立命等方面。如果家庭教育和学校教育在各自的侧重点上是协调的，那么对孩子的发展大有裨益。

在教育所作用的心理层面上：认知和情感可以说是两个最主要的层面。学校教育在学生认知方面做的工作更多、更为侧重一些，而家庭是最有利于发挥情感教育功能的场所。家长如果重视孩子的情感生活，包括注意培养乐学、爱学的良好学习情绪，疏导孩子在学校生活中产生的消极情绪等，能很好地与学校教育互补协调，对孩子发展十分有利。

在教育角色扮演上：对于老师这一角色，人们已经用了很多圣洁的词汇来赞美，而且许多对老师的赞美来自学生的肺腑之言。我们的孩子在发展中离不开老师，离不开师生情谊；但同样离不开爸爸、妈妈，离不开自己的亲人，离不开骨肉亲情。进一步说，孩子在家里，更需要的是亲人而不是老师。试想如果孩子在学校中有好老师，在家中有好长辈，孩子会有更幸福的感觉!

### (二) 教育的及时性

孩子在生长发育过程中,其心理、生理发展变化快。他们的内心活动特点,往往在日常的行为与言语文字中表露出来。家校之间可以通过及时沟通信息,交流看法,确定教育策略,就可以防患于未然,将孩子的不良因素及时消除;又可以适时发现孩子的闪光点,及时挖掘其积极因素,引导其朝着健康方向发展。

## 二、 中美家庭教育的差异

中国作为东方文化的国家代表,美国作为欧美发达的西方文化的代表,各自在家庭教育方面有较大的差异,主要表现在:传统的中国式家庭教育强调命令与服从,而美国的家庭教育则注重公正和自由。中国家长大都喜欢"塑造"孩子,希望孩子按自己的意愿去发展。他们往往用自己的意愿来干涉孩子们的自然发展,因此很大程度上剥夺了孩子自由选择的权利。美国家庭则更重视孩子们的自主权,让孩子学会在社会允许的条件下自己做决定,独立解决自己所遇到的各种问题。其差异主要表现在以下方面:

### (一) 两种不同的家庭成员关系

中国的家长总是意味着权威,作为统治者在家庭中处于领导核心地位。父母总觉得孩子永远长不大,对孩子的教导会持续到孩子长大以后许多年。另外,在中国人的思想里,"长者恒为师"的观念根深蒂固,在家庭中,年长者一定可以教育年幼者,这就在家庭中形成了一种不平等,长期处于这种环境下,孩子慢慢习惯了在多重规则下生活。然而近年来,许多家庭走向另一个极端,孩子成了中心。家长总是对孩子千依百顺,这种溺爱的行为,造成了家庭关系的另一种不平等。在中国,孩子在家里很少有发言权,参与权，中国父母对孩子的要求就是听话懂规矩。

美国家长更注重与孩子自由平等地相处。在孩子小时候就尊重他，重视给孩子个人自主权，让孩子学会在社会允许的条件下自己做决定，独立解决自己所遇到的各种问题。他们把孩子看作独立个体平等对待，对孩子尊重和理解。让孩子在家里有发言权、参与权，美国父母鼓励孩子有独立的合理思想；美国孩子有选择权，美国父母在孩子有了初步的认知能力时，就很重视让孩子自己去进行选择，做出决定，他们可以选择自己喜欢的音乐、图书、游戏等，长大以后自己选择朋友，自己选择职业、自己选择婚姻对象等等。美国父母大多不会替孩子选择，他们主要是引导孩子怎样进行选择，或者站在孩子的身后，给孩子信心，鼓励孩子。所以，孩子有独立的时间和空间去自由的想象或进行创造性活动。

### （二）两种不同的育儿观

中国家庭很重视孩子将来是否有出息，能否找个好工作。很多家长认为，父母责任就是尽力让孩子生活得更好，给孩子创造最优越的生活条件。因此，父母在孩子成长过程中，不仅生活上无微不至地照顾，还特别关心孩子的智商，望子成龙望女成凤，除了学习，什么都不让孩子干。至于孩子的独立生活能力、适应能力，以及人际交往能力等却很少考虑，认为孩子只要成绩好，什么问题都能解决。

美国家庭的育儿观非常不同，他们注重培养孩子适应各种环境和独立生存的能力。基于这种观念，他们十分重视孩子的自身锻炼，普遍认为孩子的成长必须依靠自身的力量。因此，美国家长注重培养锻炼孩子的自立意识和独立生活能力。

### （三）两种不同的教育方式

中美两国在教育孩子的方式上也有很大的不同。中国方面大致体现在以下几点：

生活上包办代替。中国家长尤其是独生子女的家长，对孩子的衣食住行包办代替，这种包办横向涉及孩子的方方面面，纵向延伸到孩子长大成人。对孩子自主能力的形成非常不利。

社交上过度保护。不少家长怕孩子吃亏或学坏，于是限制孩子与外界的接触，一旦孩子与小朋友或同学之间发生争执或不愉快的事情，多数家长采取袒护自己孩子而指责其他孩子的办法。

经济上任意放纵。很多家长对孩子的要求有求必应，不少小学生都拥有高价位的手机等高档消费品，这无形中助长了他们奢华浪费的习惯。

学习上过于严厉。应试教育一直深深影响着中国家长们的思想，导致家长们把孩子的学习成绩与能否考取高等学府视为孩子成材的唯一标准，对孩子成绩要求非常苛刻严格。

而美国家长重视锻炼孩子独立生活能力，从孩子出生，父母就设法给他们自我锻炼的机会和条件，让他们在各种环境中得到充分锻炼。具体体现在：

宁苦而不骄。美国家长特别注重培养孩子的吃苦精神。美国的儿童少年，从小就打工，这就是一种吃苦精神的磨炼。寒冷的冬天，当中国的同龄孩子可能还在热被窝里熟睡时，不少美国孩子早已起来挨家挨户去送报纸了。

家富而不奢。美国的家庭平均收入比中国高得多，但他们对孩子的零用钱都有严格的限制和要求。据调查发现，美国54%的青少年学生没有零用钱，而且年龄越大越不可能拿到零用钱。

严教而不袒。西方人对孩子的缺点错误绝不听之任之，更不袒护，而是设法教孩子自己知错改错。另外美国家长大都不会对孩子的学习施加太多压力。他们认为孩子感兴趣的知识自然会努力去学，强制他们去做本不愿做的事情，反而会伤害孩子的感情与个性。人的爱好和才能本来就各不相同，孩子适合做什么就做什么，让他们自己走自己的人生道路。成功的家庭教育让孩子在尊重和鼓励中成长。

（四）两种不同的教育结果

由于两国育儿观和教育方式不同，教育结果也明显不同。美国孩子从小就表现出很强的独立生活能力，这体现在：性格倾向积极，遇事镇定沉着，能与人和谐相处，有克服困难的毅力，具有创新精神；具有很强的自立能力；具有适应社会环境的本领。

与此相反，中国孩子虽然学习成绩上不亚于西方孩子，但普遍独立生活能力差，缺乏自主意识，缺乏对环境的适应和应变能力，不懂得人际交往的技巧；怕苦怕累，缺乏同情心和帮助别人的能力；在家不懂得尊敬自己的长辈，在外缺乏社会责任感。中国孩子的这些个性和特点，恐怕是与我国倾向于"学历教育"有很大关联，父母希望孩子躲在学校这座象牙塔里寒窗苦读，不让孩子在风云变幻的社会里摸爬滚打。

美国家庭教育的优点非常突出，值得我们学习和借鉴的方面：

注重培养平等意识。美国大人跟孩子谈话，永远是蹲下来同孩子脸对脸、目光对视着，体现了家长对孩子的尊重，有利于培养孩子自尊自信。孩子有自由选择的权利，父母负责引导，帮助分析，但最终的选择权在孩子手里。美国人在日常生活中充分提供孩子参加和表现的机会，无论结果怎么样，总是给予认可和赞许。在这样宽松的环境里成长起来的孩子开朗活泼，勇于创新，充满自信。

注重培养动手能力。美国父母很重视孩子的创造能力，他们会有意识地为孩子提供环境和条件进行劳动训练，加强他们的动手能力。美国父母认为劳动能给孩子带来很多好处，比如：劳动可以培养孩子的独立性；劳动能促进手脑并用，促进智力发育；劳动能促进身体健康、增强体质；劳动能促进良好的个性品质的形成。

注重培养独立能力。在美国，绝大多数18岁以上的青少年，都是靠自己挣钱来读书。美国的家长普遍都支持自己的孩子通过打工、做兼职等来锻炼其独立生活的能力。美国孩子从小睡小床，稍大后单独一间，从没听说过孩子与父母睡在一起。

注重培养创造能力。美国人不会让孩子去死记硬背大量的公式和定理，而是煞费苦心地告诉孩子应怎样去思考问题，教给孩子面对陌生领域寻找答案的方法。竭尽全力去肯定孩子的一切努力，去赞扬孩子自己思考的一切结论，去保护和激励孩子所有的创造欲望和尝试。他们认为对人的创造能力来说，有两个东西比死记硬背更重要：一个是他要知道到哪里去寻找所需要的，再一个是他综合使用这些知识进行创新的能力。

### 三、 当今中国家庭教育的现状

功利主义思想严重。家长的等级观念根深蒂固，认为只要孩子学习好，其他无所谓；攀比造成心理失落，失落导致恨铁不成钢，家长的心态变了，孩子的自信也失去了。

重养轻教，重物质轻精神。现在不少父母仅关注孩子的衣食住行，却忽略了孩子内心世界，这样孩子容易出现心理问题和品德问题。家长的溺爱造成孩子个性缺陷。剥夺了孩子对人生的正常体验，孩子失去了生存能力；而家长对孩子学习上过高的期望又造成他们过重的精神压力，这种教育十分的不合理，缺乏科学性。

把孩子当作私有财产。中国家长爱孩子，更爱面子，家长喜欢拿孩子作为自己炫耀的资本，满足虚荣心，给自己挣面子。他们理所当然地认为孩子是他们的，他们就有权利支配孩子的行为，而当孩子违背他们的命令时，有的家长就会使用"威严"的家庭暴力，却不知道他们的行为是违法的，他们坚信"棍棒之下出孝子""不打不成才"的"教育理念"。

缺乏学习和家庭教育的氛围。家长的教育观念方法过于陈旧，缺乏正确的教育方式，既不学习教育知识，也不借鉴他人经验，教育结果一定不好，只会用打骂的方式对待孩子，结果造成家庭教育气氛紧张，缺少亲情。家长与孩子交流非常重要，其实父母与子女的交流更多的是非语言的，家长的言谈举止、思想观念、行为习惯无一不在言教之中，无形影响，构成对孩子最直接最深刻的教育。

### 四、学校应对家庭教育做专题培训

马卡连柯认为："家庭是社会的一个天然的基层细胞，人类的美好生活在这里实现，人类胜利的力量在这里滋长，儿童在这里生活，成长着——这是人生的主要快乐。"家庭是儿童生活的第一环境。父母是儿童的第一任老师。孩子从幼儿到小学、中学时期，大部分时间是生活在家庭里，这正是孩子们长身体、长知识的时期，是为科学的世界观的形成打基础的时期，家庭对孩子的影响是极其深远和重要的。家庭教育对一个人的成长过程来说，特别是对于婴幼儿的早期教育，起着学校和社会难以起到的作用。大量事实证明，学生在品质、才智方面表现出来的差异，其重要的原因之一是家庭教育的不同。据统计，科技大学少年班的学生有近70%来自有文化教养的家庭，它们的身心发展从小就得到家长的引导和训练。而工读学校的学生大多来自结构破裂家庭，受家庭的影响或不良行为熏染，父母离婚、吵架，孩子得不到应有的温暖和教育。

俄国作家托尔斯泰说过："教育孩子的实质在于教育自己，而自我教育则是影响孩子最重要的途径。"父母的人格修养及其形象是家庭教育的核心。父母的心理品质、言行举止，无不在孩子心理上深刻地、潜移默化地构成影响。许多事实证明，成功的家教不一定只取决于其家庭的文化水平和物质条件，而是取决于父母及其家庭成员是否在教育孩子的时候，也在同时教育着自己，在于自己在孩子们心中的形象如何。

因此，学校非常有必要对家长的家庭教育进行有效指导，通过专题培训的形式教会家长做好家庭教育，比如专题一：帮助孩子迈好入学第一步；专题二：营造良好的家庭学习环境；专题三：帮助孩子养成良好的学习习惯；专题四：帮助孩子树立正确的学习方法；专题五：努力激发和维持孩子的学习兴趣；专题六：言传身教让孩子学会关心；专题七：亲子共守诚信；专题八：从每一件小事着眼，培养孩子的责任心；专题九：培养孩子的兴趣，丰富孩子的闲暇生活；专题十：家长也要做孩子快乐的玩伴；专题十一：关注孩子青春前期的变化；专题十二：认识生命现象与生命安全等，教会家长循序渐进地做好孩子成长的家庭教育。

### 五、家校沟通的途径

成立家长学校，对家教进行专业培训。制定家长学校章程，编制《家长学校教学大纲》，拟定优秀家长评选细则，为家长订阅《父母必读》《成功家教启示录》《家教博览》《家长学校指南》《当代家长》等系列丛书，聘请家教专家为家长学校授课，以《牵手两代家长课程》为依托，确定授课内容，以授课、网络专题讲座、看家教光盘、组织家庭教育论坛、教子有方金点子征集等为主要形式，坚持一学期两个专题，分年级进行家长培训。同时还邀请成功父母进课堂作家教报告，帮助和引导家长树立正确的家庭教育理念，提高家长科学教育子女的能力。并运用计算机网络信息媒体技术，开设家教论坛等专栏，使家教专家与家长实现网上互动，拓宽教师与家长的沟通交流，提升家长家教水平。

成立家长委员会，让家长参与学校管理。家长参与学校管理的途径是成立家长委员会，它是由家长和教师为共商学校教育发展、提升教育品质而组成的家长组织。家长委员会代表社会扮演着学校教育"合作伙伴"的角色。家长通过这样的形式参与学校管理活动，建立家长对学校的信任，增加学校的社区资源，丰富师生"教"与"学"的经验，增进学生的学习效果，监督学校的办学绩效，同时还帮助学校向社会争取办学优势，提高学校在社会中的地位和影响力。家长委员会的成员可以参与学校校务重要会议，参与学校重大抉择和发展规划的制订。家长委员会还可以参与对学校教师的评价工作，建立家长意见反馈机制，多层面、多形式搜集家长意见，不断改进学校管理和教师的教育教学工作。

定期召开家长会，建立家校沟通的畅通渠道。一是定期组织召开家长座谈会，精心选择符合家长需要的会议主题和内容，听取家长对班级、学校教育的建议和意见；二是精心组织召开家长与学生共同参与的家长会，班主任和任课老师有针对性地和家长沟通交流，向家长介绍孩子的在校情况及老师所做的教学工作，希望家长能理解和支持老师、学校的工作，积极参加学校的活动；希望家长能多关心孩子的健康成长，和学校紧密配合促进孩子的卓越发展。

举办社会教育开放周，让家长参与学校教育教学。学校要充分利用家长的教育资源，请在不同行业有一定建树的家长到校给师生举行专题讲座，如让公检法公务员家长给师生上法制课，请医生家长给师生上医疗卫生课，请企业家家长给师生讲创业故事，请金融家家长给师生上金融投资课，请工程师家长给师生上工程技术课，请艺术家家长给师生上艺术欣赏课等。同时也请家长聆听所有教师的课，并且提出建议。

印制家校沟通手册，记录学生成长历程。学校印制家校沟通手册，由班主任每周填写学生在校表现，包括学习、纪律、思想、生活、身体锻炼、特长培训等，由家长填写学生在家的表现，达到彼此沟通的目的。

举办学校教育开放日，让家长体验学校教育。每期至少举办一次学校教育开放日活动，学校精心策划，全体教师精心筹备，让全校所有家长到学校观摩学校教育，既有学科教学，又有素质成果汇报表演，还有家长论坛，让家长全程体验学校教育教学及管理的各个方面，让家长了解学校倡导的教育理念和教学方法。同时让家长和孩子一起参加相关活动，进行亲子教育，了解孩子在学科学习中的思维品质、表达、创造的相关情况。

充分利用现代传媒技术，家校适时沟通交流。各班、各学部都要建立班级家长QQ群、微信群，学校、学部、班级老师通过微博、QQ、微信、电话等与家长随时保持沟通，教师对家庭教育进行有效指导，家长之间分享彼此的家教经验，教师也能随时了解学生家庭教育状况。

适时家访，及时了解家教情况。家访能帮助教师及时了解学生在家中的思想、学习、行为表现，并对学生在学校学习及表现与家长进行有效沟通，达到教育孩子之目的。虽然现代社会信息发达，为教师与家长的及时联系带来了便捷，但打电话、发微信等不能代替家访。家访具有场景性特点，教师走进家庭，在亲切自然的氛围中与家长面对面的交流沟通，易达成共识，实现有话说在当面，问题解决在现场的效果。

### 六、掌握家校沟通的技巧

每位教师尤其是班主任要懂得和家长进行教育上的合作，掌握与家长沟通的相关艺术和技巧。

#### （一）把握家校沟通的时机，注意家校沟通的策略

家校沟通前，充分备课，成竹在胸。教师对学生情况如果不能全面了解，家长会认为你对他的孩子不关心，从而失去家长对你的信任和交流的基础；如果交流时只说学生的优点，家长也许会认为你在敷衍他；而如果光说学生的缺点，家长往往会认为你对他的孩子有成见。因此在与家长沟通前，必须充分全面地了解学生，包括学习态度、学习成绩、性格特点、优点和缺点、家庭基本状况、在校表现等。最好拟一个简单的提纲，包括孩子在校期间的表现、今天沟通的目的、建议家长采取的配合措施等。这样在与家长交流时，就能让他产生老师对他的孩子特别重视的感觉以及班主任工作细致、认真负责的好印象，使老师和他从情感上就更容易沟通。

家校沟通中，真诚相待，注意技巧。与家长的沟通，要诚挚地夸奖学生的优点，让家长对自己的孩子充满信心。和家长交流时，班主任最感头痛的是面对"差生"的家长。面对孩子可怜的分数，无话可说；面对家长失望的叹息，无言以对。对于"差生"，我们要尽量发掘其闪光点，要让家长看到孩子的长处，看到孩子的进步，看到希望。对孩子的缺点，不能不说，不要

一次说得太多。在说到学生的优点时要热情、有力度，而在说学生缺点，语气要舒缓婉转，这样就会让家长感到对他的孩子充满信心。只有家长对自己的孩子有了信心，他才会更主动地与老师交流，配合老师的工作。

在平常的教育教学中，要对特殊学生多留心、多观察，对这部分学生的家校沟通要主动出击。班主任是家长沟通工作的主导者，不要等学生在学校里发生了事情才与家长进行沟通，这样家长面对突如其来的事件往往会不理解，甚至与教师或学校大闹一番，给教师或学校都造成很大的负面影响。所以，教师要主动与家长取得联系，及时做好家长和学生的思想工作。

面对自己孩子存在的各种问题，"望子成龙，望女成凤"的家长们往往束手无策，他们很苦恼，也很着急，迫切希望从班主任那里寻找到解决问题的"灵丹妙药"。这时教师除了倾听，更要提出有针对性并且科学实用的建议给家长。

家校沟通后，要注意落实和反思。不仅要反思此次与家长沟通过程中的优缺点，还要积极认真地响应家长的建议，并把与家长达成共识的东西付诸实施。

## （二）针对不同的家庭类型，运用不同的沟通方法

教师在做家校沟通时要坚持多元化原则，因人而异地采取合理有效的方法。交流要因人而异，因时而异，因情而异。

对于有教养的家庭，尽可能将学生的表现如实向家长反映，主动请他们提出教育的措施，认真倾听他们的意见，充分肯定和采纳他们的合理化建议，并适时提出自己的看法，和学生家长一起，同心协力，共同做好对学生的教育工作。

对于科学民主型的家庭，这类家长在教育子女上有自己的一套比较科学方法，他们对子女的宽严适度，在教育子女上，讲究用科学的方法。对此类家长，由于本身具有较高的文化素养，教育子女的方法又比较得当。因而在家访的时候，可以如实地向家长反映学生的情况，更主要的是主动

请他们提出教育子女的各种措施,认真倾听他们的意见,充分肯定和采纳他们的合理化建议,并适时提出自己的看法,从而和学生家长一起,同心协力做好学生的教育工作。同时,也可以邀请他们在适当的时候为其他家长传授自己教育孩子的方式方法,用生动鲜活的例子来带动其他家长,形成一股教育合力。

对于溺爱型的家庭,交谈时,更应先肯定学生的长处,对学生的良好表现予以真挚的赞赏和表扬,然后再适时指出学生的不足。要充分尊重学生家长的感情,肯定家长热爱子女的正确性,使对方在心理上能接受你的意见。同时,也要用恳切的语言指出溺爱对孩子成长的危害,耐心热情地帮助和说服家长采取正确的方式来教育子女,启发家长实事求是地反映学生的情况,千万不要袒护自己的子女,因溺爱而隐瞒子女的过失。

对于放任型的家庭,教师在交谈时要多报喜,少报忧,使学生家长认识到孩子的发展前途,激发家长对孩子的爱心与期望心理,改变对子女放任不管的态度,吸引他们主动参与对孩子的教育活动。同时,还要委婉地向家长指出放任不管对孩子的影响,使家长明白,孩子生长在一个缺乏爱心的家庭中是很痛苦的,从而增强家长对子女的关心程度,加深家长与子女间的感情,为学生的良好发展创造一个适宜的环境。

对于粗暴型的家庭,要以冷对热,以静制动,以柔克刚。越是难以理喻,就越要坚持晓之以理,动之以情。要做到先倾听,后交流。

对于经济杠杆型的家庭。随着社会的发展,人民生活水平的日益提高,一些家庭的收入也甚为可观了,这样就产生了一些以金钱为学生学习动力的家长,他们对子女的教育就是以金钱为标准,给学生一个标准,达到怎么样的成绩就奖励多少金钱。而对于子女在精神上的一些要求却从来不予关心。对于这样的家庭在家访的时候,教师不能简单地对家长的这种做法予以否定,而应该告诉家长,适当地对子女进行物质奖励是很有必要的,但如果是一味地以物质奖励为主,那么孩子在学习上的动力是不会长久的。作为教师应该向家长讲明白这样的道理,在学习上真正持久的动力来自学生自身的精神动力，是一种学生明白了自己学习的真正目的，而不是单纯的外界的物质刺激。对于这些家长，也可以给他们讲一些事例，如清朝八旗纨绔子弟的结局。使他们认识到自己的做法的不合理性，引导他们走上教育子女的正确的道路上来。

（三）克服非理性情绪，赢得家长全力支持

教师与家长沟通时要注意克服非理性情况，讲究科学的工作方法，赢得学生家长的尊重。

克服互相埋怨情绪。在面对后进生的时候，教师与家长间易互相埋怨，一方怨老师不会教，另一方怨家长不会养。这样，导致双方产生对立情绪。教师在与家长交流时，要具体分析问题产生的原因及其解决办法，防止只揭短、告状的现象。

避免伤害家长的感情。教师往往对喜欢的学生大力表扬，而对一些不称心的学生指责有加，在家长面前大力批评。这样，导致家长感情受到了伤害，迁怒于孩子。结果造成学生家长怕见老师，于是影响了家校的联系。因此，在与家长交往中，教师要客观对待学生的错误，以商量的口气与家长共商教育方法。

正确评价学生。教师与学生家长的接触，往往离不开评论学生。这时，首先要了解家长的道德修养水平，先请家长谈学生在家的表现，随后班主任才谈学生在校表现，这样避免家长由于学生在校出现问题产生心理压力，搞僵关系。其次要客观、全面地评价学生，不能好的都好、坏的全坏。应让家长听到教师的肺腑之言，使其产生与班主任共同教育学生的愿望。教师与家长谈话时，千万要避免只"告状"，除将孩子的问题告诉家长，对孩子的进步也要实事求是地谈。在谈孩子的缺点时，教师还应主动、坦诚地商讨纠正、改进的措施。让家长觉得你是在真心实意地爱护他们的孩子，从而接受你的意见并积极合作。

同时家访还要注意以下禁忌：

一忌家访过频过滥。对于同一个学生家访以每学期一次为宜，最多不可超过两次，并应尽力避开用餐时间，如果是安排在晚上更要注意时间不应太晚，以免影响别人休息。过于频繁且时机不当的家访不但影响教师的精力，还会给家长造成沉重的心理负担，影响其正常生活，使之产生厌烦情绪，吃力不讨好。

二忌做不速之客。每一次家访，教师都要提前几天通知家长，使之提前做好心理准备，待家长同意后方可前往，切莫率性而为做不受欢迎的不速之客。

三忌准备不足。个别教师家访之前准备不充分，或为沽名钓誉，或为完成学校下达的家访任务，仓促而行，为家访而家访，结果家访中要么泛泛而谈，要么张口结舌，不但起不到增进了解、加强合作的目的，还会使教师的形象在家长心中黯然失色。

四忌自我吹嘘。家访不是简单地将课堂搬到学生家，家访不是教师的一言堂、个人秀，它强调的是教师与家长、教师与孩子、家长与孩子之间的交流、互动、理解和碰撞。教师如果在家访中只顾自我吹嘘而忘记了家访的本意，除了在家长和孩子面前暴露自己的浅薄与无知以外将一无所获。

五忌兴师问罪。心灵的交流只有在和谐的气氛和宽松的环境中才能进行，可是不少教师却将家访当作兴师问罪的好机会，把心灵交流会变成了告状会、批斗会，将孩子在学校的种种"劣迹"一股脑儿全都告诉家长，人为造成家长和孩子之间的紧张与对立。这样的家访，学生害怕，家长反感，教师徒费心力得不偿失。

## 七、教会家长有效的家庭教育方法，让家庭成为学生成长的第二课堂

以下家庭教育方法值得家长借鉴：

给孩子随性玩耍的时间，不要把生活安排得太有规则，所有的孩子都需

要有一些随性玩耍的时间。美国儿童教育学者汤姆斯·阿姆斯特朗认为，自由玩耍比有计划性的活动，对学龄前的孩子来说更为健康有益。父母要避免将孩子的时间塞满各种活动。所有的孩子都需要有一些随性玩耍的时间。

教导孩子关心别人。即使很小的孩子都能从帮助他人的过程中，获得快乐，并养成喜欢助人的习惯。快乐的孩子需要能感受到自己与别人有某些有意义的联结，了解到他对别人的意义。要发展这种感觉，可以帮助孩子多与他人接触。你可以和孩子一起整理一些旧玩具，和他一起捐给慈善团体，帮助无家可归的孩子，也可以鼓励孩子在学校参与一些义工活动。专家指出，即使在很小的年龄，都能从帮助他人的过程中，获得快乐，并养成喜欢助人的习惯。

鼓励孩子多运动。运动让孩子喜欢自己，并从中发现乐趣与成就感。陪你的孩子玩球，骑脚踏车，游泳……多运动不但可以锻炼孩子的体能，也会让他变得更开朗。保持动态生活可以适度缓解孩子的压力与情绪，并且让孩子喜欢自己，拥有较正面的身体形象，并从运动中发现乐趣与成就感。

笑口常开。开怀大笑就是很好的运动。常和孩子说说笑话，一起编些好笑的歌，和你的孩子一起开怀大笑，对你和孩子都有益处。

有创意的赞美。当孩子表现很好时，不要只是说："很好。"赞美要具体一些，说出细节，指出有哪些地方让人印象深刻，或是比上次表现更好，例如"你今天主动跟警卫伯伯说早安，真的很有礼貌。"不过，赞美时也要注意，不要养成孩子错误的期待。有些父母会用礼物或金钱奖赏孩子，让孩子把重点都放在可以获得哪些报酬上，而不是良好的行为上。父母应该让孩子自己发现，完成一件事情所带来的满足与成就感，而不是用物质报酬来奖赏他。

确保孩子吃得健康。健康的饮食让孩子身体健康、情绪稳定。健康的饮食，不仅让孩子身体健康，也能让孩子的情绪较稳定。不论是正餐或点心，尽量遵循健康原则，例如：低脂、低糖、新鲜、均衡的饮食。

激发孩子内在的艺术天分。多让孩子接触音乐、美术、舞蹈等活动，可以丰富孩子的内心世界。虽然科学家已证实没有所谓的"莫扎特效应",但是多让孩子接触音乐、美术、舞蹈等活动,依然可以丰富孩子的内心世界。专家发现,当孩子随音乐舞动,或是拿着画笔涂鸦,其实都是孩子抒发他内心世界、表达情感的方法。孩子喜欢画画、跳舞或弹奏音乐,也会对自己感到比较满意。

常常拥抱。温柔的抚触拥抱,可以减轻压力,抚平不安的情绪。轻轻一个拥抱,传达的是无限的关怀,是无声的"我爱你"。研究发现,温柔的抚触拥抱,可以让早产儿变得较健康、较活泼,情绪也较稳定。对于大人而言,拥抱也能让人减轻压力,抚平不安的情绪。

用心聆听。用心聆听,会让孩子感受到被关心。没有什么比用心聆听更能让孩子感受到被关心。想要当个更好的倾听者吗?不要只用一只耳朵听,当孩子对你说话时,尽量停下你手边正在做的事情,专心听他讲话。要耐心听孩子说完话,不要中途打断、急着帮他表达或是要他快快把话说完,即使他所说的内容你已经听过许多遍了。陪孩子去上学途中或哄孩子上床睡觉时,是最佳的倾听时刻。

放弃完美主义。父母要学会放手让孩子去做一些事情。我们都期望孩子展现出他最好的一面,可是有时候太过急切纠正或改善他们的表现。例如:嫌弃他们没把桌子擦干净,干脆自己再擦一遍;或是纠正他们一定要把东西摆到一定位置。事事要求完美,会减弱孩子的自信心与不怕犯错的勇气。下次当你忍不住想要插一脚,急着帮孩子把事情做得更好时,不妨先想想看:"这件事跟健康或安全有关吗?""想象十年之后,这件事还有这么严重吗?"如果不是就放手让孩子去做吧。

教导孩子解决问题。孩子的每一次进步都是孩子迈向更独立的里程碑。从学会系鞋带到自己过马路,每一步都是孩子迈向更独立的里程碑。当孩子发现他有能力解决面对的问题,就能带给他们快乐与成就感。当他遇到阻碍时,例如:被玩伴嘲笑或是无法拼好一块拼图时,你可用几个步骤来帮助他:搞清楚他的问题,鼓励他自己描述他的解决方式,帮助他找出解决问题的步骤，决定让他自己解决这个问题或提供一些帮助，确定他能获得需要的协助。

给孩子表演的舞台。当你能欣赏孩子的才能，并表现出你的热情时，孩子自然会更有自信心。每个孩子都有特有的天赋，何不给他们机会表现一下？如果他们喜欢说故事，鼓励他多说故事给你听。如果他对数字很擅长，带着他去逛街，让他帮你挑选价格便宜的东西。当你能欣赏孩子的才能，并表现出你的热情时，孩子自然会更有自信心。我们身边的孩子所需要的，不只是衣食无忧的生活环境，他们还需要大人陪伴他们去"经历"他们的成长过程。父母若要孩子为自己的行为负责，就不能剥夺了孩子履行责任的机会。让孩子处理自己的事情，并为自己的决定承担后果，从而达到培养孩子责任心的目的。只有这样，孩子才能养成独立思考，解决问题的能力。

一位教师对年轻父母做出如下忠告：

上帝是公平的。在教育孩子的问题上，对孩子小时候付出的越多、教育得越理性、越科学，孩子大的时候你付出的就会越小，你将越省心，越有成就感。

"家庭是孩子的第一所学校，父母是孩子的第一任老师"是一条真理。对孩子的教育要有科学的计划、正确的指导、理性的措施，父母要做好表率。孩子的生活习惯、为人处世、思维方式、世界观价值观都将带有你们的影子，因为孩子小时候学习的重要方式是无意识或有意识的模仿。

父母不要为了自己的事业而忽视对孩子的教育，否则孩子长大后很可能会毁掉你的事业。不要为了自己的休息娱乐而忽视与孩子的交流，否则孩子长大后你将无快乐可言，你将拥有更多的愁苦、恼怒和无奈。

要注意培养孩子的是非观。孩子年幼无知，动手打父母、爷爷奶奶或外公外婆时，我们千万不要高兴，更不能认为孩子长本事了，这时要严肃地告诉孩子这是不对的，要尊敬老人。否则孩子会认为打人是赢得家长高兴的方式，是自己获得价值感的途径，这样是非观念就混乱了，长大后他就很可能动手打你了。诸如此类，我们都应引起高度重视。

# 第十章
# 提供优质服务,提升学校教育品质

## 一、 转变角色观念, 增强服务意识

服务,就是不以实物形式而以提供劳动的形式满足他人某种特殊需要。服务是一种无形的产品,是一种产生价值的行为,是一种发自内心的主动为他人和社会提供有经济价值的劳动。服务从理论上表现为一种有意识有目的行为,从行为上表现为一种被公众认可的标准,即业务知识和技巧。

学校教育是由专业人员承担,在专门的机构,进行目的明确、组织严密、系统完善、计划性强的以影响学生身心发展为直接目标的社会实践活动。人们通常认为,学校主要承担教育和管理职能,服务是学校后勤部门的事。

在当今人类社会快速发展进程中,随着物质生活水平的提高,人们追求更高层次的精神需要和接受更加优质教育服务的理念越来越强烈,人们不再满足于基本的教育需要,而是更加注重具有个性化和人文化的优质教育产品和服务,对优质教育品质的体验要求越来越强烈。

随着国家教育改革的不断深入及对教育的大力投入,现如今的学校,不论是大学、中学、小学的办学条件都得到极大的改善,教育教学设备设施都趋于完善。学校之间不仅在教育质量方面展开竞争,也在服务质量和

水平上展开竞争,学生和家长越来越注重学校教育的软实力。因此,做精致教育,创办伟大学校,必须转变角色观念,在加强教育质量建设的同时,注重服务意识,扩大服务范围,提升服务质量,为学生的健康成长服务,为学生的终身发展服务,为学生的全面发展服务。服务不仅是学校后勤部门工作人员的事,每位教育工作者都应成为优质服务的提供者。

当然,这种服务与商业上的服务是有本质区别的。学校以育人为本,教育是一种特殊的服务,是一种精神性的服务,学校领导和教师是为教育服务的服务者,为学生终身发展负责的服务者,对学生的衣食住行、升学乃至就业提供优质服务。

## 二、 学校要为学生提供高品质的教育

精致教育追求高品质,要求我们应当摆脱单纯追求规模发展、硬件建设的意识,而更重视学校的内涵发展,积极推动学校高质量、多元化、有选择的发展,让每一个学生在学校都能幸福健康、生动活泼地成长、发展,提升每一个学生的学校生活品质。

所谓学校生活品质,指的是学校提供的教育服务品质以及人们对这一教育服务的主观感受,是一个集环境、经济、社会、文化、精神、各类教育活动、心理感受于一身的综合体。当然,花园式的校园环境、现代化的教学设施,都能够为师生开展教学工作提供良好的条件,是学校生活品质的重要组成部分。然而,较之于学校的硬件设施,更重要的是学校所提供的教育服务,以及学生对它的主观感受和满意程度。学校教育服务的受惠者是学生,因此对于学校生活品质的认识,应当从学生的视角加以考察,而追求学校生活品质,就是要让学生养成"四雅",即语言文雅,举止优雅,气质儒雅,品位高雅。

从学校教育评价的角度来看,学校生活品质的高低,可以经由学生之于学校生活的满意度来判断,这包括学生之于学校生活的愉悦感,如是否

向往学校生活;成就感,如是否每天感受到学习的成功、受到老师和同学的关注、感受到生活的意义与价值;自由度,如是否能够在宽松、自由的环境中自主发展。

生活品质是一种学校生活的客观存在,更是学校办学过程中的一种价值追求,是学校中的师生对于学校生活的主观体验。苏霍姆林斯基说:"学校的任务,不仅在于传授学生必备的知识,而且也在于个人精神生活的幸福。"办学条件再差的学校,也可以尽其所能,为学生提供高品质的教育。

由此可见,高品质的学校生活并不完全取决于办学条件的好坏,而还取决于办学质量、办学文化等。高品质的学校生活,应当是一种高质量、多样化、可选择的教育,不仅能够满足学生的多元化需求,而且还能够让学生在多元化、可选择的学习过程中产生愉悦感、成就感和自由感。一方面,在高品质的学校生活中,学校为学生提供的教育服务应是一种高质量的教育服务。人们对于教育质量的认识,往往局限于学生学业成就的提升。其实不然,高质量的教育服务,是要在努力满足学生接受优质教育需求的同时,减轻过重课业负担,满足学生多样化学习经历和体验的需求,满足学生个性化学习的需求。另一方面,高品质的学校生活是一种多样化、可选择的教育。高品质的教育,是一种内涵丰富的教育,一种满足学生多样化教育需求的教育。在教育过程中,学校和教师要不断选择、整合、开发、丰富教育资源,满足学生的多样化教育需求。这既包括对国家课程的个性化改造,又包括建设作为体现地方与学校教育特色的地方课程与学校课程,还包括为学生群体或个体提供的个性化教育内容,更包括充分调动学生主动学习、参与学习的积极性,引导学生自己动手选择各种教育资源,帮助学生正确认识自身经验系统,树立科学、理性的认知态度,促进学生的主体性发展。

提高学校生活品质的核心在于重构课堂生活。课堂生活是学校生活的主体。重构课堂生活不仅仅是营造适宜的课堂生态环境,使学生在宽松、舒适、民主的课堂生活环境中学习,更在于变革课堂中的人际关系,尤其是师生关系。民主、和谐的师生关系，是一种教学相长的师生关系。高品质的课堂生活，可以通过教师的指导、引导、辅导，调动学生学习积极性，激发学生学习激情与活力；高品质的课堂生活，可以通过学生个体或群体之间的良性互动，智力碰撞，结伴成长。

提高学校生活品质的抓手在于以创新教育培养创新人才。从根本上讲，创新能力是指通过一系列连续复杂的高水平的心理活动形成新思想、发现和创造新事物的能力。创新能力的培养离不开基础知识的积累，以及在此基础上的分析、简化、调整、修正、迁移与综合，更要以专门的创新教育来促进。在学校教育过程中，应当通过建立健全创新教育体系，开设专门的创新教育课程，围绕科学研究与社会实践中的种种"问题"，培养学生敏锐的观察力与发现问题的能力、高度集中的注意力、持久高效的记忆力以及综合运用各种原理与知识分析和解决实际问题的能力。在这一过程中，培养学生强烈的求知欲、永无止境的进取心、坚忍不拔的意志力、积极主动的反思与独立思考能力、总结和提炼独特观点的能力，以及严谨的科学态度等创新性个性品质。可以说，创新教育是学校生活品质的升华。

## 三、 学校要为学生终身发展提供优质服务

北大校长蔡元培曾说："教育是帮助被教育的人，给他能发展自己的能力，完成他的人格，于人类文化上能尽一分子的责任，不是把被教育的人，造成一种特别器具，给抱有他种目的的人去应用。"联合国教科文组织曾提道："教育即解放。"同时指出指导教育发展方向的基本思想："人类发展的目的在于使人日臻完善；使他的人格丰富多彩，表达方式复杂多样；使他作为一个人，作为一个家庭和社会的成员，作为一个公民和生产者、技术发明者和有创造性的理想家，来承担各种不同的责任。"

这就要求学校为每一个学生的终身发展奠基服务，为每一个学生，是指整体与个体的统一，即面向全体学生，立足于学生的全面发展；也指面

向学生的个体，根据学生的个体的心智结构，性格差异，兴趣爱好，因势利导，发展特长，弥补不足；还指学校全体教职工的所有工作都要做到关爱每一个学生，相信每一个学生，全力发展每一个学生。终身，是指中学教育应当面向未来，为学生的终身发展负责。要做到教育学生一阶段，为学生成长考虑一辈子，为祖国建设负责一百年。奠基，体现了基础教育的基础性，就是要在有限的时间内为学生奠定做人、做事及终身学习的基础。为每一个学生的终身发展奠基服务，就是要让每一个学生的才能和个性得到张扬，为所有学生的终身发展奠定基础。

美国哈佛大学著名发展心理学家霍华德·加德纳教授提出多元智能理论，这一理论要求我们要彻底更新学生观，要从根本上认识到，每个学生都有自己的优势智能，有自己的学习风格和方法，学校里再也没有"差生"的存在，只有各有智能特点、学习类型和发展方向不同的可造就人才。每个学生都具有多种不同智能、不同程度的组合优势。每一位学生都有获得尊重、关爱、发展的权利。"全人教育"和新课程理念给中小学教育提出的使命是使每一个学生各方面的潜能和个性特长得到充分的开发与和谐发展，树立科学与人文并重、全面与个性发展相结合的全面育人观，充分发挥学校在育人方面的功能，使每一个学生在德、智、体、美、劳等各方面得到充分发展，并让每一个学生的个性特长得到张扬。学校要站在培养未来人才的高度，通过学生健全人格和身心健康的发展，主体性、能动性和创造性能力与意识的形成，使学生具有继续学习的能力、规划人生的意识、创业的基本能力、面对未来生活的能力，即培养学生的终身发展的能力。因此，对学生的培养和服务应该是全员的，即每一个学生都有受教育和发展的权利；对学生的培养和服务也应该是全面的，使每一个学生的身心、智能等各方面都得到和谐发展；对学生的培养和服务还应该是全程的，教育应该使每一个学生具有终身发展的能力。

为每一个学生的终身发展奠基服务，是高中阶段教育的出发点和归宿。高中阶段的教育绝不是大学的预科，它应该是九年义务教育和高等教育的衔接阶段,在整个教育体系中处于承上启下的特殊地位。高中阶段的学习不只是义务教育的自然延伸,课程内容的加深、加难以及量的加大。高中教育是学生享受九年义务教育之后高一个层次的教育,是准定向的教育。高中是基础教育的一个重要阶段,是学生处在人生十字路口非常关键的一个阶段,在培养公民基本素质并形成健全人格方面具有独特的价值。高中阶段是人生观、世界观形成的重要阶段,更是个性发展最关键、最活跃的时期,其生理、心理都趋于成熟,相对于初中学生来说,高中生的自主意识明显增强,更加关注人生,关注社会,关注国家命运,思考自己的权利、义务和责任;逐步形成相对稳定的认知和思维习惯,逐步形成终身学习的愿望和能力;与社会联系更加紧密,社会实践能力逐步增强,初步具备了参与社会活动的能力。高中教育的性质应该是"在九年义务教育基础上进一步提高国民素质、面向大众的基础教育,普通高中教育应为学生的终身发展奠定基础"。高中教育的责任就在于要在有限时间内为学生奠定做人、做事及终身学习的基础,学校应成为学生学会学习的地方,成为学生社会角色意识与社会角色能力的奠基场所。

为了达成这一教育服务观念,学校要为学生终身发展服务,努力创造适合每一个学生发展的教育。就必须关注如何培养一个个有着鲜明个性、创造精神、独立思考能力的健全个体,只有坚持以生为本,尊重孩子的个性发展,重视教育过程中知识向能力的转化,才能让学生自小享有健康快乐成长的机会,才有利于学生素质的全面提高。要以生为本,全面实施素质教育。只有真正实施素质教育,让学生不仅学到知识,而且掌握多方面的能力,才能为将来的发展打好基础。这就需要学校构建相应的教育模式,开发相应的精品课程,实施人性化的管理等。

需要教师转变教育观念,能以最大的爱心关爱每一个孩子。对孩子的评价不仅仅是考试分数,而在于孩子在学校能获得全面的、最大限度的发展。在这一办学理念的指导下,学生的思想品德、身体健康、个性人格、爱好特长、生命意识等会得到更为全面的关注,而这些都是现代社会对未来人才所需要的。需要构建新型师生关系，唤醒学生主体意识。构建新型师生关系是创造良好教育服务的一项重要基础。由于教育总是蕴含于细微的、日常的行为之中，教育活动就成了最能体现人与人关系的社会活动。布贝尔曾深刻地指出："师生关系本身既是人与人关系在教育领域中的体现，更是教师和学生作为人而存在和发展的独特方式，具有无可比拟的教育力量。"师生关系的展开和师生的交往过程，是学生获得人际体验技能和终身交往品质的重要源泉，也是学生建立价值系统的现实基础。从某种意义上说，教育的全部意蕴包含在师生关系中，教育过程甚至可以看作是师生关系形成和建立的动态过程。我国学者李瑾瑜对于师生关系的性质有着十分恰当的表述：师生关系的核心，是把教师和学生看成是真正意义上的"人"，即师生之间只有价值的平等，而没有高低、强弱和尊卑之分。"民主、平等、和谐、合作"的师生关系是当前教育界普遍认同的新型师生关系，其核心要素是：真诚（即教师与学生交往过程中应坦诚、真实、表里一致）、接受（即承认学生有独特的思想、情感，并给予充分的信任和尊重）、移情性理解（即设身处地去理解学生的思想、情感）。德育，乃至整个教育目的就是要培养和发展个体的"自我意识"，促进自我的生成完善。硬性灌输道德信条，机械训练道德习惯，是压抑人性的道德教育理念，难以真正实现人本主义所主张的"自我实现"道德目的。所以，良好的师生关系，必须体现受教育者的主体性，即主动性、独立性和创造性，把德育当作主体人格的提升，只有积极培养人的主体精神，受教育者才能形成自尊、自信、积极向上的主体人格，同时，良好的师生关系，也是教育的基石，是良好教育的内在要求和当然要素。在实现了这一认识的基础上，可以真诚地推进"全员德育"管理模式，为每个学生设置德育岗位和服务岗位，让学生在参与中唤醒并增强主体意识。使学生能够进行自我计划、自我设计、自我反思和自我调控，在活动和互动中唤醒主体意识，形成正确的价值取向。

需要重视学生情感教育，营造学生主体氛围。优质教育的根本目标和任务就是培养一个完整的人。许多专家认为，完整的人就是情感和智能的整合，是全面发展的真正意义上的人。一个真正意义上的人，必须是有情感的人，仅有知识或智能，而没有情感的人，是不完全的人。站在道德层面上说，越来越多的证据表明，一个人一生中最基本的道德立场根源于潜在的情感能力。德育方法上的空洞说教、无视教育中以学生为主体的原则，也违背了德育教育中知、情、意、行相统一的规律。德育教育的过程，应是一种创设能唤起学生积极需要、主动学习和自我发展的教育情景的过程，即在学校管理和教育过程中，坚持以人为本，用积极、健康的情感去开发、激活受教育者的内在潜能，影响、改变、整合受教育者的态度、兴趣、动机、心理、意志力等，以满足受教育者的身心和谐发展的需要。情感教育应坚持以心理教育为基本点；以交往、合作为切入点；以学会做人为着力点。应采取各种物化和内化手段，积极为学生创设一种优化的情景教育环境，保护学生的自主、独立和创造的意识，逐步消除学生的消极、依赖、落后的不良心理倾向，从而激发学生奋发努力的道德情感，营造主体氛围，让学生主动把情景教育因素内化为自己身心素质的发展过程。例如，通过精心组织各类读书征文活动、影评视评活动、演讲辩论活动和"科技节""艺术节""体育节"等特色活动，构造丰富多彩的校园文化，使学生的情感得到健康的发展，使学生的个性在浓郁的主体氛围中得到张扬。

需要创设系列教育活动，强化学生主动发展行为。学生有了一定的道德认识、道德情感后，抓住各种契机，创设有益活动，引导他们形成道德意志。除了约束性自我教育行为外，如自我反省等，更要引导学生追求理想人格的自我发展、自我实现，因而能够悦纳自己，形成自尊、自爱、自信、自强、积极进取等主体精神。例如可以开展争创文明教室、文明寝室活动，让学生在争创活动中，感受适度困难，经历逆境，辨别矛盾，获得一种责任感和成就感，锻炼自我管理的各项基本能力。这些活动的有效开展，为学生个体社会化进程起到良好的促进作用。另外还可以设立"学生仲裁"制度，引入社会仲裁机制。这种透明的做法公开、民主，有利于问题的公正解决,有利于学生提高自我教育能力。如果我们能够把学生学习、生活中的现象进行提炼,变成一个个热点、焦点和是非问题,让学生在辩论中深化认识,我们就能使他们学会倾听、思考、观察、分析和解决问题的方法,就能实现学生道德素质的自我建构,就能为学生的终身发展奠定坚实的基础。

### 四、学校要为学生人生规划提供指导服务

哈佛大学有一个非常著名的关于目标规划对人生影响的跟踪调查。该项调查的对象是一群智力、学历、环境等条件都差不多的年轻人,调查结果发现:27%的人没有目标;60%的人目标模糊;10%的人有比较清晰的短期目标;3%的人有十分清晰的长期目标。25年的跟踪调查发现,他们的生活状况十分有意思。那3%的人,25年来几乎都不曾更改过自己的人生目标,他们始终朝着同一个方向不懈地努力。25年后,他们几乎都成了社会各界顶尖成功人士,他们中不乏白手创业者、行业领袖、社会精英。那10%的人,大都生活在社会的中上层。他们的共同特点是,那些短期目标不断地被达到,生活质量稳步上升。他们成为各行各业不可缺少的专业人士,如医生、律师、工程师、高级主管等等。那60%的人,几乎都生活在社会的中下层面。他们能安稳地生活与工作,但都没有什么特别的成绩。剩下的27%的人,他们几乎都生活在社会的最底层,他们的生活都过得很不如意,常常失业,靠社会救济,并且常常在抱怨他人,抱怨社会。调查者因此得出结论:目标规划对人生有巨大的导向性作用。成功在一开始仅仅是一个规划与选择。你选择什么样的目标,就会有什么样的成就,就会有什么样的人生。

目前,中学生人生规划教育是一项空白,当前不少中学生存在着"学习无动力、升学无厚望、生涯无规划、发展无方向"的现象,令教育管理者、教师和家长忧心忡忡。中学生人生规划是整个教育领域的使命和责任,

期待中学生人生规划教育会尽早进入课堂教学,进而帮助中学生树立理想,规划人生,实现终身幸福!中学生人生规划要提早,不能让孩子们再走弯路。中学生亟须人生规划教育,做好符合实际、符合规律的中学生人生规划,让学生端正学习态度,掌握学习方法,突破学习瓶颈,实现人生目标。

著名作家柳青曾说:"人生的道路虽然漫长,但紧要处常常只有几步,特别是当人年轻的时候。中学时代,恰逢这样的紧要之处。而之所以紧要,一个重要原因是面临未来人生的多种选择,面临着今后生涯的规划。"

做精致教育,为学生提供高品质的教育服务,对中学生进行人生规划与职业教育,这是进一步完善基础教育内容的重要举措,是遵循学生成长规律、为学生持续发展的内在要求,也是推动各类教育均衡协调发展、主动服务经济社会发展的现实需要。开展人生规划与职业指导教育,为学生适应未来社会奠定坚实基础。通过开展人生规划与职业指导教育,能够帮助学生更加理性地认识自己,并初步学会对自己的人生进行规划,可以使学生更好地认清就业形势,了解个人的职业倾向性,并对自己将来要从事的职业进行理性选择。在提高学生综合素质的同时,使他们在中学阶段就初步具有基本明确的人生目标,进而有效地调动他们的学习积极性,激发其学习潜能,从而改变部分学生及家长唯学历至上的片面教育观,使每个学生的发展都能适应社会发展与个人成长的需要。

中学生的生涯规划应该是一个循序渐进的过程:由模糊到清晰,由分散到集中,由犹豫到坚定,最后为考大学报志愿乃至选择就业方向奠定基础。

首先,学校要开设学生生涯规划指导课,排入课表由专业教师上课,同时,还可以聘请专家到校进行专题讲座,让学生充分明白生涯规划对人生的重要性,并能科学、理性地规划自己的职业生涯。

其次,小学、初中、高中、大学等四个学段开始时,就要指导学生对自己未来的人生进行初步规划,填写《学生生涯规划书》,然后根据实际发展状况,不断修正自己的规划。

第三，引导学生正确认识自我。人生规划最基础的工作首先是要知己，即要全面认清自我，充分了解自己的兴趣、能力特点、性格、自己的优势与劣势与职业价值观等，全面、科学地认识自我。只有正确地认识自己，才能对自己的职业做出正确的选择，才能选定适合自己发展的职业生涯路线，才能对自己的职业生涯目标做出最佳选择。正确的自我认识越来越受到各界的关注，哈佛大学的入学申请要求必须剖析自己的优缺点，列举个人兴趣爱好，还要列出三项成就并进行说明，从中可见国际名校对学生综合素质的要求。

第四，教师在平常就要对学生的行为用心观察，帮助学生了解自己的兴趣和特长所在。一旦发现学生对某一事物特别有兴趣，就要及时给予鼓励和支持，抓住学生兴趣的"闪光点"因材施教。这样做，说不定就会激发出学生某一方面的智慧火花，引导学生沿着自己的兴趣走向成功。学生的兴趣所在、长项和短板，老师最清楚。兴趣是孩子最好的老师，有了兴趣就成功了一半，因此发现和培养学生的兴趣对老师来说就成了至关重要的事情。

第五，学校和老师要及时了解当今社会的人才需求和学生的职业倾向。只有通过各种信息渠道了解各类职业及从业要求，才能对学生未来生涯规划提供科学指导。美国学者霍兰德进行了人格类型、兴趣与职业选择联系研究。他认为，职业兴趣分为六种类型，每个人都归属于职业兴趣中的一种或几种类型，并具有与之对应的典型的职业倾向。这六种类型是：社会型、企业型、常规型、现实型、研究型、艺术型。根据学生的特点，进行从业优势、身体素质、心理素质、职业兴趣、职业能力、职业个性的综合分析判断，形成比较符合实际的结论性意见。

第六，帮助指导学生确定合适的目标。不符合社会需求和个人实际的目标，只会让学生做无用功。所以适当的引导学生树立可行的目标尤为重要。巴黎一家现代杂志曾刊登这样一个征答题目：如果有一天罗浮宫突然起了大火，而当时的条件只允许从众多艺术珍品中救出一件，请问你会选择哪一件？在数以万计的读者来信中，一位年轻画家的答案被认为是最好的——选择离门最近的那一件。在成功的道路上，如果你有三种以上的目标可供选择，那么最佳选择往往不是最绚丽动人的那一个，而是离你最近、最容易实现的那一个。因此在设定目标时，目标的难度要符合学生的实际情况，既要有远大理想，也要有近期目标。

最后，激发学生对理想目标的向往和追求。在追逐梦想的同时，别忘了鼓励学生，让学生为实现自己的梦想展开行动，不断督促学生朝着理想的目标迈进。要使学生明白，人在一生中无论是在生活中还是学习上，都会有许多难以预料的困难。面对这些问题和困难的时候，我们该怎么办？标准答案只有一个，尽全力去努力。只要有恒心，只要能坚持，那么一切困难都会迎刃而解。

彼得·圣吉在《第五项修炼》中说，企业未来唯一持久的竞争优势是比竞争对手学习得更快和更好，个人也是一样。我们现在的时代是终身学习的时代，要取得事业上的成功，重要的是要不断更新知识、提升能力，才能保持自己的职业竞争力，逐步达到自己设定的职业目标。

## 五、 学校要为学生升学就业提供咨询服务

一般的中学很不重视为学生提供升学就业咨询指导，认为学生初中或高中毕业，学校、老师就完成任务了，至于升学，填报什么样的高中或大学，那是学生及家长的事，与己无关。诚然，中考、高考结束后，学校、老师完成了自己的本质教育工作，其余的事主要应由学生及家长自己做主选择。

作为举办精致教育的高品质学校，就应该尽自己最大努力，为学生及家长提供优质服务。可以在中考、高考结束后，举办高中、大学志愿填报咨询会，邀请全国名校的招办主任、教授现场接受咨询，让学生充分了解将要报考的学校、专业情况，了解未来就业趋势等，然后做出准确、理性

的决策。

对想出国留学的学生,学校也要尽自己最大努力,提供相关咨询指导。比如许多学生想要挤上美国"常春藤"的大学,有的想进英国的剑桥、牛津大学等,如果学校为学生和家长提供升学咨询服务,可以让学生减少很多弯路,读上理想的大学。出国留学其实是门学问,不仅涉及学生的学习成绩,还涉及他们的社会活动、领导才能、义工活动、比赛成绩以及申请论文、推荐信、简历、申请表等方方面面。比方AP(大学预科课程)众多,选哪一门不选哪一门,都有讲究。升学指导服务实质是人生设计,任何想进大学的学生都需要这样的指导服务。

### 六、 学校要为学生学习生活提供温馨服务

精致教育不仅注重过程和细节的完美,更注重结果的品质。学校后勤服务是每所学校都比较重视的工作,本文不进行过多的叙述。总之,学校的后勤管理要围绕学生的"衣、食、住、行"等几个环节开展,包括校服样式的设计与采购、发放,一日三餐两点的营养套餐,4—6人一间的温馨寝室管理,生病学生的送医吃药,学校周末回家校车的接送,周末乃至寒暑假留守学生的托管等,虽然事情较为琐碎、细小、繁杂,但小事成就大事,细节决定成败。各个板块都要制订详细的工作方案,对相关工作人员要进行规范培养,严格考核。

学校后勤服务要打造出特色品牌,如卓同教育构建扎实的贴心服务体系,每日三餐两点的科学化营养食谱,专职生活妈妈每天三检六巡家庭式呵护,24小时保障有力的全方位医疗服务,全程监控的无缝式安全保卫,舒适安全的便捷式校车接送,让孩子享受爱的阳光。

服务工作必须要从大处着眼,从小处着手,从"细"字上下功夫,在"细"字上做文章,积极树立精致教育的服务理念,从每一个环节内的每一个细微之处抓起,环环相扣,层层推进,高标准、严要求,慎思慎行、细

致周到，确保每一个细小之处都完美到位，以此不断提高学校后勤服务的品质。

要提高学校后勤服务保障水平，打造学校金牌服务品牌，就必须要求每一个工作人员要立足自身实际，学习借鉴先进服务工作经验，转变服务理念，创新服务模式，增强服务意识，切实提高师生的服务质量和服务水平，使后勤服务工作与学校跨越式发展的新要求相适应，同时通过不断丰富教育服务新内容，赋予精致教育服务新内涵，不断提高学校教育品质。

# 第十一章
# 融合中西文化，努力培养国际精英

## 一、用中华传统文化精髓铸造学生的灵魂

（一）是涵养社会主义核心价值观的需要

习近平总书记曾指出："深入挖掘和阐发中华优秀传统文化讲仁爱、重民本、守诚信、崇正义、尚和合、求大同的时代价值，使中华优秀传统文化成为涵养社会主义核心价值观的重要源泉。"一个国家、一个民族的强盛，总是以文化兴盛为支撑的。没有文明的继承和发展，没有文化的弘扬和繁荣，就没有中国梦的实现。民族文化基因是中国梦的魂与根。纵览世界史，一个民族的崛起或复兴，常常以民族文化的复兴和民族精神的崛起为先导。一个民族的衰落或覆灭，往往以民族文化的颓废和民族精神的萎靡为先兆。文化是精神的载体，精神是民族的灵魂。中华民族的伟大复兴，要在现代化的艰难进程中实现，现代化则要靠民族精神的坚实支撑和强力推动。现代化呼唤时代精神，民族复兴呼唤民族精神。时代精神要在全民族中张扬，民族精神要从传统文化的深厚积淀中重铸。中国梦意味着中华民族的价值体认和价值追求，实现中国梦必须从中华优秀传统文化中获取精神滋养；实现中华民族的伟大复兴，离不开中华优秀传统文化的精神滋养和力量支撑。作为培育迈向卓越时代精神的学校教育，更需要优秀传统文化去塑造他们的灵魂。

中华优秀传统文化中的诸多因素值得大力张扬。诸如"天人合一""内圣外王"的精神境界,"自强不息,厚德载物"的人生态度,"己所不欲,勿施于人"的道德原则,"天下兴亡,匹夫有责"的爱国情怀,"和而不同""和实生物"的价值追求,"天下为公""大同之世"的社会理想等等,凝聚了千百年来中华民族的生活经验、生存智慧,融入了中华民族的血脉,包含着中华民族最强大的精神基因。在今天,构建中华民族的精神家园,只有以此为根基,才能在世界文化激荡中站稳脚跟。正所谓"不忘根本才能开辟未来,善于继承才能更好创新"。

### (二) 是继承和发扬中华民族优秀文化传统的需要

中国是世界文明古国之一,而且是唯一没有中断历史的文明古国。中华文明上下五千年,有着丰富多彩的物质财富和精神财富,其中传统文化作为最为宝贵的财富,经过长期的积淀,扎根在中华这块广阔的大地上,它深深地影响了中国的政治、经济、文化、军事等社会生活中的各个方面。中华民族优秀文化传统是一种以维护祖国民族利益为标志的精神,是我们民族觉悟的集中表现,也是中华民族的一大精神支柱。弘扬中华民族文化传统,有利于增强中华民族的凝聚力和向心力,有利于增强学生的爱国热情,激发学生的爱国情怀,提高民族的主体意识。

中华民族传统文化的精华,是人类文明中一笔宝贵的财富,它与各民族的优秀文化相互交融,造就了全人类的文明。在世界文化的宝库中,中国传统文化有其独特的魅力,更有不朽的生命力。它有独具特色的语言文字,浩如烟海的文化典籍,嘉惠世界的科技工艺,精彩纷呈的文学艺术,雄伟辉煌的民族建筑,充满智慧的哲学宗教,完备深刻的道德伦理等等,这些都是中华民族引以为自豪的传统文化的核心内容,值得我们继承和发扬。

### (三) 是新课程改革对学生人文素养培养的需要

当今社会各种价值观念互相交织、冲突碰撞,人们失去了判定一种行为好坏的标准，人心浮躁，社会道德呈现真空状态。优秀传统文化在中国近年的教育发展过程中，并没有得到足够的重视，家长、学校无暇顾及学生的素质教育，往往只重视考试分数，大多数学生对于中国古老的文化不感兴趣、不了解，与之有很大相关性的道德教育由于教条化而丧失了本就有限的能动力量。在这种环境的影响下，使得一些学生在观念上、在道德思想和行为上出现了迷惘甚至错位，道德失范现象严重，甚至出现道德堕落的危险。

国家实施新课程改革，实质是要全面推行素质教育，把培养学生的创新能力和人文素养统一起来，实现知识、能力、情感、价值观的有机整合。在人的发展中，把追求科学真理和追求生活意义统一起来。促进每个学生的身心健康发展，培养良好品德、人文精神、科学态度、实践能力和创新精神，促进学生终身发展。

## 二、中华优秀传统文化的深刻内涵

### （一）中华优秀传统文化的定义

关于中华传统文化，端木赐香在《中国传统文化概论》中这样定义："中华传统文化是指以华夏民族为主流的多元文化在长期的历史发展过程中融合、形成、发展起来，具有稳定形态的中国文化，包括思想观念、思维方式、价值取向、道德情操、生活方式、礼仪制度、风俗习惯、宗教信仰、文学艺术、教育科技等诸多层面的丰富内容。"

**中华优秀传统文化**：中华优秀传统文化是指华夏传统文化中经过历史的筛选而形成的文化精华；它具有鲜明的民族特色，承载着中华民族的基本价值追求，蕴含着华夏中华的民族精神，有着独特的民族特质。从发展的阶段性来看，中华民族优秀文化传统是一个不断发展、丰富并自我更新的过程，既有古代的传统，也有近代的传统。

**人文素养**：是人的整体素养中的重要组成部分。是指做人应具备的基本品质和基本态度，包括按照社会要求正确处理自己与他人、个人与集体、个人与社会、个人与国家,乃至与自然的关系。我们认为,人文素养教育是关于人生存目的的教育,即教会学生"如何做人",如何很好地处理人与自然、人与社会、人与人之间的关系,并比较好地解决人自身的理性、意志和情感等方面的问题,帮助每个人智力、德行、感情、体格各个组成部分达到和谐状态,从而提高人的整体素质。人文素养的最典型标志是人文精神。一个具有人文素养的人,会表现出他对人的尊重,对生命的尊重,对公众利益与规则的尊重,对人类道德普适价值的追求,对生活中真正美好事物的发自心灵的向往。

### (二) 丰富多彩的中华优秀传统文化

伟大的中华民族创造了博大精深的璀璨文化,为人类文明进步做出了不可磨灭的伟大贡献。在五千年的文明史上,我们的古人留下了浩如烟海的文化典籍,贡献了众多泽及人类、深刻改变世界面貌的发明创造。中华传统文化有如下种类:

诸子百家:儒家、道家、墨家、法家、名家、阴阳家、纵横家、杂家、小说家、兵家、医家等。

琴棋书画:琴包括二胡、古筝、扬琴、古琴、琵琶等;棋包括中国象棋、中国围棋,对弈、棋子、棋盘;书包括中国书法、篆刻印章、文房四宝木版水印、甲骨文、钟鼎文、汉代竹简、竖排线装书;画包括国画、山水画、写意画、敦煌壁画等。

传统文学:主要是指诗词曲赋。如汉赋、唐诗、宋词、元曲、明清小说等。

传统节日:汉民族传统节日近50个。如春节、元宵节、寒食节、清明节、端午节、七夕节、中秋节、重阳节、冬至节、腊八节、祭灶日小年、除夕。一些地方还有颇具地方和民族特色的节日。

中国戏剧:昆曲、湘剧、京剧、豫剧、皮影戏、川剧、黄梅戏、粤剧、花鼓戏、巴陵戏、木偶戏等。

中国建筑：长城、牌坊、园林、寺院、钟、塔、庙宇、亭台楼阁、井、石狮、民宅、秦砖汉瓦、兵马俑、故宫等。

汉字汉语：汉字、汉语、对联、谜语（灯谜）、歇后语、熟语、成语、射覆、酒令等。

传统中医：中医、中药等。

宗教哲学：佛、道、儒、阴阳、五行等。

民间工艺：剪纸、风筝、中国织绣（刺绣）、中国结、泥人面塑、龙凤纹样、祥云图案、凤眼、千层底等。

中华武术：太极拳、咏春拳、南拳北腿、少林、武当、峨眉、崆峒、昆仑、点苍、华山、青城、嵩山等。

地域文化：中土文化、江南文化、江南水乡、塞北岭南、大漠风情、蒙古草原、天涯海角、中原、巴陵文化等。

民风民俗：礼节、婚嫁（红娘、月老）、丧葬（孝服、纸钱）、祭祀（祖）、门神、年画、鞭炮、饺子等。

衣冠服饰：汉服、藏袍、苗服、蒙古袍、旗袍、唐装、维服、绣花鞋、虎头鞋、伪唐装、肚兜、斗笠、帝王的皇冠、皇后的凤冠、丝绸等。

古玩器物：玉雕、瓷器、景泰蓝、中国漆器、彩陶、紫砂壶、蜡染、古代兵器、青铜器、古玩、鼎、金元宝、如意、烛台、红灯笼、黄包车、鼻烟壶、鸟笼、长命锁、糖葫芦、铜镜、大花轿、水烟袋、鼻烟壶、芭蕉扇、桃花扇等。

饮食厨艺：酒文化、茶道、八大菜系（鲁、川、粤、闽、苏、浙、湘、徽）、饺子、团圆饭、年夜饭、年糕、中秋月饼、筷子、鱼翅、熊掌等。

传说神话：女娲补天、盘古开天、后羿射日、嫦娥奔月、夸父逐日、精卫填海、青龙白虎、朱雀玄武等。

传统音乐：二胡独奏曲《二泉映月》《渔舟唱晚》等。

……

（三）中华传统文化中的 20 个重要精神内核

要全面提升学生人文素养，仅学习一些传统文化技艺是远远不够的，必须领会中华传统文化的精神内核。根据中小学生人文素养培养的需要，作者对博大精深的传统文化进行了精心筛选，提炼出对当今中小学生人文素养培养有积极意义的 20 个优秀传统文化精神内核。它们分别是：

注重人的价值，强调以民为本。古人提出"天地之间，莫贵于人""民惟邦本，本固邦宁"，主张治国须利民，裕民，养民，惠民。

注重坚韧刚毅，强调自强不息。"天行健，君子以自强不息。"中华民族之所以能在五千年的历史进程中生生不息，发展壮大，历经挫折而不屈，屡遭坎坷而不馁，靠的就是这样一种奋发图强、坚韧不拔的精神。

注重"和而不同"，强调社会和谐。古人提出"和为贵""和合"的思想，追求人际和谐、身心协调、天人合一的境界，崇尚"仁、义、礼、智、信、温、良、恭、俭、让"的美好人格，向往"人人相亲，人人平等，天下为公"的理想社会。

注重"协和万邦"，强调亲仁善邻。中华民族历来爱好和平。中国在对外关系中始终秉承"强不执弱""富不侮贫"的精神，提倡"海纳百川，有容乃大"的胸怀，主张吸纳百家优长、兼集八方精义。

注重团结统一，强调独立自主。中华民族自古以来便是一个多民族的统一的大家庭，很早就形成了"大一统"的观念。经过几千年的发展，团结统一的意识深深积淀、内化在中国人的文化心理之中。

注重责任承担，强调个人与国家的关系。古人云，"天下兴亡，匹夫有责""位卑未敢忘忧国"，"先有国，才有家"更是需要全体社会公民各司其职、各尽其力，每个人都有义务为社会整体的和谐与进步尽到自己的责任。

注重理想信念，强调坚忍不拔。古人云："志不立，天下无可成之事。"我们要想找到正确的人生方向、要想让自己活的正直、清澈、激昂，要想在人生遇到挫折时能理性面对，做到不萎靡，不抛弃、不放弃，要想在生活中体验到幸福和快乐，就要从中国传统文化中学会树立坚定的信念，并学会在面对困难的时候，坚持到底。

注重诚实守信，强调坦诚对人。古人云："人而无信，不知其可也。""人非行无以成，行非信无以立。"我们应该明白诚信是维系人际交往的重要德行，更是一个人的安身立命之本。不急功近利、弄虚作假、伪善欺诈，为人处世真诚、坦诚，和睦、友善，时刻加强自身道德建设，为营造一种坦诚相待、相亲相敬的社会环境而努力。

注重宽容美德，强调宽以待人。古人云："惟宽可以容人，惟厚可以载物。""忍一时风平浪静，退一步海阔天空。"设身处地地为别人着想，做到"己所不欲，勿施于人"，要学会"以心换心"，去滋润对方的心田，包容别人的过失，化解他们的对立情绪。

注重谦虚诚实，强调戒骄戒躁。古人云："虚己者进德之基。""人生大病，只是一傲字。"我们应该从中国传统文化中学会谦虚。我们应该牢记"尺有所短，寸有所长；物有所不足，智有所不明"的道理，谦虚谨慎，戒骄戒躁，只有这样，才有可能为自己迎来辉煌的明天。

注重谦逊礼让，强调文明礼貌。古人云，"处世让一步为高，待人宽一分是福""有理也要让三分""得饶人处且饶人"，这些句子都告诫我们：得理也要让人，要讲礼让、谦让、退让和忍让。我们不仅要明"礼"，而且还要注重实践"礼"，应该将"礼仪""礼让"渗透到生活中的方方面面：仪表得体端庄，举止落落大方，待人坦诚友善，办事热情周到。

注重豁达超脱，强调感悟人生。古人云："人生由来不满百，安得朝夕事隐忧。""提起千斤重，放下二两轻。"我们应当学会以超脱、豁达的心态对待人生的失败与成功。

注重众志成城，强调团结协作。古人云，"兄弟一心，其利断金""众志成城"，这些话都充分体现了我们祖先团结协作的精神。如果过分强调自我，毫无集体观念。大到社会进步，小到个人事业的成功，如果仅仅依靠单打独斗而不借助团结协作的力量，注定难以成就大业。

注重俭以养德,强调勤劳节俭。古人云:"夫君子之行,静以修身,俭以养德,非淡泊无以明志,非宁静无以致远。"勤劳节俭是两个联系紧密的概念,是中华民族的传家宝,是我国劳动人民的道德追求,是中华民族富国之道。

注重有礼有节,强调含蓄内敛。古人云:"有朋自远方来,不亦乐乎!"作为礼仪之邦,中国人凡事讲究礼节,不张扬、不招摇,对待国际友人自尊自重,处理对外事务不卑不亢。含蓄不等于保守,它显示出一个历史悠久的文明古国深厚的文化底蕴,显示出民族自信及对他人的一种尊重。

注重知恩图报,强调学会感恩。古人云:"滴水之恩当涌泉相报。"感恩是个人对自然、社会和他人所给予的恩惠和帮助的由衷认可,并真诚回报的一种认识、情感或行为。懂得回报他人、回报社会,不做麻木之人,怀着感恩的心,努力自强自立。

注重报效祖国,强调奉献精神。古人云:"人生自古谁无死,留取丹心照汗青。"那种为国家献身的精神让我们敬仰。社会正是在无数人的奉献中发展起来的。青年学生是社会的栋梁,应在谋求个人更大的发展时要为社会和国家的发展贡献力量,做乐于奉献的大写之人。

注重义利合一,强调杀身以成仁。古人云:"义利之说,乃儒者第一义。""富与贵,是人之所欲也;不以其道得之,不处也。贫与贱,是人之所恶也;不以其道得之,不去也。"中国传统思想历来重视义利问题,当富贵与仁义两者不可兼得之时,作为一个有志向的人,情操好、修养高的人则应该取仁义而甘贫贱,不应该丧道义、仁德而去取富贵。

注重珍惜时间,强调惜时如金。古人云:"圣人不贵尺之璧,而重寸之阴。""百川东到海,何时复西归?少壮不努力,老大徒伤悲。""盛年不重来,一日难再晨。及时当勉励,岁月不待人。"唐末王贞白《白鹿洞》诗中更有"一寸光阴一寸金"的妙喻。历数古往今来,一切有大建树者,无一不惜时如金。

### 三、学生人文素养培养的途径和方法

要全面提升学生的人文素养,单一的灌输或诱导方式是难以奏效的,必须形成一个综合的教育体系,并采取行之有效的途径和方法,才能有效地对青少年学生进行人文素养教育和熏陶。可以通过"核心价值引领,博雅德育励志,选修课主打,文化课渗透,校园环境熏陶,主题讲座补充,重大活动呈现"的优秀传统文化的教育模式。

途径一:提炼核心理念,建立价值体系,以高远的办学目标感召学生。一所学校必须有自己的办学追求,必须构建学校的价值文化的基本架构,它包括学校的办学理念、办学目标、培养目标等,尤其是学校的办学理念,它是学校办学的理想、信念、价值观,是学校成员对学校的发展、培养目标、校风、教风、学风、校训等精神类文化要素的提炼、概括与升华,是用来指引学校建设、教育教学与管理等活动的最高价值标准,是学校文化的基础、中心和灵魂。并让学校核心价值追求内化为师生的思想,外化为师生的言行,并激励和感召师生为了人生理想而不懈努力奋斗!

途径二:优化育人环境,营造书香校园,以浓厚的人文环境熏陶学生。校园是师生学习、工作、生活的场所,是加强师生人文素养的主阵地,因此,学校必须加强学校文化建设,用优秀的传统文化来主导学校的文化建设。学校文化是学校师生共同创造和享受的学校各种文化形态的总和,它具有丰富的内涵,包括物质、制度和精神三个层次。校园物质文化主要是指学校的教学设施、生活设施。校园的制度文化是指学校的校纪、校规、制度、公约以及习俗等。校园精神文化是指包括校园历史文化传统和绝大多数师生认同的文化观念、价值体系、生活信念等意识。学校可在弘扬中华优秀传统文化、提升学生人文素养的这一宗旨的指导下,结合学校特色发展与品牌创建的需要,在全面分析学校发展定位、发展历史、文化资源、学校布局、发展思路的基础上,形成学校自身文化建设的战略框架。高标

准打造校园文化，让师生生活在散发浓郁传统文化气息的优美校园中，耳濡目染，接受中华优秀传统文化的熏陶。

途径三：实施博雅德育，打造精神特区，以理想信念为青年学子塑魂。通过德育来灌输和渗透优秀传统文化，培养学生的人文素养是学校教育的一条主线。坚持以人为本，在教育工作中的最集中体现就是育人为本、德育为先。德是做人的根本，只有树立崇高理想和远大志向，从小打牢思想道德基础，学习才有动力，前进才有方向，成才才有保障。要把育人为本作为教育工作的根本要求，加强理想信念教育和道德教育，把社会主义核心价值体系融入国民教育全过程，深入推动中国特色社会主义理论体系进教材、进课堂、进头脑，引导学生形成正确的世界观、人生观、价值观。学校可建构"以传统精神为内核，以励志为主线，以行为规范为抓手"的"德育四目标，每月德育一主题，每天德育五个一，操作规范五方法"的博雅德育模式。

途径四：开发校本课程，拓展人文空间，以特色的人文专题提升学生。开展人文素质教育，纠正以往唯知识、唯分数的倾向，培养出既有较广的知识面，又在某一方面有较深入的研究，既有高度的科学素养，又有厚实的人文素养的人才。因此，学校要重视人文学科的发展，在课程设置、资源配置、经费投入、师资培训等方面保证人文学科的教学需要，在学校开设人文社科类必修课、选修课，建立相应的校本课程开发制度，尤其是开发历史、哲学、艺术等人文学科课程，为中小学生接受较为系统的人文素质教育奠定基础。同时利用校内外资源，开展"名师大讲堂"，请名师开展中华优秀传统文化知识的主题讲座。组织开展相应的主题班会、社会调查、征文比赛、辩论比赛、演讲比赛等。

途径五：挖掘教材内涵，增强人文意识，以渗透的方式浸润学生情怀。首先，学校应制订相关的教育计划和系统方案，将中国优秀传统文化纳入中小学教育内容，并且在小学、初中、高中不同年级开设中华优秀传统文化教育必修课程，让传统经典文化走进学校、走进课堂，使中小学生能更方便、更主动地投入到传统经典文化学习中。其次，以课堂教学为主渠道，充分挖掘各学科教材中知识与技能背后的人文内涵，对学生进行人文教育，丰富学生人文知识，增强人文意识。注重在优秀传统文化教育中渗透品德修养教育，在社会与生活中灌输中华传统美德教育，不断促进青少年心理素质的发展，提升青少年的精神境界，加强其对传统文化的认识及深化。使每一节课富有人文内涵，让学生具有人文知识、人文思维、人文能力，最终形成人文精神，进而转化为行动。

途径六：强化选修，开展第二课堂活动，以活动的形式展现人文素养。开展健康向上、格调高雅、内容丰富的校园文化活动，如各种艺术节、经典诵读、演讲比赛、科技节、影展、文艺演出等；建立一些人文社团，如书法、文学、摄影、舞蹈、音乐等方面的社团，来陶冶情操，塑造自我；利用重大节日，不失时机地对学生进行传统文化教育和中华美德教育。采取灵活多样的形式，在青少年中大力开展优秀传统文化的宣传教育活动和实践活动，营造浓厚的文化氛围。充分调动学生积极性，激发学生学经典、用经典的兴趣和热情。寓教于乐，使其在不知不觉中接受教育、陶冶情操。利用中华传统节日如春节、元宵节、寒食节、清明节、端午节、七夕节、中秋节、重阳节、除夕等进行传统文化教育。

充分利用学校的图书室、网络平台、校园广播、校园文学社等，开展"读书演讲活动""经典诵读比赛""讲高尚故事比赛"等活动，培养学生健康的情操；充分发挥多媒体平台、电视、广播、文学报及校园里时事报廊的作用，培养学生关心时事政治的好习惯，拓宽学生的视野，提高学生的思想水平和人文素养。

## 四、用国际教育培养学子的世界公民责任意识

《国家中长期教育改革和发展规划纲要（2010—2020年）》指出："加强国际理解教育，推动跨文化交流，增进学生对不同国家、不同文化的认

识和理解，培养具有国际视野和国际竞争力的下一代，是我们共同的期望。"教育全球化是时代发展的必然，如何将学校的发展融入全球教育发展的大环境之中，为学校的可持续发展开拓出新的广阔空间，培养出具有中国灵魂、国际视野和国际竞争力的学生，学校要不断研究和探索国际理解教育。

国际理解教育是在国际交往日益密切的背景下，为增进民族、国家、地区之间的相互理解与宽容，促进人类与自然和谐相处，培养学生认同与弘扬中华优秀文化，尊重、了解其他国家、民族、地区文化的基本精神及风俗习惯，初步学习、掌握与其他国家、民族、地区人民平等交往、和睦相处的修养与技能，探讨全人类共同价值观念的教育实践。

1994年联合国教科文组织"第44届国际教育大会"以"国际理解教育的总结与展望"为主题，确立了新时期"国际理解教育"及相应的"和平文化"的内涵，为世界各国在新时期开展国际理解教育指明了方向。根据联合国教科文组织的《第44届国际教育大会宣言》，在青少年中开展国际理解教育是为了使青少年在对本民族文化认同的基础上，了解别国历史、文化、社会习俗的产生、发展和现状；学习与其他国家人们交往的技能、行为规范和建立人类共同的基本价值观；学习正确分析和预见别国政治、经济发展状况及其对本国发展的影响；正确认识和处理经济竞争与合作、生态环境、多元文化共存、和平与发展等方面的国际问题；培养善良、无私、公正、民主、聪颖、热爱和平，关心人类的共同发展的情操；担负起"全球公民"的责任和义务。

国际理解教育强调真正的文化对话，动态的文化理解，提倡切入异域文化的生活世界，提倡切身积累、体验与实践，倡导可持续发展的教育理念。国际理解教育实际上要求各国在各年级课程中引入包括国际层面的真正的公民意识教育。

## 五、开展多种方式的国际教育，让每一个学生具有开阔的国际视野

国际理解教育是实现不同国家、不同民族、不同文化、不同群体间的相互了解和尊重，促进国际交流与合作，维护国际和平的教育。其目的是培养具有国际视野和国际理解能力，了解国际规则并能参与国际事务和竞争的国际化人才。在教育越来越走向国际化的当今时代，中小学校可以通过学科渗透、开设校本课程、开展国际文化交流、创办国际课程班以及相关设施设备和网络平台建设等多种途径实施国际理解教育。

开设国际问题专业课，加强国际意识教育。学校要加强国际意识教育，教育学生了解地球、认识世界，从小树立"地球村""我是世界公民"的观念，引导学生学会共处、学会合作、学会理解。为达到此目标，学校要深入挖掘现有课程中能够作为国际理解教育载体的内容，在教学中尽量渗透国际理解的思想；同时也开设世界历史、世界地理、国际经济、国际政治、环境科学等课程，使学生全面了解整个世界发展的历史进程，更好地准确把握历史发展的脉搏和动向。有条件的学校可以组织相关教师编写国际理解校本课程，纳入中小学课时教学，并进行教学考核。

加强互访沟通交流，拓宽师生国际视野。可以利用寒暑假，分批组织师生到美国、英国、加拿大、法国、日本、韩国、新加坡等国进行游学，每个游学团队在不同国家要深入所在国家的学生家庭和学校生活，让学生在切身感受异国文化的同时，锻炼自己的语言交际能力和生活沟通能力；让教师去实地考察与亲身体验，深入了解国外的教育理念、课程设置、课堂教学模式和学生的管理方式，回国后做专题交流报告，让更多的教师能站在国际教育的角度来思考学校教育的目标。学校通过寒暑假组织教师进行国际化教育教学交流培训。

通过组织文化周活动，增进学生对世界多元文化的理解。根据学段的

不同，学校每学年可分别在小学、初中、高中组织"国际文化周"系列活动，以多种形式开展国际文化教育活动。还可以举行"国际文化体验冬令营""国际文化体验夏令营""美国文化周""英国文化周""法国文化周""韩国文化周""非洲文化周""美洲文化周"等，让师生们动手精心布置校园，营造浓郁的异国风情氛围，领略独具魅力的国际文化，畅游跨越时空的侏罗纪公园，品味传统民间艺术，挑战"校园吉尼斯"，品尝世界美味，表演国际时装秀等，让精彩纷呈的国际文化活动带给学生们无限的乐趣。还可在高中学生中开展"模拟联合国"分析国际关系问题，"模拟奥运会"关注国际体育交流的碰撞。

构建友好合作交流平台，促进教育教学深度合作。通过政府部门或留学中介机构，可以与国外学校建立友好姊妹学校，积极开展师生互访、学校管理、学生发展、教师培训等深层次合作与交流。学校师生可以在平时的工作学习中，经常通过互联网与友好学校交流。双方教师将自己的教学设计、案例互相沟通，开展网络教研。学生将自己的学习体会、生活感悟与远方的朋友交流分享。在条件许可下，还可以开展校际连线观摩课活动，分享优质课堂教学资源。可以借鉴对方的教学理念、方法与经验，将中外双方课堂教学中的优势进行补充融合，开展教学合作研究，解决双方在课堂教学中的实际问题。通过"同课异构"教学方式的比较，双方教师交流备课的思路、设计的方法，分享教学资源，对后期课堂教学的深入研究起到很好的促进作用。

举办中外国际班，开通国际名校的直通车。在条件许可的情况下，可以以独立或联办的方式在学校开设中美国际班、中英国际班、中加国际班、中韩国际班、中日国际班等，引进国外教育理念、国际课程，聘请外籍教师，按照国外教育模式进行系统教育，学校在初中或高中毕业后直接升入国外的高中或大学就读。通过举办国际班，不仅可以把有出国留学意愿的学子送出国门，还可以学习、借鉴国外教育的优点，推进学校国际化教育进程。

# 参考文献

[1][美]奥恩斯坦,[美]鲍里奇,[美]严文藩等. 教育科学精品教材译丛[M]. 南京:江苏教育出版社,2002.

[2]上官子木. 创造力危机:中国教育现状反思[M]. 上海:华东师范大学出版社,2004.

[3]柳斌. 中国著名特级教师教学思想录[M]. 南京:江苏教育出版社,1996.

[4]鲁洁,王逢贤. 当代教育新理论丛书:德育新论[M]. 南京:江苏教育出版社,2010.

[5]谢延龙. 西方教师教育思想:从苏格拉底到杜威[M]. 福州:福建教育出版社,2015.

[6]赵祥麟. 外国教育家评传[M]. 上海:上海教育出版社,2003.

[7]陶继新. 治校之道:20位名校长的智慧档案[M]. 上海:华东师范大学出版社,2007.

[8]沈玉顺. 走向优质教育:教育部中学校长培训中心精品讲座[M]. 上海:华东师范大学出版社,2006.

[9]朱永新. 新世纪教育文库:中国著名校长办学思想录[M]. 南京:江苏教育出版社,2006.

[10]王三阳. 教师博览行者文丛:做幸福的老师[M]. 南京:江苏

教育出版社,2009.

[11] 肖川. 名师工程系列丛书教师心灵读本:成为有思想的教师[M]. 重庆:西南师范大学出版社,2009.

[12] 肖川. 教师的幸福人生与专业成长[M]. 北京:新华出版社,2008.

[13] 郑金洲. 大夏书系教育随笔:教育碎思[M]. 上海:华东师范大学出版社,2004.

[14] [法]玛丽·杜里-柏拉,[法]阿涅斯·冯·让丹. 钟启泉,赵中建,汪凌译. 当代教育理论译丛:学校社会学[M]. 上海:华东师范大学出版社,2003.

[15] 朱永新. 过一种幸福完整的教育生活:朱永新教育讲演录[M]. 上海:华东师范大学出版社,2008.

[16] 端木赐香. 叩问传统:中国传统文化讲演录[M]. 福州:福建教育出版社,2009.